VATAN
Der Pfad des Nordens

Edmund von Hollander, 1942 in einem kleinen Ort im südlichen Schwarzwald geboren, entdeckte schon mit 15 Jahren seinen Hang zu jeder Form von Bewusstseinserweiterung. Beruflich als Kaufmann tätig, führten ihn verschiedene Reisen in den vorderen Orient, nach Indien und Nepal. Gleichzeitig beschäftigte er sich mit Yoga, Magie und Astrologie. 1965 übersiedelte er nach München. Es folgte die Eröffnung einer Praxis für Graphologie und Astrologie. Ab 1980 in leitender Position in einem Münchner Traditionsunternehmen. Seit 1990 als freischaffender Berater auf astrologischer Basis im politischen und wirtschaftlichen Bereich tätig. Er ist als Spezialist für Radionik und Psychoelektronik bekannt. Seit früher Jugend gilt jedoch sein Hauptinteresse den Forschungen über die Runen, die vorchristlichen Religionen Europas sowie die neuheidnischen Strömungen der Neuzeit.

Michaela von Hollander, 1956 in München geboren. Nach Abschluß des Gymnasiums als Betreuerin von geistig und körperlich Behinderten tätig. Daneben Ausbildung in den verschiedensten westlichen und östlichen Methoden der Körperarbeit, z.B. Shiatsu, spiritueller Massage, Feldenkrais. Intensive Beschäftigung mit allen Arten der Selbsterfahrung und Bewusstseinserweiterung – Trancetanz, Mindmaschinen, Psychotanks. 1976 Gründung und Leitung magischer Arbeitskreise in Deutschland, Österreich und der Schweiz. Ab 1979 Mitglied in einem Hexencoven. Von 1985 bis 1990 Leiterin dieses Covens als Hohepriesterin. Weltweite Kontakte zu Pagangruppierungen, z.B. in Europa, den USA und Australien.

Edmund und Michaela von Hollander

VATAN

Der Pfad des Nordens

Die uralte Wissenschaft der
Runenmeister, Seherinnen
und weisen Frauen

NEUE ERDE

Stellungnahme des Verlages: Warum wir an der »alten« Rechtschreibung festhalten

Wir halten die »neue« Rechtschreibung für eine Fehlgeburt, und das konnte auch gar nicht anders sein, weil der Ansatz der Reformer war, das Schreiben einfacher zu machen. Wir als Verlag veröffentlichen unsere Bücher aber für Sie, liebe Leserin/lieber Leser – Sie sollen es als Leser einfach haben. Das Lesen und das Verständnis ist bei vielen Regeln der »alten« Rechtschreibung einfacher und klarer. (Denken Sie nur einmal, daß nach der neuen Rechtschreibung, zwei Autoren kein Buch mehr zusammenschreiben können, es hieße dann immer, sie hätten es zusammen geschrieben, auch wenn sie es zusammengeschrieben haben.) Im übrigen sind die neuen Regeln nun auch nicht eben frei von Widersprüchen. Auf Wunsch senden wir Ihnen gerne ein ausführliches Info mit den wichtigsten Ungereimtheiten am »Neuschrieb«.

1 2 3 4 5 6 7 18 17 16 15 14 13 12 11 10 09 08 07 06 05 04 03 02 01

VATAN – der Pfad des Nordens

Überarbeitete Neuausgabe des Knaur-Taschenbuches von 1993

Titelseite:
Foto: Polarlichter (Illustration von Shigemi Numazawa/Astrofoto)
Gestaltung: Dragon Design (send@dragon-design.org)

Satz und Typographie: Dragon Design
Gesetzt aus der Goudy

Gesamtherstellung: Legoprint, Lavis

Printed in Italy

ISBN 3-89060-039-5

NEUE ERDE Verlag GmbH
Cecilienstr. 29 · D-66111 Saarbrücken
Deutschland · Planet Erde
info@neueerde.de · www.neueerde.de

Für Merlin von Hollander
Möge die göttliche Quelle immer mit Dir sein.

»Das charakteristische Merkmal der Geister ersten Ranges ist die Unmittelbarkeit aller ihrer Urteile. Alles, was sie vorbringen, ist Resultat ihres selbsteigenen Denkens und kündigt sich schon durch den Vortrag überall als solches an. Sie haben sonach gleich den Fürsten eine Reichsunmittelbarkeit – im Reiche der Geister, die übrigen sind alle mediatisiert, was schon an ihrem Stil, der kein eigenes Gepräge hat, zu ersehen.«

Schopenhauer, *Parerga und Paralipomena*

Einst saß ich unter einem gewaltigen Baume. Da vernahm ich von seinem Wipfel herab die Stimme eines Adlers. Er sprach: »Höre und verstehe! Ich bin der Wächter des Baumes. Ruhe dich aus in seinem Schatten, und vernehme seine Weisheit, o Wanderer. Genieße den süßen Met, der von seinem Geäste tropft, er wird dich unsterblich machen. Schätze dich glücklich, daß du den Weg hierher gefunden hast. Man nennt ihn den Baum des Lebens. Seine Wurzeln reichen in die tiefste Tiefe und sein Wipfel in die höchste Höhe. Viele suchen ihn, wenige finden ihn, noch weniger können ihn besteigen. Voller Leben ist sein Geäst. Tausend mal tausend mal unendlich viele Welten trägt er wie Blätter. Nach ewigen Zeiten wirft er sie ab und bringt neue hervor. Nicht nach den Früchten und den Blättern sei dein Streben, sondern nach dem Stamme. Dann gebührt dir das Heil.«

Abaris der Seher, I,1.
Aus *Vatan*. Gesammelte Sprüche, Bd. 1

»Unnütz ist es, auf das Kochen des Wassers zu warten, wenn kein Feuer unter dem Kessel ist. Das vorliegende Werk stellt das nötige, lange gesuchte Feuer dar.«

Guido von List, *Armanismus und Kabbala*
Aus der Akasha-Chronik gelesen von Inea

Inhalt

Vorwort zur 2. Auflage

Die nordischen Runenmeister und Skalden, in der Frühzeit auch Vatanis genannt, betrachten die heutige Zeit, in Übereinstimmung mit dem Wissen, wie es in den, aus Hyperborea kommenden, alten indischen Überlieferungen niedergelegt ist, als das dunkle Zeitalter. In diesem Zeitalter regiert die spirituelle Dummheit die Massen. Die Weisen der Nordvölker und ihre Nachfolger sprechen in ihren Voraussagungen für die heutige Zeit eine klare Sprache. So finden wir in den Schriften der Indoarier, den Veden und Puranas des alten Indien, die heutige Zeit wie folgt beschrieben:

Sklaven, Entwurzelte und Barbaren versuchen, sich zu Herren der Erde zu machen. Diese Führer, die als gewaltsame und listige Herren über die Erde herrschen, werden sich der Güter ihrer Untertanen bemächtigen. Sie sind ohne echte Macht, werden meist rasch aufsteigen und ebenso rasch wieder stürzen. Kurz wird ihr Leben sein, unersättlich ihre Gier und gnadenlos sie selbst. Ihr Verhalten ist ansteckend und wird für viele zum Vorbild. Die Völker vieler Länder werden sich mit ihnen vermischen und ihrem Beispiele folgen.

Die Masse der Menschen wird Knechte sein. Die Besitzenden werden Ackerbau und Handel aufgeben und davon leben, daß sie zu Knechten und Sklaven werden, oder sie werden mechanische Berufe ausüben. Viele werden dies nicht einmal selbst bemerken. Die Führer werden, statt ihre Untertanen zu beschützen, sie berauben und durch Steuern und Abgaben ihre Habe plündern.

Die Gesundheit und das Gesetz werden immer mehr geschmälert, bis die Welt total verdorben sein wird. Nur Besitz und Geld wird den Rang des Menschen bestimmen. Körperliches Wohlbefinden wird der einzige Grund für Hingabe sein, die Lust das einzige Bindeglied zwischen den Geschlechtern, die Falschheit und der Betrug der einzige Erfolgsweg im Wettstreit. Die Erde wird nur wegen ihrer Schätze des Bodens als wertvoll betrachtet.

Die Gewänder der Priester werden an die Stelle der priesterlichen Werte treten. Schwäche und Angst vor der Macht und Grausamkeit anderer wird der einzige Grund für Gehorsamkeit sein. Eine einfache Waschung wird schon religiöse Reinigung und Läuterung bedeuten. Man wird Gott in Häuser, Tempel und Kisten sperren und sein Haupt vor Bildern aus Stein neigen. Ein leeres Murmeln gilt als unerläßlich für eine Erlösung und eine Errettung nach dem Tode. Die Menschen werden unfähig sein, göttliche Wesen zu gebären.

Von Ungläubigen und Betrügern irregeleitet, werden die Menschen sich an Bücher und Texte binden, die nicht die wirklichen Wahrheiten beinhalten. Man wird verzweifelt fragen: »Wo ist Gott, wo ist ein vollendeter Mensch?«

Die Achtung vor der göttlichen und der natürlichen Ordnung wird im dunklen Zeitalter verschwinden. Die Ehen in dieser Zeit werden aufhören, göttliche Verbindungen zu sein. Man wird glauben, daß jedermann auf jedem Wege den göttlichen Zustande erreichen kann. Die religiösen Handlungen, die man ausübt, zeigen keine Wirkungen mehr.

Die Lebensweise wird für alle unterschiedslos die Gleiche sein. Wer am meisten Geld verteilt, wird die Menschen beherrschen, und die Herkunft der Familie wird keinen Vorrang mehr bedeuten. Die Menschen werden ihr ganzes Interesse der Erlangung von Reichtum zuwenden. Jede Art von Mensch wird sich einbilden, ein Weiser zu sein. Die Menschen der Erde werden mehr als je zuvor Angst vor dem Alter, dem Tode und der Armut haben. Nur deshalb wird man zum Scheine den Himmel belassen und Religion heucheln.

Die Frauen werden ihre Weisheit verlieren und den Ehemännern und den Eltern gegenüber berechnend sein. Sie werden eigensüchtig, verworfen und lügnerisch sein. Wenn sie sich an Männer binden, so um des Reichtums und der Lust willen. Sie werden zu einfachen Objekten der sexuellen Befriedigung werden. Die Gottlosigkeit wird bei den von Irrlehren verführten Menschen den Sieg davontragen. (In den Vatanüberlieferungen heißt es dazu noch: »Jeder Mann wird in dieser Zeit käuflich sein durch die Schönheit einer Frau. Wenn diese nur schön genug ist. Jede Frau wird käuflich sein durch Gold. Wenn nur genug Gold geboten wird.«)

Wenn dies alles eintritt, so wird es nur noch im Verborgenen Menschen geben, deren Geisteskräfte wach sind und die kristallene Klarsicht besitzen. Diese durch die besondere Zeit gewandelten Menschen, welche in fast allen Völkern der Erde anzutreffen sind, werden gleichsam der Same für neue Menschenwesen sein und Geschlechter gebären, die die göttlichen Gesetze des Urzeitalters befolgen werden.

Aus den VISHNU-PURANAS
(Das Alter wird zwischen 1.200 und 4.000 v.Chr. geschätzt.)

An diese Menschen im Verborgenen wendet sich dieses Buch. Die Macht der Weisen unserer Ahnen war außerordentlich groß. Um sie zu erlangen, müssen wir in unserem Innern beginnen. Wir müssen hinwegkommen über die Leichtgläubigkeit und das Netz des Betruges an der Menschheit, was uns in den letzten 1500 Jahren nur Probleme gebracht hat. Beschäftigen wir uns wieder in der Weise mit den Runen, wie es die Weisen unserer Vorfahren, die Runenmeister/innen, getan haben. Lernen wir ihre wahren Möglichkeiten und ihre wirkliche Macht wieder kennen. Und wenden wir diese Macht wieder an zum Wohle des Lebens.

Nur wer den Kontakt zu seinem Selbst in seinem Innern sucht und gefunden hat, ist auch in der Lage, zu verstehen, was unsere Ahnen unter Religion verstanden. Nur von diesem Punkt aus sind wir in der Lage, aktiv etwas in die richtige Richtung zu unternehmen.

Edmund von Hollander

Vorwort zur 1. Auflage

Es hieße Eulen nach Athen tragen, in der heutigen Zeit der Masse spiritueller und esoterischer Bücher noch ein weiteres Buch hinzufügen zu wollen. Bei dem hier vorliegenden Werk geht es darum, eine Lehre, die seit Anbeginn der Menschheit existiert, die aber gänzlich in Vergessenheit zu geraten droht, in ihrer Gesamtheit das erste Mal schriftlich zu fixieren. Dabei wird mit einer Tradition gebrochen, um der Menschheit diese Perle des menschlichen Geistes als Wissen und als Wegweiser zu erhalten.

Die Autoren sind sich der großen Verantwortung voll bewußt. Diese Lehre in ihrer vollen Schönheit und Reinheit klar und verständlich darzustellen, kann immer nur ein Versuch bleiben.

Wissende aller Zeiten und Kulturen sind sich darüber einig, daß trotz der vielen Gegensätzlichkeiten der Religionen und spirituellen Lehren eine sogenannte Urreligion, man kann es auch Urwissen nennen, vorhanden sein muß. Der Vatan ist dieses Urwissen. Er ist die Schlüsselwissenschaft über die menschliche Seele. Zur Ausübung dieser Lehre benötigt man weder bestimmte Voraussetzungen noch einen Priester oder Guru als Vermittler. Der Mensch an dem Platz, an dem er sich befindet, mit den guten oder schlechten Eigenschaften, die er gerade hat, mit der positiven oder negativen Vergangenheit, die er hier und jetzt besitzt, ist die Ausgangsbasis.

Es kann nicht ausbleiben, daß ein Buch mit diesem Inhalt einzelne Menschen oder Gruppen vor den Kopf stoßen wird. Drauf konnte wenig Rücksicht genommen werden. Die Wahrheit ist für viele schmerzhaft. Die Autoren haben dafür volles Verständnis. Wer Jahre oder gar sein ganzes Leben mit einer religiösen oder spirituellen Richtung verbunden war, wird nicht von heute auf morgen eine gänzlich andere Weltsicht akzeptieren können. In diesem Buch über den Vatan soll selbstverständlich niemand beleidigt oder erniedrigt werden. Jeder befindet sich an genau dem Platz und in der Realität, die gerade jetzt für ihn richtig ist.

Welche Weltanschauung er auch immer hat, er vergeudet weder seine Zeit damit, noch tut er etwas Falsches. Jeder sollte die Art von Leben fortsetzen, die er für richtig hält. Nur er selbst kann sich in diese persönliche Situation begeben, und nur er selbst ist dafür voll verantwortlich.

So will dieses Buch nicht verändern. Es ist ganz einfach da. Man kann es annehmen oder ablehnen, für gut oder schlecht halten oder es ganz einfach ignorieren.

Die Verfasser

KAPITEL 1

DIE LEHRE DES VATAN

Ein Versuch über den Ursprung des Vatan

Die Menschheit, und mit ihr das Leben auf der Erde, ist älter als die Wissenschaft uns glauben machen will. Über den Ursprung des Vatan geben die Vatan-Meister zwei Versionen aus ihrer mündlichen Überlieferung den Vorzug.

Die eine Version besagt, daß vor sehr langer Zeit, lange vor der Verschiebung der Erdachse, von den Sternen ein sowohl kulturell als auch technisch sehr hochstehendes Volk auf die Erde kam. Genauer gesagt, kamen sie vom Sirius, mit einem kurzen Zwischenaufenthalt auf der Venus, zur Erde. Dieses Volk ließ sich im Norden unseres Planeten, in der damals noch gemäßigten Zone des Polarkreises nieder. Ihre Religion oder, wenn wir so wollen, ihre Weltanschauung, war der Vatan. Dieses Volk war den Alten als Hyperboreer bekannt.

Die zweite Version geht davon aus, daß die Erde, bevor sie sich physisch als Materie manifestierte, bereits in einem feinstofflichen Bereich, bestehend aus Materie mit einer sehr viel höheren Schwingung als die physische, fertig existierte. Durch Absinken der Schwingung entstand die uns bekannte Form von Materie und damit auch unsere Erde. Dieses Manifestieren durch Absinken der Schwingung bezieht sich selbstverständlich auf unser ganzes physisches Universum. Der besagte feinstoffliche Materiebereich, der das Grundmuster oder die Ursache unserer physischen Materie darstellt, wird von den Alten auch als Astralebene bzw. Sternenebene bezeichnet. Sternenebene deshalb, weil in diesem Bereich jedes Atom sichtbar strahlt wie ein einziger Stern. Wen wundert es da, daß er in fast allen Religionen als Paradies beschrieben wird. Die Atmosphäre zeigt sich dem Betrachter, als wäre sie mit Gold-, Silber- und Diamantstaub erfüllt.

Es wird angenommen, daß sich auf der sich langsam stabilisierenden Erde in langen Zeiträumen an den zuerst erkaltenden Polen das erste Leben entwickelte. Dieses Leben entstand nach dem Grundmuster des Lebens auf der Astralebene.

Mit anderen Worten: Alle sich entwickelnden Lebensformen auf der Erde stabilisierten sich nach dem auf der feineren Schwingungsebene bereits vorhandenen Plan. Auch der Mensch soll sich so entwickelt haben. Solche Grundmuster können sich selbstverständlich auf der Erde nur unvollkommen durchsetzen, da hier schwierigere Bedingungen herrschen. So kann man annehmen, daß es sich dabei um Menschen handelte, die eher als Primaten zu bezeichnen waren. Es wird fernerhin angenommen, daß Bewohner der Astralebene lernten, sich durch Herabsetzung ihrer Schwingung auf der Erde zu manifestieren. Sie konnten sich jedoch auch wieder durch Umkehrung dieses Vorganges in den feineren Schwingungsbereich zurückversetzen. Genau betrachtet, waren sie so Bewohner zweier Welten.

Um unter den Erdenmenschen keine Verwirrung zu stiften, vornehmlich aber weil die elektromagnetischen Bedingungen an den Polen dafür am geeignetsten waren, bevorzugten sie die Polarregion für ihre Manifestationen. Scheinbar befürchtete man, durch geistige Verstrickungen, die durch zu engen Kontakt zu den Erdenbewohnern entstehen würden, die Fähigkeit, sich in beiden Welten bewegen zu können, zu verlieren. Man grenzte sich deshalb ab und achtete darauf, sich nicht mit diesen zu vermischen.

Diese Abgrenzung wurde jedoch immer wieder durchbrochen. In der Bibel steht darüber: »Und die Himmelssöhne sahen, daß die Töchter der Erdenmenschen schön waren, und nahmen sie zu ihren Frauen.« Von den sogenannten Himmelssöhnen lernten die Menschen sehr viel. Man betrachtete sie lange Zeit als die Lehrer und Initiatoren der Menschheit. Fast alle wurden als Götter verehrt. Interessant ist in diesem Zusammenhang, daß die Wesen einer höheren Ebene sich bei der Manifestation auf der Erde einen Körper schufen, den man als sehr dünnhäutig bezeichnen konnte. Unter der sehr dünnen Haut sah man das Blut blau durchscheinen. Da Blut jedoch rot ist, nahm man an, daß diese Wesen blaues Blut haben. Durch die Verbindung mit den sogenannten »Blaublütigen« wurde eine Sippe oder ein Stamm im Ansehen auf eine sehr hohe Stufe gestellt.

So kam es, daß viele Herrschergeschlechter ihre Abstammung auf die Verbindung der Himmelssöhne mit den Erdenfrauen zurückführten. Sie sagten von sich, daß ihre Herrschaft göttlichen Ursprungs sei. Im Volksmund bezeichnet man den Adel auch heute noch als blaublütig. Interessant ist auch, daß viele dieser alten Geschlechter behaupten, ihre Vorfahren kämen aus dem Norden.

Neben allerlei Wissen über den Ackerbau, den Gebrauch von Werkzeugen und vielem mehr sollen diese von der Menschheit auch Lichtbringer (Luzifer) genannten Wesen als spirituelles Entwicklungssystem den Vatan mitgebracht haben. Es war dies nichts anderes als das Wissen um den Aufbau der Schöpfung und die Möglichkeit, mit dieser Schöpfung in Einklang zu kommen.

Die Erdenmenschen lernten rasch und waren dankbar. Nicht so manche Bewohner der sogenannten Astralebene. Man befürchtete, zum Teil auch mit Recht, daß die Erdenmenschen das neue Wissen mißbrauchen könnten. Diejenigen Astralbewohner, die sich mit den Erdlingen eingelassen hatten, wurden als »gefallen« betrachtet und isoliert. Die Mythen berichten von ihrer grausamen Bestrafung: Prometheus, der den Menschen das Feuer gebracht haben soll, wurde von Zeus nackt an eine Säule auf den Höhen des Kaukasus gekettet. Täglich kam ein Geier und fraß seine Leber, welche sich jede Nacht erneuerte. Auch die Sage von Luzifer, dem gefallenen Engel, gehört in diesen Überlieferungskreis.

Die Titanen, wie man diese »Götter« auch nannte, die es mehr mit den Menschen als mit ihresgleichen hielten, wurden schließlich besiegt. Nur war es damit schon zu spät, die Menschen wußten bereits zuviel und mußten nun durch allerlei Strafen und Plagen in Schach gehalten werden. Aus dieser Zeit kennt die Menschheit den strafenden Gott, wofür der grausame und rachsüchtige Jehova aus dem Alten Testament ein gutes Beispiel darstellt. Die Nachkommen aus der Verbindung zwischen den Titanen und den Menschen lebten im Norden. Die Völker der Erde kannten sie als die Hyperboreer, als das weiseste Volk der Erde, als das Volk, das hinter dem Boreas, dem Nordwind, wohnt.

Vor allem die Griechen pflegten intensive Beziehungen zu den Hyperboreern. Die Hüter ihrer Weisheit nannte man die Vatanis. Man kannte sie auch unter der Bezeichnung Varkas (Priesterkönige), Vralyas (Urgeweihte), Vates (Seher) und Vakyas (Wanderer). Vom heutigen Standpunkt aus kann man sagen, daß solche Überlieferungen sehr unwirklich klingen. Es steht uns jedoch kaum zu, überheblich darüber zu denken. Man hat oft das Gefühl, der heutige Mensch sehe es als unerheblich an, wie und wo das Ganze begann. Wer sich jedoch mit den ältesten Fragen der Menschheit in einer tiefgründigen und sehr persönlichen Art und Weise auseinandersetzten will, der findet in den Mythologien der alten Völker unerschöpfliches Material vor. Wichtig ist, daß diese Lehre des Vatan existiert, daß sie zweifellos bis in die Anfänge der Menschheit zurückreicht und daß sie im Laufe der menschlichen Entwicklung immer wieder bei allen Hochkulturen mehr oder weniger deutlich in Erscheinung tritt. Die einzigartige Schönheit und Tiefe dieser Lehre, die jeder, der sie eingehend studiert, in sich selbst erkennen wird, spricht für sich selbst. Sie benötigt weder Beweise noch schwierige wissenschaftliche Forschungen über ihren Ursprung, denn sie verwirklicht sich im Leben des Einzelnen, der sich mit ihr beschäftigt.

Die Weltanschauung des Vatan

Es ist anzunehmen, daß zwischen dem heutigen Menschen und dem Menschen der Urzeit wenig Unterschied besteht in bezug auf die Grundfragen des Lebens. Die Fragen über Geburt und Tod, über das Woher und Wohin, über die Sexualität, über Gott bzw. eine höhere Macht haben wohl zu allen Zeiten den Menschen zutiefst bewegt. Selbst in unserer heutigen so aufgeklärten Zeit, in der wir scheinbar auf alle Fragen eine Antwort haben, hat sich in Wirklichkeit in dieser Hinsicht nichts geändert.

Den Gedanken an den Tod verdrängen wir, so gut es eben geht, bis wir im hohen Alter gezwungen sind, uns damit zu beschäftigen. Ob es uns gefällt oder nicht, wie ein Damoklesschwert hängt unser ganzes Leben die große Ungewißheit über uns und drückt uns nieder.

Mit der Sexualität ist es nicht anders. Ein undurchdringliches Mysterium umgibt sie immer noch. Ein Heer von Psychologen und Sexologen versucht, sich durch die Abgründe von Mißverständnissen zwischen Mann und Frau hindurchzuarbeiten.

Mit der Frage nach Gott und was nach dem Tode kommt, dürften wir ja eigentlich kaum noch Schwierigkeiten haben. Wir brauchten nur zu glauben, was uns die Religionen und Hunderte von Heilsbringern und Gurus erzählen, und schon wären alle unsere Probleme gelöst.

Da sind aber nun trotzdem in vielen von uns ganz erhebliche Zweifel, ob es so etwas wie ein Leben nach dem Tode oder Gott überhaupt gibt, was wohl daran liegt, daß es uns heute schwerer denn je fällt, einfach nur zu glauben. Wir sehen also, es hat sich eigentlich nichts geändert. Immer noch die gleichen Fragen wie in den Anfängen der Menschheit. Die Lehre des Vatan befaßt sich genau mit diesen Fragen und gibt klare und präzise Antworten darauf. Der Vatan beschränkt sich jedoch nicht auf theoretische Antworten zu diesen Problemen, sondern gibt praktische Anleitung, die Lösung hier und jetzt selbst zu erfahren. Das ganze theoretische Denkgebäude des Vatan dient lediglich dazu, einen Plan zur Hand zu haben, um im Laufe der eigenen Entwicklung den Blick auf das Ganze nicht zu verlieren.

Im Vatan kennt man keinen Gott im herkömmlichen Sinne. Man nimmt an, daß es so etwas wie eine Urquelle des Lebens gibt, aus der alles hervorkommt und in die alles wieder zurückkehrt. Jeder Versuch, über diese Urquelle etwas auszusagen, ist zum Scheitern verurteilt. Da diese Quelle potentiell alles, was möglich ist, beinhaltet, ist jede Aussage über sie als Einschränkung zu betrachten.

Der chinesische Weise Laotse sagte über das Tao: »Das Tao, das man beschreiben kann, ist nicht das Tao!« Mit Tao meinte Laotse die göttliche Urquelle.

Wir können also festhalten, daß es im Zentrum von allem eine Quelle gibt, die laufend Teile von sich abgibt – wie jede Quelle. Mit diesem Satz sind wir schon auf Abwege geraten, denn mit dem Wort Zentrum haben wir die Quelle räumlich fixiert. In Wahrheit ist diese Quelle überall, ja das Ganze besteht nur aus dieser Quelle. Da wir aber nun einmal versuchen müssen, etwas zu beschreiben, was nicht zu beschreiben ist, weder mit unserer noch mit irgendeiner Sprache der Welt, ist es besser, sich so bald als möglich in Bereiche zu begeben, wo unsere Sprache wieder Gültigkeit hat.

Nehmen wir einmal an, daß nichts außer unserer Quelle existiert. Aus ihr tritt nun ein Teil hervor, etwas trennt sich von ihr oder wird abgestoßen. Die Quelle und der von ihr abgetrennte Teil sind sich potentiell genau gleich. Sie nehmen jedoch nach der Trennung gegensätzliche Standpunkte ein.

Wir haben nun also zwei gegensätzliche Teile und somit die Dualität mit ihrem Plus und Minus, ihrem Yin und Yang. Ist die Quelle aktiv, so ist gleichzeitig der abgetrennte Teil passiv. Da die Quelle ursprünglich eine Einheit darstellte, ist sie, nachdem sie etwas von sich abgegeben hat, nicht mehr vollständig, und auch der abgetrennte Teil ist nur ein Teil von etwas. Um auch weiterhin ganz zu sein, müssen Quelle und Teil eine Verbindung aufrechterhalten. Da beide alle Möglichkeiten in sich haben, können auch beide aktiv oder passiv sein. Ist der eine Teil aktiv, so zwingt er gleichzeitig den anderen, sich passiv zu verhalten, da dieser auf den aktiven Teil mit Passivität reagieren muß. Beide können als Quelle fungieren und etwas abgeben, beide können aber auch passiv sein und etwas aufnehmen. Sie sind zusammen ein Ganzes, gleichzeitig Teile eines Ganzen, sie sind getrennt und doch nicht getrennt.

Damit stehen wir vor einem Paradox, das mit dem Verstande allein nicht zu begreifen ist. Dies wissen die Vatanis, sie meinen aber gleichzeitig, daß jeder Mensch als aktiver oder passiver Teil diesen Vorgang begreifen kann, wenn er ihn bewußt nachvollzieht. Nur als Erfahrung können Dinge begriffen werden, die verstandesmäßig unbegreiflich erscheinen.

Beschäftigen wir uns noch ein wenig mit der Quelle. Von jetzt an benutzen wir statt des Begriffs Teil das Wort Seele, und für das Wort

Quelle setzen wir Gott ein. Aus Gott löst sich nicht nur eine Seele, sondern unzählig viele. Diese Seelen sind alle gottgleich. Jede Seele hat die gleichen Möglichkeiten wie ihr Ursprung. Wir wissen inzwischen auch, daß es sich bei der Trennung nur um eine scheinbare handelt und daß notwendigerweise zwischen Gott und jeder Seele eine Verbindung bestehen muß. Dies gilt auch für die Seelen untereinander, die ebenfalls jede zu jeder in Verbindung stehen. Da Gott nur ganz ist in Verbindung mit allen Seelen, die sich scheinbar von ihm getrennt haben, kann auch keine einzige Seele verlorengehen oder vernichtet werden. Jede Seele ist deshalb unsterblich. Jede Seele kann die Zustände Aktiv, Passiv oder Neutral einnehmen. Wir ersetzen diese drei Grundzustände der Seele durch bekanntere Begriffe, um sie zu verdeutlichen. Für Neutral nehmen wir den Begriff Gott, für Aktiv das Wort Mann und Frau für Passiv. Damit haben wir die wahre göttliche Urtrinität. Wir können also vom göttlichen Urmann und von der göttlichen Urfrau sprechen. Diesen drei göttlichen Bewußtseinszuständen werden wir im Vatan immer wieder begegnen. Jeder Seele stehen diese drei Zustände zur Wahl. Da Seelen göttlich sind, entstammen sie doch der göttlichen Quelle, sind sie folglich auch mit der göttlichen Allmacht und Allfreiheit ausgestattet. Das bedeutet, daß wir als Seelen genau das sind, was wir im Augenblick sein wollen. Als Seele haben wir uns dafür entschieden, und wir sind voll für unseren jetzigen Zustand verantwortlich.

Wir haben vorher festgestellt, daß aus dem göttlichen ES laufend neue Seelen austreten. Jede dieser Seelen nimmt dem ES gegenüber zuerst eine passive Qualität an. Danach ist sie frei, zwischen Plus oder Minus, Mann oder Frau, Aktiv oder Passiv als Grundeinstellung zu wählen. Sie wird sich in einem dieser dualen Bereiche etablieren. Dies bedeutet nicht, daß dieser Bereich dann bindend ist. Wir sprechen hier von reinen Urqualitäten, die in reiner Form nur kurz nach dem Austritt aus dem ES und nach einer langen Reise erst kurz vor dem Wiedereintritt in das ES möglich sind. Dazwischen liegen unzählige Mischmöglichkeiten der beiden Zustände Mann und Frau.

Bis zu einer Verkörperung auf der Erde, als Mann oder Frau, macht eine Seele sehr viele Erfahrungen in beiden Bereichen durch. Auch hier, auf der Erde, finden wir keinen reinen Mann oder keine reine Frau, sondern nur Mischungen aus beiden. Auch die Psychologie hat das inzwischen festgestellt. Die bewußtseinsmäßige Grundeinstellung, in der sich die Seele vor einer Verkörperung auf der Erde etabliert hat, ist nach der Lehre des Vatan entscheidend dafür, ob sich ein männlicher oder ein weiblicher Körper bildet. Bei einer Seele, die sich bei einer Verkörperung nahe der Grenzlinie zwischen Aktiv/Passiv befindet, kann in seltenen Fällen sogar ein hermaphroditischer Körper geboren werden, bei dem sowohl männliche als auch weibliche Geschlechtsmerkmale vorhanden sind. Weitaus öfter finden wir in so einem Falle zwar die reinen Geschlechtsmerkmale vor, der Mensch entscheidet sich jedoch während seines Lebens für die andere Richtung. Unsägliches Leid ist solchen Menschen schon bereitet worden durch das Unverständnis unserer Gesellschaft ihnen gegenüber. Unzählige Männer und Frauen müssen es heute verheimlichen, daß sie wie das andere Geschlecht denken und fühlen und sich zum eigenen sexuell hingezogen fühlen. Bei Menschen, die sich sowohl zu Männern als auch zu Frauen hingezogen fühlen, ist der duale Entscheidungsprozeß noch in vollem Gange.

Nicht immer war die Gesellschaft Homosexuellen und Hermaphroditen gegenüber negativ eingestellt. Es gab eine Zeit, die den Zustand des Hermaphroditen sogar als göttlich betrachtete. Noch heute gibt es Schamanen, deren Ritualkleidung dieses Hermaphroditsein symbolisch darstellt. Bei der Mehrzahl aller Verkörperungen sind die Verhältnisse jedoch so klar, daß eine der beiden Grundmöglichkeiten entscheidend dominiert und somit ein Mensch entsteht, den man in unserem Sinn klar als Mann oder Frau bezeichnen kann.

Die Schöpfung nach dem Vatan

Wir haben im vorigen Abschnitt den Austritt der Seele aus dem göttlichen ES beschrieben, und wir sind dabei sehr schnell vorgegangen. Ehe wir uns versahen, waren wir schon beim Menschen angelangt. Ganz so einfach ist dieser Vorgang natürlich nicht, er ist im Gegenteil äußerst kompliziert. Bevor wir uns mit dem Aufbau der Schöpfung näher beschäftigen, hier noch eine sehr wichtige Frage: Trennt sich die Seele freiwillig vom Zustand des göttlichen ES oder gibt es einfach keine andere Möglichkeit für sie? Die Antwort ist: »Sie müßte es nicht tun, sie hat aber den unwiderstehlichen Drang danach. Sie hat den Drang, alle Bewußtseinszustände durchzumachen.« Die Vatanis sagen, daß die Seele erst dann Ruhe im ES findet, wenn sie sich getrennt hat und nach langer Wanderung durch alle Welten wieder zum ES zurückkehrt. Erst dann fühlt sich eine Seele vollkommen. Den Schritt der Trennung nennen die Christen die Erbsünde, die wir ja nicht voll bewußt begangen haben. Die Hindus bezeichnen diesen Schritt als Adi-Karma, was man in etwa mit »die erste Ursache« übersetzen kann. Man kann diese sogenannte Erbsünde oder dieses erste Karma selbstverständlich nicht mit einem Ritual, wie einer Taufe oder ähnlichem, wieder auslöschen. Alle weiteren Ursachen oder »Sünden« bauen ja darauf auf. Die gesamte Schöpfung entsteht aus diesem Schritt heraus aus dem ES. Erst nach dem Wiedereintritt in die göttliche Quelle ist diese Ursache aufgehoben. Der erste Eintritt in die Dualität wird kaum bewußt von der Seele wahrgenommen, da sie einem unwiderstehlichen inneren Drang folgt. Ist sie aber nach ihrer langen Wanderung durch alle Welten oder Zustände wieder zurückgekehrt, so kann sie jederzeit voll bewußt in das göttliche ES ein- oder austreten. In jedem Falle erschafft sich eine solche Seele bei jedem Eintritt in die Dualität immer wieder eine, wie die Christen es nennen, Erbsünde. Eine entwickelte Seele tut dies voll bewußt.

Schauen wir uns nun den Weg einer Seele durch die Welten an. In jedem Augenblick treten aus dem ES in einem unendlichen Kreislauf

Myriaden von Seelen in die dualen Welten aus, und gleichzeitig kehren Myriaden entwickelter Seelen von ihrer langen Wanderung zurück, um wieder in den göttlichen Zustand des ES einzutreten. Symbolisch wurde dies oft durch die Schlange, die sich in den Schwanz beißt bzw. sich selbst verschlingt, dargestellt.

Unsere Seele ist also, einem unwiderstehlichen Drang folgend, aus der Quelle ausgetreten. Sie ist sich dieses Vorganges nicht voll bewußt und läßt sich treiben. Auf der ersten dualen Ebene, die wir hier in diesem Zusammenhang als die Archetypenebene bezeichnen wollen, weil sich hier archetypische Grundmuster befinden, prägen sich ihr eine ganze Reihe solcher Grundmuster auf, die sie auf ihrer weiteren Reise durch die Dualität benötigt. Auf dieser Ebene befinden sich auch die inzwischen von der Reise zurückgekehrten entwickelten Seelen. Für sie ist unsere Seele nichts weiter als ein Körnchen unbewußter Materie. Die Muster, die sich hier unserer Seele unbewußt einprägen, ergeben sich vor allen Dingen aus der Konfrontation mit Energie, Raum und Zeit. In unvorstellbar langen Zeiträumen verlangsamt sich die Eigenschwingung unserer Seele, und irgendwann manifestiert sie sich dadurch eine Ebene tiefer, auf der Kausalebene. Dort wird sie mit den gesammelten Erfahrungen der ganzen Schöpfung konfrontiert. In erster Linie aber mit dem Gesetz von Ursache und Wirkung. Auch hier dient unsere Seele lange Zeit als unbewußte Materie. Wieder eine Stufe tiefer werden die Erfahrungen des Zusammenwirkens vieler Seelen, ihre Energiebeziehungen sowie die sich aus den Beziehungen ergebenden harmonischen Strukturen als Erfahrungsmuster eingeprägt. Diese Ebene nennen wir die höhere Mentalebene. Auf der darunterliegenden Ich-Ebene prägt sich das Muster der Individualität in bezug auf andere Seelen ein. Auf den tieferen Ebenen, z. B. der unteren Mentalebene, der Astralebene und der physischen, werden weitere Grundmuster eingeprägt.

Diese Einteilung der verschiedenen Ebenen der Dualität ist keine Landkarte des Himmels. Es gäbe ohne weiteres Möglichkeiten, andere Einteilungen vorzunehmen. Von den Alten oft als Himmelsleiter bezeichnet, findet man derlei Einteilungen in den Geheimlehren fast aller Religionen. Natürlich kann man diese Ebenen in ihrer Beschaffenheit und mit ihren Bewohnern wunderschön beschreiben. Jede dieser Beschreibungen wäre aber eine Erfahrung aus zweiter Hand und hat praktisch wenig Nutzen. Jede Seele nimmt diese Ebenen von ihrem eigenen Bewußtseinsstand aus wahr, und jede Beschreibung hat so nur für den jeweiligen Betrachter ihre Gültigkeit. Es ist sinnlos, seine Zeit mit dem Lesen solch erbaulicher »Reiseberichte« zu vergeuden, wenn man gleichzeitig keine Möglichkeit hat, solche Erfahrungen selbst zu machen. Eine große Gefahr für die spirituelle Entwicklung besteht nach Ansicht der Vatanis darin, daß der Leser solcher Erfahrungsberichte in die inneren Bewußtseinsbereiche sich meist unbewußt selbst erniedrigt. Der Eindruck, hier sei jemand, der etwas kann und weiß, und man selbst sei dumm und unwissend und werde diese Erfahrungen in tausend Jahren nicht machen, gehört zu den subtilen Fallen, die unser Bewußtsein am Boden halten. In Wahrheit ist jedoch jeder gottgleich und besitzt alle Möglichkeiten, sämtliche Erfahrungen selbst zu machen. Wenn wir also hier diese Bereiche in gekürzter Form betrachten, so nur, um einen kleinen Überblick über die lange Wanderung der Seele durch die verschiedenen Bewußtseinszustände oder Ebenen zu geben. Für einen spirituellen Fortschritt sind diese Kenntnisse absolut unnötig, ja oft sogar hinderlich.

Zurück zu unserer Seele, die inzwischen in der physischen Materie angelangt ist. Möglicherweise sitzt sie gefangen in der Gitterstruktur eines Kristalls. Hier wird sie irgendwann erwachen und nach einer Möglichkeit suchen, sich auszuleben. Dies ist in dieser Situation nicht leicht, aber es wird ihr schließlich gelingen, und sie löst sich. Sie wird in vielen Pflanzenformen weiterleben – als Teil eines Pflanzenkörpers, aber später auch als deren zentraler Lebensimpuls. Mit der Zeit wird es ihr, um es einmal mit menschlichen Begriffen auszudrücken, zu langweilig. Sie empfindet die Gebundenheit an einen Ort und die wenigen Eindrücke wie Temperatur, Licht und Dunkelheit usw. als Beschränkung. Die Sehnsucht wird immer stärker, und schließlich hat sie so viel Energie gesammelt, daß ihr der Bewußtseinssprung in ein höheres Lebewesen,

z. B. eine Amöbe, gelingt. Über immer höhere Tierarten bis hin zum Primaten macht sie unendlich vielfältige Erfahrungen. Irgendwann schlüpft sie schließlich in einen Menschenkörper und hat es damit geschafft, sich ein unglaublich vielseitiges Erfahrungsinstrument zu erschaffen.

Was hier extrem vereinfacht beschrieben wurde, hat auf ähnliche Weise jeder von uns mitgemacht. Dies braucht selbstverständlich nicht nur auf unserer Erde geschehen zu sein. Die Schöpfung ist voll von Planeten, auf denen gute Bedingungen für diese notwendigen Erfahrungen gegeben sind. Allein in unserem Universum gibt es unzählige Planeten in allen Entwicklungsstadien. Laufend vergehen einige, laufend entstehen neue. Alle Altersstufen sind in Fülle vorhanden. Das gilt auch für ganze Sonnensysteme und Galaxien. Die Vatanis sagen, daß es neben unserem Universum noch unendlich viele weitere Universen gibt. Auch hier läuft der gleiche Vorgang, nur in größeren Dimensionen, ab. All dies entsteht aus nur einer Quelle, die wir das göttliche ES nennen, und es besteht nur aus Seelen in unzähligen Variationen von Entwicklungszuständen.

Die Vatanis gehen noch weiter, wenn sie behaupten, daß in einem Menschenkörper eine menschliche Zelle ein komplettes Universum darstellt. Sie sagen, die Moleküle seien die Galaxien und die Atome die Sonnensysteme, in einem Atom sei der Kern die Sonne und die Teilchen, die den Kern umkreisen, seien die Planeten. Nachdem, was sie sagen, ist es also durchaus möglich, daß z. B. in einer Leberzelle auf dem Teilchen eines Atoms ein ebenso komplettes Leben existiert wie beispielsweise auf unserer Erde. Auch dort lebten wieder Wesen, die wir als Menschen bezeichnen könnten, nur in einer kleineren, anderen Dimension. Verfolgen wir den Gedanken weiter, kommen wir zu dem nahezu unfaßbaren Schluß, daß ja auch hier, in einer Leberzelle, die gleichen Bedingungen herrschen, über die wir gerade gesprochen haben, und daß sich diese Reihe unendlich nach unten fortsetzt. Die Reihe setzt sich aber auch unendlich in die andere Richtung fort. Alle unsere Galaxien zusammen ergeben wieder ein Universum. Unendlich viele dieser Universen stellen wieder nur einen winzigen Teil eines Körpers dar. Und es gibt unzählig viele dieser Körper. Die Reihe ist also nach unten und nach oben unendlich. Jeder Teil als Einheit betrachtet ist Teil einer größeren und birgt kleinere Teile nach gleichem Muster. Die Vatanis sagen, daß der Mensch als Zwischeneinheit auf all diesen Ebenen vorhanden ist. Um ein Beispiel zu nennen: Der Franz Meier, wie wir ihn kennen, existiert gleichzeitig in einer anderen Dimension seines Körpers noch einmal mit den gleichen Sorgen und Freuden. Auf irgendeinem Teilchen seines Körpers, als Planet betrachtet, lebt er das gleiche Leben und geht dort eventuell seiner Arbeit nach. Und dies immer weiter in immer kleineren Dimensionen. Umgekehrt ist es selbstverständlich ebenso. Unser Franz Meier auf unserer Erde ist wieder Teil eines Sonnensystems, welches Teil einer Galaxie ist, die wiederum Teil eines Universums ist – usw. Einer der wichtigsten Punkte in der Lehre des Vatan ist folgender: Die Vatanis behaupten, daß die unendliche Reihe der Dimensionen nach unten und nach oben, in unseren Begriffen räumlich betrachtet, an beiden »Enden«, die wir für unseren Verstand einfach nur annehmen und die es in Wirklichkeit gar nicht gibt, nahtlos ineinander übergehen und daß das »Ganze« einen Kreis bildet. Die kleinste Dimension ist also mit der größten Dimension identisch. Hier sind wir wieder beim Symbol der Schlange, die ihren Schwanz verschlingt.

Sollten Sie, lieber Leser, der Sie diesen Ausführungen bis hierher gefolgt sind, ein gewisses Unbehagen in sich fühlen, dann lassen Sie sich gesagt sein, daß Sie sich hierbei in guter Gesellschaft befinden. Der deutsche Mathematiker und Begründer der Mengenlehre Georg Cantor befaßte sich auf mathematischem Wege mit dem Aufbau der Schöpfung. Louis Pauwels und Jacques Bergier beschreiben in ihrem Bestseller »Aufbruch ins dritte Jahrtausend«[1] die Gedankengänge Cantors so: Zwischen zwei Punkten, die wir A und B nennen, ziehen wir eine Linie, die diese beiden Punkte miteinander verbindet. Wie viele Punkte befinden sich auf dieser Linie? Cantor beweist, daß es mehr als unendlich viele sind. Wenn wir diese Linie in beliebig viele Abschnitte unterteilen, hat jeder dieser Abschnitte abermals mehr als unendlich viele Punkte.

Konstruieren wir aber ein Quadrat, dessen Seiten die Länge der ersten Linie hat, so hat auch dieses Quadrat ebenso viele Punkte wie die ursprüngliche Linie, nämlich unendlich viele. Das gleiche ist bei einem Würfel der Fall usw. Dies ist beweisbar, obwohl es vom Standpunkt der rationalen Vernunft wie kompletter Wahnsinn klingt. In der Mathematik bezeichnet man eine derartige Dimension als Aleph. Hier kann man erkennen, daß jeder Teil gleich dem Ganzen ist. Schon auf der berühmten Smaragdtafel des Hermes Trismegistos wird dies behauptet mit der Feststellung, daß das, was oben ist, gleich dem ist, was unten ist. Und William Blake meinte: »Das ganze Universum ist in einem Sandkorn enthalten, und wer ein Sandkorn komplett versteht, der versteht auch das komplette Universum!«

Georg Cantor starb 1918, dem Wahnsinn verfallen. Man nimmt an, daß seine Beschäftigung mit den vielen Aspekten des Aleph ihn in diesen Zustand brachte. Unser menschlicher Verstand ist nicht bei jedem Menschen dafür ausgelegt, daß wir uns mit ihm in diese Bereiche wagen. Deshalb müssen wir mit solchen Erwägungen zwangsläufig an seine Grenzen stoßen. Wenn wir uns mit dem Verstand darüber hinausbegeben, so kann das, wie wir sehen, durchaus gefährlich sein. Nur die Seele ist in der Lage, sich gefahrlos in solchen Bereichen aufzuhalten. Ja man kann sogar sagen, sie fühlt sich hier erst richtig wohl.

Mancher meint vielleicht, daß es für den Menschen vermessen ist, sich so weit vorzuwagen. Dem kann entgegnet werden, daß jeder von uns, ob er will oder nicht, ein Teil dieser Bereiche ist, in ihnen lebt und sich allein dadurch schon laufend mit ihnen beschäftigt. All dies klingt nur für den Verstand erschreckend, und es ist eigentlich gleichgültig, ob wir im Verstand darüber Informationen haben. Es ist für dieses Instrument der Seele bezeichnend, daß es in jedem Falle versucht, bis an seine Grenzen vorzustoßen, aber irgendwann eben doch erkennen muß, daß es Dinge gibt, die dieses Instrument nicht mehr begreifen kann, weil es dafür vom Aufbau her gar nicht geschaffen wurde.

Bleiben wir noch ein wenig im Bereich des »Undenkbaren«. Um das Ganze auf die Spitze zu treiben, seien hier folgende Behauptungen der

Vatanis wiedergegeben: Sie sagen, daß in jedem Moment in der Schöpfung alle Zustände gleichzeitig vorhanden sind und von Seelen eingenommen werden, d. h. gleichzeitig geboren, gestorben, geliebt und gehaßt wird. Alle diese Möglichkeiten und Zustände befinden sich im perfekten Gleichgewicht, und in Wirklichkeit geschieht gar nichts, denn das ganze Spiel der Schöpfung stellt lediglich eine Illusion der Seele dar. Mit anderen Worten, die Seele hat die Quelle oder das göttliche ES nie verlassen und träumt alles nur. Aber ganz gleich, ob das nun stimmt oder nicht, ändert sich nichts daran, daß wir in einem bestimmten Bewußtseinszustand sind, der jedem einzelnen von uns ganz schön zu schaffen macht. Sollte dies alles eine Illusion sein, dann müssen wir eine Möglichkeit finden, diese zu durchbrechen. Wir müssen einen Weg finden, der zur absoluten Wahrheit führt, um diesen Traum, der für viele ein Alptraum ist, zu beenden. Der Vatan ist einer dieser Wege. Er ist gewiß nicht der einzige, aber die, die ihn gehen, nennen ihn den Königsweg.

Das System des Vatan

Bevor wir uns mit den Möglichkeiten der Seele befassen, wollen wir jetzt das Entwicklungssystem des Vatan näher betrachten. Der Vatan befaßt sich vorwiegend mit der Seele. Da die Seele an sich geschlechtslos ist, ist dieses System sowohl von der Frau als auch vom Mann anzuwenden. Man kann diese Lehre als den natürlichsten Weg zur Entfaltung des Bewußtseins bezeichnen. Die sichtbare und unsichtbare Natur wurde in ihrer Entwicklung als Vorbild genommen. Diese Entwicklung läuft nach den Gesetzen der Analogie auf allen Ebenen gleich ab. Es ist immer wieder erstaunlich, mit welchem Scharfblick die Vatanis die auf allen Ebenen wirkenden Naturgesetze erkannten und anzuwenden verstanden.

Die Tatsache der konstanten Verbindung zwischen dem ES und der Seele stellt eine wichtige Grundlage der Lehre dar. Wir werden feststellen, daß jeder Mensch diese Verbindung wahrnehmen und spielerische

Wege finden kann, praktisch damit zu arbeiten. Wir werden den Lebensbaum der Vatanis als Grundlage für die Wanderung der Seele durch die Welten kennenlernen. Aus dem Lebensbaum ergeben sich die nordischen Runen, deren wahrer Ursprung hier erstmals enthüllt wird. Lange bevor sie als Schrift benutzt wurden, stellten sie Kräfte- und Energieschaltbilder für die Entfaltung der Seele dar. Nicht zuletzt lernen wir die wahre Methode des Runenorakels kennen – und damit zu arbeiten. Wir werden feststellen, daß die esoterischen Runenforscher in den letzten 150 Jahren im Irrtum waren und es auch heute noch sind. Im Vatan werden deshalb nur die wirklich wissenschaftlichen Werke über die Runen anerkannt. Hier werden die vielen Runendenkmäler unserer Vergangenheit ganz neutral aufgeführt. In vorsichtiger Weise wird versucht, die Schrift zu deuten, und jede unwissenschaftliche Spekulation unterbleibt. Fast alle wissenschaftlichen Runenforscher, die nicht der völkischen Schwärmerei des letzten Jahrhunderts verfallen sind, haben in dieser Hinsicht hervorragende Arbeit geleistet. Im Vatan lernen wir die wahre Bedeutung der Runen und wie mit ihnen umzugehen ist.

Sehr wichtig im Lehrsystem des Vatan ist die Symbolik des Gartens. Er stellt hier einen umfriedeten Bezirk dar, den sich die Seele schafft, um sich ohne äußere Einflüsse oder Störungen zu entwickeln. Auch als Tor und Plattform, von wo aus andere Seinsbereiche erforscht und erlebt werden können, ist dieser besondere Garten von unschätzbarem Wert.

Wir werden im Laufe dieses Werkes sehen, daß viele Hochkulturen der Vergangenheit den Vatan als innerste Grundlage besaßen. Erstaunt werden wir feststellen, wie viele Traditionen und Verhaltensweisen unserer heutigen Zeit auf diese alte und doch zeitlose Lehre zurückgehen.

Im Vatan gibt es keine Übungen, wie wir sie kennen. Nicht die Arbeit an uns, sondern spielerisches Hineintauchen in neue Bewußtseinsbereiche sind bezeichnend für dieses Weltbild. In der Beziehung zu einem liebenden Partner lernt die Seele zwanglos sich selbst und im Partner alle anderen Seelen kennen. Sie schafft sich alleine oder in der Verbindung mit einem anderen Menschen einen Zufluchtsort auf den inneren Seinsebenen. Die Ungewißheit und die Angst vor dem Tod, zwei Punkte, die gerade in der heutigen Zeit ein gewaltiges Hindernis in der Entwicklung des Menschen darstellen, lösen sich auf, da wir schon hier lernen, uns vom physischen Körper zu trennen. Wir werden damit Bewohner zweier Welten. Damit beweisen wir uns selbst unser Überleben nach dem sogenannten Tode. Erst dann wird uns nach und nach klar, wie viele Antriebe und Motive unseres täglichen Lebens auf der Angst vor dem Tode basieren.

Wie bei einer Rose, die zum Wachsen lediglich die richtigen Bedingungen benötigt, vollzieht sich die Entwicklung des Menschen. Individuell entfaltet sich unser Wesen auf natürliche Weise, und wie bei einer Rose, die auch Dornen zu ihrem Schutze entwickelt, sind wir den Problemen, die sich aus den Beziehungen zu unserer Umwelt ergeben, nicht mehr schutzlos preisgegeben. Ungeahnte Talente und langersehnte okkulte Fähigkeiten wie Hellsehen, Telepathie usw. treten, ohne daß man sie erwartet und ohne eigenes Dazutun, erst ganz leise, dann immer stärker in Erscheinung.

Eine interessante Feststellung, die jeder macht, der diesen Weg geht, ist, daß er in seinem alltäglichen Leben, ob er will oder nicht, ein starker energetischer Mittelpunkt wird, der klärend auf seine Umwelt einwirkt. Langjährige quälende Ehen lösen sich auf, Menschen finden zueinander, wo man es gar nicht erwartet hätte, chronische Krankheiten von Mitmenschen treten in ein kritisches Stadium, so daß auf einmal eine Heilung möglich wird. Meist fällt dies einem Vatani erst auf, wenn sich seine Umwelt, ohne erklären zu können, warum, immer besser fühlt in seiner Gesellschaft und diese geradezu sucht. Ein Vatani wird niemals aus eigenem Antrieb in das Leben anderer eingreifen, obwohl er die Möglichkeit dazu hätte. Verändert oder eingegriffen wird nur, wenn es sich um eigene Angelegenheiten oder um die nahestehender Menschen handelt. Wird er allerdings ausdrücklich darum gebeten, entscheidet sich ein Vatani meist dafür, zu helfen. Das Resultat dieses Eingriffes wird jedoch fast immer anders ausfallen, als sich das der Bittende erwartete, weil Vatanis immer in Harmonie mit der Schöpfung handeln.

Die wohl erstaunlichste Kenntnis, die im Vatan gelehrt wird, ist die, seine verschiedenen Körper beliebig oft zu regenerieren. Dies ermöglicht, die durchschnittliche Lebensspanne um ein Vielfaches zu verlängern. Solche Dinge muß man jedoch selbst versuchen, denn nur in der praktischen Erfahrung sehen wir hier, daß es sich dabei nicht um leere Versprechungen handelt.

Wir möchten noch einmal auf das Eingreifen in Situationen der Umwelt zurückkommen. Die Vatanis sind der Überzeugung, daß jeder Seele die Möglichkeit gegeben werden sollte, frei zu entscheiden, ob sie einen Eingriff wünscht oder nicht. So ist es also nicht mangelndes Mitleid oder Kälte, wenn ein Anhänger dieser Lehre nicht hilft oder eingreift, sondern die umfassende Kenntnis der Zusammenhänge im Kosmos. In der Symbolsprache des Vatan heißt dieser wichtige Grundsatz, sich nicht in fremde Leben einzumischen: »Betrete nie einen fremden Garten ohne ausdrückliche Einladung.« Die Hochachtung vor der Privatsphäre und dem Intimbereich anderer Menschen wird im Vatan sehr wichtig genommen.

Zusammenfassend kann man sagen, im Vatan finden wir ein natürliches System zur menschlichen Entwicklung vor. Jede Seele hat eine individuelle Verbindung zur göttlichen Quelle. Deshalb lehnt der Vatan die Dazwischenschaltung eines Erlösers, eines Guru oder Priesters ab. Diese würden als Filter fungieren und die reine Verbindung stören, verändern, einschränken oder verfälschen. Alle Religionen, Schulen, Wege, magische Zirkel und was es sonst in vielfältiger Weise noch alles geben mag, sind Bewußtseinszustände, die einzunehmen die Seele die Freiheit hat. Alle haben deshalb ihre Daseinsberechtigung und sind auch notwendig. Wer einen dieser Bewußtseinszustände einnehmen möchte, mag das tun; wer glaubt, sich erlösen lassen zu müssen, mag dies ebenfalls tun. Der Vatani zieht es vor, sich nur an das göttliche ES anzulehnen, wenn man hier überhaupt von »anlehnen« sprechen kann. Das Wort »anlehnen« setzt ja voraus, daß etwas anderes stabiler ist als man selbst und man es deshalb als Stütze braucht. Gerade dies ist aber im Vatan nicht der Fall, denn das göttliche ES kümmert sich gar nicht um eine einzelne Seele. Sie hat alles, was sie benötigt, um selbst stark und stabil zu sein, sie hat die direkte stetige Verbindung zur Quelle und kann deshalb auch nicht verlorengehen. Sie ist potentiell vollkommen und hat die gesamte Schöpfung in sich, wo sollte sie also hinfallen?

Die Beschaffenheit der Seele

Wie wir bereits wissen, ist die Seele unsterblich und kann durch nichts zerstört werden. Hat sie sich einmal in einem physischen Körper inkarniert, dann hat sie in ihrer Vergangenheit eine Wanderung durch unzählige Wesensformen hinter sich. Sie hat unglaublich viele Gefahren überstanden in einer nicht immer angenehmen Umwelt. Sie existiert immer noch, und nichts konnte ihr in Wirklichkeit etwas anhaben. Auf ihrem langen Weg war sie oft Teil eines Körpers, der von einer anderen Seele benutzt wurde. Jeder Körper, ob physischer oder feinstofflicher Art, besteht aus nichts anderem als aus Seelen in verschiedenen Bewußtseinszuständen unter der Leitung einer anderen Seele. Jeder Körper ist im Laufe der Evolution mit einer nahezu unverwüstlichen Mechanik und Stabilität entwickelt worden. In bezug auf die physischen Körper kommt die Theorie von Charles Darwin über die Entwicklung der Arten der Wahrheit sehr nahe.

Um auf den verschiedenen Ebenen agieren zu können, benötigt eine Seele jeweils einen anderen Körper. Dieser besteht aus Materie der entsprechenden Ebene und ist so ausgelegt, daß er den Erfordernissen dieses Bereiches entspricht. Als Mensch besitzen wir eine ganze Reihe dieser Körper. Wir möchten hier nur einige nennen:

1. *Der Archetypenkörper:* Dieser Körper ist schwer zu beschreiben, da er die erste duale Qualität außerhalb der Seele besitzt. Unsere Sprache ist dafür ungeeignet. Er ist nach einem Grundmuster aufgebaut, das für den Aufbau aller weiteren dichteren Körper benötigt wird.

2. *Der Kausalkörper:* Dieser Körper hat sämtliche Erfahrungen der Seele, die sie auf ihrer langen Reise gemacht hat, aufgezeichnet. Ja, er besteht nur aus diesen Erfahrungen. Diese dringen sehr selten bis in unseren Verstand vor, und wenn, dann nur in Form von Instinkten und in unseren Träumen.

3. *Der höhere Mentalkörper:* Sitz der Ästhetik und der Harmoniegesetze. Auch die Gesetze der Kristallisation und das Energiepotential der Persönlichkeit befinden sich hier.

4. *Der Ich-Körper:* Er ist kein Körper im eigentlichen Sinne. Wir finden hier das, was wir normalerweise mit dem menschlichen Ego bezeichnen.

5. *Der niedere Mentalkörper:* der Sitz unseres Verstandes.

6. *Der Astralkörper:* Sitz der Emotionen und Gefühle. Dieser Körper ist recht instabil, man kann auch sagen, er ist sehr flexibel.

7. *Der physische Körper:* Über diesen gibt uns jedes Anatomiebuch erschöpfend Auskunft.

Alle diese Körper sind auf vielfältige Weise miteinander verbunden. Diese Verbindungen nennen wir im Vatan Wege. Die Wege münden in jedem Körper in Zentren, die als Chakras oder Räder bekannt sind. Wir bezeichnen diese Zentren hier, der Tradition entsprechend, als Rosen.

Wie uns bereits bekannt ist, besteht eine Verbindung zwischen dem göttlichen ES und der Seele. Über diese treten laufend neue Seelen in die Dualität ein. Die Quelle verwendet also die Seele als Kanal für immer neue Seelen. Oft wird auch gesagt, daß aus dem ES ständig neue Energie in die Seele fließt. In Wirklichkeit besteht diese sogenannte neue Energie jedoch aus Seelen in einem noch schlafenden, unbewußten Zustand. Über die obengenannten Wege zwischen den verschiedenen

Körpern und die Zentren oder Rosen treten diese Seelen in die jeweiligen Seinsebenen aus.

Dieser Strom von Seelen nimmt in der Dualität sofort eine Schwingung an. Sie entspricht der Grundschwingung des Körpers und der Bewußtseinsebene, auf der er sich gerade befindet. So werden auf jede duale Bewußtseinsebene Seelen transportiert, die sich dort verbinden und Materie oder Körper bilden. Dieser Strom ist für die Entwicklung des Vatanis sehr wichtig. Er ist von jedem Menschen wahrnehmbar.

Zurück zu unserer Seele mit ihren Körpern. Wir haben keine Möglichkeit, sie so zu beschreiben, daß wir uns eine wirkliche Vorstellung von ihr machen können. Wir können lediglich ihre Fähigkeiten und die sie umgebenden Hüllen oder Körper beschreiben. Eigentlich umgeben diese Körper die Seele gar nicht, sondern sie durchdringen einander. Die Seele selbst kann sich innerhalb ihrer Körper überall aufhalten, und sie tut es auch. Allerdings hat sie bestimmte bevorzugte Aufenthaltsorte, auf die wir später eingehen werden. Beschäftigen wir uns hier erst einmal mit den Qualitäten und Fähigkeiten der Seele:

1. Die Seele ist göttlich und daher allwissend, allmächtig und allgegenwärtig.

2. Sie ist in der Lage, alles zu sein, alles zu haben und alles zu tun.

3. Sie ist in der Lage, etwas zu erschaffen, zu erhalten und zu vernichten.

4. Sie hat die Möglichkeit, jede beliebige Meinung über sich und andere anzunehmen.

Jede Seele hat diese Fähigkeiten und Qualitäten unabhängig davon, in welchem Zustand sie sich gerade befindet. Punkt 4 ist eine Fähigkeit, die uns oft sehr zu schaffen macht. Die Möglichkeit, jede Meinung über sich und andere annehmen zu können, ist der große Pferdefuß für jede Seele. Ist sie der Meinung, ein Mensch zu sein, dann ist sie ein Mensch.

Ist sie der Meinung, als Mensch beschränkt zu sein, so ist sie beschränkt. Alles, was sie von sich annimmt, wird durch ihre Allmacht zur Wirklichkeit. Im Vatan spricht man deshalb vom Menschen als von einem Gott, der seine Möglichkeiten und seine Herkunft vergessen hat.

Es gibt eine sehr schöne Fabel über dieses Problem:

Ein Löwe verlor gleich nach der Geburt seine Mutter und seine Herde. Er schloß sich einer Herde von Ziegen an, die zufällig des Weges kam, weil er dachte, es sei seine eigene Herde. Eine Ziegenmutter, die eben Junge bekommen hatte, nahm sich seiner an und zog ihn groß. Er lebte als Ziege unter Ziegen und nährte sich von Gras und Kräutern. Er meckerte wie eine Ziege und glaubte, eine Ziege zu sein. Alles war in bester Ordnung, bis eines Tages eine alte, hungrige Löwin bei der Jagd auf die Herde stieß. Sie wollte sich gerade eine Mahlzeit unter den Tieren aussuchen, da sah sie ihren Artgenossen inmitten der Ziegen friedlich Gras fressen. Sie wunderte sich sehr darüber und wurde neugierig. Als sie näher kam, flohen die Ziegen in höchster Panik und der Ziegenlöwe mit ihnen. Die erfahrene alte Löwin holte ihn ein. Sie fragte ihn: »Warum läufst du als Löwe vor mir davon? Wir sind doch von derselben Art.« Der Ziegenlöwe sah sie verständnislos an und meinte: »Ich habe gelernt, daß du unser Feind bist. Wie soll ich als Ziege mich denn gegen dich wehren?« Die alte Löwin schüttelte den Kopf: »Aber du bist doch ein Löwe!« – »Nein, nein«, meckerte der Ziegenlöwe, »ich bin eine Ziege, das weiß ich genau! Ich habe eine Ziege zur Mutter, ich fresse Gras. Ich war immer eine Ziege! Du willst mich durch deine Rede nur dazu bringen, dir zu vertrauen, damit du mich besser fressen kannst!« Da versprach die alte Löwin, ihm nichts zu tun, wenn er mit ihr an den Bach käme. Dort angekommen, sprach sie: »Sieh hinein ins Wasser, und sage mir, was du siehst!« Da sah sich der Ziegenlöwe zum erstenmal als Ebenbild der alten Löwin und war nun überzeugt davon, wirklich ein Löwe zu sein und keine Ziege.

Diese Fabel birgt, wie viele andere, eine große Wahrheit. Die göttliche Seele, mit all ihren Körpern, ist in der gleichen Lage wie der Ziegenlöwe. Sie lebt in der Herde Mensch. Sie bezeichnet sich als

Mensch. Wenn dieser Mensch seinen Nächsten fragt, wer er ist, so sagt ihm dieser, er sei Max oder Erika, ein Mensch, ein Mann, eine Frau usw. Du bist beschränkt in deinen Möglichkeiten, lebe wie wir als Mensch, tue dies und das, dann geht es dir gut. Die wenigen Weisen, die ihm die Wahrheit sagen, überhört er oder verfolgt sie als Feinde, aus Angst, sie könnten ihn seiner »geliebten« und gewohnten Umwelt entfremden. Er fühlt aber, daß es etwas anderes geben muß, daß das Leben leichter und schöner sein könnte, und er beginnt zu suchen. Ein Heer von Priestern, Gurus und »Heiligen« stürzt sich sofort auf ihn. Er glaubt ihnen, wenn sie sagen, daß sie ihn in den Himmel bringen könnten, wenn er nur schön demütig sei. Er glaubt und tut von nun an die unsinnigsten Dinge, um die ewige Glückseligkeit zu erlangen. Er hat nach und nach den Eindruck, ein kleiner, hilfloser Wurm zu sein, abhängig von der Gnade eines spirituellen Lehrers, Erlösers oder der Kirche. Man verspricht ihm, wenn er nach bestimmten Regeln lebe, den sofortigen Eingang in den Himmel, wenn er gestorben sei. Man bedroht ihn mit ewiger Verdammnis, sollte er die Regeln brechen, oder man sagt ihm, daß er noch nicht reif genug sei, wenn er mit einer Methode keinen Erfolg hat. Immer ist er schuld, immer hat er ein schlechtes Gewissen, und immer macht er etwas falsch. Am Ende legt er seinen Körper ab und steht vor dem Nichts. Er ist weder im Himmel noch in einer Hölle gelandet, sondern einfach nur auf einer anderen Bewußtseinsebene. Auf der Erde kann er inzwischen nicht einmal mehr reklamieren, denn sein physischer Körper, den er dafür benötigen würde, liegt auf dem Friedhof. Sollte er aber schon zu Lebzeiten dahinterkommen, in welchem ausgeklügelten Machtspiel er sich hier befindet und daß es sich bei den meisten Informationen im besten Falle um Halbwahrheiten handelt, weil er sich weiterentwickelt hat, so landete er früher in der Folterkammer oder auf dem Scheiterhaufen, es sei denn, er täuschte seine Umwelt und verbarg sein Wissen.

Der Vatani macht sich frei von Irrtümern und beengenden Lehren, die ihn gefangenhalten möchten. Er anerkennt bestimmte Regeln, die für das Zusammenleben in der Gemeinschaft notwendig sind. Er kämpft bei anderen nicht gegen Irrtümer an, weil sich dies nicht mit seinem Wissen um die Seele vereinbaren ließe. Er läßt jeder Seele die uneingeschränkte Freiheit, zu tun und zu lassen, was sie will. Er weiß, daß die Wahrheit auf allen Ebenen zu finden ist, unauffällig neben vielen Halbwahrheiten. Er weiß, daß jeder sie nehmen kann, ganz frei – und kostenlos. Seinen Begriff vom göttlichen ES läßt er sich nicht einengen von der Behauptung der Existenz eines barmherzigen, eines strafenden, eines verdammenden Gottes, von einem Himmel, einer Hölle oder gar der ewigen Verdammnis. Er erlaubt es sich, stolz zu sein darauf, daß er in der Lage ist, für sich persönlich einen Himmel oder, wenn er möchte, eine Hölle zu erschaffen.

Ein Vatani wird bei seinem Mitmenschen jede Regung in Richtung Wahrheit, jede Erfahrung, die ihn der Wahrheit näherbringt, unauffällig unterstützen. Er wird alles fördern, was den anderen in Richtung Selbständigkeit und Eigenverantwortung bringt. Er wird alles unterlassen, was dazu beitragen könnte, daß sich sein Mitmensch klein, hilflos und unbedeutend vorkommen muß. Dieses Verhalten zeigt er auch allen anderen Lebensformen gegenüber, mit denen er auf seiner Wanderung als Seele auf dem Weg zurück zur göttlichen Quelle in Kontakt kommt.

KAPITEL 2

DER LEBENSBAUM

Der Baum und seine Entstehung

Der Lebensbaum, der Grundplan des Vatan, ist ein Diagramm, um die Beziehungen und Wechselwirkungen des göttlichen ES und der Seele darzustellen. Es ist beinahe unmöglich, die Schönheit und Tiefe dieses wunderbaren Symbols auch nur in Grundzügen aufzuzeigen, ohne nicht in Resignation zu verfallen.

So wird denn seine Beschreibung auch eher einer technischen Abhandlung gleichen, die ganz einfach die Beziehungen in der Schöpfung nüchtern für den Verstand nachvollziehbar darlegt. Wir sind hier in der Lage des Malers, der in einer inneren Vision ein wunderbares Gemälde schafft. Nun versucht er, dieses, so gut er kann, auf die Leinwand zu übertragen. Resigniert muß er feststellen, daß das Bild, das er da malt, bei weitem nicht einmal einen Schatten seiner inneren Vision darstellt. Mag sein fertiges Gemälde am Ende noch soviel Begeisterung seiner Mitmenschen auslösen, er weiß, daß es weder die Farben noch die Technik dafür gibt, seine inneren Vorstellungen nach außen zu verlegen. So wurde im nordischen Kulturkreis auch immer versucht, dieses Wissen in Lehrgesängen, dichterisch auszudrücken. Die wunderbaren Lieder der *Edda* lassen uns noch erahnen, wie solche Versuche ausgesehen haben. Dabei müssen wir bedenken, daß die *Edda* erst im bereits christianisierten Island schriftlich aufgezeichnet wurde und deshalb auch nur noch Spuren der alten Lehre der Runenmeister enthält. Der größere Teil dieser Lieder bezieht sich auf die im Volke vorhandenen Gottesvorstellungen, die vor dem Christentum im Norden lebendig waren. In verschiedenen Teilen ist jedoch, wenn man die Kunst der Skaldendichtung versteht, die alte Lehre in klarer Deutlichkeit darin vorzufinden. Wir, die wir aus diesem zeitlosen Weistum heute Nutzen ziehen wollen, stehen vor der großen Aufgabe, die nüchtern erscheinende Abhandlung über den nordischen Lebensbaum wieder mit Leben zu erfüllen. Wir müssen Bezüge setzen zu unserem Leben und auch zur Schöpfung, wie wir sie von unserem Platze aus wahrnehmen. Wenn wir uns dieser Mühe nicht unterziehen, so muß das Ganze letztendlich eine reine Befriedigung des Verstandes ohne Vorteile für unsere Entwicklung bleiben.

Wir haben bereits erfahren, daß im Vatan davon ausgegangen wird, daß vom Kleinsten bis zum Größten alles nach dem gleichen Plan aufgebaut ist. Wenn wir also auch nur einen winzigen Teil oder Ablauf der Schöpfung betrachten, so finden wir darin das Ganze. Deshalb sind die Analogiegesetze unser wichtigstes Instrument, um Erkenntnisse zu erlangen.

Für unsere Ahnen waren die Naturgewalten unbegreifliche Erscheinungen höherer Mächte. Sie flößten ihnen größte Ehrfurcht ein. Feuer und Wasser waren für sie Träger des Lebens. So darf es uns nicht wundern, wenn die alte Lehre das Gegensatzpaar Feuer und Wasser als sichtbare Symbole für die göttliche Quelle und die von ihr getrennten Seelen nahm.

Wenn wir das Wechselspiel von Feuer und Wasser betrachten, so finden wir, daß Wasser Feuer auslöschen kann. Gleichzeitig wissen wir, daß Feuer aber auch Wasser, je nach Grad der Hitze, zum Verdunsten, Verdampfen oder Kochen bringt. Das Feuer mit seiner ihm innewohnenden Kraft betrachtete man deshalb als äußere Erscheinung der göttlichen Quelle. Das Wasser, das immer nach unten fließt, wurde hingegen, als aus dem Feuer austretend, sich immer mehr verdichtend, den Seelen gleichgesetzt. Dabei sah man die Zustände des Wassers – vom Dunst über Dampf zum Flusse, zum Schnee bis zum Eis – als Stufen an, die Seelen mit zunehmender Entfernung von der göttlichen Quelle durchmachen müssen. All dies diente zur Veranschaulichung eines Vorganges, von dem man wußte, daß er sich in der Schöpfung so abspielte.

Wenn wir nun das Feuer als Gott und das Wasser als die Seelen in der Dualität betrachten, sehen wir, daß die graduelle Abwesenheit Gottes, also des Feuers, bei den Seelen, dem Wasser, verschiedene Dichtigkeitsstufen hervorruft: je abwesender die Wärme, um so dichter die Erscheinung des Wassers – je stärker die Wärme, desto feiner das Wasser, bis es sich – für den Betrachter – ganz verflüchtigt. Nach Anschauung unserer Ahnen verzehrte das Feuer das Wasser, oder, umgelegt auf den

Abb. 1: Verschiedene Formen von Schneekristallen

Schöpfungsvorgang, die Seelen gingen wieder in die göttliche Quelle zurück. Bei fast gänzlicher Abwesenheit von Wärme verfestigt sich das Wasser zu Schnee oder Eis. Eis galt als Symbol für die totale Verstrickung der Seele in der Materie mit gänzlicher Unfreiheit, aus der nur Gott, das Feuer, die Seele wieder befreien konnte. Ein zusammenhängendes Stück Eis stand für den Verlust der Individualität, denn im Eise kann man keinen einzelnen Wassertropfen erkennen. Die Abwesenheit von Wärme erzeugt aber auch Schneekristalle, die bezeichnenderweise auch noch von oben, vom Himmel, kommen.

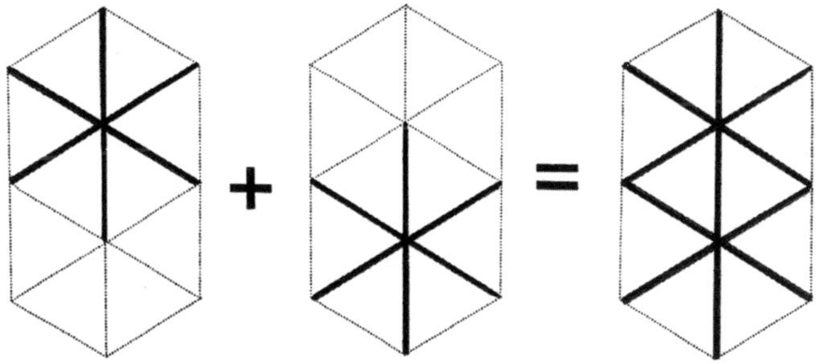

Abb. 2: Aus der sechsstrahligen Grundform zweier Schneekristalle ergibt sich eine Glyphe; sie wurde zur Grundlage der nordischen Religion und Philosophie

Heute wissen wir genau, wie so ein Schneekristall entsteht. Der Kondensationskern ist ein Staubkorn. Bei Minustemperaturen von 0 bis 40 Grad lagern sich in den Wolken immer mehr Kristalle an den Staubkern und bilden so den sechsstrahligen Schneekristall. Je nach den Bedingungen haben diese Kristalle verschiedene Formen, die jedoch alle sechseckig sind, weil die Wassermoleküle sich im Winkel von 120 Grad anordnen. Die Luftschichten, die sie auf dem Weg zur Erde durchqueren, haben alle verschiedene Temperaturen, so daß sich immer neue Anordnungen und Formen ergeben. Bei der Entstehung der Schneekristalle spielen so viele verschiedene Faktoren eine Rolle, daß nicht einmal die Wahrscheinlichkeit berechnet werden kann, wann zwei von ihnen total gleich ausfallen. Es ist durch die Vielfalt nicht möglich, ein richtiges mathematisches Modell für den Vorgang zu erstellen. Allein der Faktor Temperatur läßt schon Milliarden von Möglichkeiten zu. Deshalb wurde für die Seele – ganz gleich, in welchem Zustand und mit welchen Körpern sie sich in der Dualität befand – die Form des Schneekristalls als Grundsymbol gewählt (siehe Abb. 1).

Da nach der Anschauung der nordischen Weisen jedes Teil der Schöpfung gleich dem Ganzen ist, konnte man in der sechsstrahligen Form ohne weiteres einen Plan annehmen, der für die gesamte Dualität galt, worin auch das göttliche ES unsichtbar enthalten war.

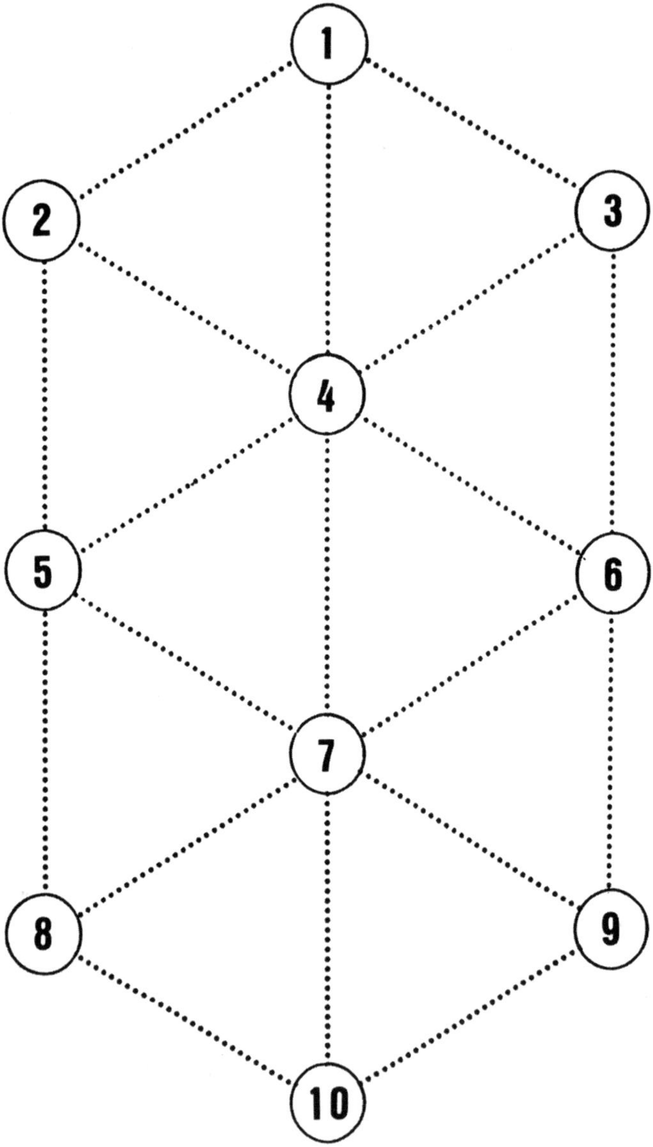

Abb. 3: Diagramm des nordischen Lebensbaumes

Abb. 4: Der Baum des Lebens

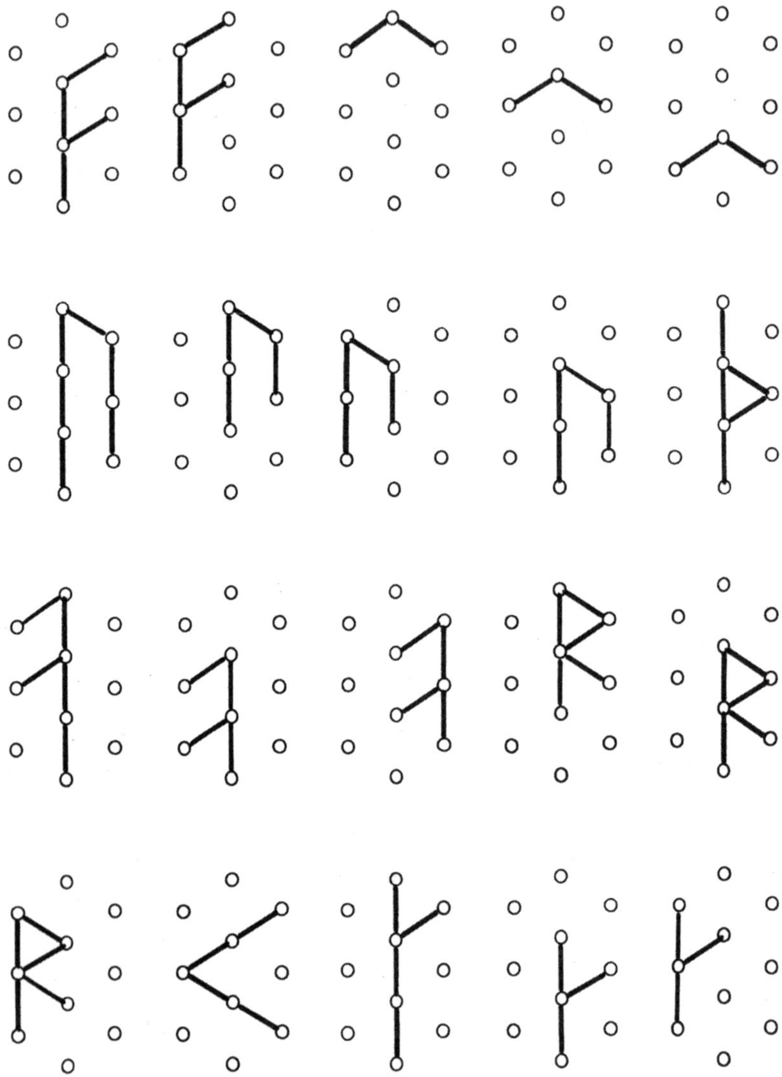

Abb. 5a: Alle Runen finden wir im nordischen Lebensbaum

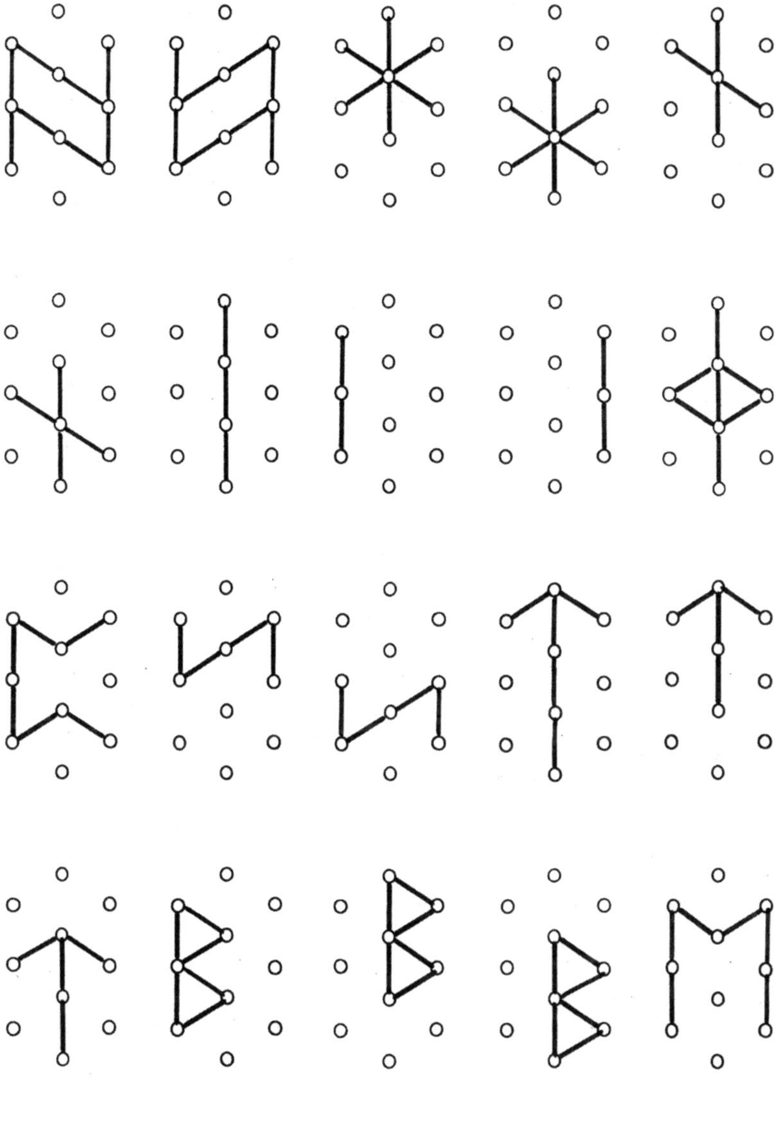

Abb. 5b

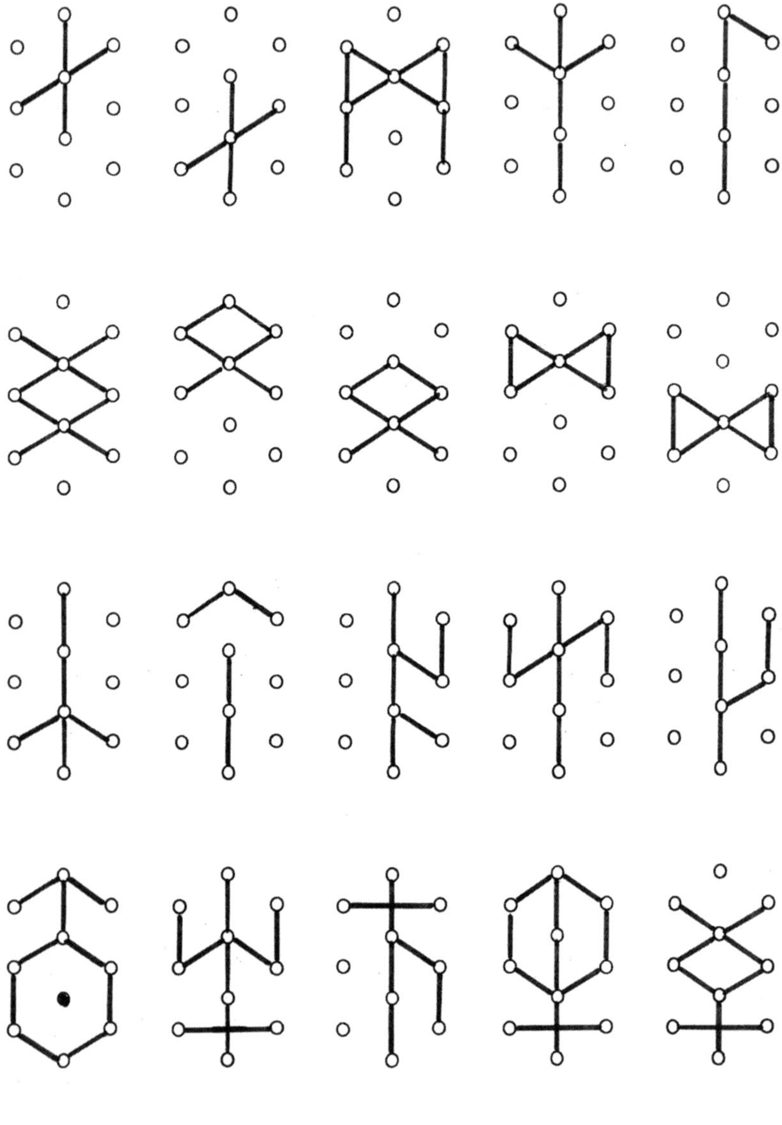

Abb. 5c

In der damaligen Zeit kannte man bereits verschiedene Arten von Zahlensystemen, wobei man das dekadische als göttlich betrachtete. Indem man nun zwei sechsstrahlige Formen übereinanderlegte, erhielt man ein Diagramm, das die zehn göttlichen Grundideen des dekadischen Zahlensystems erfaßte (siehe Abb. 2). Man hatte damit ein nach den Gesetzen der Analogie ideales Grundschema für Teile der Schöpfung, aber auch für die ganze Dualität gefunden. Indem man um das Diagramm weitere Verbindungen setzte, entstand der Lebensbaum (Abb. 3).

Wie ein Baum, der lebt, dessen Krone und Wurzel sich gleichen, so ist auch dieser Plan der Schöpfung oben und unten in genauer Balance. In der Lehre des Vatan nannte man den Plan deshalb den Baum des Lebens (siehe Abb. 4). Der Baum des Lebens zeigt zehn Punkte, die durch neunzehn Wege miteinander verbunden sind. Über jede dieser Verbindungen kann nach beiden Richtungen, von Zentrum zu Zentrum, Energie und Information laufen. Wenn wir aus dem Diagramm einen Teilablauf herausnehmen, so wird dies ein Zeichen aus mehreren Strichen, das uns an die alten nordischen Runen erinnert. Die Runen sind auch wirklich aus dem Lebensbaum entstanden. Sie waren ursprünglich Teildiagramme des Baumes mit genau definierten Aspekten des Lebens. Alles Leben entstand aus dem Wechselspiel der zehn göttlichen Grundideen. Eine Rune stellte also den Austausch von Energie und Information zwischen einzelnen Zentren im Baum graphisch dar. Man war so in der Lage, für alle Aspekte des Lebens – für jeden Ablauf, für jede Lebensäußerung in der Schöpfung – ein Symbol oder Diagramm aufzustellen. Sämtliche Runen, die wir kennen, finden wir im nordischen Lebensbaum, und alle sind mit dem entsprechenden Deutungsschlüssel auf ihre Qualität hin untersuchbar. Wir erwähnten bereits die altisländische Dichtung der *Edda*. Betrachten wir aus dieser Sammlung von Gesängen nun einmal Wotans Runenlied. Wir entnehmen dieses Lied dem Werk von Rudolf John Gorsleben, »Hochzeit der Menschheit«.[2]

Zum ersten Teil von Wotans bzw. Odins Runenlied: Die einzelnen Sätze sind numeriert, um danach besser darauf eingehen zu können. Die Entschlüsselung, die wir vorzunehmen gedenken, ist natürlich aus der

Sicht der Vatan-Runenmeister. Nach einer Einleitung kommt die Erzählerin darauf, was sie von Wotan/Odin gehört hat:

1. Ich weiß, wie ich hing am windkalten Baum neun eisige Nächte.

2. Vom Geere verwundet, dem Wotan geweiht: Ich selber geweiht mir selber.

3. Am mächtigen Baum, der dem Menschen verbirgt wo er den Wurzeln entwachsen.

4. Sie boten mir weder Brot noch Wein, da neigt' ich mich suchend hernieder.

5. Erkannte die Runen, nahm klagend sie auf, bis ich vom Baume herabsank.

6. Begann nun zu werden und weise zu sein, zu wachsen und wohl mich zu fühlen.

7. Am Worte entwickelte Wort sich um Wort und Werk sich am Werke zu Werken.

8. Nun weiß ich der Sprüche wie kein seherisch Weib und keines der Menschenkinder.

9. Und sind diese Sprüche dir Menschensohn auch auf lang hinaus unerlernbar:

10. Faß sie, erfährst du sie,

11. nutz sie, vernimmst du sie,

12. heil dir, behieltst du sie!

Die dann in dem Lied nachfolgenden Sprüche sind sehr klar. Sie entsprechen jedoch nicht, wie heute geglaubt wird, dem Runen-Futhork. Man hat die 16er-Runenreihe in neuer Zeit einfach um zwei Runen erweitert und den achtzehn Versen des Runenliedes gleichgesetzt. Bei diesen Versen handelt es sich um die Nennung von Beispielen, was man mit den Runen alles bewerkstelligen kann, jedoch nicht um die entsprechenden Qualitäten der Runen.

Die Zahlen der nachfolgenden Kommentare entsprechen obiger Numerierung des Runenliedes:

1. Ein Runenmeister berichtet, wie er an den Lebensbaum gefesselt hängt. Dieser Baum befindet sich in der Dualität, die im Diagramm bei Punkt 2 beginnt. Es handelt sich um keinen angenehmen Platz, da es kalt und eisig ist. Hier wird auf die bereits besprochene Symbolik des Wassers Bezug genommen. Je weiter wir von der 1 im Baume in Richtung 10 kommen, um so kälter wird es im übertragenen Sinne für die Seele, bis sie sich mit anderen Seelen in der Materie verstrickt, total unfrei, zu Eise erstarrt. Die neun eisigen Nächte sind eine bildliche Umschreibung, oder Kenning, wie die Skalden sagen, für die neun Punkte des Baumes von 2 bis 10.

2. Er hat eine Wunde, die von einem Speere herrührt. Geer oder Ger ist das alte Wort für Speer. Hier steht das Wort als Kenning für den Phallus, den man auch als Symbol für den Grundtrieb der Seele, mehr Wissen zu erlangen, schöpferisch tätig zu sein, Macht und Weisheit zu erringen, verwendete. Dieser Trieb läßt dem Menschen keine Ruhe. Man kann ihn als schmerzhaft empfinden wie eine offene Wunde. Dieser Mensch hat sich dem Vatan geweiht. Vatan und Wotan bedeuteten ursprünglich dasselbe. Wir hören, daß dieser Mensch dies für sich tut. Als Teil des Ganzen tut er es jedoch auch für das Ganze.

3. Der Lebensbaum ist dem unwissenden Menschen verborgen. Er weiß nicht, wo seine Wurzeln sind, wenn er nicht sucht und das Rätsel für sich löst. Der Urgrund der Schöpfung ist dem Menschen verborgen.

4. Niemand half mir. Niemand gab mir Brot (äußeres Wissen) noch Wein (innere Belehrung). Da wurde ich selbst aktiv und begann zu suchen.

5. Endlich erkannte ich die Zusammenhänge. Ich beschäftigte mich unter sehr viel Mühen damit, bis ich es schaffte und mich von der Dualität (dem Baume) lösen konnte.

6. Er entwickelte sich und erweiterte sein Bewußtsein immer mehr. Dabei ging es ihm immer besser.

7. Die Erwähnung der Worte bezieht sich auf gewisse Möglichkeiten und Arbeiten mit dem Baume und den Runen, worüber wir noch mehr im Laufe dieses Buches erfahren werden. Auch die nächste Zeile bezieht sich darauf.

8. Einzelne Teildiagramme, also Runen, symbolisierten bestimmte Lebensprinzipien und ihre Auswirkungen auf den einzelnen Seinsebenen. Dies wurde von den Skalden oft in Sprüchen formuliert, welche der Studierende als Fingerzeige erhielt. Diese Sprüche kennt er nun perfekt. Mit anderen Worten, er kennt nun alle Aspekte des Lebens. »Seherisch Weib« ist ein Kenning für Menschen mit einem weiten Bewußtsein, die jedoch die Dualität noch nicht überwunden haben. Seelen, die noch in der Dualität auf irgendeiner Stufe weilten, bezeichnete man oft als weiblich – im Gegensätze zur göttlichen Quelle, die man als männlich ansah. Man sagte: »Wie eine Frau nach dem Manne, so sehnt sich die Seele nach Gott!« Dies natürlich nur im übertragenen Sinne. Hier mag der Verfasser bereits, wie in manchen Liedern der *Edda*, christliche Auffassungen mit eingebracht haben. Die weisen Frauen und Seherinnen unserer Ahnen standen in höchstem Ansehen und waren alle runenkundig. Sie verwendeten für ihre Seherfähigkeit immer das große Runenorakel, welches voraussetzte, daß man sowohl den Lebensbaum als auch die Runen kannte.

Dem Verfasser der *Edda* muß man jedoch zugute halten, daß er die des Vatan unkundigen Menschenkinder nochmals extra erwähnt.

9. Es dauert oftmals sehr lange, bis man an die Wahrheit herankommt. Es kann viele Leben lang dauern.

10. Wenn man die Wahrheit aber erfährt, sollte man sich ihr auch öffnen.

11. Man sollte an sich arbeiten, wenn man erfahren hat, wie.

12. Alles Heil erhalten wir, wenn wir uns nicht ablenken lassen oder die Wahrheit gar wieder verlieren.

Aus der Sicht des Vatan gibt es kaum eine kürzere und klarere Beschreibung des Runenweges. Wir können dieses Lied jedoch erst entschlüsseln, wenn wir die Dichtkunst der Skalden und das Wissen der Runenmeister verstehen. Die Skalden kannten sowohl den Baum als auch die Runen einschließlich aller Göttervorstellungen des Nordens. Viele Runenmeister waren auch Dichter und Sänger. Neben dem Stabreim ist die Kenning ein besonderes Merkmal der Skaldendichtung.

Eine Kenning ist eine bildliche Umschreibung, die nur enträtselt werden kann, wenn man alle Zusammenhänge genau kennt. So wurde z. B. Wotan oft mit der Kenning »der Einäugige« umschrieben, weil er nur ein Auge besaß. Es gibt noch weitere Lieder in der *Edda*, die eben so Vatan-Wissen enthalten.

Hier wären beispielsweise der »Zaubergesang der Groa« und das »Fjölswinnlied« zu nennen. Im Fjölswinnlied finden wir das sich auf der Wanderschaft befindliche Ich als jungen Mann mit dem Namen Swipdag wieder. Die Seele ist seine Geliebte, die Menglöd heißt. Sie wird von einem Wächter und zwei Hunden bewacht. Es gibt außerdem noch Zäune, Mauern und viele sonstige Hindernisse um die Seele, die die Vereinigung mit ihr erschweren. Der Lebensbaum wird in diesem

Lied *Mimameid* genannt. Es wird betont, daß die Menschen nicht wissen, wo seine Wurzeln sind.

Die Zentren 2 bis 10 im Baume werden als neun Mädchen dargestellt, die zu Menglöds Füßen sitzen. Auch die zwölf astrologischen Zeichen werden verschlüsselt angesprochen. Für Wissende mit dem Schlüssel der Runenmeister ist die *Edda* eine kleine Schatzkammer, welche aber ohne diesen Schlüssel verschlossen bleibt.

Der kleine Schlüssel zum Lebensbaum

Das Diagramm des Baumes als analoger Grundplan der Schöpfung ist einfach und zugleich auch sehr kompliziert. Einfach deshalb, weil in ihm mit wenigen Elementen alle wesentlichen Zusammenhänge in der Dualität dargestellt werden können. Kompliziert deshalb, weil sich daraus eine beinahe unüberblickbare Zahl von Möglichkeiten und Kombinationen ergeben kann. Für eine Weiterentwicklung nach dem Weg der Runenmeister würde dieser nachfolgende Schlüssel vollauf genügen. Es läßt sich jedoch kaum vermeiden, daß unser Verstand immer noch mehr wissen will, weiterforscht und zu allerlei Spekulationen fähig ist. Deshalb müssen wir dem Verstande etwas die Zügel anlegen, sonst kann es leicht geschehen, daß wir irgendwann einen Wald vor uns haben und den so wichtigen Baum nicht mehr sehen.

Es ist selbstverständlich, daß eine Beschäftigung mit dem Baume nicht Selbstzweck sein darf. Dies brächte uns nicht sehr weit. Wir würden dadurch zwar sehr wissend, jedoch kaum weise. Wissen ist nur wertvoll, wenn wir imstande sind, dieses auch ins praktische Leben umzusetzen. Wissen alleine kann in bezug auf das Ganze immer nur ein Teilaspekt sein, den wir nicht überbewerten sollten.

Noch etwas müssen wir uns immer vor Augen halten. Der Lebensbaum als solcher ist nicht das Leben. Er ist lediglich ein Plan und Wegweiser, vergleichbar einer Landkarte, die uns nicht davon entbindet, auch tatsächlich in das betreffende Land zu reisen, wenn wir es wirklich kennenlernen und erfahren wollen.

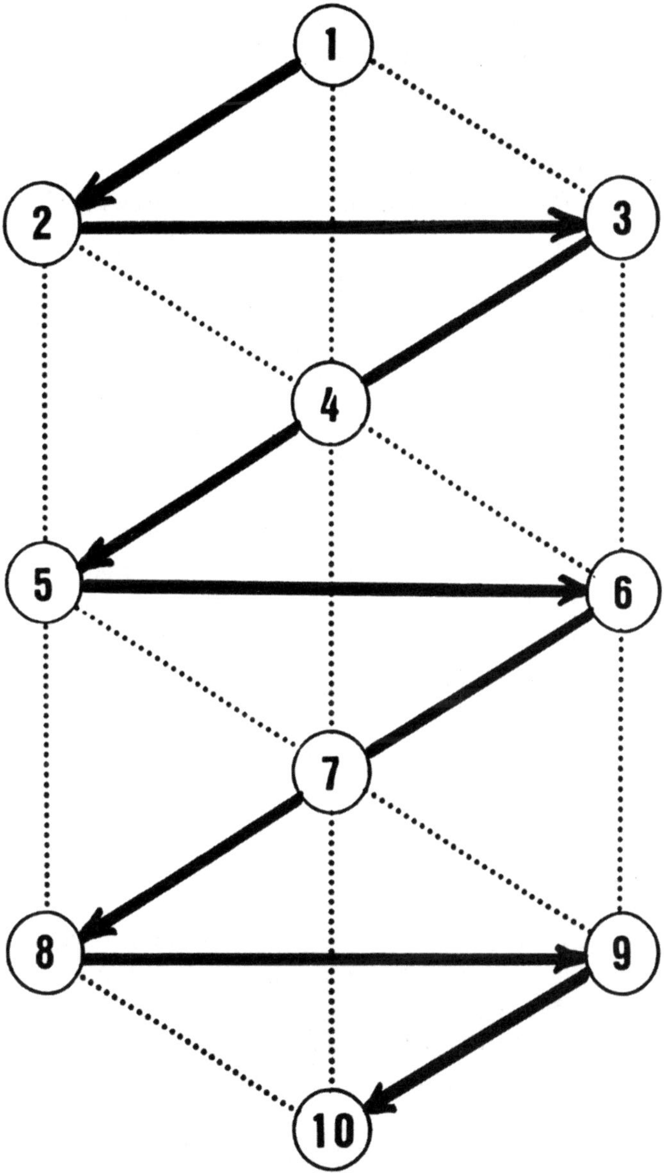

Abb. 6: Die zehn Prinzipien sind durch eine Linie verbunden

In Abbildung 6 sehen wir, daß die uns schon bekannten zehn Prinzipien oder Zentren des Baumes mit einer Linie in der Reihenfolge der Zahlen verbunden sind. Sie stellen Urideen dar, die sowohl als Qualität wie auch als Quantität eine Bedeutung haben. Im nachfolgenden Beispiel werden wir dies verdeutlichen. Wir verfolgen dabei eine Idee von ihrer Geburt bis zu ihrer Verwirklichung. Das göttliche ES gibt an die 1 des Baumes ein Teilchen, eine Idee ab. Die 1 als Seele muß dafür empfänglich sein. Wenn diese Idee von der Seele angenommen wird, ist sie geboren. Diese Idee durchläuft nun im Idealfalle den ganzen Baum bis zum Zentrum 10. Als erstes jedoch kommt sie nun zu Punkt 2. Hier muß diese Idee die erste Hürde nehmen. Wir treffen an dieser Stelle eine Vorentscheidung, ob sie grundlegend für unser Leben annehmbar ist. Eine derartige Entscheidung bezieht sich normalerweise auf das Prinzip des Überlebens in der Dualität. Bei positiver Entscheidung geben wir sie an Punkt 3 weiter. Hier erfolgt eine aktive Entschlußfassung, diese Idee zu verwirklichen. Auf Punkt 2 prüften wir, ob die Idee gut und für uns nützlich ist. Im Zentrum 4 erfolgt eine weitere Prüfung. Hier befinden sich alle Erfahrungen mit allen Ideen, die wir jemals hatten. Durch Vergleiche bekommt sie nun eine für unsere Persönlichkeit annehmbare Gestalt. Im Zentrum 5 wird die Idee an unser bisheriges Leben und unsere Umwelt harmonisch angepaßt und modifiziert. Hier wird schon an der Verwirklichung gearbeitet. Dabei benötigen wir ein bestimmtes Quantum an Energie, das durch das 6. Zentrum zur Verfügung gestellt und eingesetzt wird. Das verwirklichte Resultat unserer Idee haben wir auf Punkt 7.

Damit könnten wir nun zufrieden sein. Im Zentrum 8 jedoch erfolgt wieder eine Überprüfung in bezug darauf, ob das Resultat gut oder nicht so gut ist. Hier versuchen wir meistens, das Ganze zu verschönern oder zu verbessern, um dann im Zentrum 9 alles zu überdenken. Was kann vereinfacht werden? Wie hätte sich alles besser realisieren lassen? Hier wird spekuliert, kombiniert, umgeplant und weitergedacht. Auf Punkt 10 schließlich lösen wir uns von dem Resultat bzw. der verwirklichten Idee. Sie fasziniert uns nicht mehr. Es kann jedoch sein, daß sich bereits in der 10 eine neue Idee aus der 0 zur 1 vorbereitet, die dann natürlich einen neuen Kreislauf beginnt.

Nicht alle Ideen erreichen das Zentrum 10. Viele bleiben in irgendeinem Zentrum stecken. Viele regen auf dieser Wanderung zu neuen Ideen an, welche wieder mit der 1 beginnen. In unserem persönlichen Lebensbaum sind immer eine ganze Reihe solcher Ideen gerade unterwegs. Sie laufen parallel, beeinflussen sich gegenseitig, können sich natürlich auch behindern. Eine kann eine andere an jedem Punkt ablösen. Viele bleiben bereits im Zentrum 4 hängen, weil frühere Erfahrungen negativer Art uns zweifeln lassen, ob eine Verwirklichung überhaupt möglich ist. Im Zentrum 6 stellen wir manchmal fest, daß wir uns übernommen haben und eine Weiterverfolgung unsere Kraft übersteigt. Dieser zehnstufige Ablauf kann als stets gültig betrachtet werden. Er ist als Grundmuster in uns vorhanden. Er hat sich verfestigt und ist nicht nur im Menschen, sondern in allen Lebensformen nahezu gleich. Man kann sogar sagen, daß dieses Muster als Grundlage für die Seele dient, um sich Körper als Werkzeuge für jede Seinsebene zu schaffen.

Ein universell anwendbares Symbol muß natürlich Begriffe und Qualitäten beinhalten, die sich auch wirklich auf alles übertragen lassen. Wir stehen deshalb vor der Aufgabe, die zehn Punkte oder Stufen mit universellen Begriffen zu versehen. Im Baum gibt es zwei Zahlenreihen. Die geraden Zahlen 2, 4, 6, 8, 10 und die ungeraden 1, 3, 5, 7, 9. Die geraden Zahlen befinden sich in Balance. Es sind immer zwei Paare. Die 2 = 1 + 1, die 4 = 2 + 2, die 6 = 3 + 3, die 8 = 4 + 4 und die 10 = 5 + 5. Symbolisch betrachtet, benötigt jede dieser Zahlen eine weitere 1, um aus dem Gleichgewicht zu kommen. Wir können auch sagen, daß erst ein Impuls von außen in diesen Zentren eine Bewegung entstehen läßt. Man bezeichnet deshalb die Zentren mit geraden Zahlen als Passiv. Die Zentren mit ungeraden Zahlen beinhalten immer eine passive Zahl und eine 1 als zusätzlichen Impuls. Die 1 stellt den reinen Impuls dar. Es ist also immer die 1, die Seele, die in jedem Zentrum des Baumes zu einer Bewegung oder Veränderung anregt. Die Zentren mit ungeraden Zahlen bezeichnen wir als Aktiv.

Die passiven Zentren des Baumes stellen Erfahrungsspeicher für die Seele dar:

Speicher 2: Grunderfahrungen, die sich aus der Konfrontation der Seele mit der Dualität ergeben.

Speicher 4: alle Erfahrungen, die sich aus Aktion und Reaktion der Seele in der Dualität ergeben.

Speicher 6: alle Erfahrungen der Seele mit Eigen- und Fremdenergie.

Speicher 8: alle Erfahrungen, die sich speziell auf die Konfrontation zwischen Plus und Minus, Aktiv und Passiv, Mann und Frau beziehen.

Speicher 10: alle Erfahrungen, die sich auf das Leben in der Gruppe, in biologischen Zusammenschlüssen und in komplexen biologischen Systemen ergeben.

Auf diese Speicher greift die Seele zurück, wenn sie einen neuen Impuls in allen Seinsbereichen startet. Beispielsweise wird aus einer Erfahrung im Speicher 2 mit einer 1, einem Impuls, eine neue Aktion. Anders ausgedrückt: Aus dem, was wir haben, mit einem seelischen Impuls entsteht eine Aktion, daraus eine neue Situation, die wieder als Erfahrung gespeichert wird. Drücken wir es noch einfacher aus: haben + tun = sein. Hier finden wir wieder die Grundeigenschaften der Seele, die alles haben, alles tun und alles sein kann. Haben + Tun = Sein ist der grundlegende Zyklus, der in der Dualität zu finden ist.

Halten wir noch einmal fest, daß die 1 den reinen Impuls darstellt. Die 1 als Seele ist an allen Zahlen beteiligt, da sie alle aus einer Summe von Einsen bestehen. Wir finden die 1 in den Erfahrungsspeichern passiv vor und in den Aktionszentren aktiv. Aktions- und Erfahrungszentren wechseln sich in der Reihe 1 bis 10 laufend ab. Wir formulieren jetzt die Aktionszentren und beziehen dabei die Erfahrungszentren gleich mit ein:

Zentrum 1: die Seele als Grundimpuls und eigentlicher Mensch. Sie hat alles, also alle Aktions- und Erfahrungsmöglichkeiten, in sich.

Zentrum 2: Erfahrungszentrum der Dualität.

Zentrum 3: Aktionszentrum mit dem Drang, durch Aktion das bewußte Sein zu verändern.

Zentrum 4: Erfahrungszentrum aller bisher eingenommenen Bewußtseinszustände in der Dualität.

Zentrum 5: Aktionszentrum mit dem Drang, sein Bewußtsein harmonisch in die Gesamtheit der Dualität einzuordnen.

Zentrum 6: Erfahrungszentrum mit dem Wissen über Eigen- und Fremdenergie.

Zentrum 7: Aktionszentrum mit dem Drang zum Sonderdasein als Individualität, als auf das Überleben eingerichtete funktionierende Einheit.

Zentrum 8: Erfahrungszentrum mit allen Bewußtseinszuständen, die sich aus dem Sonderdasein als Individualität und aus der Interaktion mit anderen Individualitäten ergeben haben.

Zentrum 9: Aktionszentrum mit dem Drang, Informationen und Fakten zu sammeln und zu kombinieren.

Zentrum 10: Erfahrungszentrum mit dem Wissen um das Zusammenspiel von Gruppen, biologischen Einheiten (z. B. Zellverbänden) usw.

Wir wollen jetzt versuchen, aus obigem für jedes Zentrum bzw. dessen (Qualität einen allgemeingültigen Oberbegriff zu finden (die Komplexität eines einzelnen Zentrums macht eine Generalisierung allerdings fast unmöglich):

Zentrum 1: Aktiv, Impuls (sein)
Zentrum 2: Passiv, Statik (haben)
Zentrum 3: Aktiv, Dynamik (tun)
Zentrum 4: Passiv, Kausalität (Ursache-Wirkung)
Zentrum 5: Aktiv, Harmonie (Ordnung)
Zentrum 6: Passiv, Energie (Kraft)
Zentrum 7: Aktiv, Ego (Individualität)
Zentrum 8: Passiv, Affinität (Anziehung-Abstoßung)
Zentrum 9: Aktiv, Intellekt (Verstand)
Zentrum 10: Passiv, Instinkt (Gefühl)

In den Überlieferungen wurden diese Begriffe für die einzelnen Zentren poetisch umschrieben. Das Zentrum 4 bezeichnete man da als »Wächter«. Diesen Wächter galt es zu überwinden, bzw. die Seele mußte sich mit ihm auseinandersetzen. In unsere Zeit übertragen, heißt das, erst wenn die Gesamtheit der Erfahrungen in der dualen Schöpfung ein wirklich Ganzes bildet, ist es möglich, in Richtung göttlicher Quelle weiterzuschreiten. Das Zentrum 5 nannte man »der Friedvolle«. Damit war die harmonische Ordnung als Voraussetzung für den Frieden gemeint. Die 7 nannte man z. B. den »Sieger«, das Zentrum 8 galt z. B. bei den Griechen als »Eros«.

Im Verhältnis der Seele zu den Zentren 2 bis 10 müssen wir berücksichtigen, daß diese die absolute Freiheit hat, sich mit einem oder vielen dieser Zentren mehr oder weniger stark zu identifizieren, was auch viele Leben hindurch geschieht. Mit zunehmender Entwicklung des Bewußtseins kommt dieser Prozeß jedoch immer mehr in Balance, was bewirkt, daß der Seele dann alle Zentren bewußt sind, ohne daß sie sich mit ihnen identifizieren muß.

Die Mathematik des Baumes

Normalerweise verwenden wir Zahlen in unserem Leben nur quantitativ. Man zählt und rechnet mit ihnen. Da jede Zahl, wie wir wissen, auch eine Qualität besitzt, kombinieren wir jetzt die quantitative und die qualitative Betrachtungsweise. Das Wort Mathematik braucht dabei niemanden zu erschrecken. Was man dafür benötigt haben wir alle in der Schule gelernt. Bei der Betrachtung des Baumes (siehe Abb. 6) vergegenwärtigen wir uns noch einmal, was wir inzwischen kennen. Der Baum hat zehn Zentren, die alle miteinander auf verschiedene Weise verbunden sind. Jede dieser Verbindungen kann man als Kommunikationsweg betrachten, über den zwei Zentren informationsgeladene Energieeinheiten austauschen. Dabei gelten bestimmte Regeln. Grundsätzlich geben aktive Zentren etwas ab, passive Zentren nehmen etwas auf. Es besteht ein ständiger Fluß zwischen den Zentren, d. h. der Baum lebt. Man könnte natürlich jeden Punkt des Baumes mit jedem verbinden. Jedoch nur die eingezeichneten Verbindungen kann man als harmonisch betrachten. Warum dies so ist, werden wir noch feststellen. Was wir jetzt lernen, ist sehr leicht, wenn auch etwas ungewohnt. Wir rechnen mit den zehn Zahlen und kombinieren gleichzeitig die sie darstellenden Urideen. Damit können wir tiefer in die inneren Bezüge des Baumes eindringen:

Zentrum 2 = Statik
\+ Zentrum 3 = Dynamik
= Zentrum 5 = Harmonie

Das Wechselspiel von Statik und Dynamik ergibt Harmonie.

Zentrum 1 = Impuls
\+ Zentrum 2 = Statik
= Zentrum 3 = Dynamik

Aus diesen zwei einfachen Beispielen ist ersichtlich, was mit quantitativer und qualitativer Verwendung von Zahlen gemeint ist. Nach diesem Prinzip können wir den ganzen Lebensbaum auf seinen inneren Aufbau untersuchen. Durch Addition der Zahlen 1 bis 10 erhält man natürlich auch zweistellige Ergebnisse. Nehmen wir als Beispiel die Zahl 42. Sie setzt sich zusammen aus 40 und 2. In unserer besonderen Art zu rechnen reduzieren wir alle Zahlen auf die zehn Grundzahlen. Die Zahl 40 besteht aus 4 Einheiten à 10. Ob wir nun

40 mit 4 Einheiten à 10,
400 mit 4 Einheiten à 100 oder
4000 mit 4 Einheiten à 1000 haben, wir reduzieren jede mehrstellige Zahl auf die Grundzahlen von 1 bis 10. Die Zahl 4521 kann man z. B. folgendermaßen betrachten:

4000 = 4 Einheiten à 1000
500 = 5 Einheiten à 100
20 = 2 Einheiten à 10
1 = 1 Einheit à 1

4521 = 4+5+2+1=12, 1+2=3

Wir sagen also, die Zahl 4521 hat in sich den Grundwert 3. Hier haben wir eine Methode, mit Zahlen die uns bereits bekannte Grundregel, daß ein Teil gleich dem Ganzen oder das Ganze gleich dem Teil ist, nachzuvollziehen. Die erste zweistellige Zahl, die 10, enthält die 0 und die 1. Sie ist die einzige Zahl, die man nicht auf eine Stelle reduziert. Wir sind uns aber immer bewußt, daß sie den Endpunkt des Baumes darstellt und in ihr bereits wieder der Übergang von der Null zur Eins enthalten ist.

Wir sollten uns über diese eigentümliche Art zu rechnen nicht zu viele Gedanken machen. Die Praxis bringt uns stets mehr Klarheit – hier ein Beispiel mit der Zahl 49:

Zentrum 4 = Kausalität
\+ Zentrum 9 = Intellekt
= 13 = Impuls + Dynamik
= Zentrum 1 + 3 = 4 = Kausalität

Dieses Beispiel ist deshalb interessant, weil wir, trotz Addition wieder bei der Kausalität, dem Zentrum 4, angelangt sind. Im Baum besteht keine direkte Verbindung zwischen den Zentren 4 und 9. Wenn man sie addiert, so befindet man sich über die Quersumme 1+3 wieder im Zentrum 4. Die Zentren 4+9 im Zusammenspiel bringen keine Veränderung. Dies zeigt, daß durch das Sammeln und Kombinieren von Daten und Fakten (9) der Speicher 4 (= Kausalität = alle Erfahrungen in der Dualität) keine neue Erfahrung erhält. Einfach gesagt, durch Benutzung des Verstandes allein machen wir keine wirkliche Erfahrung, die es wert wäre, im Zentrum 4 gespeichert zu werden. Wir hatten bei unserer Rechnung 4+9 die Quersumme 13. Dies ist, in Qualitäten ausgedrückt, 1 = Impuls und 3 = Dynamik. Hier sehen wir, was zwischen 4 und 9 wirklich geschieht. Wir holen aus unseren Erfahrungen im Zentrum 4 neue Impulse und Ideen und bringen sie im Zentrum 9 durch Kombination in Verbindung. Wir treiben damit Theorie, die zwar in der 9 neue Erkenntnisse bringen, aber das Leben an sich nicht berühren kann. Im Zentrum 4 werden nur Erfahrungen gespeichert, die inkarnationsübergreifend von Wert für die Seele sind.

Dieses Beispiel, ganz gleich, ob es sofort verstanden wird, war eigentlich ein Sprung ins kalte Wasser. Es sollte zeigen, daß es schon Gründe hat, wenn im Baume bestimmte Zentren nicht verbunden sind. Es ändert aber nichts daran, daß wir im Leben von uns aus solche Verbindungen laufend herstellen. Solche Verbindungen können jedoch nur auf Umwegen den harmonischen Entwicklungsprozeß fördern. Viel öfters wird er dadurch behindert. Auch die Verbindungen 2 + 7, 3 + 6 und 4 + 5 ergeben eine 9. Davon besteht z. B. keine Verbindung im Baume zwischen 2 und 7. Diese Verbindung würde wieder nur im Intellekt, der 9, etwas verursachen und dort in der Theorie steckenbleiben. Das Zentrum 9 ist notwendig für die Entwicklung, aber nur in Verbindung mit bestimmten anderen Zentren. Auch dieses Buch enthält Daten und Fakten. Durch Lesen fügt sie jeder den im Zentrum 9 seines Baumes befindlichen Daten hinzu. Dadurch entsteht in diesem Zentrum Bewegung. Die Informationen sind jedoch für unsere Entwicklung wertlos, wenn wir sie nicht mit Leben füllen, d. h. in die Praxis umsetzen. Wir alle kennen den Theoretiker, der viel über das Leben weiß, aber seine Probleme praktisch nicht lösen kann. Die hier gezeigte Methode wird in der Praxis selten gebraucht. Nur wenn unsere Neugierde uns plagt und wenn wir wissen wollen, wie und warum sich etwas so oder so ergibt, greifen wir darauf zurück. Sie ist eine ausgezeichnete Methode, unserem Verstande die Einheit der Schöpfung und die gegenseitigen Abhängigkeiten in den dualen Welten klarzumachen. Für uns ist es wichtig, daß der Lebensbaum mit allen Grundprinzipien und Verbindungen ein in sich harmonisches Ganzes darstellt. Wenn wir es unserem kritischen Verstande beweisen wollen, werden wir diese Methode anwenden. Dabei werden wir feststellen, daß sie manchmal recht hohe Anforderungen an unseren Intellekt stellt.

Die Körper und ihre Seinsebenen

Für die Runenmeister stellt die Struktur des Lebensbaumes den Grundplan der Schöpfung sowohl im großen als auch im kleinen dar. Der Mensch hat seit Urzeiten versucht, Ordnung in das vermeintliche Chaos der Schöpfung zu bringen. So finden wir auch in allen Kulturen und Weltanschauungen verschiedene solcher Ordnungssysteme vor. Solche Systeme oder Grundpläne haben als Basis immer eine besondere Betrachtungsweise des Ganzen. Von jedem Bewußtseinszustand aus muß sich die Schöpfung anders zeigen. Trotz dieser vielfältigen Betrachtungsstandpunkte können wir aber feststellen, daß gewisse Parallelen immer vorhanden sind. Es sei denn, ein reiner Theoretiker hat so einen Plan aufgestellt. Alles, was jenseits des physischen Bewußtseins ist, bezeichnet man durch den Einfluß christlicher Denkweise zumeist als Himmel oder auch als Hölle. Der Baum zeigt uns sieben generelle Teilungen jenseits der physischen Materie. Sie unterscheiden sich auf natürliche Weise voneinander. Den tiefen Einfluß dieser Einteilung finden wir immer noch in Sagen, Mythen und Märchen vor. Die sieben Teile stellen in sich ganze Welten und Seinsebenen dar. Wenn wir in Märchen hören, daß hinter sieben Bergen oder Tälern irgend etwas Wertvolles oder Geheimnisvolles zu finden ist oder wohnt, können wir mit Sicherheit annehmen, daß es sich um die vorliegende Einteilung handelt.

Von Verliebten sagt man, daß sie im siebten Himmel sind. Das heißt mit anderen Worten, daß zwei Seelen, die Gefallen aneinander gefunden haben, ohne Belastungen ihrer weiteren Körper Kontakt aufnehmen. Da im Laufe des Zusammenseins sich auch die verschiedenen Körper dieser Seelen treffen, kann der anfängliche Glanz und Zauber der Liebe im nachhinein getrübt werden. Auf der siebten Ebene, der Seelenebene, ist alles klar, rein und unbelastet. Die darunterliegenden Seinsebenen fordern jedoch mit der Zeit immer mehr Aufmerksamkeit, und dadurch steigt das Bewußtsein der Verliebten in Welten hinab, die durch ihre Dichtigkeit immer mehr Widerstände und Probleme bringen. Ideal wäre es, wenn das Paar die Hauptaufmerksamkeit auf der 7. Ebene, der Seelenebene, belassen und die unteren Bereiche als das betrachten würde, was sie in Wirklichkeit sind, nämlich untergeordnete Erfahrungsbereiche. Selbstverständlich kann es auch anders sein. Der erste Kontakt kann auch auf einer anderen Ebene erfolgen. Alle Paare, die sich erst einmal treffen, z. B. physisch, also sexuell, werden letztendlich, sofern sie zusammenleben, nach und nach ihre verschiedenen Körper anpassen und dann auf der 7. Ebene zusammenkommen (siehe Abb. 7). Normalerweise würde die Seele auf jeder dieser Ebenen einen Körper benötigen, um dort ihre Erfahrungen zu machen. In Wirklichkeit ist es jedoch so, daß die Seele als »Ich« für die 2., 3. und 4. Ebene nur einen Körper verwendet, den wir Mentalkörper nennen. Nachfolgende Aufstellung zeigt dies:

7. Ebene:	Seele (körperlos)
6. Ebene:	Archetypenkörper
5. Ebene:	Kausalkörper
4. Ebene:	Mentalkörper
3. Ebene:	Mentalkörper
2. Ebene:	Mentalkörper
1. Ebene:	Astralkörper

Alle diese Körper besitzen bestimmte Fähigkeiten und Funktionen und dienen der Seele auf der entsprechenden Ebene als Werkzeug. Neben dem physischen Körper nehmen wir, ohne entsprechende Entwicklung, nur noch den Astral- und den Mentalkörper wahr. Der erste Körper nach dem physischen ist der Astralkörper. Er ist u. a. auch der Sitz unserer Emotionen. Die 2., 3. und 4. Ebene ist der Wohnsitz unseres Mentalkörpers. Normalerweise befindet sich die Seele in Verbindung mit dem »Ich« auf der 3. Ebene. Im Wachzustand jedoch sinkt sie auf die 2. Ebene, welche wir als Oberbewußtsein bezeichnen. Hier denken wir und treffen uns mit anderen Mentalkörpern. Dabei gelten Sympathie und Antipathie als Gradmesser für die Verbindungen, die wir mental eingehen. Wenn wir schlafen, wechselt die Seele mit dem Mentalkörper vom Oberbewußtsein auf der 2. Ebene in das Unterbewußtsein auf der 4. Ebene. Dort ordnen sich unsere äußeren, täglichen Erfahrungen harmonisch ein. Wichtige Erlebnisse werden umgewandelt und an das Zentrum 4 weitergegeben. Wir verarbeiten so alle Tageserlebnisse nachts im Schlaf, wenn wir träumen. Auf dieser Ebene wird auch der Energiehaushalt wieder in Ordnung gebracht. Das wirkt sich bis in den physischen Zellbereich aus. Wachen und Schlafen sind also Verlagerungen der Aufmerksamkeit der Seele im Mentalkörper zwischen der 2. und 4. Seinsebene.

Die 5. Seinsebene mit dem Kausalkörper beinhaltet alle Erfahrungen, die wir in unzähligen Inkarnationen und Lebensformen gemacht haben. Auch vererbte Muster sowie Erfahrungsmuster der ganzen Menschheit und aller Formen, die die Seele auf ihrer Wanderung bisher eingenommen hat, sind hier gespeichert. Manche »Weise« haben diesen Körper

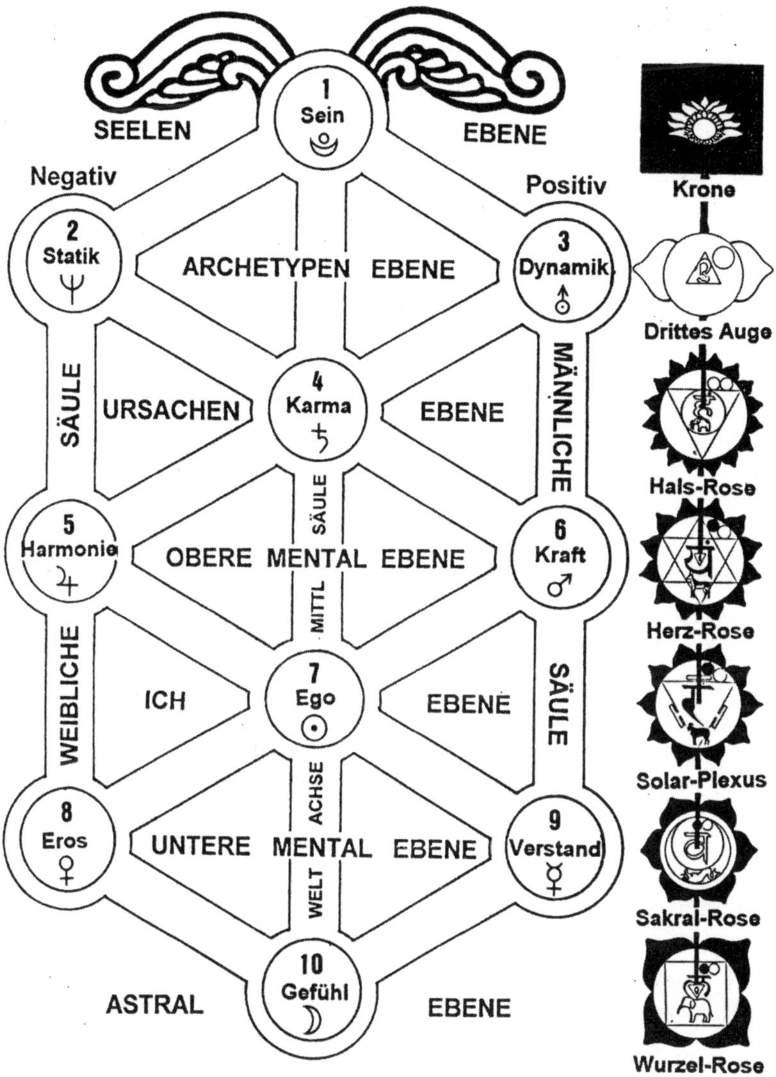

Abb. 7: Der Lebensbaum des Vatan mit den wichtigsten Entsprechungen

bzw. diese Ebene in Verkennung der Wahrheit den Müllhaufen der Schöpfung genannt. Auf der 6. Ebene, der Archetypenebene mit ihrem Körper, finden wir die Urformen und Basismuster, die Baupläne für das gesamte Leben in allen dualen Bereichen vor. Die Hauptgrundformen sind hier männlich und weiblich. Dies bezieht sich nicht nur auf den Menschen, sondern ebenso z. B. auf den Elefanten, die Ameise, die Amöbe oder die Brennessel. Auf der 7. Ebene finden wir den Aufenthaltsort der Seele ohne ihre Körper. Sie ist hier als Individualität vorhanden.

Manche Weisheitsschulen nehmen statt sieben nur fünf Ebenen an, da sie die 2., 3. und 4. Ebene zusammenfassen. Dadurch bezeichnen sie die Seelenebene als die 5. In der Wissenschaft des Vatan verwendet man die alte originale Einteilung. Alle diese Ebenen sind ganze Welten für sich. Ihre Größe und Schönheit im Vergleich zur physischen Ebene spottet jeder Beschreibung. Jede dieser Welten hat einen bestimmten generellen Bewußtseinszustand, der jedoch unzählige Variationen aufweist. Auch unser jeweiliger Körper, der zu einer bestimmten Ebene gehört, paßt da hinein und nimmt eine dieser Bewußtseinsvariationen ein. Jede Ebene erhält von der nächsthöheren Energie in Form von Seelen im unbewußten Zustand. Das jeweilige Zentrum dieser Welten, über das diese Energie verteilt wird, kann man mit unseren Begriffen als eine Art Transformatorenstation bezeichnen. Hier wird die Energie aus der nächsthöheren Welt der jeweiligen Daseinsebene angepaßt. So ein Zentrum kann auch als Filter betrachtet werden, der nur durchläßt, was dem Grundzustand dieser bestimmten Welt nicht abträglich ist. Viele Religionen nennen diese Energieumsetzer auch Götter, weil sie imstande sind, Körper zu bilden. Fast alle Menschen versuchen durch Gebete sowie viele andere Methoden, mit diesen Göttern in Kontakt zu kommen oder von ihnen Hilfe zu erhalten.

Der Ablauf, der dadurch in Gang gesetzt wird, ist recht einfach. Wenn wir unsere Aufmerksamkeit auf eine Ebene richten, geben wir Energie an diese Ebene ab. So bringen wir sie gleichzeitig, der Intensität und Aufmerksamkeit entsprechend, aus dem Gleichgewicht. Das Resultat ist, daß, um dem Gesetz der Balance zu folgen, auch wieder Energie in unseren entsprechenden Körper fließt. Die ankommende Energie bewirkt eine Erleichterung. Wir empfinden sie als Hilfe von Gott. Es handelt sich dabei um einen mechanischen Ablauf. Das Zentrum der betreffenden Ebene kann gar nicht anders reagieren. Auch jede Art von Opferpraxis macht sich diesen Vorgang zunutze.

Ein Runenmeister verlagert seine Aufmerksamkeit auf die entsprechende Ebene. Wir haben ja alle einen Körper dort. Das Gleichgewichtszentrum dieser Welt, die Gottheit dieses Bereiches der Schöpfung, ist dazu da, seine und alle darunterliegenden Bereiche optimal zu versorgen und so lange zu erhalten, wie es notwendig ist. Täte sie es nicht, so würde ihre Welt und würden alle Welten darunter zusammenbrechen.

Es ist absolut verständlich, daß ein Mensch, wenn er Hilfe braucht, das tut, was ihm Hilfe bringt. Man sollte, wenn man sich dieses Vorganges bedient, jedoch die Hilfe in neutraler Form erwarten. Leider beten oder opfern Menschen meist erst, wenn sie voll in einem Problem stecken. Sie erwarten dann Hilfe für speziell dieses Problem. Dies bremst den Vorgang des Austausches nötiger Energie gewaltig. So ist die Hilfe manchmal ganz anders, als man sie erwartet hat. Richtig zu beten oder zu opfern ist eine Kunst, die genauso hoch zu bewerten ist wie eine komplizierte Meditationsmethode. Manchmal können sich dabei auch die Grenzen zwischen beiden Möglichkeiten verwischen.

Die intensive Ausrichtung unserer Aufmerksamkeit und der dadurch bewirkte Austausch mit dem Zielpunkt dieser Aufmerksamkeit kann uns wandeln und diesem Ziele anpassen. Das Resultat ist in jedem Falle eine Teilnahme und dadurch auch eine entsprechende Erfahrung dieses Zieles.

Der Seele ist jedes Mittel recht, um auf ihrem Wege zurück zur göttlichen Quelle Fortschritte zu machen. Vor der göttlichen Quelle sind alle Seelen gleich. Ob es sich um einen Eingeborenen handelt, der seinem Stammesfetisch ein Hühnchen opfert, den Angehörigen einer Religion, einen Yogi, Mystiker oder einen Heiligen. Sie sind alle auf dem Weg zurück. Für jede Wegstrecke gibt es unzählige Möglichkeiten, diese zu bewältigen. Eine dieser Möglichkeiten oder einen Ausübenden einer dieser Möglichkeiten höher oder tiefer zu bewerten ist absurd und sinnlos. In Abwandlung des Titels eines kleinen Buches kann man getrost sagen: »Der Erleuchtung ist es egal, wie wir sie erlangen!« So wissen wir und dürfen es auch nie vergessen, daß der Vatan, die Lehre der Runenmeister, eben einen Weg darstellt. Sein Wert ist relativ und kann nur vom Praktizierenden selbst für sich selbst beurteilt werden. Dies gilt aber auch uneingeschränkt für alle anderen Wege, die es in der Schöpfung gibt. Alle Wege sind nur von Nutzen, solange wir unterwegs sind.

Es gibt nichts als die göttliche Quelle und die Seele, welche ihr genaues Ebenbild ist. Die göttliche Quelle, die man weder als männlich noch als weiblich bezeichnen kann, hört nicht auf Gebete, besondere Methoden oder komplizierte Techniken. Sie erwartet von der Seele, daß sie es aus eigenem Antrieb schafft, in sie zurückzukehren. Dafür ist die Seele mit allem ausgestattet, was sie dafür benötigt. Das Wie ist ganz alleine ihre Angelegenheit. Daß darüber gestritten wird, zeigt lediglich den Bewußtseinszustand der Streitenden. Es gibt deshalb auch keine armen Seelen, sondern nur Seelen, die auf ihren Wegen in Situationen gekommen sind, von denen sie glauben, daß sie mit eigenen Kräften nicht herauskommen. Wenn hier auf falsche Weise geholfen wird, so wird oft das Gegenteil davon erreicht, was man eigentlich bewirken wollte.

Im Vatan gibt es weder den Begriff Sünde noch eine Hölle, noch eine ewige Verdammnis. Es gibt nur Irrtümer und Umwege, die die Seele machen kann. Wenn wir jedoch eines klar sagen können, so ist es dies: »Der größte Irrtum, den eine Seele begehen kann, ist der, daß sie sich bewußt zwischen die göttliche Quelle und eine andere Seele stellt – daß sie die göttliche Stimme, die in jedem Menschen original zur Verfügung steht, durch ihren eigenen Filter läßt und nach eigenem Gutdünken und für eigene Zwecke für eine andere Seele auslegt und diese so in einem Irrtum gefangenhält.« Wer dies tut, kann mit Recht als arme Seele bezeichnet werden. Nicht daß sie nicht irgendwann in die göttliche Quelle eingehen würde, aber sie wird bis dahin noch viele, unter Umständen recht schmerzhafte Lernprozesse durchmachen müssen.

Die Auflösung eingefahrener Lebensmuster wird zumeist als schmerzhaft empfunden. Wir alle lernen dauernd und machen Erfahrungen. Wir können dabei in recht schlimme Situationen gelangen. Wer es kann, sollte hier auch einer anderen Seele helfen. Dann aber so, daß die Hilfe nicht niederdrückt, vermeintliches Unvermögen verstärkt und zur Dankbarkeit verpflichtet. Auch ein wirklicher Weiser greift in solche Situationen ein, wenn er es für nötig hält. Diese Hilfe wird aber immer nur bis zu dem Punkt gehen, wo diese Seele sich wieder selbst helfen kann. Er wird versuchen, eine Seele so weit zu bringen, daß sie sich ihrer Fähigkeiten, sich selber zu helfen, wieder erinnert. Dabei bleibt er nach Möglichkeit unsichtbar und tritt gar nicht in Erscheinung. Das wichtigste ist dabei jedoch, daß diese Seele auch Hilfe wünscht.

Nehmen wir als Beispiel einen behinderten Menschen. Nehmen wir an, daß ihm ein Bein amputiert wurde und er, aus besonderen Umständen heraus, gar an den Rollstuhl gefesselt ist. Ein Körper dieser Seele ist also nicht voll funktionstüchtig. Er hat alle anderen Körper vollständig. Daß er im Astralkörper noch beide Beine hat, spürt er möglicherweise, wenn das Wetter umschlägt. Er hat Schmerzen in dem Bein, das physisch gar nicht mehr vorhanden ist. Die Medizin nennt das Phantomschmerz.

Ein Behinderter ist für einen Runenmeister ein vollwertiger Mensch, der lediglich einen unvollständigen physischen Körper als Werkzeug hat. Er wird diese Inkarnation so durchstehen müssen. Es ist nicht nötig, ihm seine physische Behinderung dadurch zu verstärken, daß man ihm durch Bedauern und Mitleid und vieles mehr laufend sagt, daß er unvollkommen ist. Solche Verstärkungen beeinflussen auch tiefere Körper und erzeugen dort die Meinung, man sei zu nichts mehr fähig. Statt dessen sollte man alle Möglichkeiten ausschöpfen, daß sich eine solche Seele mit den anderen Körpern ausdrücken kann. Da sie in dieser Inkarnation ein Erfahrungsdefizit erleidet, wird der physische Körper der nächsten Inkarnation dieses Defizit wieder ausgleichen.

Beim Tode unseres physischen Körpers bleiben die inneren Körper nach wie vor bestehen. Es ist also ein Irrtum, zu glauben, durch einen Selbstmord könnte man vor irgend etwas fliehen. Durch das Fehlen des physischen Körpers verlagert sich die Hauptaufmerksamkeit der Seele lediglich auf den Astralkörper. Mentale oder emotionale Probleme bestehen hier weiter. Es kann sogar sein, daß das ganze Problem nun noch stärker vorhanden ist, weil die physische Ablenkung fehlt. Wir können also nicht einfach durch ein Hintertürchen einem Problem entwischen. Solange die Seele glaubt, daß auf der physischen Ebene noch irgend etwas Interessantes ist, wird sie sich immer wieder einen neuen Körper suchen und inkarnieren. Auch wenn wir in einer schlechten Inkarnation stecken und meinen, daß diese Erde mit diesem Leben nicht lebenswert ist, so kommen wir doch wieder. Durch die Feststellung, daß diese Lebenssituation schlecht ist, erzeugen wir lediglich in den inneren Körpern die Sehnsucht, in ein besseres Leben zu kommen. Erst wenn uns die Erde bzw. das physische Universum absolut gleichgültig ist und nichts mehr zu bieten hat, können wir uns davon lösen.

Der physische Tod ist alles andere als schmerzhaft. Angst haben wir nur, weil wir nicht wissen, was uns danach erwartet. Deshalb sollte man schon zu Lebzeiten die entsprechenden Erfahrungen mit diesem Vorgang machen. Es gibt viele Methoden, sich zu Lebzeiten nach Wunsch vom physischen Körper zu trennen und auch wieder in ihn zurückzukehren. Manche sind sehr zeitraubend und schwer. Es geht dabei aber immer darum, den physischen Körper und seine Sinnesorgane ruhig zustellen und die innere Aufmerksamkeit davon abzuziehen. Wenn dies gelungen ist, so wird meist versucht, das Bewußtsein nach außen zu verlagern. Irgendwann trennen sich die inneren Körper vom physischen. Dabei bleibt immer eine Verbindung erhalten, über die der physische Körper weiterhin die nötige Steuerung und wichtige Informationen von den inneren Körpern und der Seele erhält. Diese Verbindung ist außerordentlich stabil und reißt erst ab, wenn der physische Körper aus irgendeinem Grunde nicht mehr lebensfähig ist. Die inneren Körper sind jedoch bei der Trennung in der Lage, Erfahrungen zu machen, die dem entsprechen, was während und nach dem physischen Tode mit uns passiert. Über die so gemachten Erfahrungen gibt es in der Praxis keinen Zweifel.

Wer in dieser Inkarnation den Trennungsvorgang erlernt, wird damit auch in der nächsten Inkarnation geboren. Er wird bereits als Kind diese Fähigkeit besitzen. Oft geschieht es dann, daß Eltern, Schule und Gesellschaft dem Kinde falsche Informationen darüber geben und das Ganze als Phantasie abtun. Damit kann die Fähigkeit vorübergehend bis nach der Pubertät blockiert werden. Aus diesem Grunde richtet ein Mensch mit dieser Fähigkeit es so sein, daß er in seinem neuen Leben nach der Pubertät ein Schlüsselerlebnis hat, wobei ihm seine Fähigkeit wieder bewußt wird. So ein Schlüsselerlebnis in die Zukunft in ein Leben zu programmieren ist ohne weiteres möglich.

Die Astralebene ist im Vergleich zur physischen Ebene ein wunderbarer Ort. Eine ganze Reihe von Belastungen, z. B. die Gravitation, fallen dort weg. Auf dieser Ebene finden wir die Urbilder aller physischen Erscheinungen viel vollendeter vor. Eine einfache Blume wie unser Löwenzahn ist dort ein wahres Prachtgebilde, weil nicht nur seine Form, sondern auch sein elektromagnetisches Feld in allen Farben schillert. Jedes Exemplar dieser Pflanze ist dort so vorhanden, wie sie eigentlich auch physisch vorgesehen wäre. Nur sind die Bedingungen auf der physischen Ebene sehr einschränkend, so daß auch die Entfaltungsmöglichkeit in der Materie im Vergleich zum Astralen recht mangelhaft ist. Noch phantastischer ist das Vorhandensein einer Unmenge von Lebensformen, die auf der Erde inzwischen ausgestorben sind, aber auf jüngeren Planeten im Physischen durchaus noch vorhanden sein können. Auch die sogenannten Naturwesen aus unseren Märchen, z. B. Gnome oder Elfen, finden wir hier, so unglaublich dies auch klingen mag.

Es ist jedoch nicht von großem Wert, diese zweifellos interessanten Aspekte der ersten inneren Welt näher zu beschreiben. Nur der persönliche Augenschein kann hier bestehende Zweifel beheben. Ein Kind, das geboren wird, hat sehr oft noch die voll vorhandenen Astralsinne. Erst Eltern, denen das nötige Wissen um solche Dinge fehlt, sorgen dafür, daß das Kind mit zunehmendem Alter diese noch sichtbaren Dinge für Phantasie und Traumgebilde hält und die physischen Sinne langsam stärker betont. Auch viele naturverbundene Menschen haben noch die Astralsinne entwickelt, nur werden sie sich zumeist hüten, zu erzählen, was sie damit alles wahrnehmen.

Unsere Kirchen haben bei ihrer Missionierung in diesem Bereich alles falsch gemacht, und sie tun es bei den wenigen Naturvölkern auch heute noch. Alles, was mit unserer astralen Natur zusammenhängt, ist in ihren Augen negativ und wird verteufelt. Dabei handelt es sich jedoch nicht um Unwissenheit. Das Vorhandensein astraler Wasserwesen z. B. finden wir nach wie vor in der christlichen Weiheformel für die Konsekrierung von Weihwasser. Da heißt es klar und einfach: »Ich treibe dich aus, Wassergeist ...« So müssen wir normalerweise mit Märchen und Sagen vorlieb nehmen, und die ganze Zauberwelt der Natur bleibt den meisten verschlossen. Daß uns solche Märchen über die Naturwesen zum Teil recht seltsam berühren, liegt daran, daß wir einen Körper auf der Astralebene haben. Wir verwenden diesen allerdings nicht mehr zur Wahrnehmung, weil unsere Aufmerksamkeit voll in unsere physische Welt verstrickt ist.

Unsere Aufmerksamkeit ist wie eine Taschenlampe in einem dunklen Raum. Wo wir sie hinrichten, da nehmen wir etwas wahr. Wenn wir der Meinung sind, daß unsere physische Ebene die wichtigste ist, so nehmen wir diese wahr, aber eben nichts anderes mehr. Wenn wir dann noch der Meinung sind, daß es nichts anderes gibt, so besteht kaum Hoffnung, in andere Bereiche vorzustoßen, Die Wahrnehmung mehrerer Seinsebenen gleichzeitig war lange Zeit eine ganz normale Fähigkeit des Menschen. Ein Entwicklungssystem, das bestimmte Seinsebenen ausklammert, begeht einen Irrtum. Für die nordischen Weisen war jede Daseinsebene wichtig, notwendig und berechtigt zu existieren. Alle Seinsebenen entspringen der göttlichen Quelle. Sie sind deshalb göttlicher Natur. Die gesamte Dualität ist der sichtbare Ausdruck göttlichen Lebens. Sie ist der Körper Gottes. Jeder Bewußtseinszustand darin hat das Recht, sich so frei als möglich auszudrücken, solange er einem anderen Bewußtseinszustand gegenüber nicht dessen Verbindung zwischen Seele und göttlicher Quelle stört, verfälscht oder behindert.

Fast alle Lehren auf unserer Erde sind ursprünglich im Einklang mit der wirklichen Realität der Schöpfung gegründet worden. Eine Lehre, die sehr stark von dieser Realität abweicht, ist wie eine Insel im Körper der göttlichen Quelle. Da so eine Insel von dem Gesamtorganismus nicht mehr richtig versorgt wird, muß sie zur Aufrechterhaltung ihrer Existenz diese in mehr oder weniger aggressiver Weise verteidigen. Dies zeigt sich vornehmlich in intoleranter Haltung Andersdenkenden gegenüber. Der vielbemühte Begriff Selbstlose Liebe ist auf dem Lebensbaum sehr hoch angesiedelt. Wenn wir jedoch nur von dieser sprechen und sie nicht selbst praktizieren, befinden wir uns eben im Zentrum 9 auf der unteren Mentalebene. Hier müssen wir uns bei der Wahl unseres Weges an den Bibelsatz erinnern, der sich übrigens auch wieder auf den Baum bezieht: »An ihren Früchten sollt ihr sie erkennen!«

Wie sollte z. B. ein Heiliger oder Yogi, der seine Körper und sein ganzes Wesen durch Kasteiung oder Selbstmarterung in Disharmonie bringt, je die Wahrheit über die Harmonie erfahren. Man kann nur das erfahren, dem man gleicht. Deshalb sind solche Lehrer der Menschheit in bezug auf Göttliches als Autorität kaum akzeptabel. Wer will, mag auf sie hören, aber niemand muß auf sie hören. Andererseits sterben dann die, die wirklich etwas zu sagen hatten oder heute noch haben, am Kreuz oder eines sonstigen gewaltsamen Todes.

KAPITEL 3

DIE WEISHEIT DER RUNEN

Die Irrtümer über die Runen

Oswald Spengler bezeichnete die Runen einmal als babylonische Fabrikmarken, die von den primitiven Nordmännern als Zauberzeichen verehrt wurden. Mit den Runen hatten es die Forscher immer recht schwer. Sie sind im gesamten nordischen Raum zu finden. Sowohl auf Steindenkmälern, auf Speerspitzen, auf Talismanen, Hornkämmen als auch auf vielen anderen Fundstücken sind diese geheimnisvollen Zeichen eingeritzt. Man hat die Runenschrift heute größtenteils entziffert. Nun gibt es jedoch auch noch die alte nordische Dichtung der Skalden. Diese sprechen von den Runen in ehrfürchtiger Weise und bezeichnen sie als heilig, geheimnisvoll und gefährlich. Da gibt es Sagen von den sogenannten Runenmeistern. Man hört, daß sie mit den Runen wahre Wunderdinge vollbrachten. Die Runenmeister gelten dort als außerordentlich mächtig und als Träger eines geheimnisvollen Wissens. All dies ließ bei manchem privat Forschenden Zweifel aufkommen, ob es sich wirklich nur um eine gewöhnliche Schrift handelte. So begann sehr bald ein intensives Suchen nach dem wahren Sinngehalt dieser Zeichen in den alten nordischen Überlieferungen. Die verschiedenen Runenschriftreihen hatten sechzehn bzw. vierundzwanzig Zeichen. Man wurde bald fündig. In der *Edda* finden wir achtzehn Verse, die sich direkt mit dem Gebrauch der Runen beschäftigen. Kurzerhand erweiterte man die 16er-Reihe durch Hinzufügen von zwei Zeichen auf achtzehn. Nun war es ein leichtes, die achtzehn Runen einfach mit diesen achtzehn Versen in der *Edda* gleichzusetzen. Damit glaubte man endlich den Schlüssel gefunden zu haben. Da diese Verse nicht gerade so tiefsinnig sind, da sie eben lediglich verschiedene Möglichkeiten aufzeigen, für die man die Runen gebrauchen konnte, war man auf Spekulationen und jene sogenannte innere Eingebung angewiesen.

Mit Beginn dieses Jahrhunderts kam dann, durch das Aufleben des unseligen Rassegedankens in Verbindung mit dem bekannten arisch-nordischen Denken, Auftrieb in die Runenforschung. Selbst mancher wissenschaftliche Runenforscher konnte sich dem Trend nur sehr schwer entziehen. Deshalb finden wir in der esoterischen Runenliteratur bis in die neuere Zeit zum Teil so viel Unsinn, daß man sich fragen muß, wie so viele große Geister in der Lage waren, kritiklos in eine solche Sackgasse zu laufen. Die wenigen Forscher, die sich dem Trend entgegenstellten, wurden einfach ignoriert. Man bastelte aus dem Gefundenen eine komplette Weltanschauung, die man als die nordische bezeichnete. Immer neue arisch-germanische Runenforscher fanden immer tiefere Sinngehalte. Wenn etwas nicht richtig paßte, wurde es einfach passend gemacht. Man fand heraus, daß man, ähnlich dem indischen Yoga, mit dem menschlichen Körper Runenstellungen zur geistigen Entwicklung praktizieren konnte. Man erfand Runentänze, Runenexerzitien, las aus der Zusammenstellung der Balken an Fachwerkhäusern die tiefsinnigsten Sinn- und Heilsprüche heraus.

Die wenigen Wissenden um den Vatan und den wahren Ursprung der Runen beobachteten die Situation damals gespannt, ob eventuell einmal einer der Forscher und Suchenden seinen Verstand und seine Vernunft gebrauchen würde. Dies war und ist bis heute leider nicht der Fall. Auch die neugermanischen Gruppen beschäftigen sich nach wie vor mit den Runen und greifen immer noch auf die bestehende Literatur voller Irrtümer zurück. Dabei wäre alles sehr einfach gewesen. Man hätte sich lediglich einmal die Mühe machen müssen, sämtliche von der Forschung gefundenen Runen übereinanderzulegen. Mit Erstaunen hätte man feststellen können, daß sich daraus der nordische Lebensbaum ergibt. Zwar fand man den Runenkanon, das Grundmuster des Schneekristalls, jede Rune jedoch, die darüber hinausging, erklärte man einfach zur Binderune. Eine Binderune ist aus mehreren Runen zusammengesetzt.

Im Zentrum 4 des nordischen Lebensbaumes finden wir auch das gesamte Wissen über die Runen vor. Eine Eigentümlichkeit ist es, daß, wenn wir uns mit etwas intensiv beschäftigen, aus dem Zentrum 4 des Baumes laufend Bruchstücke gleicher oder ähnlicher Art in den Verstand gelangen. Je nach Aufnahmefähigkeit des Verstandes wird solches

Wissen entsprechend eingeordnet. Es verbindet sich mit dem vorhandenen Verstandeswissen. Wenn im Verstand jedoch bereits ein falsches Grundkonzept vorliegt, besteht die Gefahr, daß man aus diesen Bruchstücken aus dem Zentrum 4 falsche Schlüsse zieht. So finden wir ein Heer von Forschern und »arischen Weisen«, die im wahrsten Sinne des Wortes das Letzte aus sich herausgeholt haben. Dies alles mündete in das sogenannte Dritte Reich, wobei natürlich auch die Runen eine Rolle spielten. Der Führer der SS, Heinrich Himmler, sammelte um sich alle Runenforscher, die Rang und Namen hatten. (Dazu gibt es ein sehr faktenreiches, leider tendenziöses Buch von Ulrich Hunger mit dem Titel »Die Runenkunde im Dritten Reich«[3])

Nach der Katastrophe des Zweiten Weltkrieges finden wir dann wieder einige Neuerscheinungen von Runenbüchern. Darin sind allerdings immer noch die gleichen alten Meinungen über die Bedeutung der Runen vorzufinden. Mit den Runen hatten die Esoteriker nicht mehr viel im Sinn, denn sie waren ja mit den Geschehnissen des Dritten Reiches behaftet. Erst in neuerer Zeit beschäftigt man sich wieder stärker mit diesen heiligen Zeichen und auch dem Runenorakel bzw. dem, was man für das Runenorakel hält. Vor allen Dingen im angelsächsischen Sprachgebiet gibt es inzwischen sehr viele Neuerscheinungen.

Die Runen haben im wirklichen Sinne mit all diesen Dingen nichts zu tun. Auch ein Messer ist nach wie vor ein nützliches Werkzeug, selbst wenn es vereinzelt Menschen gibt, die damit ihren Nachbarn umbringen. Dafür kann jedoch das Messer nicht verantwortlich gemacht werden. Die Runen sind sehr alt. Sie sind Bestandteil einer Urlehre, die wir in Bruchstücken noch auf der ganzen Erde vorfinden. Daß es die Runen nicht überall gibt, liegt daran, daß sie innerhalb der entsprechenden Lehre nicht den Stellenwert haben, daß man diese Lehre ohne sie nicht ausüben könnte. Sehr oft dienten dazu aus Lebensbäumen entstandene andere Schriftzeichen, z. B. das Sanskrit. Die gefundenen Schriftrunen sind viel später entstanden. Die alten Runenmeister des Nordens, wie übrigens auch die Druiden der keltischen Stämme, waren ursprünglich der Meinung, daß Wissen, welches durch eine Schrift fixiert wird, zu totem Wissen wird, da es durch das Leben nicht laufend auf den neusten Stand gebracht wird. Man befürchtete, daß sich der Mensch dadurch Wissen aus zweiter Hand aneignen könnte, statt besser eigene Erfahrungen zu machen. Die heutige Wirklichkeit zeigt, daß solche Überlegungen nicht ganz zu Unrecht bestanden.

Die Diskrepanz zwischen der Realität und zum Teil veralteten Anschauungen, welche schriftlich niedergelegt sind, ist erheblich. Kein Schulsystem der Welt ist vom Wissen her auf dem neuesten Stand. Die Urlehre des Vatan ist in dieser Hinsicht flexibel und kann den Stellenwert der Erfindung der Schrift ohne weiteres einordnen. Das Zentrum 9 im Lebensbaum ist bemüht, so viel Wissen bzw. Informationen wie möglich zur Hand zu haben. Daß dies ausufern kann, wenn man sich nicht gewisse Beschränkungen auferlegt, kann man z. B. deutlich in einer aufgeblasenen Bürokratie sehen. Die Richtigstellung der ursprünglichen Bedeutung und des Gebrauchs der Runen ist in diesem Werk nicht der Hauptzweck, sondern einfach Bestandteil des Wissens der Runenmeister.

Das heute in der Literatur behandelte Runenwissen geht im Original auf wenige Autoren zurück. Dies sind Guido von List, Friedrich Bernhard Marby und Karl Maria Wiligut. Alles, was diese Autoren an originalen Gedanken hatten, wurde von vielen nachträglich, meistens ohne Quellenangaben, ausgewertet. Erst in neuerer Zeit tritt Originalität wieder in den Vordergrund. Dabei sind unseres Erachtens allerdings nur zwei Autoren zu empfehlen. Es handelt sich um Zoltán Szabó und Ulrich Jürgen Heinz. Hier soll jedoch keine mißverständliche Bewertung vorgenommen werden. Im Gegenteil, man sollte dankbar sein, daß sich nach dem Zweiten Weltkrieg wieder mutige Menschen fanden, die sich trotz allem mit den unpopulären Runen beschäftigten. In der Beurteilung der oben angeführten Herren von List, Marby und Wiligut sollten wir eher Zurückhaltung üben. Im nachhinein wissen wir immer alles besser. Es wäre auf jeden Fall einmal überlegenswert, wie wohl unsere Enkel in hundert Jahren in bezug darauf, wie wir mit dem Planeten Erde heute umgehen, uns beurteilen werden. Friedrich Bernhard Marby steht das Verdienst zu, klar erkannt zu haben, daß es sich bei der Wissenschaft der Runen um eine Strahlungswissenschaft handelt. Er hat auch die frühere Existenz der alten Runenübungsplätze und viele andere wertvolle Dinge wieder ans Licht gebracht.

Karl Maria Wiligut ist die wohl tragischste Gestalt, deren wir uns hier erinnern. Er soll aus einer sehr alten Familie stammen, in der uraltes Wissen aus der Zeit der Goten weitergereicht wurde. In dieser Familie kannte man noch eine uralte Technik, wie Wissen über längere Zeiträume in Bewußtseinsfeldern gespeichert werden konnte und mittels sogenannter Kenningars, einer Art Mantras, wieder ins Tagbewußtsein zu holen war. Er war lange Zeit der Geheimtip unter den damaligen Runenforschern. Sein Ruf drang bis zu Himmler vor. Er wurde deshalb nach Berlin geholt. Man mietete eine Villa für ihn und beförderte ihn unter dem Decknamen Weisthor zum SS-Oberführer. Er hatte die Aufgabe, vor dem Hintergrund seines wertvollen Wissens um die Vergangenheit für die Zeit nach dem »Endsieg« eine Art Grundsätze für eine neue, arische Religion zu erstellen. Da er bezüglich der Intentionen Himmlers und des Nationalsozialismus Bedenken hatte, war man wohl nicht sehr zufrieden mit ihm. Um immer mehr Wissen aus ihm hervorzuholen, soll er von Ärzten mit Drogen behandelt worden sein, bis seine Gesundheit ruiniert war. Dann ließ man ihn gnadenlos fallen. Ob dies so stimmt, kann heute nicht mehr festgestellt werden. Über alle Geschehnisse in diesem Zusammenhang ist sehr wenig bekannt. Er hätte den weisen Ratschlag, den sich schon die Alchimisten des Mittelalters auf den Weg gaben, beherzigen sollen: »Schweiget und verschließt eure Münder!«

Auch im Vatan kennt man solche Grundsätze: »Man soll nicht alles tun, was man kann, und nicht alles sagen, was man weiß.« Es gibt nun einmal Wissen, das für die Zeit, in der man gerade lebt, nicht geeignet ist. Der Gebrauch der Runen in der heutigen Zeit ist nicht ursprünglich. Die Seele ist in der Lage, neue Symbole zu erfinden und mit einem Sinngehalt zu füllen. Sie ist auch in der Lage, bestehende Symbole umzudeuten und ihnen einen neuen Sinn zu geben. Da sehr viele

Menschen, sprich Seelen, im letzten Jahrhundert in die Runen neue Sinngehalte projiziert haben, ist ihnen ein gewisser Symbolwert in dieser Richtung nicht mehr abzusprechen. Es muß aber deutlich gesagt werden, daß sie ursprünglich im Vatan als Schöpfungsdiagramme und später allgemein als Schrift gebraucht wurden. Mit dem Aufkommen der einzelnen Schriften wurden die Buchstaben auch wieder für magische Zwecke verwendet. Zeugnisse für diesen Gebrauch finden wir nicht nur bei den Runen, sondern ebenso bei der hebräischen und der Sanskrit-Buchstabenreihe. Auch die hebräischen und die Sanskrit-Buchstaben sind ursprünglich aus Abwandlungen des Lebensbaumes entstanden.

Die Kräfte des Baumes in bezug auf die Erde

Im Lebensbaum finden wir die Zentren 1, 2 und 3 als göttliche Urtrinität vor. Von hier kommen die Schöpfungsimpulse und die dualen Urformen. Die Zentren 4 bis 10 stellen deshalb lediglich Weiterentwicklungen dieser göttlichen Trinität in immer komplizierteren Formen dar. Wenn man die Zentren 4 bis 10 betrachtet, sieht man, daß hier der Sechsstern als Grundmuster vorliegt. Dieser Sechsstern hat eine direkte Beziehung zur Materie. Unser Sonnensystem mit der Sonne, den Wandelsternen einschließlich des Erdenmondes kann man als einen geschlossenen Organismus mit eigenständiger Mechanik betrachten. Natürlich kannten unsere Ahnen das Sonnensystem sehr gut. Man wußte um die Umlaufzeiten der Planeten und des Mondes. Man sprach ihnen nach den Analogiegesetzen bestimmte Grundprinzipien zu. Die Himmelskörper waren der sichtbare Ausdruck dahinterliegender feinstofflicher Prinzipien und Grundkräfte. Deshalb ist es nicht verwunderlich, daß wir diese Himmelskörper auch den einzelnen Punkten des Lebensbaumes zugeordnet finden (siehe Abb. 8). Wir verwenden hier die heute üblichen Bezeichnungen. Dabei müssen wir wissen, daß in früheren Zeiten andere Namen dafür verwendet wurden. Es ist auch problematisch, die nachfolgenden Ausführungen mit der heutigen Astrologie zu vergleichen. Es

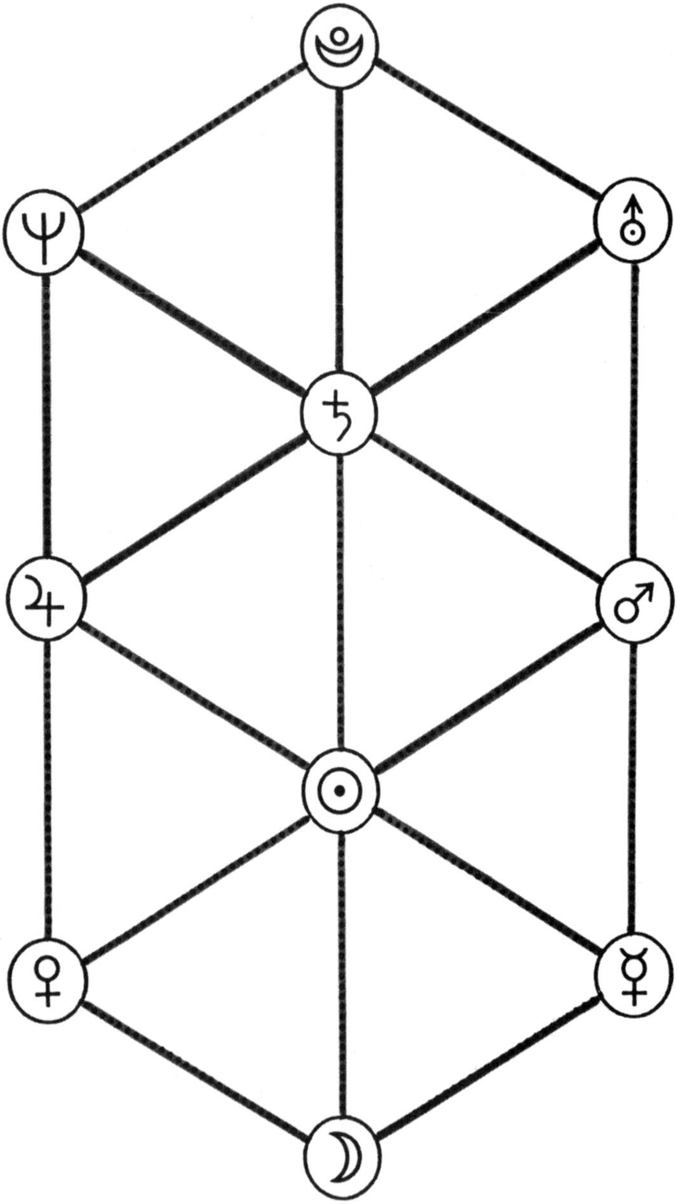

bestehen Gleichheiten, aber auch Unterschiede. Wer heute Astrologie betreibt, dabei jedoch den Lebensbaum nicht kennt und mit einbezieht, kann niemals alle Zusammenhänge erfassen. Viele Unsicherheiten in astrologischen Prognosen beruhen in erster Linie darauf, daß die Astrologie Teil eines größeren Bezugssystems ist und man ohne Kenntnis des Ganzen nur zu Teilergebnissen kommen kann. Lebensbaum und Horoskop sind zwei Teile eines Ganzen. Man kann sogar vom Lebensbaum als dem inneren und vom Tyrkreis als dem äußeren Horoskop sprechen, da der Tyrkreis aus dem Baum entstanden ist. Den Alten war selbstverständlich bewußt, daß nicht die Sonne sich um die Erde dreht, sondern die Erde um die Sonne. Erst Ptolemäus stellte die Erde in den Mittelpunkt. Es war ihnen auch die Existenz von Planeten jenseits des Saturn bekannt. Schon in den indischen Veden lesen wir vom Sonnenwagen mit den neun Insassen. Dabei galt der Mond als eine Art Trittbrettfahrer der Erde. Die Erde hat wie jeder Körper ein elektromagnetisches Feld. Dies wußte man sehr früh. Ja, man hatte sogar eine bestimmte Wahrnehmung der Schwankungen solcher Felder. Man nahm an, daß die Himmelskörper als Träger bestimmter Kräfte auf die Erde in unterschiedlicher Weise einwirken und dabei das Magnetfeld beeinflussen. Dabei galten die drei äußeren Planeten als so feinstofflich, daß sie zwar im Lebensbaum wirken konnten, jedoch nicht mehr in der Materie. Die Sonne als Zentrum setzte man in direkte Beziehung zur Erde. Man dachte sich die Sonne als Träger und Erhalter des Lebens. Die alten Sonnenkulte erinnern noch an die Wichtigkeit dieser Vorstellung. Die Himmelskörper gruppierte man im Kreis um die Erde, wobei wieder der

Abb. 8: Die Himmelskörper im Lebensbaum:

Zentrum 1 = Pluto	*Zentrum 6 = Mars*
Zentrum 2 = Neptun	*Zentrum 7 = Sonne*
Zentrum 3 = Uranus	*Zentrum 8 = Venus*
Zentrum 4 = Saturn	*Zentrum 9 = Merkur*
Zentrum 5 = Jupiter	*Zentrum 10 = Mond*

bekannte Sechsstern als Grundvorstellung genommen wurde. Man nahm für die Einflüsse der Planeten im Feld der Erde bestimmte Einfallstore an. Die Tore galten als Empfänger und gleichzeitig als Filter. Nun teilte man das Feld der Erde in sechs gleiche Teile, die aus dem Lebensbaum etwas aufnehmen können. Gemäß der Gesetzmäßigkeit der Dualität und Analogie muß einem passiven Teil gleichzeitig ein aktiver beigestellt werden, von wo das Aufgenommene wieder abgegeben werden kann. Man setzte diese aktiven Teile zwischen die passiven und hatte so eine Zwölfteilung des Erdfeldes. Jedes Teil entsprach entweder passiv oder aktiv einem der als wirksam für die Erde betrachteten Himmelskörper. Die Himmelskörper waren Sonne, Mond, Merkur, Venus, Mars, Jupiter und Saturn. Die zwölf Teile des Feldes bezeichnete man mit Namen von sogenannten Totemtieren. Dabei wurde das Tier gewählt, das eine vergleichbare Charakteristik zu dem bestimmten Teil des Zwölferkreises aufwies. Ein Totemtier war ein Tier, mit dem man sich identifizieren konnte; z. B. hatten die Berserker, eine Kriegertruppe des Nordens, den Bären als Totem, um sich durch Identifikation seine Stärke zu eigen zu machen. Sowohl ein Mensch als auch eine Familie, eine Sippe, ein Stamm oder ein Volk identifizierten sich mit einem derartigen Tier. Man nahm dafür nur Tiere, von denen man annahm, daß sie klug, tapfer, weise und stark waren. Ein Totem hatte meist auch Verbindung zur eigenen Gottesvorstellung, z. B. die Eule mit der Göttin Athene. Solch ein Tier ging später auch als Symbol für ein Land in die Wappenkunde ein. Der Aar bzw. Ar, der Adler, als König der Lüfte ist beispielsweise so ein altes Totemtier, das heute noch im Wappen der Bundesrepublik und der USA zu finden ist. Wir finden auch den Bären für die Stadt Berlin oder den Löwen für Bayern. So entsprechen die Teile des Erdfeldes jeweils einer Tiercharakteristik oder in besonderen Fällen einem menschlichen Vorstellungsbild, z. B. die Zwillinge, die Jungfrau oder der Wassermann. Den so entstandenen Zwölferkreis nannte man den Tyrkreis. Erst später bezeichnete man ihn als Tierkreis. In bezug auf den Lebensbaum nahm der Tyrkreis eine passive Stellung ein, da ja die Impulse aus dem Baum aktiv auf den Tyrkreis einwirkten. Es entstand ein sehr kompliziertes

Beziehungssystem, bestehend aus dem Lebensbaum und dem Tyrkreis. Der Tyrkreis für sich betrachtet ist statisch und lediglich prägend für den Zustand der Körper. Ohne Anregung durch die Himmelskörper würde er sich nicht auf das Leben und seinen Fluß auswirken. Deshalb sind Tyrkreis als passives Prinzip und die Himmelskörper unseres Sonnensystems als aktives Prinzip nicht zu trennen. Nur im Zusammenspiel zwischen beiden entsteht die Vielfalt des Lebens. Da hier wieder duale Bewußtseinszustände entstehen, die sich der Seele als Erfahrungsmöglichkeiten anbieten, sind sie nicht bindend, d. h. die Seele hat die freie Wahl, auf diese Möglichkeiten zu reagieren oder nicht (siehe Abb. 9).

Hier muß man darauf hinweisen, daß solche Beziehungssysteme lediglich Pläne und analoge Darstellungen zur Wirklichkeit sind. Sie sind immer Menschenwerk mit dem Ziel, etwas anderes nicht Begreifbares in eine für den Verstand überschaubare Ordnung zu bringen. Weder der Lebensbaum noch der Tyrkreis, noch die sich im Tyrkreis bewegenden Himmelskörper bewirken etwas. Sie zeigen lediglich Zustandsveränderungen an, wobei jeder Mensch darauf reagieren kann oder nicht. Wir können dies alles mit einer Uhr vergleichen, die bekanntlich nicht die Zeit macht, jedoch den analogen Ablauf der Zeit anzeigt. Es würde uns freistehen, den Tag in zehn Teile zu teilen und eine entsprechende Uhr dafür zu konstruieren. Eine Stunde hätte dann 144 Minuten. Wenn sich die Menschen darauf einigen würden, kämen sie damit auch zurecht. So sind die hier verwendeten Bezugssysteme nichts anderes als mit den Analogiegesetzen konstruierte Pläne der Schöpfung, auf die man sich einigte. Sie waren niemals Selbstzweck, sondern Bestandteil der Lehre des Vatan und lediglich als Instrument gedacht. Daß man nach den Analogiegesetzen auch andere Einteilungen des Erdfeldes vornehmen kann, zeigt sich in den Überlieferungen. Da gibt es auch die Teilung in 28, 16, 8, ja sogar in 20 Abschnitte. Wir finden solche Teilungen in den astrologischen Systemen der Maya, der Azteken, in Indien, in Arabien, aber auch in China vor. Das gleiche gilt für das Kalendersystem. Auch hier wurden in der Vergangenheit Jahresteilungen verschiedenster Art verwendet.

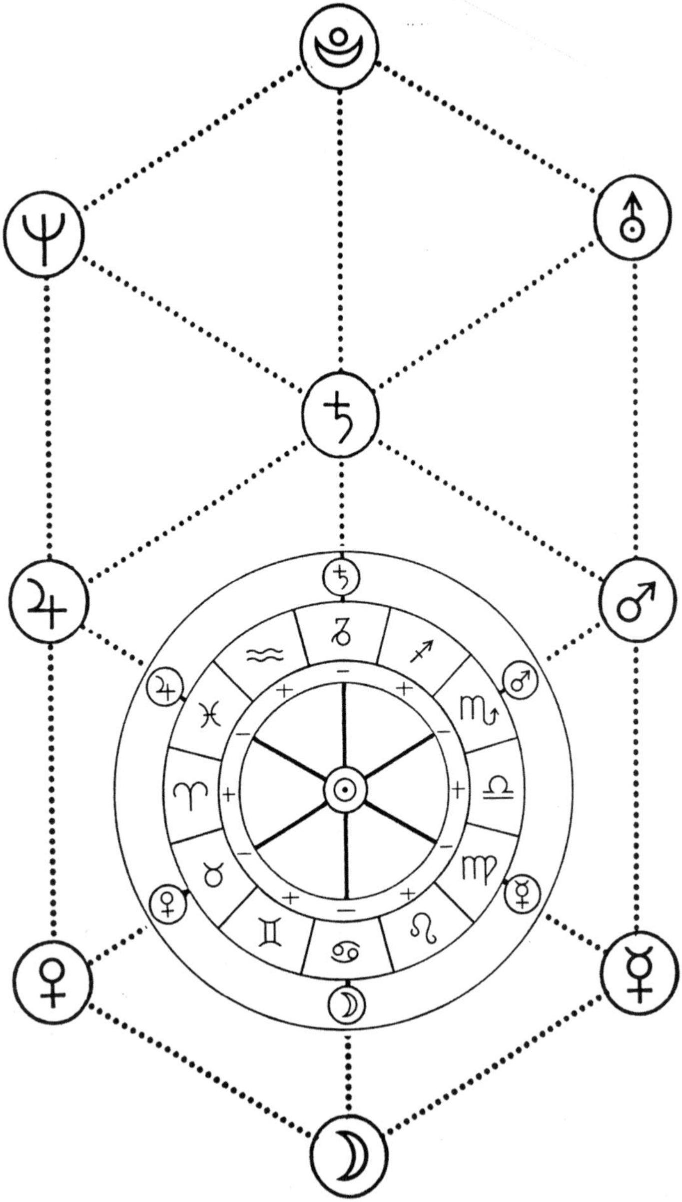

Die Zwölferteilung des astrologischen Horoskops ist nordischen Ursprungs. Sie beruht wie der Aufbau des Lebensbaumes auf der Urform des Schneekristalls. Um diese Form als Grundlage zu verwenden, muß man sie erst einmal kennen. Dies ist nur dort möglich, wo es Schnee gibt. Die Grundidee des Lebensbaumes und des heute verwendeten zwölfgeteilten Tierkreises in der Astrologie entstand im kalten Norden.

Abb. 9: Die zwölf Grundprinzipien des Tyrkreises:

Zentrum im Baum	***Tyrkreisabschnitt***	***Grundqualität im Tyrkreis***
4 Saturn	*Steinbock, passiv*	*Stabilität*
4 Saturn	*Wassermann, aktiv*	*Wandel*
5 Jupiter	*Fische, passiv*	*Harmonische Auflösung*
5 Jupiter	*Schütze, aktiv*	*Ablösung von der Materie*
6 Mars	*Skorpion, passiv*	*Triebenergie*
6 Mars	*Widder, aktiv*	*Entfaltungsdrang*
8 Venus	*Stier, passiv*	*Materielle Substanz*
8 Venus	*Waage, aktiv*	*Materielles Gleichgewicht*
9 Merkur	*Jungfrau, passiv*	*Veränderung der Materie*
9 Merkur	*Zwillinge, aktiv*	*Kommunikation*
10 Mond	*Krebs, passiv*	*Biologische Entwicklung*
7 Sonne	*Löwe, aktiv*	*Biologische Zeugung*

Hier sind die Tyrkreiszeichen nicht in ihrer im Kreis angeordneten Reihenfolge genannt, weil so die Zuordnung zu den einzelnen Zentren des Baumes besser ersichtlich ist. Nachstehend die wirklich Reihenfolge:

1. Widder	*7. Waage*
2. Stier	*8. Skorpion*
3. Zwillinge	*9. Schütze*
4. Krebs	*10. Steinbock*
5. Löwe	*11. Wassermann*
6. Jungfrau	*12. Fische*

So läßt Zoltán Szabó in seinem »Buch der Runen«[4] seinen alten jüdischen Freund Ben Kon sagen: »Ex oriente lux, ex oriente lux … ich sage dir: ex oriente nix. Gor nix.« Ob er dabei annimmt, daß der Ursprung im Osten liegt, oder wir sagen, er liegt im Norden, ist Ansichtssache, im Orient lag er jedenfalls nicht. Nicht Ur oder Babylon oder sonst ein Ort im Vorderen Orient ist der Ursprung dieser Bezugssysteme, sondern er ist ganz allein dort zu finden, wo man nach den Analogiegesetzen eine universale Grundform dafür, den Schneekristall, fand.

Vatan, die göttliche Stimme

Im Evangelium des Johannes heißt es: »Am Anfang war das Wort, und das Wort war bei Gott.« Fast alle ernstzunehmenden spirituellen Gemeinschaften und Religionen kannten zu Beginn das göttliche Wort. Viele Namen wurden ihm gegeben: Nada, die Stimme der Stille, Musik der Sphären, der Ruf Gottes oder Shabda, um hier nur einige zu nennen. Die uralte Lehre, von der dieses Buch handelt, nannte es Vatan, oft auch Wadan oder Wardan.

Unaufhörlich strömen Seelen aus der göttlichen Quelle in die dualen Welten. Jede dieser Seelen nimmt auf ihrer Wanderung immer wieder neue Schwingungsformen an, bis sie in der Materie angelangt ist und von dort ihre Reise zurück zur Quelle antritt. Alle Formen, Wesen, überhaupt alles, was in der Dualität außerhalb des göttlichen ES existiert, fungiert als Kanal für diesen unaufhörlichen Strom von Seelen. Auch durch den Menschen fließt dieser Strom – aus seiner Seele durch all seine Körper. In jedem seiner Körper eine andere Schwingung annehmend, werden diese durch ihn erhalten und könnten ohne ihn nicht existieren. Dieser feine Strom erhält alles. Er ist als Klang auf jeder Seinsebene und auch in jedem Körper des Menschen wahrnehmbar. Er ist zugleich die einzige Verbindung der Seele zur göttlichen Quelle, wenn sie sich in der Dualität befindet. Ursprünglich in reiner, man kann auch sagen in unschuldiger Form aus unserer Seele austretend, passiert dieser göttliche Klang alle Körper bis zum physischen, um dann auch diesen zu verlassen und in die Schöpfung abzustrahlen. Jedoch nicht nur auf der physischen Ebene, bereits auf allen inneren Bereichen, wo wir einen Körper haben, tritt dieser Strom anteilig in die entsprechende Welt aus. Wir sind also alle Durchgangsstationen für junge Seelen und werden gleichzeitig durch diese Seelen erhalten. Wir sagten, daß diese Seelen unschuldig sind. Besser wäre es, zu sagen, sie seien ohne die dualen Eindrücke und Widerstände noch im reinen Urzustand. Da sie direkt aus der göttlichen Quelle in unsere Seele eintreten, bringen sie den Glanz, die Reinheit, die Schönheit und all das, was die göttliche Quelle ist, mit sich. Dieser Strom erweckt in uns die reine Sehnsucht, wieder zurückzukehren. Er erinnert uns, ganz gleich, wo wir uns befinden, in welcher Situation wir sind, ob wir wollen oder nicht, ob wir uns dessen bewußt sind oder nicht, an unsere wahre göttliche Heimat.

Jede Seele dieses unaufhörlichen Stromes ist das wahre Abbild der Urquelle und besitzt die absolute Freiheit. Alle Möglichkeiten sind in ihr enthalten. Die göttliche Quelle ist nicht außerhalb, sondern in allem. In jedem kleinsten und unscheinbarsten Teilchen ist sie enthalten. Jede Blume, jede Ameise, jedes Sandkorn, jede Sonne ist Träger des göttlichen ES. Alles ist Kanal für den göttlichen Seelenstrom. Alles ist voller Entfaltungsdrang und strebt nach schöpferischer Harmonie. Jede Farbe, jede Musik, jedes Lächeln, überhaupt alles, was wir tun, ist Ausdruck und Resultat dieser stetigen Verbindung zum göttlichen ES, die nie abreißt, die uns niemand nehmen kann, die immer da ist und immer da sein wird.

Niemand ist in der Lage, diese himmlische Musik in ihrer ursprünglichen Schönheit und Reinheit zu beschreiben. Jeder kann sie wahrnehmen und hören, wenn er nur will und sich ihr hingibt. Sie ist der Ursprung allen Lebens und Seins und ist gleichzeitig für alle der wahre Weg zurück. Keine Seele wird sich selbst finden, wenn sie nicht gelernt hat, diesen göttlichen Strom bewußt wahrzunehmen. Sie wird aber auch keine Ruhe geben, bis sie diesen Weg gefunden hat. Alles, was der Mensch sich ausgedacht hat, um zum göttlichen ES zu kommen, ist unvollkommen, wenn das Resultat nicht die bewußte Wahrnehmung dieser Verbindung seiner Seele zu ihrer Quelle ist.

Dieser göttliche Strom ist wie Wasser, das, wenn es keinen Widerstand findet, überallhin fließt. Er verbindet sich mit allem und regt alles zu neuem Leben an. Deshalb ist auch im Vatan, der alten hyperboreischen Lehre, der göttliche Klang der absolute Kern. Alles, was in dieser Lehre sonst noch zu finden ist, ist Nebensache, Hilfsmittel und Instrument, um mit dieser wahren Verbindung zum ES in bewußten Kontakt zu kommen. Wenn man diese Verbindung einmal erfahren hat, dann wird alles andere unwichtig. Man tut alles, um sie zu pflegen. Nichts wird wichtiger sein, als diesen göttlichen Strom so rein und unverfälscht wie möglich wahrzunehmen, fließen zu lassen und auf alle Seinsebenen abzugeben. Man ist zum wahren Instrument Gottes geworden und wird den Weg niemals wieder verlieren.

Der göttliche Strom fließt durch die Seele in jeden Körper des Menschen und nimmt dort eine Anpassung vor. Jeder dieser Körper ist dual und entspricht nicht mehr der absoluten Wahrheit des göttlichen ES. Je tiefer man in Richtung physischer Materie kommt, um so mehr Widerstände setzt man dem freien Fluß dieses Stromes entgegen. Im physischen Körper bleibt durch die vielen Veränderungen und Anpassungen von seiner ursprünglichen Reinheit nicht mehr viel übrig. Trotzdem ist auch der unscheinbare Rest immer noch so mächtig, daß er uns dazu drängt, leben zu wollen.

Jede wahre Religion hatte ursprünglich das Wissen um diese für die Seele so wichtige Verbindung zum ES. Ihr Hauptzweck war, den Menschen dazu zu bringen, den Kanal für den Lebensstrom immer weiter und reiner zu machen, damit ein unbehinderter und unverfälschter Fluß möglich war. Dies geht weder durch Gebote und Verbote noch durch Regeln und Dogmen. Sie stellen alle wieder Hindernisse für den freien Fluß dar. Nicht im Verschließen und Ausklammern, sondern in der Öffnung liegt das wahre Geheimnis.

Man nimmt in der Materie allenfalls den physischen, den astralen und den mentalen Körper wahr. Das Hauptaugenmerk ist jedoch am meisten auf den physischen Körper gerichtet, der sich durch seine Dichtigkeit der Aufmerksamkeit am stärksten in Erinnerung bringt. Wenn der Mensch vom physischen Standpunkt aus die Schöpfung betrachtet, so steht er, trotz seines großen Wissens, vor einem riesigen Fragezeichen. Welche Möglichkeiten gibt es also für ihn? Die nordischen Weisen wissen, daß die göttliche Verbindung da ist. Ob der Mensch dies wahrnimmt oder weiß, bleibt sich gleich. Sie wissen auch, daß der freie Fluß des göttlichen Stromes mehr oder weniger durch den Menschen verfälscht oder behindert wird. Sie wissen, daß der Mensch von seinem Standpunkt aus keinen Überblick über das Ganze hat. Ein Runenmeister weiß, daß die ganze Schöpfung nach dem Harmonieprinzip aufgebaut ist. Dies gilt vor allen Dingen, wenn sie noch im unbewußten Zustand ist. Jedes Teilchen, jede Pflanze, jedes Tier zeigt die Schöpfung in einem ursprünglicheren Zustand als die vom Menschen als bewußt schöpferischem Wesen geschaffene Welt. Durch ein Modell, das wir einem Teil der Schöpfung nach den Analogiegesetzen entlehnen, kann man einen Einblick in den Aufbau des Ganzen nehmen. Wenn der Mensch dieses Wissen der nordischen Weisen annimmt, so weiß er alles, um mit der Schöpfung in Harmonie zu leben und damit durch die dualen Welten kommen zu können. Er betrachtet nach dem Analogieprinzip einen Teil, baut sich ein Denkmodell daraus, verlebendigt es in sich und hat so einen Wegweiser durch das scheinbare Chaos. Der Lebensbaum ist so ein Modell, das der Wirklichkeit entlehnt ist. Wenn der Mensch diesen Baum in sich verwirklicht und in Balance hält, ist er ein vollkommener Teil der Schöpfung. Der innere Kanal wird freier, und er wird immer mehr zum Instrument der Schöpfung. Je freier der Kanal, um so reiner fließt der göttliche Strom durch die Körper in die Welten, um so mehr wird der Kanal selbst der göttlichen Quelle angeglichen. Solche reinen Kanäle sind sehr wichtig für das Ganze auf allen Seinsebenen. Deshalb sind solche reinen Kanäle die Hauptlebensträger in jeder Welt. Sie sind ihre Hauptstützen und werden deshalb von der ganzen Schöpfung gestützt und gefördert. Sie geben ihr kleines, beschränktes Ich für das Ganze, und das Ganze gibt ihnen alles. Letztendlich werden sie bewußt das Ganze sein, es überwinden und damit fähig, wieder in das göttliche ES einzutreten.

Im Vatan weiß man, daß weder Askese noch Kasteiung, noch Beten, Büßen, Opfern, weder ein Heiliger noch ein Erlöser noch ein sogenannter Gott, auch kein Theologiestudium dem Menschen dabei viel helfen kann, dieses Ziel zu erlangen. Lediglich eine einzige weitere Seele, mit der der Mensch sich in der Dualität verbindet, kann Hilfe sein auf dieser Reise zurück. Dabei ist diese Hilfe immer gegenseitig. Deshalb wird im Vatan nur das absolut Wichtige und Nützliche gelehrt, um den Menschen dazu zu bringen, daß er in der Lage ist, den Weg selbständig zu gehen. Der Lebensbaum ist das abstrakte Modell der Schöpfung, dem wir uns immer mehr anpassen. Das göttliche Wort ist die Verbindung zum göttlichen ES, die zu finden gelehrt wird. Durch die Verbindung mit einem polaren Partner passen wir uns der Urdualität auf der Archetypenwelt an. Wir lernen, unsere Aufmerksamkeit und Wahrnehmung auf die nächste, innere Welt zu verlegen, ohne uns von der physischen Ebene lösen zu müssen. Wenn wir das gelernt haben, schaffen wir es auch, in weitere Welten und Seinsebenen vorzustoßen.

Dies alles geschieht nicht mit Zwang und sogenannter Arbeit an uns, sondern auf natürlichem Wege, weil alle diese Möglichkeiten der Natur und damit der Schöpfung entlehnt sind. Wie eine Blume entfalten wir uns. Der Lebensbaum ist unser Garten, der Partner ist unsere Sonne, und der göttliche Strom ist das Wasser des Lebens, das uns zu unserem Wachstum verhilft. Wie eine Blume, die eine Individualität darstellt und keiner anderen Blume gleicht, wird das Resultat die vollkommene Entfaltung unserer Seele sein, die einmalig in der Schöpfung ist und keiner anderen Seele gleicht.

Das schöpferische Wort

Der schöpferische Lebensstrom fließt vom göttlichen ES in die dualen Welten und erfährt dabei manche Veränderung. Alle dualen Bewußtseinszustände lassen gemäß ihrer Eigenschwingung lediglich Teile davon durch. Jedes Wesen nimmt davon nur an, was es auch in der Lage ist anzunehmen. Je weiter das Bewußtsein entwickelt ist, um so weniger Widerstand besteht und um so mehr dieses so wichtigen Stromes kann fließen. Der Lebensbaum und der Tyrkreis sind für die Runenmeister die Wegweiser durch die Vielfalt möglicher Bewußtseinszustände und Seinsebenen. Immer wenn der Lebensstrom, der als Klang wahrgenommen werden kann, in eine neue Ebene eintritt, verändert er sich und paßt sich den dort bereits vorhandenen Schwingungsmustern an. Nach den Analogiegesetzen hat jedes Schwingungsmuster jeder Ebene eine Entsprechung in der physischen Welt. Da es sich dabei um ein Klangmuster handelt, muß man analog dazu im Bereich Ton, Klang, Geräusch usw. auf unserer Erde suchen, um diese Entsprechung zu finden.

Unsere Sprache setzt sich aus verschiedenen Lauten zusammen. Wenn wir ein Wort aussprechen, so ist dies zwar ein Ganzes, wir können es jedoch in einzelne Laute zerlegen. Ein ganzes Wort stellt eine bestimmte Schwingungsform dar, ein einzelner Laut ebenfalls. Wir erzeugen also durch Sprechen Schwingungsformen.

Man hat bereits sehr früh in alten Kulturen auf der Erde festgestellt, daß die Laute jeder Sprache analoge Zusammenhänge mit speziellen Bewußtseinsbereichen und Prinzipien haben. Ein einzelner Laut ist eine relativ einfache Schwingung, gemessen an den außerordentlich komplexen Schwingungsbildern, die wir laufend dem durchfließenden Lebensstrom aufprägen.

Da es bei einer Erweiterung des Bewußtseins, und damit auch der Flußkanäle für diesen Strom, auf Reinigung, Klärung, Vereinfachung und Erweiterung ankommt, besteht die Möglichkeit, mittels bestimmter

Laute in dieser Richtung Resultate zu erzielen. Was wir dabei nötig haben, ist der Analogieschlüssel, um unsere Lautschwingungen gezielt anwenden zu können. Dieser Schlüssel ist bekannt. Ursprünglich war er in der unten angegebenen Form vorhanden (siehe Abb. 10). Sprache und Sinngehalt von Worten sind jedoch stetigen Wandlungen unterworfen. Der Schlüssel wäre also für die heutige Zeit etwas anders, wenn wir ihn anpassen würden. Daß es jedoch besser ist, den ursprünglichen Schlüssel zu verwenden, werden wir erfahren.

Durch viele Inkarnationen hindurch haben wir auch schon viele Sprachen gelernt. Wie Schichten liegen diese in den tieferen Bereichen unseres Bewußtseins eingelagert. Sie sind für uns kaum greifbar. Wir haben aber, wenn wir in diesem Leben eine Fremdsprache lernen, unbewußte Sympathien für die eine oder andere Sprache. Wenn wir diese lernen, so fällt es uns leichter. Ja, sie kommt uns irgendwie bekannt vor. So eine Sprache haben wir schon einmal in einem früheren Leben gelernt. Ganz unten in unserem Speicher liegt aber eine Art Ursprache,

Abb. 10: Schlüssel der Buchstaben

Lebensbaum:	***Tyrkreis:***
1. Zentrum Pluto Ohne	*1. Zeichen Widder F-V*
2. Zentrum Neptun Ohne	*2. Zeichen Stier G-K*
3. Zentrum Uranus J	*3. Zeichen Zwillinge R*
4. Zentrum Saturn U	*4. Zeichen Krebs S-Sch*
5. Zentrum Jupiter Ü	*5. Zeichen Löwe L*
6. Zentrum Mars I	*6. Zeichen Jungfrau M*
7. Zentrum Sonne O	*7. Zeichen Waage N*
8. Zentrum Venus E	*8. Zeichen Skorpion B-P*
9. Zentrum Merkur Ö	*9. Zeichen Schütze C-Z*
10. Zentrum Mond A	*10. Zeichen Steinbock D-T*
11. Zentrum Erde A	*11. Zeichen Wassermann W*
	12. Zeichen Fische H

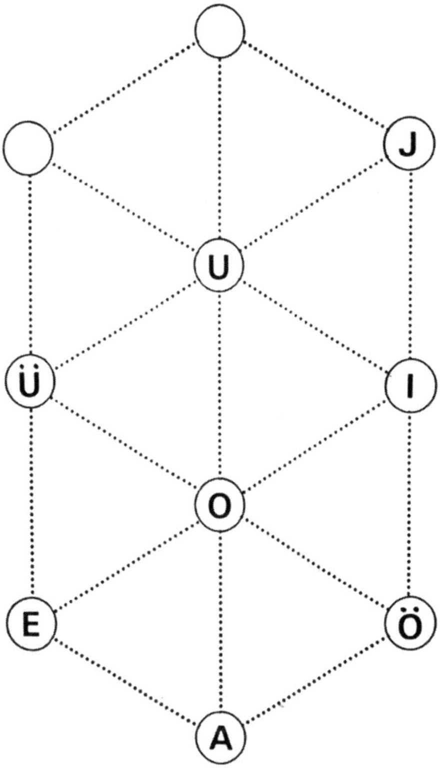

Ä

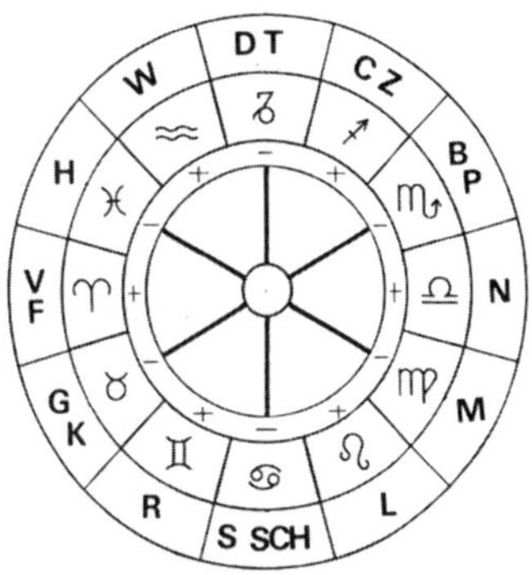

mit der wir in einer unserer ersten Inkarnationen als Mensch bekannt wurden. Diese ersten Inkarnationen besitzen eine gewisse Reinheit und Ursprünglichkeit, die uns sehr nützlich ist, wenn wir Zugriff zu ihnen haben. Die Laut- bzw. Sprachmuster sind mit sehr wesentlichen Grunderfahrungen in der Materie verbunden. Wenn man also in der Lage ist, an diese gespeicherten Laut- bzw. Sprachmuster heranzukommen, befindet man sich gleichzeitig in sehr tiefen Schichten von Erfahrungen aus den ersten Inkarnationen als Mensch im physischen Universum. Mit dem Schlüssel der Ursprache ist es möglich, sehr tief in unser Wesen vorzustoßen, in Bereiche, wo noch nicht so viele negative Erfahrungsmuster vorliegen. Dabei wird nichts, was wir jetzt wissen, verlorengehen. Es geschieht lediglich eine Umgruppierung des Speichers, der alle Erfahrungen früherer Leben beinhaltet. Damit kommt man über die Schwelle von Inkarnationen hinweg zu mehr Weisheit.

Dies ist keine erschreckende, brutale Methode. Wir werfen eine Art Angel aus in tiefere Schichten unseres Daseins und damit Richtung Seele. Wenn man dabei einen ursprachlichen Schlüssel verwendet, so stehen uns alle Bereiche zwischen heute und damals, als wir diese Ursprache verwendeten, zuerst in Bruchstücken, später als Ganzes wieder zur Verfügung.

Eine andere Möglichkeit besteht in der gezielten Anwendung solcher Ursprachenlaute. Man ist in der Lage, vom Physischen aus ein Schwingungsmuster zu setzen, das durch Resonanz auch feinere Körper mitschwingen läßt. Dadurch werden innere Körper erst einmal stimuliert, was eine erste Wahrnehmung sehr erleichtert. Dann lernt man diese Körper kennen und wird bald bewußt mit ihnen arbeiten können. Daß sich dabei auch die Wahrnehmung der diesen Körpern entsprechenden Welten erschließt, ist eine logische Folge.

Nicht zuletzt kann man nach den Analogiegesetzen immer bessere Muster für jeden Zweck auf allen Ebenen des Bewußtseins setzen und so neue Ursachen und Bedingungen für die Zukunft schaffen. Wir sehen also, daß uns mit der Erkenntnis des Ursprachenschlüssels ein wertvolles Instrument, für viele Zwecke, gegeben ist.

In der Aufstellung von Abb. 10 sind die Vokale und Konsonanten des Alphabets dem Lebensbaum und dem Tyrkreis zugeordnet. Selbstverständlich gibt es auf unserer Erde in Weisheitsschulen vielerlei solcher Zuordnungen. Die vorliegende ist jedoch zeitlich sehr alt und wird im nordischen Bereich von den Weisen benutzt, da sie die besten Ergebnisse bringt. Dieser Schlüssel stimmt nicht mit den gefundenen Runenreihen überein. Er ist bedeutend älter als diese. Ein Vergleich damit ist deshalb nur schwer möglich. Aus der Aufstellung zu Abb. 10 ist ersichtlich, daß die Vokale dem Baum und die Konsonanten dem Tyrkreis zugeordnet sind. Die Zentren 1 und 2 des Baumes haben keine Zuordnung. Der Umlaut Ä ist der Erde zugeteilt. In der Aufstellung wird die Erde nach alter Ordnung als 11. Zentrum des Baumes bezeichnet. Aus dieser Zuordnung kennen wir noch die 11 als Zahl der Narren im Karneval. Manchen Tyrkreiszeichen sind zwei Konsonanten beigegeben. In Wirklichkeit wären es noch viel mehr, wenn man die vielen Schnalz-, Zisch-, und Zwischenlaute aus dem ursprachlichen Bereich dazunehmen würde.

Die Verwendung von Lautschwingungen zur geistigen Entwicklung findet man auch heute noch auf der Erde vor. Vor allen Dingen im indischen Tantra- und Mantra-Yoga wird diese Methode noch angewandt. Man nennt dort eine Laut- oder Wortschwingung Mantra. Auch die mohammedanischen Sufis sowie viele westliche Schulen verwenden Mantras. In der jüdischen Kabbala sowie bei den ursprünglichen Freimaurern war das System mit seinen Möglichkeiten bekannt. Solche Systeme sind heute oft so verändert, daß nur ein Kenner darin noch das Ursystem entdecken kann. Anpassung und zum Teil auch der Verlust des Schlüssels haben diese Veränderung herbeigeführt.

Wenn man ein berühmtes indisches Mantra nach dem Schlüssel der Runenmeister analysiert, so kann man erstaunliche Feststellungen machen. Die Rede ist vom Mantra AUM oder OM. Schon die Uneinigkeit darüber, ob man es nun als AUM oder OM ausspricht, zeigt, daß das ursprüngliche Wissen kaum noch vorhanden ist.

In Wahrheit handelt es sich um zwei Mantras, die sehr verschiedene Wirkungen zeigen. Zuerst untersuchen wir das Mantra AUM. Das A stellt die Schwingung des 10. Zentrums dar. Hier finden wir die Emotionen und Instinkte vor. Es handelt sich um einen Erfahrungsspeicher. U entspricht dem 4. Zentrum des Baumes. Dies ist der Speicher der Kausalität. Hier ist der Haupterfahrungsspeicher der dualen Welten. M entspricht dem Abschnitt Jungfrau im Tyrkreis. Die Verwandlung von Materie bzw. das Umwandlungsprinzip überhaupt ist diesem Zeichen analog. Zusammenfassend kann man folgendes sagen: Das Mantra AUM regt die Zentren 10 und 4 an und macht gleichzeitig den physischen Körper aufnahmebereit für aus den Zentren 10 und 4 kommende Erfahrungswerte. Dadurch kommt es zu einer Bewußtseinserweiterung. Gleichzeitig kann man aber, vor allen Dingen aus dem 4. Zentrum des Baumes, mit sehr unangenehmen Dingen konfrontiert werden. So ist es nicht unbedingt empfehlenswert, dieses Mantra zu benutzen, wenn man sein bisheriges Leben in Ruhe weiterleben will.

Beim Mantra OM entspricht das O dem 7. Zentrum des Baumes, dem Ich oder Ego. Das M haben wir bereits besprochen. Hier handelt es sich, wie man leicht erkennen kann, um ein Mantra, das egostärkend wirkt. Eine Übertreibung beim Gebrauch kann zu einem übersteigerten Ich führen.

Von alledem erfährt der Mensch aus der Yogaliteratur nichts. Statt dessen findet man die Information, daß man mit OM oder AUM in den Bereich eines Gottes eintreten oder seine karmischen Schulden tilgen kann. Was den Übenden wirklich erwartet, darüber wird selten gesprochen. Man kann also sehen, daß es nicht ungefährlich ist, irgendein Mantra zu benutzen. Besonders dann, wenn man nicht weiß, was es bewirkt, oder wenn man falsch darüber informiert wird. Dies ist sehr oft der Fall, wenn ein Guru ein Mantra aus den indischen Veden oder sonstigen traditionellen Überlieferungen in seine Lehre aufnimmt, es bedenkenlos an seine Schüler zur Übung weitergibt, selbst jedoch nicht weiß, welche Wirkung es hat.

Wer den alten indoeuropäischen Mantraschlüssel kennt, muß manchmal mit Erstaunen feststellen, daß ein gegebenes Mantra, die Information, wie es angewandt wird, und die sonstigen Verhaltensregeln sich total widersprechen. Es ist oft nur der Robustheit der menschlichen Natur sowie mangelndem Durchhaltevermögen des nichtkundigen Schülers zuzuschreiben, daß es nicht zu psychischen Schäden kommt. Die Vergabe von Mantras durch Gurus oder solche, die es gerne wären, kann seltsame Blüten treiben: Ein Herr aus München bekam von seinem Guru z. B. das Mantra AJIN. Der Guru war ein sehr kluger. Er dachte sich, daß indische Mantras wohl für Europäer nicht so gut wären. Deshalb hatte er die Idee, die Namen der hebräischen Buchstaben als Mantras zu vergeben. Schließlich gilt für den Außenstehenden ja die jüdische Kabbala als die westliche esoterische Tradition. Nun trifft es sich gut, daß manche kabbalistische Schule die einzelnen Buchstaben dieses Alphabets auch noch den Planeten und Tierkreiszeichen zuordnete, ganz so, wie wir es bereits vom Vatan her kennen. Unser Guru fragte den Herrn aus München also nach seinem Geburtsdatum. Da er nach dem Sonnenzeichen ein Steinbock war, bekam er den Namen des dem Steinbock zugeordneten hebräischen Buchstabens, nämlich AJIN, als Mantra zum üben.

Nun weiß jeder Münchner, daß es einen Ort außerhalb seiner Heimatstadt mit dem Namen Aying gibt. Dort wird ein vortreffliches Bier gebraut. Mit dem Wort »Ayinger Bier« wächst jeder Münchner geradezu auf. Wen wundert es, daß unser Münchner Herr, immer wenn er sein Mantra übte, in seinem Innern an ein Glas kühles Bier dachte.

Wenn wir diese Anekdote hier anführen, dann deshalb, um zu zeigen, nach welchen Kriterien manchmal Mantras vergeben werden. Dazu muß jedoch noch bemerkt werden, daß AJIN als Mantra bei intensivem Gebrauch grundsätzlich einen Energiestau im Astralkörper hervorruft und gleichzeitig im physischen Körper die Zellbalance stört. Da der Herr aus München für sein Mantra auch noch Geld berappen mußte, hat er sich für den Betrag statt der erwarteten positiven Bewußtseinserweiterung ein ganzes Bündel psychischer und physischer Probleme gekauft.

Mantras können auch zu eigennützigen Zwecken vergeben werden, z. B. um den Schüler an den Lehrer zu binden, um von ihm, über die inneren Körper, Lebensenergie zu erhalten, um ihn kritiklos und opferbereit zu machen und noch vieles mehr. Wir werden auf dieses unerquickliche Thema in anderem Zusammenhang nochmals zurückkommen.

Im System der Runenmeister gab und gibt sich der Mensch seine Mantras selbst. Er weiß, was sie bewirken. Er kennt ihre Gefahren und wird sie deshalb weise anwenden. Der Hauptzweck besteht darin, die inneren Kanäle für den Lebensstrom zu reinigen und zu erweitern. Dabei finden nur einige ausgewählte Mantras Verwendung. Des weiteren besteht die Anwendung von Buchstaben oder deren Verbindungen darin, daß man die inneren Körper damit in Balance bringt. Dabei werden einzelne Verbindungen nur vorübergehend angewandt. Eine weitere Art der Verwendung ist das Setzen von Schwingungsmustern in den einzelnen Körpern bei sich oder anderen. Damit ist man in der Lage, gezielt Situationen und Zustände auf der Erde zu beeinflussen.

Nun kann man einwenden: Was kann ein kleines Wörtchen, mit dem man meditiert oder sonstwie arbeitet, schon Großes bewirken? Dazu sei gesagt, daß ein Mantra, in richtiger Weise angewandt, genau auf den sogenannten archimedischen Punkt wirkt. Jeder Körper hat diesen Punkt. Es ist der absolute Gleichgewichtspunkt, von dem aus mit der geringsten Kraft eine Veränderung hervorgerufen werden kann.

Wer praktisch mit dem Vatan arbeitet, wird irgendwann die Analogiegesetze perfekt anwenden können. Dann ist es ihm möglich, durch Erzeugung eines Schwingungsmusters im System seiner verschiedenen Körper in größeren Systemen eine Resonanz zu erzeugen, Ursachen zu setzen und Wirkungen zustande zu bringen, über die wir hier nicht sprechen wollen.

Voraussetzung für einen Fortschritt ist es, daß man das Beziehungssystem, den Lebensbaum und den Tyrkreis immer besser kennenlernt und von verschiedenen Blickwinkeln aus betrachtet. Es ist nicht so leicht, sich zu Beginn die Grundprinzipien bildlich vorzustellen oder zu verstehen. Betrachten wir also den Baum und den Tyrkreis einmal von einem anderen Standpunkte aus. Stellen wir uns vor, die zehn Zentren wären Personen und jede von ihnen würde uns in kurzen Worten ihre Lebensanschauung zu vermitteln versuchen:

1. Zentrum: Impuls (Seele). Anschauung: Ich bin, ich bin alles, ich kann alles.

2. Zentrum: Statik. Anschauung: Ich betrachte, ich genieße.

3. Zentrum: Dynamik. Anschauung: Ich tue, ich verändere, ich bewege mich oder andere.

4. Zentrum: Kausalität. Anschauung: Ich und alle anderen sind lebendige Wesen in Freud und Leid. Wir gehören alle zusammen und müssen zusammenhalten.

5. Zentrum: Harmonie. Anschauung: Alle Wesen mögen sich so frei wie möglich entfalten und sich selbst darstellen, solange sie dem Ganzen dienen und auf das Ganze Rücksicht nehmen.

6. Zentrum: Energie (Kraft). Anschauung: Ich habe ein bestimmtes Quantum Kraft, soundso viel Willen und Durchhaltevermögen. Das schaffe ich, das schaffe ich nicht.

7. Zentrum: Ego (Ich). Anschauung: Ich bin eine Individualität. Ich bin anders als alle anderen. Nichts in der Schöpfung gleicht mir! Ich bin der Größte, der Schönste und der Beste.

8. Zentrum: Affinität. Anschauung: Der, die oder das ist mir sympathisch oder unsympathisch. Ich weiß nicht, warum, aber es ist so.

9. Zentrum: Intellekt. Anschauung: Ich will alles wissen! Alles ist erklärbar und hat eine logische Ursache. Glauben heißt nicht wissen. Was ich schwarz auf weiß besitze, das habe ich wirklich.

10. Zentrum: Instinkte. Anschauung: Ich spüre Trends und Modeerscheinungen. In der Masse bin ich sicher. Viele gemeinsam sind stark. Auf mein Stammhirn kann ich mich verlassen.

Dies ist die Meinung der zehn Grundprinzipien über sich selbst, wenn man sie personifizieren würde. Nachstehend sind nun die Abschnitte des Tyrkreises aufgeführt, wobei wir wieder jeden als eine Person betrachten, die ihre Anschauung darlegt:

Widder: Entscheidungsdrang.
Anschauung: Ich will alles tun und probieren. Ich möchte ich sein und die Welt erobern.

Stier: Materielle Substanz.
Anschauung: Ich will etwas haben. Es sollte materiell greifbar sein. Hast du was, bist du was. Sparst du in der Zeit, so hast du in der Not.

Zwillinge: Kommunikation.
Anschauung: Ich will Gedanken und Wissen austauschen. Ich will wissen, was die anderen machen. Die anderen sollen wissen, was ich mache. Alles ist logisch.

Krebs: Biologische Entwicklung.
Anschauung: Alles hat ein Recht zu leben und sich am Leben zu erfreuen. Ich will einen Partner, zu dem ich Vertrauen haben kann. Ich suche Geborgenheit und Gefühlswärme.

Löwe: Biologische Zeugung.
Anschauung: Körperliche Sexualität ist das wichtigste. Ich bin der Größte, das sollten alle wissen. Seht mich an, bin ich nicht unvergleichlich?

Jungfrau: Materielle Zustandsveränderung.
Anschauung: Ich richte mir die Materie so ein, daß sie mir dient. Man muß alles neutral und nüchtern betrachten.

Waage: Materielles Gleichgewicht.
Anschauung: Ich genieße und spiele gern. Ich liebe alles Schöne. Farben, Musik, Kunst und alle schönen Dinge faszinieren mich.

Skorpion: Triebenergie.
Anschauung: Ich will überleben, koste es, was es wolle. Wenn ich Macht habe, die andere nicht erkennen, kann mir nichts passieren.

Schütze: Ablösung von der Materie.
Anschauung: Man muß eine Weltanschauung haben. Ich denke gerne über das Leben nach. Ich philosophiere gern und bin religiös.

Steinbock: Stabilität.
Anschauung: Ich bin konservativ. Stabilität ist das wichtigste. Ich brauche Macht, um meine Umwelt in Schach zu halten. Wer weiß, zu was meine Umwelt alles fähig ist. Früher war alles besser. Man muß auf altbewährte Erfahrungen aufbauen.

Wassermann: Wandel.
Anschauung: Alles ist eingelaufen. In allem steckt der Mief. Man sollte alles niederreißen und eine Revolution machen. Hier – oder so – ist es langweilig. Alles geht zu langsam. Wann kommt endlich einmal etwas Neues?

Fische: harmonische Auflösung.
Anschauung: Alles ist nicht so wichtig. Was soll das ganze überhaupt? Ich träume lieber und bewege mich nur, wenn es absolut nötig ist. Am besten wäre es, auf sanften Flügeln gleich ins Paradies zu fliegen.

Diese Aussagen sind stark übersteigert und beziehen sich nur auf das reine Grundprinzip. Es ist falsch, nur weil man nach dem Sonnenstand ein Wassermann oder Krebs ist, diese Aussagen als bindend zu betrachten.

Das Horoskop eines Menschen ist ein sehr kompliziertes und komplexes Analogie- und Beziehungssystem. Es können graduell verschieden viele Aussagen zutreffen, die außerdem noch zeitlich variieren.

Runen, die Schaltdiagramme der Schöpfung

Ursprünglich wurden die Runen nicht als Schrift verwendet. Die nordischen Runenreihen sind viel später entstanden. Ihr eigentlicher Zweck war und ist ein anderer. Wir haben es deshalb nicht nötig, in diese geheimnisvollen Zeichen phantastische Sinngehalte hineinzudeuten. Die Wahrheit ist in Wirklichkeit viel phantastischer.

Nehmen wir an, daß ein Mensch bedroht wird. Seine Reaktion ist die Einnahme einer Abwehrhaltung. Diese Haltung nimmt er nicht nur physisch, sondern mit allen seinen Körpern ein. Die physische Reaktion mag sein, daß er mit seinen Händen eine Abwehrstellung einnimmt. Auch die inneren Körper tun das, lediglich in anderer Form, gemäß ihren Funktionen, die es zu schützen gilt. Wenn man nun ohne äußere Bedrohung eine solche Haltung einnimmt, reagieren die inneren Körper auf die gleiche Weise. Diesen Ablauf benutzt man, um durch Einnahme einer äußeren Haltung eine innere Wirkung zu erzielen. Man nimmt also mit den Körpern, zu denen man Zugriff hat, eine bestimmte Handlung vor und stimuliert damit auch die Körper, die tiefer liegen. Dies ist die Grundlage aller Rituale. Wenn man die Körper, deren man sich normalerweise nicht bewußt ist, als unbewußt bzw. unterbewußt bezeichnet, dann kann man sagen, daß alle Rituale nichts anderes sind als Dramen oder Schauspiele für das Unterbewußtsein. Der mentale, der astrale und der physische Körper, mit denen der Mensch in seinem Leben bewußt umgeht, nehmen also eine bewußt dramatische Handlung vor, um die weiteren inneren Körper bis hin zur Seele in Resonanz zu bringen und mitzureißen. So kann man Rituale für bestimmte Zwecke ausführen.

Nehmen wir an, ein Mensch möchte einen Mitmenschen heilen. Um Erfolg zu haben, hält er nun mental den Heilungsgedanken fest. Er stellt sich das fertige Resultat vor. Dies tut er mit seinem Mentalkörper. Der Astralkörper nimmt emotional Anteil. Mit dem physischen Körper führt er manuell die entsprechenden Heilungshandlungen aus. Die tieferliegenden Körper werden dabei in einer Art Resonanzerscheinung stimuliert und mitgezogen. Damit ist der Heiler wie ein Sender, der den Körpern des Kranken Heilungsmuster schickt. Er braucht dazu nur noch seine Aufmerksamkeit auf den Kranken zu richten. Er stimuliert so eine Gesundung.

Damit dies alles perfekt funktioniert, müssen allerdings alle Körper des Heilers zielgerichtet an einem Strang ziehen. Es kann möglich sein, daß im Kausalkörpers des Heilers etwas gespeichert ist, das einer Heilung entgegensteht. Damit besteht durchaus die Gefahr, daß eine Heilung unvollständig erfolgt oder gar scheitert. Man kann daraus auch schließen, daß ein Arzt, wenn er, bewußt oder unbewußt, nicht von seinem Erfolg überzeugt ist, mit seiner angewandten Kur scheitern muß. Andererseits kann ein Geistheiler, ohne von Medizin etwas zu verstehen, mit seinem Heilungsritual Erfolg haben, weil es ihm damit gelingt, die Körper des Patienten zur Heilung anzuregen.

Ein Runenmeister geht in einem solchen Falle etwas anders vor. Sein mentales Modell ist der Baum und der Tyrkreis. Er kennt den analogen Aufbau seines Wesens in Verbindung mit seinem Bezugssystem. Seine Mitmenschen sind genauso aufgebaut. Alle Zentren des Baumes und des Tyrkreises hat er in sich in optimaler Weise trainiert. Indem er die entsprechenden Zentren in sich selbst aktiviert, kann er die bei sich selbst in Gang gesetzten Funktionen auf den Kranken übertragen.

Er wird also, bei einer Krankheit eines Mitmenschen, erst einmal feststellen, wo die Störung lokalisiert ist. Dafür hat er verschiedene Möglichkeiten. Ob er nun sein Bewußtsein in den Kranken versetzt oder anhand des Horoskops mit Lebensbaum die Störung findet, ist nicht so wichtig. Dann wird er mit Hilfe des Baumes die Zentren zusammenstellen, die aktiviert werden müssen, deren Balance hergestellt werden soll. Er wird gedanklich diese Zentren entsprechend stimulieren und letztendlich auch physisch fixieren. Was dabei herauskommt, ist ein Teildiagramm des Lebensbaumes, eine oder mehrere Runen. Diese Runen ritzte man früher in Holz. Heute nimmt man dafür gewöhnliches Papier und zeichnet sie auf. Die Fixierung bleibt so lange bestehen, bis das Resultat erreicht ist. Danach werden die aufgezeichneten Runen wieder zerstört.

Betrachtet man das ganze noch einmal genau, so kann man folgendes feststellen. Hinter allem steht die Seele. Sie ist in der Lage, alles zu bewirken. Durch die Arbeit mit dem Lebensbaum hat sich in den Körpern des Runenmeisters eine dem Baum entsprechende Ordnung vollzogen. Alle Zentren sind erweckt. Die Flußverbindungen sind rein und funktionieren optimal. Die einzige Notwendigkeit besteht darin, mit den drei bereits genannten Körpern eine bewußte Handlung vorzunehmen, damit die ganze Mechanik durch Resonanz in Gang kommt. Da dem physischen Körper die meiste Aufmerksamkeit geschenkt wird, ist er am besten dazu geeignet, den Anstoß für das übrige System zu geben. Der Astralkörper spricht am besten auf Farben, Töne und Düfte an. Man kann in dieser Hinsicht unterstützende Maßnahmen ergreifen. Der Mentalkörper ist sowieso dabei, weil in ihm die Handlung und der Zweck erst einmal durchdacht wird. Gemäß seiner Entwicklung sind die tieferen Körper des Runenmeisters rein und sauber, so daß das gesamte System bei einer Stimulation sofort anspricht. Die Seele setzt jetzt eine Beziehung zwischen ihm und dem Kranken. Dadurch überträgt sich der ganze Vorgang. Damit ist der Zweck erreicht, eine entsprechende Wirkung erfolgt, ob nun der Kranke den Lebensbaum kennt oder nicht.

Es genügt also für den Heiler, daß er eine klare Vorstellung davon hat, was er bewirken will, seine Gefühle mit einbezieht und das Ganze als Rune aufzeichnet. Dies ist alles. Damit besteht keine Notwendigkeit mehr, sich weiter um die Angelegenheit zu kümmern. Wenn er sich weiter damit beschäftigen würde, entstände die Gefahr, daß der in Gang gesetzte Vorgang eventuell gestört wird. Da der Runenmeister in Wirklichkeit die Voraussetzung geschaffen hat, daß die Seele, als eigentliche

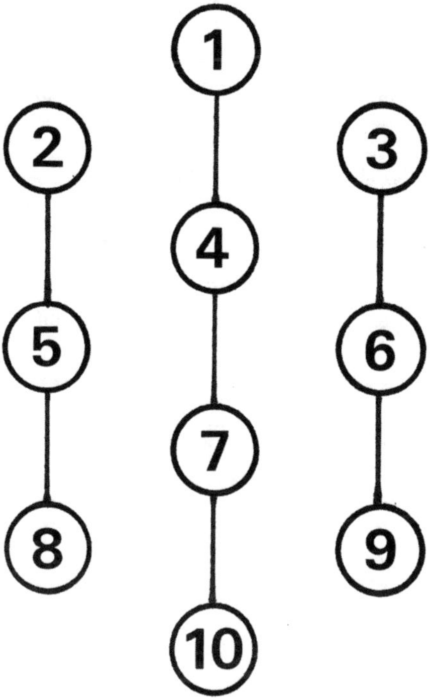

Abb. 11: Die drei Säulen des Lebensbaumes

Quelle von Harmonie, über alle Körper sich auswirken kann, würde eine weitere Beschäftigung mit der Angelegenheit in irgendeinem Körper wieder eine neue Ursache legen und somit den freien Fluß stören oder ablenken.

Durch ein bewußtes Ritual in Verbindung mit einem perfekten Beziehungssystem können also Dinge bei sich oder außerhalb in Gang gesetzt und bewirkt werden. Dazu ist Voraussetzung, daß das Beziehungssystem nach den Analogiegesetzen aufgebaut und beim damit Arbeitenden in Fleisch und Blut übergegangen ist.

Um nun die einzelnen Runen und ihren Symbolwert zu besprechen, betrachten wir zunächst die Zentren des Lebensbaums. Die Zentren des Baumes sind miteinander verbunden. Diese Verbindungen, man nennt sie auch Wege, Kanäle oder Stäbe, sind sehr wichtig. Ihre Hauptsymbolik spiegelt die Verbindung zwischen dem göttlichen ES und der Seele wider. Wo keine Verbindung ist, kann kein Austausch erfolgen, es kann nichts fließen, es besteht kein Leben. Wer die Verbindung zur göttlichen Quelle hat, besitzt Weisheit und Macht. Deshalb war der Stab immer ein Symbol der Macht. Ob als Zepter oder Richterstab, immer stellte er als Machtsymbol die Verbindung zum Höchsten dar.

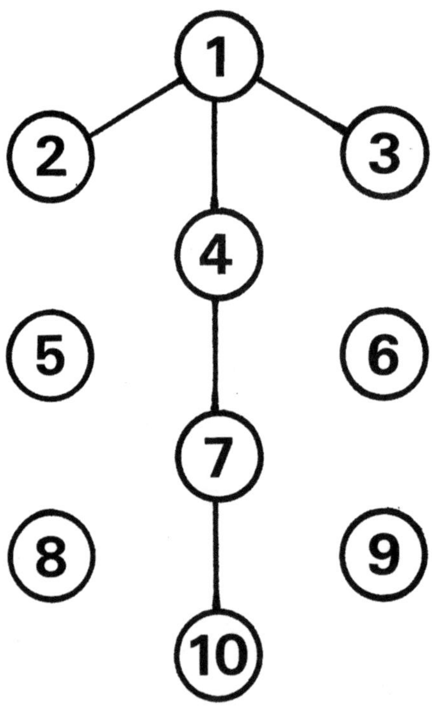

Abb. 12: Die Säule des Himmels

Im Lebensbaum findet man drei sogenannte Säulen. Die mittlere wird als göttlich, die linke als weiblich und die rechte als männlich bezeichnet (siehe Abb. 11). Die mittlere gilt als Säule des Himmels. Sie trägt symbolisch die ganze Schöpfung. Zusammen mit den drei Urzentren 1, 2 und 3, der heiligen Trinität, ergibt sich eine Rune, die einem nach oben zeigenden Pfeil gleicht (siehe Abb. 12). Diese Rune wurde später auch in die Schrift übernommen. Sie stellt den Buchstaben T dar. Sie wurde dem nordischen Gott Tyr geweiht und gilt als Ursymbol für die Abkömmlinge der Hyperboreer. Aus ihr entstand die Irminensäule (Irminsul) der Sachsen (siehe Abb. 13).

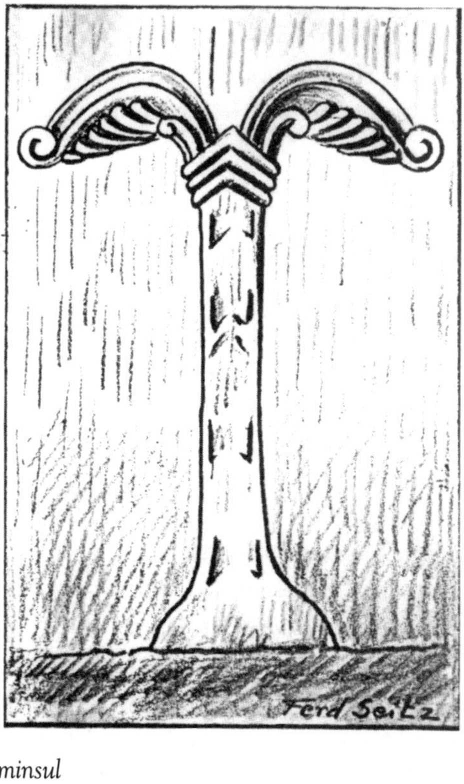

Abb. 13: Die Irminsul

Wenn wir den Lebensbaum und den Tyrkreis als Ganzes darstellen, wird der Tyrkreis unter den Lebensbaum gezeichnet. Er erhält eine Verbindung vom Zeichen Steinbock zum 10. Zentrum des Baumes.

Nehmen wir nun das Wort Vatan und ziehen, der Buchstabenfolge entsprechend, Verbindungen. Wir beginnen mit V im Abschnitt Widder, kommen dann zum A im Zentrum 10, dann zum T im Abschnitt Steinbock, dann wieder zu A im Zentrum 10 und zu N im Abschnitt Waage (siehe Abb. 14). Wir erhalten so wieder die bereits besprochene Rune Tyr (T). Symbolisch finden wir in diesem Wort dann folgendes ausgedrückt:

Widder = V = Entfaltungsdrang

Zentrum 10 = A = Hier die unterste Verbindung zum Baum, von wo der Aufstieg in die höheren Welten beginnt

Steinbock = T = Stabilität

Zentrum 10 = A = Wie oben

Waage = N = Materielles Gleichgewicht

Die sind die notwendigen Grundvoraussetzungen, um unseren Weg zurück zum göttlichen ES anzutreten. Im übertragenen Sinne stellt also das Wort Vatan den Weg zur Gottheit dar.

Ein sehr wichtiges Mantra oder Kraftwort ist TU: im Tyrkreis Steinbock, im Baum Zentrum 4. Dies ist eine Urmachtformel. Wer eine stabile Verbindung zum Zentrum 4, dem gespeicherten Wissen der ganzen Dualität, besitzt, ist außerordentlich mächtig.

Das Mantra TU galt später als Gottheit. Aus diesem Wurzelwort entstanden Tus, Teut, Teutates, Tis, Tyr, Tuis, Thot, Theo, Taut, Tysk und Deus. Dies sind alles Wörter für Gott, bei den alten Völkern vom hohen Norden bis zum Mittelmeer.

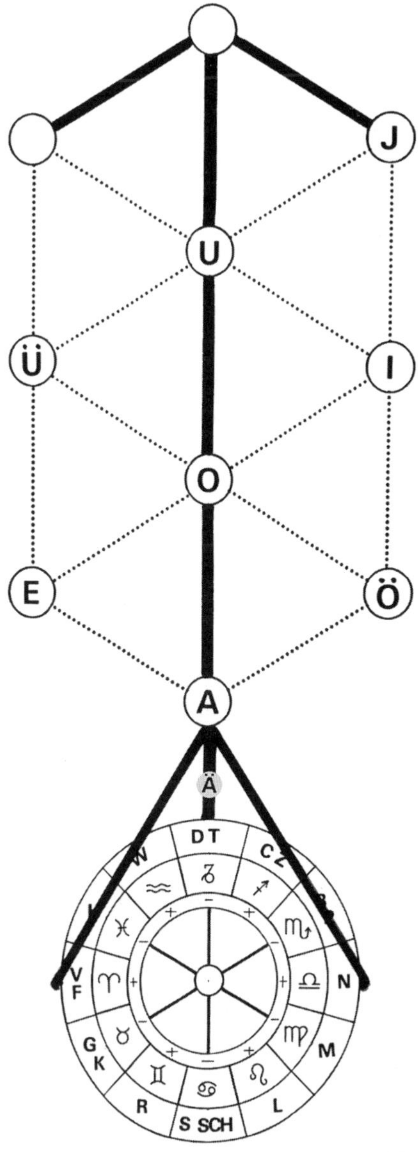

Abb. 14: Tyr im Lebensbaum des Tyrkreises

Wenn wir den Tyrkreis, wie er aus dem unteren Teil des Baumes entstanden ist, einmal näher betrachten, so sehen wir, daß er aus sechs nach innen und nach außen gerichteten Tyr-Runen besteht. Deshalb nannte man ihn Tyrkreis.

Die Entstehung des Wortes Vatan fällt in eine Zeit, in der man sehr gerne neue Worte erfand. Man versuchte dabei immer, dem Wort anhand eines Beziehungssystems eine innere Bedeutung zu geben. Das Wort Vatan ist in viele Sprachen der Welt eingegangen.

Ein weiteres Kunstwort, das den Sprachwissenschaftlern Kopfzerbrechen bereitet, ist das Wort Gral. Es stellt im Tyrkreis die Zeichen Stier, Zwillinge, Krebs (Vokal A, des Mondes) und Löwe dar mit den vier Elementen, Erde, Luft, Wasser und Feuer. Der Heilige Gral ist symbolisch in den vier Zeichen Stier bis Löwe beschrieben.

Eine andere Merkwürdigkeit ist die christliche Kreuzigungsgruppe. Im Urchristentum war die Kreuzigungsgruppe mit Jesus in der Mitte, Johannes rechts und Maria links noch gänzlich unbekannt. Sie kam aus dem Norden. Als Rom den Norden missionierte, da kam den Menschen im Norden das Symbol des am Kreuz hängenden Jesus bekannt vor. Wir kennen ja bereits den am Lebensbaum hängenden Wotan bzw. Vatani. Dieser an den Lebensbaum gefesselte oder, anders ausgedrückt, an die Dualität gefesselte Mensch war ein im Norden verbreitetes Symbol der alten Weltanschauung. Wenn wir nun Maria als Urfrau und Johannes als Urmann unter eine Man-Rune stellen, so haben wir die bekannte Kreuzigungsgruppe. In der Tat finden wir noch bis ins Mittelalter statt des uns bekannten Kreuzes immer wieder die Man-Rune als Kreuz vor. Auch die Irminensäule, der Weltenbaum, war lange neben dem Kreuz gleichberechtigt an Domen und Kirchen dargestellt. Tatsächlich hat man damals versucht, die beiden Weltanschauungen zu verbinden, altes Wissen in die neue Religion hinüberzuretten. Manches ist dabei im Volksbrauchtum auch gelungen. Man hat aber den verhängnisvollen Irrtum begangen, zu glauben, daß gleiche Symbole auch gleiche Inhalte haben.

Bisher war man sein eigener Priester oder seine eigene Priesterin. Man unterwies die eigenen Kinder im Volksglauben und der Götterlehre. Man verehrte das Feuer als Symbol des göttlichen ES und der Seele im eigenen Heim. Mann und Frau waren die beiden äußeren Säulen des Familienlebensbaumes, die gemeinsam strebten, die mittlere Säule zu werden. Man achtete die Natur als sichtbaren Ausdruck der unsichtbaren Gottheit und der Seele.

Nun kamen Fremde, die man zuerst tolerierte, weil Toleranz Andersdenkenden gegenüber ein Grundbestandteil der eigenen Religion war. Man war durch die Religion verpflichtet, Gastfreundschaft zu gewähren. Man war sogar bereit, seine Religion mit anderen zu teilen bzw. auch eine andere Religion kennenzulernen. Erst als man merkte, daß hier zwei gänzlich verschiedene Anschauungen vorlagen, versuchte man, sich zu wehren.

Es war nicht leicht für Menschen, die ihre innere Stärke auf die eigene Seele aufbauten, einfach zu akzeptieren, daß man klein und arm, von einem zürnenden und strafenden Gott abhängig sein soll, daß man nicht mehr aus eigener Kraft in den Himmel kommen konnte, sondern von der Gnade eines Erlösers abhängig war.

Religiöse Symbole können leicht mißverstanden, fehlinterpretiert oder umgedeutet werden, wie wir am Beispiel des guten Hirten einmal demonstrieren wollen: Der (gute) Hirte weidet seine Lämmer, weil sie sein Eigentum sind oder er Lohn dafür erhält, daß er sie für den Besitzer hütet. Er lebt bekanntlich von ihnen. Die Urschafe brauchten noch keinen Hirten, sie versorgten sich selber. Erst der Mensch hat sie eingefangen und domestiziert. Er hält sie zu seinem Lebensunterhalt. Wenn wir heute einem Schäfer, der seine Schafe weidet, zusehen, so fällt uns auf, daß er seine Herde mit dressierten Hunden zusammenhält. Wenn eines seiner Schäfchen auszuscheren versucht, schickt er seine Hunde los, die dem Tier genau zeigen, wo die Herde ist und daß es nicht angeht, eigene Wege zu gehen. Es ist kaum anzunehmen, daß dies jemals anders war. Wir sehen die Zweischneidigkeit solcher Symbolik. Wenn wir Jesus als guten Hirten bezeichnen, der für seinen Vater die Lämmer hütet, so könnte man unterstellen, daß er etwas dafür bekommt bzw. zumindest vom Vater lebt, diese Arbeit also nicht umsonst verrichtet. Um noch weiter zu gehen: Die Priester bezeichnen sich als Hirten. Ja, sie haben sogar Oberhirten. Sollte man nun die Gläubigen, die sie »hüten«, als ihr Eigentum betrachten, oder tun sie es für ihren Oberhirten, weil die Gläubigen dessen Eigentum sind?

Wir haben die Fragen hier bewußt auf die Spitze getrieben, um zu zeigen, daß man mit Symbolen oder Gleichnissen vorsichtig umgehen sollte. Sie müssen immer so gewählt werden, daß die Aussage eindeutig ist und man sie nicht fehldeuten kann. Das Ergebnis kann sonst recht negativ sein, wie wir hier sehen.

Bei den Runen ist es sehr wichtig, daß man in sich alle Verbindungen und Zentren mit ihren Qualitäten und Funktionen kennt. Wenn man eine falsche Rune setzt, um eine Wirkung zu erzeugen, kann das ein anderes Resultat bringen, als man beabsichtigte. Symbole, die der Mensch sich wählt, haben nicht nur Identifikationscharakter, sie haben auch Rückwirkung auf den Träger. Ist ein Symbol vieldeutig, muß man damit rechnen, daß auch eine eventuell vorhandene negative Seite zum Ausdruck kommt. Falsche Symbole werden gewählt, wenn man die Analogiegesetze nicht (mehr) kennt. Die Wahl eines Symbols setzt also tiefes Nachdenken voraus, besonders dann, wenn es nicht Teil eines klaren Bezugssystems ist.

Die Buchstabenverbindung TU haben wir bereits besprochen. Ein weiteres Mantra ist HU. Auch diese Verbindung wurde mit einem Gott gleichgesetzt. Die Kelten hatten einen Gott mit diesem Namen. HU bedeutet Auflösung der Materie und Kontakt mit dem 4. Zentrum des Baumes. Diese Silbe wird noch heute als Mantra von den Sufis gesungen. Sogar der Jubelruf Juhu kann hier angeführt werden. Erstaunlich ist, daß viele alte Jodler der Alpen zum Teil perfekte Mantras darstellen. Eventuell ist der intensive Gebrauch von Jodlern die Ursache, daß Jodler und Jodlerinnen meist so ein heiteres Gemüt haben und sich oft einer sehr guten Gesundheit erfreuen.

Man kann mit allen Schriftrunen sehr viele Bezüge und Analogien herstellen. Es gibt aber noch viel mehr Runen als die, welche man für die Schrift verwendete. Fast für jede allein könnte man mit Erklärungen hundert Seiten füllen (siehe Abb. 5 a bis c).

Wenn man den Lebensbaum betrachtet, so stellt man fest, daß manche Rune gleich mehrmals, an verschiedenen Plätzen des Baumes, vorkommt. Man hat natürlich die Wirkung dieser verschiedenen Plazierungen klar unterschieden. Zur Unterscheidung hat man eine solche Rune, je nach Platz, entsprechend eingefärbt. Die Wissenschaft hat herausgefunden, daß viele Inschriften auf Steinen ursprünglich mit Pflanzenfarben farbig gestaltet wurden. Eine andere Möglichkeit, den Platz im Baume zu kennzeichnen, waren Punkte. Man hat neben den Runen oft eingeritzte Punkte gefunden. Es sind entweder 1, 2, 3 oder 4 Punkte, die senkrecht angeordnet sind. Die Forscher nehmen an, daß es sich um Worttrennungszeichen handelt. In Wirklichkeit – als die Schriftrunen zusammengestellt wurden, war der Vatan bereits eine Geheimwissenschaft der Runenmeister – sind es die Zentren 1, 4, 7 und 10 des Baumes. Je nachdem, wie viele Zentren man darstellte, waren es Hinweise, an welcher Stelle des Lebensbaumes die vorhergehenden Runen gedacht waren. Dies war wegen der verschiedenen Wirkung notwendig.

Der Vatan war in alten Zeiten durch Einwanderung von Stämmen der Hyperboreer auf der ganzen Nordhalbkugel der Erde bekannt. In den verschiedenen Kulturen und Sprachen finden wir denn auch noch unzählige Spuren davon. Um hier vorerst nur wenige aufzuführen:

Tao: Kunstwort aus dem nordischen Lebensbaum. Wird mit »Weg« übersetzt. Die Verbindung vom Tyrkreiszeichen Steinbock zu den Zentren 10 und 7 des Baumes. Die Bezeichnung für die Lehre des chinesischen Weisen Laotse, den Taoismus. In der Tat war der Vatan in China bekannt. Der Taoismus stellt eigentlich mit kulturellen Abweichungen den Vatan dar.

Fo-hi: chinesischer Kaiser, dem man das Orakel des *I Ging* zuschreibt. Er hat den Vatan gekannt. Das Beziehungssystem des *I Ging* ist nach den Grundsätzen der Wissenschaft der Runenmeister aufgebaut.

Varuna: indischer Gott, Vergöttlichung der Fa-Rune, erste Rune in der Reihe der Schriftrunen. In der chinesischen Sprache finden wir viele alte Runenworte.

Ein altes Wort für König war bei uns z. B. *Kuning*. In China heißt es *Kung*.

Es gibt noch Sprachen auf der Erde, die einen ausgewogenen, die menschliche innere Entwicklung fördernden Lautaufbau vorweisen können. Dazu zählt Chinesisch genauso wie auch Althochdeutsch.

Es ist das Verdienst des vielgeschmähten Guido von List, im Althochdeutschen die ursprachlichen Wurzeln erkannt zu haben. Sie sind jedoch auch in der Sprache der Chinesen sowie bei den Japanern oder den Stämmen der Massai in Afrika zu finden. Daß hier nach anderen Kriterien bei der Beurteilung solcher Sprachen vorgegangen wird, als es in der offiziellen Sprachwissenschaft üblich ist, muß berücksichtigt werden.

Wir wissen inzwischen, daß die Vokale den Zentren des Baumes und die Konsonanten dem Tyrkreis zugeordnet sind. Dabei kann man, wenn man die alten Sprachen der Erde näher betrachtet, feststellen, daß ein Volk, dessen Sprache mehr Vokale enthält, lebhafter und temperamentvoller in seinem Naturell ist. Dies ist der Fall, je näher wir dem Äquator kommen. Die nordischen Sprachen haben mehr Konsonanten und bringen ein kühleres Naturell mit sich. Ja, ein Kenner kann daraus sogar schließen, ob ein Volk vom Norden nach Süden gewandert ist oder umgekehrt. Mantras bestehen zumeist aus zwei oder drei Buchstaben. Ihre Reihenfolge bewirkt die Richtung des Kräfteflusses. RA z. B. dringt aus dem Tyrkreis in den Baum vor. AR hingegen holt aus dem Baum (Zentrum 10) etwas in den Abschnitt Zwillinge im Tyrkreis.

Man kann es auch anders ausdrücken: Mantras mit einem Konsonanten am Beginn legen eine Leitung aus dem Tyrkreis zum Baum. Sie ziehen das Bewußtsein nach innen. Mantras mit einem Vokal am Anfang stimulieren ein Zentrum des Baumes, wobei dann eine Wirkung der betreffenden Schwingung in dem entsprechenden Abschnitt des Tyrkreises erfolgt, dem der Konsonant zugeordnet ist.

KAPITEL 4

DAS ORAKEL DER RUNEN

Das Gesetz der Analogie

Das Wort analog kommt aus dem Griechischen (*análogos*) und bedeutet soviel wie ähnlich, übereinstimmend, entsprechend, angepaßt oder vergleichbar. Nach dem Satz des Hermes Trismegistos (Wie oben, so unten.) ist in der Schöpfung jedes Teil analog dem Ganzen. Wer ein Teil kennt, kann auf das Ganze schließen. Nehmen wir z. B. einen Ablauf A. Wir kennen ihn nicht in letzter Konsequenz. Es bleiben Fragen offen. Wenn man einen Ablauf B findet, der analog verläuft, so ist man in der Lage, mit dem Ablauf B, sofern man ihn gut kennt, die Kenntnis über Ablauf A zu ergänzen.

Nehmen wir an, der Börsenmakler Maier geht jeden Morgen den kurzen Weg von seiner Wohnung zum Arbeitsplatz, der Börse. Wie alle, die mit der Börse zu tun haben, macht er sich allerlei Gedanken über die Kursschwankungen. Obwohl er einige Theorien hat, wie diese zustande kommen, muß er immer wieder feststellen, daß plötzlich entgegen aller Logik, allen Regeln und Theorien die Börse ganz anders reagiert, als man erwartet hat.

Auf seinem Weg zur Börse geht er auch täglich am Laden des Metzgermeisters Huber vorbei. Herr Huber steht immer hinter der Ladentheke und bedient seine Kunden. Eines Tages fällt Herrn Maier etwas Sonderbares auf. Immer wenn Herr Huber in seinem Laden die Mütze tief in die Stirn gezogen hat, fallen an diesem Tage auch die Börsenkurse. Hat er seine Mütze jedoch nach hinten geschoben, so sind die Kurse fest oder steigen. Für Herrn Maier gibt es keine übernatürlichen Dinge. So beschließt er, der Sache auf den Grund zu gehen. Er kauft nun manchmal im Laden von Herrn Huber ein. Dabei kommt man auch ins Gespräch. Herrn Maier interessiert brennend, was Herr Huber mit der Börse zu tun haben könnte. Aus den Informationen, die er ganz vorsichtig dem Metzgermeister entlockt, erfährt er, daß dieser nichts mit der Börse zu tun hat, keine eigenen Aktien besitzt. Die Börse ist für Herrn Huber ein Buch mit sieben Siegeln, von dem er nur weiß, daß es dabei um sehr viel Geld geht. Nachdem Herr Maier nicht weiterkommt, beschließt er, das Ganze auf sich beruhen zu lassen. Selbstverständlich wirft er jeden Morgen einen interessierten Blick in Herrn Hubers Laden. Er richtet inzwischen seine Transaktionen an der Börse nämlich nach der Stellung der Mütze des Metzgermeisters – mit Erfolg.

In dieser Anekdote haben wir zwei analoge Abläufe, die, mit der Logik betrachtet, gar nichts miteinander zu tun haben. Jedoch kann aus einem Ablauf auf einen anderen geschlossen werden. Beide Abläufe stimmen zeitlich über ein. Ganz gleich, welche verborgenen Beziehungen dahinterstehen, beide Abläufe sind miteinander analog. Gerade die Börse ist sehr interessant, weil dort immer wieder solche analogen Abläufe entdeckt werden. Viele Börsianer schwören beispielsweise darauf, daß, wenn die Röcke der Frauen in der Mode kürzer werden, der Langfristbörsentrend auch nach oben geht – und umgekehrt.

Bei analogen Abläufen ist es notwendig, daß ein Betrachter diese miteinander in Beziehung bringt. Der Börsenmakler Maier stellt diese Beziehung für sich persönlich her. Wäre ihm das Ganze nicht aufgefallen, so wären die Abläufe zwar da, aber niemand würde sie miteinander in Verbindung bringen.

Ähnlich wie in diesem Beispiel gibt es nach dem Analogiegesetz analoge Abläufe in der Schöpfung. Man muß sie nur finden. Da dies nicht immer gelingt, kann man natürlich auch etwas nachhelfen wie in dem folgenden, scheinbar banalen Beispiel.

Die Witwe Schmidt steht vor der Entscheidung, ob sie ihr Haus verkaufen soll oder nicht. Sie kann trotz intensiven Abwägens zu keiner Entscheidung kommen. Bei einem Spaziergang im Park beschließt sie etwas Ungewöhnliches. Sie will die Entscheidung der Natur überlassen und vereinbart mit sich, daß sie das Haus verkaufen wird, wenn auf ihrem Weg der nächste Vogel von rechts den Spazierweg überfliegt. Sollte er von links kommen, so wird sie es behalten. Ganz gleich, woher dieser Vogel nun kam, sie hat sich daran gehalten und ist recht zufrieden mit der Entscheidung der Natur.

Nun stellt sich die Frage: Was lief hier ab?

1. Es gab eine Frage, die mit Ja oder Nein beantwortet werden konnte.

2. Da war ein Ablauf in der Natur, der mit der Frage nichts zu tun hatte.

3. Da war Frau Schmidt, die für sich eine Beziehung zwischen beidem herstellte.

4. War ein scheinbar zufälliges Resultat, an das sich Frau Schmidt hielt.

Nach den Analogiegesetzen war dieses Resultat nicht zufällig. Wenn alles in der Schöpfung analog aufgebaut ist, so hat Frau Schmidt, ohne zu wissen, warum, das Richtige getan.

Die Schöpfung ist zu jedem Zeitpunkt in Harmonie und Balance. Sie verändert sich laufend, um diesen Zustand aufrecht zuerhalten oder wiederherzustellen. Der Flug des Vogels ist also ein Bestandteil der Schöpfung zur Balanceherstellung. Ein damit in Beziehung gesetzter Vorgang, in diesem Fall eine Entscheidung, muß also auch in Richtung Harmonie ausfallen. Wichtig ist dabei, daß eine klare Beziehung hergestellt und das Resultat anerkannt wird. Dies mag schwer verständlich sein, zumal man dabei auf den Gedanken kommen kann, daß alles vorherbestimmt ist. Das ist aber nicht der Fall. Frau Schmidt hatte den freien Willen, das Resultat anzunehmen oder nicht.

Genau an diesem Punkt treten Probleme auf. Der Mensch hat sein eigenes Entscheidungszentrum. Er überblickt einen Teil der Schöpfung. Die dualen Welten sind in stetigem Flusse durch Eigenentscheidungen der Seelen gegen die Balance und Harmonie. Die Schöpfung arbeitet dem entgegen und versucht, den Status quo der Harmonie wiederherzustellen.

Gesetzt den Fall, alle Seelen würden sofort aufhören, eigene Entscheidungen zu treffen, träte damit der Zustand ein, daß die Schöpfung stillstehen würde. Die Dualität ist aber das Feld, in dem die Seele ihre

Erfahrungen machen soll. Deshalb ist sie auch so aufgebaut, daß dieser Zustand nie eintreten wird. Genug weniger bewußte Seelen sind immer vorhanden, die zwar ihre Schöpferkraft haben, also entscheiden können, dies jedoch noch nicht bewußt tun. Aus ihnen kommen laufend Impulse, die eben nicht unbedingt mit der Harmonie übereinstimmen. Deshalb ist alles im Flusse. Wir werden laufend vor Entscheidungen gestellt, auf das übrige Universum zu reagieren – aktiv oder passiv. Das absolute Ziel des göttlichen ES ist es, einen Teil von sich, die Seele, dazu zu bringen, aus eigener Entscheidung sich selbst und damit das Ganze kennenzulernen. Aus freiem Willen heraus immer mehr in Richtung Harmonie zu entscheiden ist es, was letztlich die Seele so weit bringt, daß sie in das göttliche ES zurückkehrt. Diesmal jedoch, im Gegensatz zum Zustand vor ihrem Austritt, in Harmonie mit der Quelle, ohne den Drang, ihr schöpferisches Potential zu benutzen.

Hier muß die absolut letzte Frage, warum die Seele wirklich aus der Quelle austritt und erst nach langer Reise wieder in sie eintritt, unbeantwortet bleiben, weil diese nur erfahren werden kann.

Soll oder darf man die Analogiegesetze befragen, um eine Entscheidung für jetzt zu treffen? Wenn wir anhand der Entwicklung noch nicht mehr Überblick haben, um optimal entscheiden zu können, so können wir die Analogie zu Hilfe nehmen.

Eine Entscheidung, vor die man gestellt ist, kann viele Dimensionen haben. Wir können uns, von unserem Standpunkt aus, positiv entscheiden, und die Entscheidung war, in bezug auf das Ganze, negativ. Da aber in der Schöpfung das Teil und das Ganze gleich wichtig sind, sollten wir immer, wenn möglich, in Richtung Harmonie entscheiden. Da die Seele mit der Entscheidungsfähigkeit ausgestattet ist, sollte sie diese Fähigkeit im Hinblick auf das Sammeln von Erfahrungen auch benützen.

Die Wissenschaft der Runenmeister ist auf die Analogiegesetze aufgebaut. Man benutzt sie, um näher an das göttliche ES zu kommen, Wissen und Weisheit zu erlangen, die Schöpfung zu erfahren. Alle Entscheidungen stellen sich aus der Situation heraus, daß die Seele zur Quelle zurück und ihre Körper überleben möchten. Die Entscheidung, was wichtiger ist, bleibt der einzelnen Seele mit ihren Körpern als Ganzes überlassen. Niemand wird ihr die Wahl abnehmen, niemand kann ihr dabei raten, denn sie steht in der eigenen Entscheidungspflicht.

Wenn wir den Menschen mit einer Kutsche vergleichen, sind Pferde die Triebe, der Kutscher ist der Verstand, das Gefährt sind die Körper, und in der Kutsche sitzt die Seele. Die Seele kennt das Ziel, der Kutscher eventuell verschiedene Wege dorthin. Er wird, wenn er klug ist, einen Weg wählen, auf dem der Wagen nicht zu Bruch geht. Die Seele wird aber das Ziel bestimmen, den Kutscher dazu anhalten, schnell und ungefährlich zum Ziel zu kommen, der Kutscher wird die Pferde lenken. Gehen die Pferde mit dem Ganzen durch, weil der Kutscher sie nicht unter Kontrolle hat, dann kommt das Gefährt nicht an oder geht zu Bruch. Hat er die Pferde so unter Kontrolle, daß er sie am Ziehen hindert, dann ist dies auch nicht das Wahre. Er wird sie also lenken, aber so frei wie möglich ziehen lassen. Es kann natürlich auch sein, daß der Kutscher merkt, daß weder er noch seine Pferde, noch das ganze Gefährt am Ziel weiter gebraucht werden. Es ist also eine Existenzfrage für ihn, gar nicht oder wenigstens so lange wie möglich nicht anzukommen. Wenn es also der Seele nicht gelingt, den Kutscher und das ganze Gefährt unter Kontrolle zu bringen, so rückt das Ziel in weite Ferne. Ganz am Schluß muß man noch bemerken, daß es in jedem Falle besser ist, erst einmal loszufahren, als stehenzubleiben, denn dann muß man auch einmal ankommen.

Im Vatan lernen wir, der Seele die Kontrolle über das ganze Gefährt zu geben. Dem Kutscher bringen wir bei, wie man Pferde richtig lenkt. Dabei drücken wir ihm auch noch eine Landkarte mit dem richtigen Weg in die Hand. Wir versorgen die Pferde so, damit sie stark und zugkräftig bleiben. Nicht zuletzt werden wir den Wagen selbst so pflegen, daß er die Fahrt auch durchsteht und unterwegs nicht zusammenbricht. Wenn dieser Idealzustand erreicht ist, bleibt es der Seele freigestellt, ob sie unterwegs mal einen Abstecher machen will, um eine Sehenswürdigkeit zu besuchen. Sie kann, wenn sie will, im Kreise fahren oder sich einem anderen Gefährt anschließen. Das Beispiel mit der Kutsche war gleichzeitig eine weitere Möglichkeit, mit den Analogiegesetzen zu arbeiten. Mit etwas Bekanntem aus dem täglichen Leben kann man etwas weniger Bekanntes besser begreiflich machen.

Es besteht die Möglichkeit, die Analogiegesetze für eine Entscheidungs- oder die Zukunftsbefragung zu verwenden. Man wird sie aber vorzugsweise wie eine exquisite Speise zu sich nehmen. Zuviel davon verdirbt den Magen, sie nicht zu essen bringt um eine wichtige Erfahrung. Dabei denken wir vor allen Dingen an Orakel und Methoden, welche die Antwort auf eine Ja-Nein-Frage geben.

Es gibt jedoch Orakel, die lediglich den jetzigen Zustand der Schöpfung wiedergeben. Dabei bleibt es dem Frager überlassen, selbst seine Schlüsse zu ziehen und seine Entscheidung zu treffen. Nur solche Orakel kann man uneingeschränkt empfehlen. Solche Orakel sind eingebettet in ein großes Beziehungssystem, das nach den Analogiegesetzen aufgebaut ist. Es gibt davon nur noch wenige, die bekannt sind oder angewandt werden. Sie funktionieren nur perfekt, wenn man das entsprechende Bezugssystem begriffen hat und auch danach lebt. Ein auch im Westen bekanntes Orakel ist das chinesische *I Ging*. Sein Beziehungssystem ist das Tao. Es hat Analogie zum genetischen Code der menschlichen Zelle und ist eine Meisterleistung des menschlichen Geistes. Es ist jedoch wenig bekannt, daß das *I Ging* nur ein Teil des großen Orakels, des *Ta pu*, in China darstellt. Im Ta pu sind mehrere Systeme vereint. Neben dem *I Ging* sind es das *Tai Hsüan Ching*, das *Lien Shan* und das. Je nach Zweck wurde eines dieser Teilsysteme angewandt. Hinter jedem steht eine vollständige Philosophie.

Diese Orakel geben niemals Antwort auf eine Ja-Nein-Frage. Die Antwort gibt immer nur den Zustand des Fragenden in bezug auf das Ganze wieder. Der Fragende trifft seine Entscheidung selbst, was er nur kann, wenn er das Gesamtbeziehungssystem völlig begriffen hat. Das Runenorakel ist seinem Wesen nach dem *Ta pu* verwandt, es ist jedoch älter. Im Gegensatz zum *I Ging*, in dem Orakelsprüche immerhin eine Grundaussage und einen Rat ausdrücken, gibt es keine Ratschläge. Der

Fragende erhält lediglich ein Bild über den Stand der Harmonie – bzw. eine Abweichung davon – zwischen sich selbst und der Schöpfung. Deshalb stellt sich dabei nicht die Frage, ob eine Entscheidung abgenommen oder der freie Wille verletzt wird; das Argument, es handele sich um Fatalismus, ist damit entkräftet.

Nur wer die Schöpfung in Verbindung mit einem perfekten Beziehungssystem kennt sowie die Rolle der Seele darin, kann daraus ein derartiges Orakelsystem erdenken. Das Runenorakel war und ist ein fester Bestandteil im System der Runenmeister. Es war auch, neben anderen Methoden, die Basis für die Seherinnen und weisen Frauen des Nordens. Es engt die Freiheit der Seele in keiner Weise ein, da es, ganz neutral, eine Erfassung des Istzustandes darstellt. Wie ein hochfeines Meßinstrument zeigt es jede Abweichung vom Idealzustand der Harmonie an. Es läßt gleichzeitig alle Wege offen, eine Entscheidung zu treffen.

Das Orakel

Das Runenorakel ist eine wertvolle Methode, die Schöpfung im Istzustand kennenzulernen. Es ist primär als Hilfsmittel gedacht und sollte nicht zum Selbstzweck werden. Eine Zukunftsschau ist damit möglich, für die persönliche Entwicklung jedoch nicht erforderlich.

Um das Orakel vollständig zu beherrschen, muß das ganze Beziehungssystem des Vatan einschließlich Lebensbaum und Tyrkreis studiert werden. Eine Anleitung dafür macht eine weitere Publikation erforderlich, da der Platz hier notwendigerweise beschränkt ist. Sie ist in Vorbereitung. Das vorliegende Buch soll einen einfachen Einstieg und einen allgemeinen Überblick über das Gesamtsystem der Runen vermitteln.

Im zehnten Kapitel seiner *Germania* beschreibt Tacitus, aus der Sicht des Römers, das Werfen des Runenorakels. Er schreibt: »Vorzeichen und Lose beachten sie (die Germanen) außerordentlich. Das herkömmliche Verfahren bei der Losung ist einfach. Sie schneiden den Zweig eines fruchttragenden Baumes ab, zerlegen ihn in Stäbchen, die sie mit einigen unterscheidenden Zeichen versehen und, aufs Geratewohl, auf ein weißes Laken streuen. Dann hebt der Gemeindepriester, wenn öffentlich beraten wird, oder das Familienoberhaupt, wenn es privatim geschieht, mit dem Blick gegen den Himmel, dreimal je ein Stäbchen auf und deutet sie nach den vorher eingeritzten Zeichen.«

Tacitus hat hier genau beobachtet und aus der Sicht des Römers wahrheitsgetreu berichtet. Da er die inneren Zusammenhänge nicht kannte, konnte er außer seinen Beobachtungen auch keine weiteren Angaben machen. Seine Beschreibung ist jedoch bei weitem realistischer als die der Erwecker ariogermanischen Weistums der neueren Zeit, die sich mangels wirklichen Wissens allerlei Methoden des Runenorakelwerfens erdacht haben. Keine dieser Methoden entspricht der Wahrheit. Das hat schon ein Zeitgenosse dieser neugermanischen Elite klar erkannt. Wir wissen leider seinen Namen nicht, sonst würden wir ihn hier nennen (wir fanden einen Zeitungsausschnitt in einem antiquarischen Buch). Er bespricht ein 1924 herausgekommenes Buch über Runen. Nachstehend seine Meinung dazu:

»*Runen als Heilszeichen und Schiksalslose* nennt E. Tristan Kurtzahn sein Buch, das gewissermaßen eine praktische Anleitung dafür gibt, wie man sich selber wieder nach Art der alten Germanen Lose werfen kann. Runenkarten zum Ausschneiden sind gleich angefügt. Eine Einweihung in den Sinn der Runen ergänzt das Bild des Buches, das nicht ernst genommen werden kann. Das Originellste an der Arbeit dürfte aber der Abschluß sein, der Runen und Schicksalsdeutung behandelt. Der Verfasser betont, daß einst nur reinen Priestern die Heilsrunen zu Deutung des Schicksals zu Gebote standen, will aber scheinbar der Menschheit einen großen Gefallen tun und offenbart daher vier Methoden, mittels deren man durch Astrunen das Schicksal befragen kann. Zeit und Ort zur Benutzung ist genau angegeben, so daß die Art geradezu unfehlbar zu sein scheint. Die Druidische Methode, die Dodona-Methode, die Methode von Stonehenge und die Methode Halgadom (Heiligtum) sind so genau beschrieben, daß jeder sein eigener Runendeuter sein kann. Der Verfasser muß geradezu als Beglücker der Menschheit angesprochen werden, nur schade, daß im Grunde genommen eine Herabwürdigung der Runenzeichen durch derartigen Mißbrauch erreicht wird.« Man kann sich diesen Ausführungen nur anschließen. Die vier angegebenen Methoden unterscheiden sich in keiner Weise von der Art des heute üblichen Kartenlegens. Sie werden auch heute noch genauso bei den esoterischen neugermanischen Orden angewandt und lassen damit klare Schlüsse ziehen, wie es dabei um das wirkliche Wissen über die Germanen bei solchen Orden bestellt ist.

Aber kommen wir nun zum eigentlichen Orakel der nordischen Weisen zurück. Wie wir von Tacitus erfahren, ist dazu nicht viel notwendig. Man benötigt lediglich neunzehn gleich lange Stäbchen aus Holz. Jedes dieser Stäbchen wird mit einer der folgenden Doppelzahlen beschriftet:

1/2	3/4	5/7	7/9
1/3	3/6	5/8	7/10
1/4	4/5	6/7	8/10
2/4	4/6	6/9	9/10
2/5	4/7	7/8	

Die 19 Stäbchen, mit obigen Zahlen markiert, stellen die neunzehn Verbindungen zwischen den einzelnen Zentren im Lebensbaum dar. Das Stäbchen 2/4 stellt also die Verbindung der Zentren 2 und 4 dar, das Stäbchen 7/9 die Verbindung zwischen den Zentren 7 und 9 usw. Man nimmt nun diese neunzehn Stäbchen wahllos gebündelt in die rechte Hand und läßt sie auf ein Tuch fallen. Dabei muß natürlich die Frage, die wir zu entscheiden haben, vorher im Verstande klar formuliert sein.

Der Lebensbaum mit seinen zehn Zentren und seinen neunzehn Verbindungen stellt, wie wir bereits ausgeführt haben, in sich ein vollständiges Modell der Schöpfung in Harmonie dar. Jedes Zentrum gibt laufend Impulse ab und empfängt auch wieder Impulse. Der Baum ist also in stetigem Flusse. Er lebt und stellt über die einzelnen Zentren durch Aktion und Reaktion der Zentren laufend die Balance des

Ganzen her. Wenn man also das Orakel wirft, muß man in erster Linie den Baum mit allen Zentren und Verbindungen als organisches Ganzes kennen und sich vergegenwärtigen.

Gehen wir zum Beispiel von der Annahme aus, daß ein Mensch den jetzigen Zustand seiner Individualität in bezug auf das Ganze erfahren will. Er wirft die neunzehn Stäbchen als Bündel auf ein Tuch. Jetzt nimmt er, ohne einen Blick darauf zu werfen, nacheinander zehn Stäbchen auf. Er wird jeden Stab, entsprechend den darauf eingezeichneten Zahlenverbindungen, so auf dem Tuch auslegen, daß sich wieder das Muster des Lebensbaumes ergibt. Da er aber nur zehn Stäbchen (Verbindungen) aufnahm, ergibt sich ein unvollständiger Baum. Der jetzige Zustand des Fragenden muß nun aufgrund der zehn vorhandenen und der neun nicht vorhandenen Verbindungen beurteilt werden. Eine vorhandene Verbindung zeigt, daß die beiden verbundenen Zentren ausgeglichen sind. Das heißt, sie sind im Fragenden vorhanden und stellen einen fördernden Faktor dar. Eine nichtvorhandene Verbindung hingegen sollte ergänzt werden. Dies kann durch Aktivitäten, bestimmte Übungen oder eine besondere Verhaltensweise geschehen.

Die vorhandene Verbindung 4/5 zeigt z. B., daß aus dem Zentrum 4 bereits genug Erfahrungswissen für die Situation des Fragenden für das Zentrum 5 zur Verfügung steht, so daß eine harmonische (Zentrum 5) Entwicklung nicht behindert wird. Die fehlende Verbindung 9/10 z. B. würde zeigen, daß in der betreffenden Situation ein Bruch zwischen Verstand (Zentrum 9) und Gefühl (Zentrum 10) besteht. Hier müßte der Fragende dann von sich aus eine Verbindung herstellen bzw. den Mangel ausgleichen. Bei der Aufnahme der zehn Stäbe wurde noch ein weiteres berücksichtigt. Es handelt sich um die Reihenfolge der Aufnahme. Der erste aufgenommene Stab hat, zur eigentlichen Aussage, die sich aus der Verbindung im Baume ergibt, zusätzlich eine Entsprechung zum 1. Zentrum des Baumes, der 2. aufgenommene Stab zum 2. Zentrum usw. bis zum zehnten Stab, der mit dem 10. Zentrum des Baumes gleichgesetzt wird.

Die Grundaussage als Verbindung und die Aussage aus der Reihenfolge der Aufnahme wird kombiniert. Wenn z. B. der Verbindungsstab

9/10 als fünfter aufgenommen wird, kann daraus geschlossen werden, daß dieser Verbindung eine entscheidende Rolle für die Harmonie der Situation des Fragenden zukommt. Da insgesamt zehn Stäbe von neunzehn aufgenommen werden, jede Reihenfolge der Aufnahme möglich ist, ergibt sich daraus, daß man nun zehn kombinierte Grundaussagen hat. Jeder der neunzehn Stäbe kann auf jeden Platz von eins bis zehn kommen. Für den ersten Platz ist es möglich, jeden der neunzehn Stäbe zu ziehen. Für den zweiten Platz bestehen nur noch achtzehn Möglichkeiten, für den dritten siebzehn usw.

Wenn wir hier eine Summe aus 19 + 18 + 17 + 16 + 15 + 14 + 13 + 12 + 11 + 10 Möglichkeiten bilden, erhalten wir 145 mögliche Basislebensbäume für die gefragte Situation. Nun wird jedoch in der Praxis die entsprechende Seinsebene, in die eine Verbindung im Baume hinein reicht, mit in die Aussage einbezogen. Dazu kommt, daß die 145 Basislebensbäume lediglich die vorhandenen Verbindungen berücksichtigen. Die nicht vorhandenen Verbindungen werden selbstverständlich zur Aussage mit hinzugezogen. Außerdem können sich sogenannte Felder bilden. Dies ist z. B. der Fall, wenn die Verbindungen 4/5, 4/7 und 5/7 vorhanden sind. Dies ist ein einfaches Feld aus drei Stäben, was eine besondere zusätzliche Aussage erfordert. Natürlich gibt es auch Felder aus vier, fünf und sechs Stäben, die ganz neue Bilder und Aussagen ergeben.

Diese Grundmethode wird vorwiegend dazu benutzt, für sich oder andere die jetzige Grundsituation zu betrachten und daraus in bezug auf das Universum die Möglichkeiten eines harmonischen Ausgleichs herauszufinden. Hier werden immer zehn Stäbe aufgenommen. Wenn sich unsere Frage jedoch auf eine bestimmte Situation oder einen speziellen Zweck bezieht, benutzt man eine andere Methode. Hier wird erst einmal die Frage mit einem entsprechenden Zentrum des Baumes in Beziehung gesetzt. Wenn sich die Frage beispielsweise darauf bezieht, wie ein Streit geschlichtet werden kann, wird man, dem Zentrum 5 (Harmonie) entsprechend, fünf Stäbe aufnehmen. Als Tacitus das Werfen des Orakels bei den Germanen beobachtete, wurden nur drei Stäbe aufgenommen.

Die Frage bezog sich also auf das 3. Zentrum des Baumes. Es stand eine bestimmte Aktion, die vorzunehmen war, im Vordergrund der Frage. Das Zentrum 3 bezieht sich auf die Dynamik, die Tat, die Aktivität, das Tun. Auch hier wurden die drei Stäbe in der Reihenfolge ihrer Aufnahme beurteilt.

Dies sind die beiden Grundmethoden für das Orakel. Aus einem Orakelbild läßt sich nun auch eine Auswirkung in der Zeit errechnen. Dabei sind bestimmte Zyklenabläufe im voraus zu sehen. Hier verbindet sich das Orakel mit Techniken, welche sich auf den Tyrkreis beziehen. Sie können sehr komplexe Aussagen über die zeitliche und räumliche Auslösung eines Ereignisses ergeben.

Im Laufe der langen Geschichte des Vatan hat sich eine Vielzahl von Möglichkeiten, das Orakel zu benutzen, ergeben. Alle bauen jedoch auf den obengenannten Grundmethoden auf. Zusammenfassend dargestellt, bietet das Runenorakel folgende Möglichkeiten:

1. Man kann eine Grundsituation in bezug auf die Schöpfung feststellen und daraus Wege zur Balanceherstellung ableiten.

2. Man kann eine bestimmte Frage über eine Situation stellen. Das Orakel zeigt Wege, wie vorzugehen ist, um diese Situation zu meistern, zu ändern oder zu verstärken.

3. Man kann eine bestimmte Wirkung, die man erzielen will, in bezug auf diejenige Situation und die dazu notwendige Vorgehensweise untersuchen und daraus Schritte für die Zukunft ableiten.

   Das eigentliche Runenorakel unterscheidet sich, wie man sieht, sehr von dem, was heute vielfach unter diesem Etikett praktiziert wird. Ein Runenmeister muß in der Lage sein, das Orakel, ohne den Baum extra auszulegen, direkt zu interpretieren. Das heißt, er gibt beim Aufnehmen der einzelnen Stäbe eine sofortige Aussage dazu. Dabei war es früher der Stolz jedes Runenmeisters, die Aussagen in Form von Stabreimen bekanntzugeben. Auch diese Stabreime wurden aus dem Stegreif für den Augenblick der Aussage, ohne Vorbereitung, gedichtet. Ein Mensch, der das Orakel gemeistert hat, ist in der Lage, es für sich, für andere, für eine Gruppe und für jede Situation oder Frage zu benutzen. Er kann sich ein Urteil bilden, daraus eine persönliche Entscheidung treffen oder den richtigen Rat erteilen.

Das Orakel bietet immer nur verschiedene Möglichkeiten und Vorgehensweisen an. Die letzte Entscheidung bleibt bei seinem Benutzer. Er wird frei wählen, was zu tun ist. Er kann das Orakel auch ignorieren und das genaue Gegenteil tun. Es ist, wie wenn man z. B. zu Hause aus dem Fenster sieht und feststellt, daß es regnet. Auf der Basis dieser Feststellung kann man nun entscheiden. Bleibt man zu Hause, geht man mit einem Schirm hinaus, zieht man einen Regenmantel an, läßt man beides weg und wird bis auf die Haut durchnäßt? Man könnte auch nackt in den Garten gehen und dort im Regen tanzen.

Dies alles bleibt dem einzelnen selbst überlassen. Niemand würde auf die Idee kommen, sich durch den Regen in seiner Willensfreiheit eingeschränkt zu fühlen. Genauso ist es mit dem Runenorakel. Schwierigkeiten treten erst auf, wenn man beginnt, das Orakel als seine oder eines anderen Menschen unabänderliche Zukunft zu betrachten. Damit beginnen die eigentlichen Probleme aller Orakel. Nur wenige Menschen sind in der Lage, nach einer Zukunftsschau für sich die Freiheit der Entscheidung aufrechtzuerhalten. Hier ist deshalb Vorsicht am Platze.

Im Vatan ist man der Meinung, daß ein Blick in die Zukunft bei den meisten Menschen Ereignisse innerlich fixieren kann. Es entsteht eine selbst herbeigeführte Bindung an die Zeit und die Kausalität, die man freiwillig nicht eingehen sollte. Da man seine Zukunft selbst bestimmt, jedoch in einer Zukunftsschau sich über zeitliche Ereignisse und Zustände im voraus informiert, räumt man der Umwelt eine zu aktive Rolle, gestaltend zu wirken, ein. Man wird dadurch in eine passive Rolle gedrängt und kann sich nur schwer daraus befreien.

Eine Zukunftsschau bietet dem Menschen das Kommende so an,

wie es kommen würde, wenn er passiv alles über sichergehen ließe, die Zukunft würde so ablaufen, wenn man nicht eingreift. Leider kommt noch dazu, daß man die Überzeugung hat, das Ganze sei größer und stärker als man selbst. Von dieser Ansicht bis zur Überzeugung, man könne nichts tun und müsse alles über sich ergehen lassen, ist nur ein kleiner Schritt.

Ein Blick in die Zukunft mittels eines Orakels zeigt lediglich, was kommen wird, wenn man die Hände in den Schoß legt. In dem Moment, wo man selbst aktiv eingreift, ändert sich die Zukunft, und die Schau ist gegenstandslos. Ein aktiver Eingriff ist zu jedem Zeitpunkt möglich. Leider wird man aber eben durch den Blick in die Zukunft und die eventuelle Angst vor ihr dazu verführt, wie gelähmt alles abzuwarten, der Meinung zu sein, es sei sinnlos, daran etwas ändern zu wollen.

Betrachten wir von diesem fatalistischen Standpunkt aus beispielsweise einmal die Arbeit einer Kartenlegerin. Gehen wir von der Annahme aus, die Kartenlegerin habe ihr Wissen von der Mutter erhalten. Bereits als Kind sieht sie, wie Menschen zur Mutter kommen und sich die Zukunft aus den Karten sagen lasen. Sie bekommt auch mit, daß die Leute sehr zufrieden sind und immer wieder kommen.

Später erhält sie dann von der Mutter ein Kartenspiel und wird in die Kunst eingeweiht. Die Mutter, als Respektsperson für die Tochter, ist total von der Methode überzeugt. Auch für die Tochter gibt es keinen Zweifel, zumal bereits die ersten Versuche damit Erfolg bringen. Eine Sitzung bei einer Kartenlegerin läuft im großen immer gleich ab. Der Fragende kommt mit gemischten Gefühlen und bestimmten Fragen und Problemen zu ihr. Das Ganze geschieht mehr oder weniger geheim, es könnte ja aus der Umwelt des Fragenden jemand etwas erfahren und darüber lachen usw.

Nun werden die Karten ausgelegt. Zuerst erzählt die Kartenlegerin einiges über den Charakter und die Vergangenheit des Fragenden. Alle diese Dinge stimmen, und der Fragende ist sehr verblüfft. Anfängliche Zweifel, die womöglich vorhanden sind, werden dadurch eliminiert. Damit wird die richtige Basis für Glauben und Überzeugung gelegt. Die Autorität der Kartenlegerin wird so gefestigt. Nun kommt man auf die Zukunft und auf spezielle Fragen zu sprechen. Dabei werden alle Aussagen noch ernster genommen, denn wer hat nicht etwas Angst vor der Zukunft? Nachdem der Fragende über alles, was er wissen will, Auskunft erhalten hat, geht er nach Hause und harrt der Dinge, die da kommen werden.

Betrachten wir nun noch einmal zusammenfassend, was hier alles abläuft:

1. Die Kartenlegerin hat ein Beziehungssystem, das mehr oder weniger nach den Analogiegesetzen aufgebaut ist.

2. Sie ist voll überzeugt davon.

3. Sie ist sich ihrer Sache sicher, da sie genug Erfahrung damit hat.

4. Sie glaubt an das Schicksal, das in ihren Augen vorherbestimmt ist.

5. Sie ist die Aktive und in den Augen des Fragenden die Überlegene.

6. Der Fragende ist der Passive, der dem Schicksal ausgeliefert ist. Davon sind sowohl die Kartenlegerin als auch der Fragende überzeugt.

7. Der Fragende ist unsicher hinsichtlich seiner Zukunft, sonst würde er wohl nichts darüber wissen wollen.

8. Beide glauben daran, daß es so kommen wird, wie die Karten es zeigen.

Hier binden sich zwei Menschen freiwillig an einen bestimmten Ablauf in der Zukunft, der sich aus der Mechanik der Schöpfung ergibt. Die Kartenlegerin projiziert den Ablauf mit voller Autorität in den Fragenden;

der wiederum nimmt ihn begierig auf und wird, ob er will oder nicht, seine Zukunft nach den erhaltenen Auskünften richten. Er wird sich in seinem Verhalten daran orientieren, sich freuen oder Angst haben – er ist unfrei geworden, und das auch noch freiwillig.

Wie bereits gesagt wurde, zeigt jedes Orakel, das auf die Zukunft angewandt wird, den Ablauf an, der so kommt, wenn der Beteiligte passiv ohne Eigenimpuls alles über sich ergehen läßt. Er hat aber zu jedem Zeitpunkt die Möglichkeit, selbst einen neuen Impuls zu setzen. Wenn er dies tut, dann hat er von sich aus in die Schöpfung eingegriffen. Diese muß nun auf ihn reagieren. Die ganze Mechanik der Kausalität für seine Zukunft ändert sich je nach Stärke seines aktiven Impulses. Er ist der aktive Pol, die Schöpfung muß auf ihn reagieren, nicht umgekehrt. Er entscheidet, und sein Schicksal ordnet sich mit jeder Entscheidung neu. Es gibt Menschen, die sich von einer Zukunftsschau nicht unbedingt ihre Freiheit nehmen lassen. Sie gehen hin und hören sich alles an. Ihr bisheriges Leben hat sie aber dazu gebracht, daß sie persönlich ihre aktiven Entscheidungen treffen, und dies oft sehr spontan.

Hier hätten wir dann das interessante Phänomen, daß das, was die Kartenlegerin aussagte, einfach nicht eintrifft. Dieser Mensch hat schon mehrmals wieder in die Schöpfung und damit in sein Schicksal eingegriffen, so daß inzwischen alles nicht mehr stimmt.

Nun ist so ein Mensch enttäuscht, eventuell auch die Kartenlegerin. Beide stehen vor einem Rätsel. Der Fragende wird an der Kunst oder der Ausübenden der Kartenkunst zweifeln. Die Kartenlegerin wird unter Umständen für sich und ihren Klienten mit Ausflüchten ihr gestörtes Weltbild wieder zurechtrücken.

Wir können als Seelen unsere Zukunft selbst gestalten, oder wir können passiv auf die Umwelt reagieren, uns eine Zukunft aufdrängen lassen oder übernehmen.

Dem Menschen wird seine Zukunft selbstverständlich nicht nur von Kartenlegerinnen und Prognosen aufgeprägt. Man muß nur die Augen öffnen, um eine Vielfalt anderer Beispiele dafür zu sehen. Allein, was Eltern bei der Erziehung ihrer Kinder an Zukunftsprägungen vornehmen, ist beachtlich. Eltern haben ein bestimmtes Bild davon, wie ihre Kinder sein sollten und wie sie leben müssen. Eine Verhaltensabweichung von diesem Bild wird oft mit sehr negativen Zukunftsprägungen der Eltern beantwortet. »Aus dir wird nie etwas werden! Du bist ein Versager! Ändere dich, oder du landest in der Gosse !« – dies ist nur eine kleine Auswahl an Prognosen für Kinder, welche sich mehr oder weniger stark in der Zukunft auswirken werden.

Bei Kindern kann man die Analogie der Blume anwenden: Man sollte ihr geben, was sie zur Entwicklung braucht, sie wachsen lassen, und wir sollten uns über ihre Schönheit freuen. Kinder wie Blumen sind Seelen, die sich individuell ausdrücken und verwirklichen wollen. Wir haben kein Recht, diese Seelen – oder überhaupt eine Seele – daran zu hindern oder ihr eine besondere Vorgabe zu machen. Alles, was ein Kind für das Leben braucht, wird es Vorbildern entnehmen. Die höchste Kunst der Erziehung ist, ein gutes Vorbild zu sein, und das größte Wunder ist dabei, daß eine Seele, die sich frei entfalten kann, sich immer positiv entwickelt. Auf den Menschen übertragen: Aus solchen Seelen werden immer wertvolle Menschen.

Bei unseren Ahnen waren die frühe Selbständigkeit und der Drang zur Individualität eine wichtige Voraussetzung für die Annahme als Schüler bei einem Runenmeister. Eine Lehre, die auf schriftliche Fixierung keinen Wert legte, konnte ihren Fortbestand und ihre Aktualität nur sichern, wenn sie von freien, individuellen Menschen gelebt und getragen wurde. Deshalb ist jeder Vatani ein Individualist, der, wenn er in einen anderen Kreis kommt, seine universelle Lehre ohne Komplikationen damit verbinden kann, denn jede Möglichkeit in der Schöpfung ist in seiner Lehre enthalten. Jegliche Konformität lehnt er ab, denn sie würde nur seinen Horizont verengen. Der frühe Drang nach Eigenerfahrung bei einem Kinde ist für den Weg zurück zur göttlichen Quelle eine wunderbare Basis, die nicht durch unnötige Zwänge, Vorschriften oder fremde Lebensmuster beeinträchtigt werden sollte.

Die nordischen Überlieferungen sprechen mit Ehrfurcht und Achtung über die Runen. Wenn man jedoch die heutige Runenliteratur durchsieht, macht sich eine gewisse Enttäuschung breit. Alle stimmen darin überein, daß die Runen etwas Großes sind. Nur kann niemand so richtig sagen, worin diese Größe eigentlich liegt. Es ist beispielsweise nicht damit getan, daß man diese Zeichen mit den sonstigen auf der Erde üblichen Systemen gleichsetzt oder daß man fremde Elemente wahllos mit den Runen mischt und daraus ein neues System von Entsprechungen erstellt. Die Runen sind, wie wir bereits sagten, im Norden entstanden. Sie sind Teildiagramme des nordischen Lebensbaums. Sie sind entstanden in einer Kultur, die große Teile der Erde befruchtet hat. Der nordische Lebensbaum ist die Mutter aller weiteren auf der Erde zu findenden Lebensbäume. Er kann, wie wir inzwischen wissen, nur in einer Zone entstanden sein, wo die Voraussetzungen dafür vorhanden waren. Seine Basis, der Schneekristall als Grundmuster für ein Beziehungs- und Entsprechungssystem, wurde für das sagenhafte Volk der Hyperboreer, das in der Polarregion lebte, die Grundlage ihrer Philosophie und Religion. Aus dem hyperboreischen Kreise entstand das, was wir die indogermanischen Kulturen nennen. Die Verbreitung der indogermanischen Sprachen zeigt recht deutlich, wie weit der Einfluß der Hyperboreer auf der Erde reichte.

Der Name der hyperboreischen Lehre, Vatan, erscheint auch in der zirka um 800 n. d. Zw. auftretenden *Kabbala*: Wattan, die Sprache Adams. Die Kabbala ist aus dem nordischen Vatan entstanden. Das hebräische Wort *Quabballah* bedeutet soviel wie »Entgegennahme« oder »mündliche Überlieferung.« Dabei ist mittelbare Überlieferung gemeint im Gegensatz zur unmittelbaren, von Gott stammenden, der Thora.

Wie der jüdische Religionsphilosoph Gershom Scholem in seinem ausgezeichneten Werk zur Symbolik der Kabbala[5] beschreibt, war man über das Auftauchen dieser Lehre alles andere als begeistert. Als das Buch »Bahir« in der Provence herauskam, waren die Oberrabbiner sehr ungehalten darüber. Man versuchte die weitere Verbreitung im Judentum zu verhindern. Dies gelang jedoch nicht, wie wir wissen.

Nun ist es nicht so einfach möglich, zwei Weltanschauungen miteinander zu verknüpfen. Der ursprüngliche Baum des Lebens mußte umgestellt werden, um ihn der jüdischen Religion anzupassen. Daß die jüdischen Kabbalisten sich diese Aufgabe nicht leicht machten, ist aus den Überlieferungen dieser Zeit ersichtlich. Das Diagramm des Baumes wurde immer komplizierter. Man zeichnete ganze Trauben von ineinandergeschachtelten Bäumen. Die endgültige, aus der Literatur bekannte Form geht wahrscheinlich auf den berühmten Kabbalisten Isaak Luria aus dem 16. Jahrhundert und seinen Schüler Chaim Vidal zurück.

Der neue kabbalistische Baum unterscheidet sich vom Vatan-Baum darin, daß der Platz des ursprünglichen Zentrums 4 frei gelassen wurde. Dadurch verschob sich alles nach unten. Es entstanden neue Verbindungen zwischen den einzelnen Zentren, außerdem stellte man den Baum seitenverkehrt dar. Natürlich kannte man auch den ursprünglichen Lebensbaum. Man postulierte aber, daß dieser Baum nur bis zum Sündenfall seine Gültigkeit hätte und der geänderte Baum für die Zeit nach dem Fall gelte.

In der frühen Neuzeit Beschäftigten sich auch viele nichtjüdische Gelehrte, z. B. der Humanist Johannes Reuchlin, der Okkultist und Naturphilosoph Agrippa von Nettesheim oder der Kanzler und Theosoph Knorr von Rosenroth, mit der Kabbala. Die kabbalistische Literatur ist inzwischen auf eine inflationäre Zahl von Titeln angewachsen, dies besonders, nachdem sich unzählige kreative Okkultisten des 19. und 20. Jahrhunderts der Sache annahmen. Wenn man viele dieser Werke liest, dann wünscht man sich, daß die Autoren vorher erst einmal die wichtigsten kabbalistischen Originalwerke studiert und begriffen hätten. In ähnlicher Weise wie bei den Runen hat man Dinge in die Kabbala gelegt, die mit den Büchern »Bahir«, »Sohar« und »Yezira« nicht mehr viel zu tun haben.

Die Kabbala, obwohl aus dem Vatan entstanden, ist heute eine selbständige Lehre mit eigener Tradition, Symbolik und Inhalt. Sie ist genauso faszinierend wie der Vatan, fristet in der jüdischen Religion jedoch immer noch ein wenig ein Schattendasein, da sie von vielen orthodoxen Rabbinern als fremde Lehre betrachtet wird. Um sich als

Außenstehender mit der Kabbala richtig befassen zu können, ist es notwendig, die hebräische Sprache und Religion gut zu kennen.

Der Vatan und die Kabbala haben heute nicht mehr viel gemeinsam. Da die Kabbala den größten Teil des Okkultismus, der sich in der westlichen Literatur niederschlug, beeinflußt hat, wird sie immer wieder als die westliche esoterische Tradition bezeichnet. Darüber kann man geteilter Meinung sein. Eine westliche Tradition kann man ihr bestimmt nicht absprechen. Wer jedoch fähig ist, tiefer zu schauen, der wird nicht nur in Europa, sondern auf der ganzen nördlichen Halbkugel die Spuren des Vatan entdecken.

Es gehörte lange Zeit und gehört in manchen Kreisen auch heute noch zum guten Ton, den nordischen Völkern jede Art von Kultur abzusprechen. Die »Barbaren des Nordens« lagen einem gängigen Vorurteil zufolge mit Vorliebe auf Bärenfellen herum und betranken sich mit Met. Statt dessen treten sie uns im Vatan als Menschen mit einer tiefen Welterkenntnis und einer Hochkultur entgegen, die Kulturen vom Fernen Osten bis nach Mittelamerika beeinflußten. Die hyperboreische Kultur ist mit unserer jetzigen nicht vergleichbar. Man sollte sie deshalb auch nicht mit den Maßstäben der heutigen Zivilisation messen. Wir können aber aus dieser Urkultur und ihrer Weltanschauung sehr viel lernen, denn sie besaß im Vatan ein Wissen, das uns heute, wenn wir unsere Erde so betrachten, sehr fehlt.

KAPITEL 5

DER GEHEIME GARTEN

Das Symbol des Gartens

Eines der schönsten Symbole des Vatan ist der Garten. Im Gegensatz zum Lebensbaum, der als Symbol eher etwas nüchtern den Intellekt anregt, ist der Garten in der Wissenschaft der Runenmeister das Symbol, welches viel umfassender die menschliche Natur anspricht. Natürlich ist der Lebensbaum im geheimen Garten der Vatanis enthalten, denn auf ihm ist ja die ganze Lehre aufgebaut. Das Symbol des Gartens ist ein Urbild, ein Archetyp des Menschen, das bis in seine Anfänge zurückreicht. Unsere Urahnen, die sich umgeben von einer unbarmherzigen Natur sahen, schufen sich als erstes einen sicheren Platz, um sich zurückzuziehen. Sie rodeten die Urwälder und grenzten den gerodeten Platz durch Zäune nach außen ab. Dieser so geschaffene Platz war überschaubar und kontrollierbar. Darin fühlte man sich sicher. Die Gefahr, das Unbekannte, begann erst außerhalb des Zaunes. Innerhalb des Zaunes lebte man verhältnismäßig sicher. Nach außen, in die unbekannte Wildnis, machte man Vorstöße zur Nahrungsbeschaffung.

Innerhalb des Zaunes begann die menschliche Kultur. Von hier aus breitete sie sich aus. Vom befestigten Dorf bis zur von einer Mauer umgebenen Stadt, immer lebte man innerhalb und schützte sich nach außen. Selbst ein Staat im heutigen Sinne kommt ohne seine Grenzen, die er durch Militär schützen läßt, nicht aus. Dieses immer gleichbleibende Muster hat sich tief in das menschliche Bewußtsein eingeprägt. Auch heute leben wir mehr oder weniger noch danach. Wir verschließen unsere Wohnungen, ziehen Zäune um unsere Häuser, bauen Mauern um unsere Anwesen. Nach außen machen wir unsere zweckdienlichen Ausflüge, sei es zur Nahrungsbeschaffung, zur Unterhaltung oder um Kenntnisse des Unbekannten zu erlangen. Man kann sagen, daß ohne das Grundmuster des nach außen abgegrenzten Bezirkes unsere jetzige Kultur gar nicht möglich ist. Die Symbolik geht jedoch noch viel tiefer. Unsere Entwicklung zum Menschen im geschützten Mutterleib, unsere Geburt, die einer Vertreibung aus der Geborgenheit, der Wärme und des Versorgtseins gleichkommt, treibt uns im Leben dazu, uns einen Ersatz dafür in der Welt zu schaffen.

Alles, was in den dualen Welten lebt, benutzt dieses Grundmuster, um sich zu entwickeln und um überhaupt existieren zu können. Selbst unsere Erde schützt sich gegen diverse Strahlungen durch eine Hülle, die wir im übertragenen Sinne auch als Zaun bezeichnen können. Ohne diese Hülle wäre auf der Erde kein Leben möglich. Beim Menschen erfüllt die Haut einen ähnlichen Zweck. Durch Abgrenzung entsteht Individualität. Man kann erst von zwei Dingen sprechen, wenn diese sich gegenseitig voneinander abgrenzen. Eine wesentliche Voraussetzung der Dualität überhaupt ist die Abgrenzung. Jedes Teilchen grenzt sich gegenüber dem Ganzen ab. Ein Atom gegenüber anderen Atomen, eine Zelle gegen andere Zellen – bis zu ganzen Galaxien und Universen.

Trotzdem ist das, was innerhalb der Abgrenzung ist, ohne das, was außerhalb liegt, nicht möglich. Das eine wäre ohne das andere gar nicht existent. Die Urabgrenzung besteht zwischen der göttlichen Quelle und den dualen Welten. Hier ist der Anfang der Dualität und der Abgrenzung.

Genauso wie zwischen dem göttlichen ES und allen Seelen in der Dualität eine Verbindung besteht, so findet man aber auch eine Verbindung zwischen zwei sich abgrenzenden Teilchen oder Seelen. Von diesem Blickpunkt aus ist die Abgrenzung eine Täuschung und die Dualität somit auch.

Der Austritt der Seele aus der göttlichen Quelle in das Erfahrungs- und Trainingsfeld der Dualität bezweckt, daß diese Seele auf ihrer Wanderung lernt, ganz allmählich ohne Abgrenzung auszukommen. Am Ende wird die letzte Grenze für sie fallen, und sie kann damit wieder in die Quelle eintreten. Da sie aber in Wirklichkeit gar nicht getrennt ist, besteht ihr Lernprozeß darin, die Meinung, getrennt zu sein, fallenzulassen. Alle Abgrenzungen der dualen Welten sind durch Seelen geschaffen worden, oder, anders ausgedrückt, der Mensch hat sich seine Grenzen selbst geschaffen und muß sie auch wieder abbauen bzw. fallenlassen.

Jeder Mensch lebt in seinem persönlichen Garten. Dazu gehört nicht nur seine Wohnung, sondern auch Mitmenschen, die er liebt, die er kennt, auf die er angewiesen ist. Auch seine Art zu denken, seine Meinungen, seine Art zu sein, alles, was die Persönlichkeit und die wirklichen Beziehungen ausmacht, ist in diesem Garten enthalten. Um diesen persönlichen Garten hat der Mensch einen Zaun gezogen. Er versucht, nur durch das Tor zu lassen, was ihm angenehm ist, ihm nutzt oder für sein Überleben notwendig ist.

Dies gelingt ihm nicht vollkommen. Zuviel Unangenehmes tummelt sich bereits in den menschlichen Gärten. Deshalb sehnt sich der Mensch immer wieder danach, innerhalb seines Gartens einen neuen Bezirk abzugrenzen, wo er wirklich nur noch das Beste, Schönste und Angenehmste hereinläßt. Nachdem er inzwischen erfahrener geworden ist, versucht er, es diesmal besser zu machen. Wenn wir unser Leben einmal genauer betrachten, so stellen wir fest, daß wir alle immer wieder versuchen, einen neuen Garten im Garten zu schaffen. Wenn etwas schiefgegangen ist, versuchen wir es wieder von neuem. Manche von uns versuchen auch, den bestehenden Garten wieder zu säubern und umzugestalten.

In allen Menschen steckt mehr oder weniger die Sehnsucht, endlich einen Platz zu haben, der geschützt ist, wo nichts Fremdes hereinkommen kann, der schön ist, wo man endlich so sein kann, wie man sein möchte. Diese Sehnsucht zieht sich durch alle Kulturen der Weltgeschichte. Die Vielzahl von Gärten in Sagen, Märchen, Mythen, in der Dichtung und Poesie zeugen davon.

Man kennt das Paradies (persisch *pardez* = umfriedeter Bezirk), den Garten der Hesperiden, die heiligen Haine der nordischen Religion, die Rosengärten des frühen Mittelalters, die Liebesgärten aus »Tausendundeine Nacht«, die Barock- und Rokokogärten, die Meditationsgärten des japanischen Zen, unzählige Zaubergärten und nicht zuletzt unsere Privatgärten bis hin zum Schrebergarten des Stadtmenschen. Alle sind aus der Sehnsucht und den Träumen der Menschheit nach einem schönen und sicheren Platz, der geschützt ist gegen die Unbill des Lebens, entstanden. Deshalb kann man sagen, daß es kaum einen stärkeren Archetypen für die Menschheit gibt als den Garten.

Die schöpferische Energie

Jeder Mensch ist ein Schöpfer im kleinen. Als Seele, ausgestattet mit allen göttlichen Grundeigenschaften und Möglichkeiten, kann er schöpferisch auf jeder dualen Ebene tätig sein.

Es ist uns bereits bekannt, daß vom göttlichen ES über eine Verbindung zur Seele laufend Energie durch alle inneren Körper des Menschen in alle Seinsebenen fließt. Diese Energie wird durch die einzelnen Körper transformiert. Jeder Körper wirkt wie ein Filter, der nur Teile oder besondere Aspekte dieses Stromes durchläßt. Mit dieser Energie formen wir Bilder und geben diese dann nach außen ab. Man kann auch sagen, der Mensch formt aus dieser Energie auf jeder Ebene Bilder, Ideen und Dinge. Jeder Gedanke ist ein derartiges Energiequantum, das automatisch eine bestimmte Form annimmt. Auf der Mentalebene ist diese Kreation so real wie ein materieller Gegenstand auf der physischen Ebene. Da der Mensch rund um die Uhr auf irgendeine Weise denkt, reißt der Strom seiner schöpferischen Tätigkeit nicht ab.

Dieser Prozeß ist außerordentlich interessant, da er die Schöpfung in ihren Abläufen repräsentiert. Genauso wie eine Seele aus dem göttlichen ES austritt, auf Wanderschaft in die Dualität geht und am Ende wieder in das göttliche ES eintritt, genauso tritt ein durch einen Gedanken geformtes Energiequantum aus uns heraus und kommt irgendwann wieder zu uns zurück. Daraus ist ersichtlich, daß nicht nur der Aufbau der Schöpfung vom Kleinsten bis zum Größten gleich ist, sondern auch alle Grundabläufe in ihr sich gleichen.

Jeder Mensch hat viele solche Gedankenformen in Umlauf gebracht, die auch wieder zu ihm zurückkommen. Jeder gibt permanent solche Formen ab und nimmt laufend zurückkommende wieder auf. Daraus ergeben sich eine ganze Reihe neuer Aspekte für uns.

Doch betrachten wir das ganze anhand von Beispielen. Nehmen wir an, daß eine junge Dame auf ihrem Weg zur Arbeit jeden Morgen am Schaufenster eines Schuhgeschäftes vorbeikommt. Täglich wirft sie einen Blick in das Fenster und geht dann weiter. Eines Morgens aber sieht sie in dem Schaufenster die »Traumschuhe« stehen. Sie würden wunderbar zu dem neuen Kleid passen, das sie vor einiger Zeit gekauft hat. Nun laufen bei der jungen Dame in Gedanken eine ganze Reihe von Bildern ab. Sie stellt sich vor, wie sie mit dem Kleid und den Schuhen aussähe, wie sie so ihrem Freund gefiele, was ihre Kolleginnen dazu sagen würden usw. Nur mit Mühe kann sie sich von dem Schaufenster losreißen. Auf dem weiteren Weg zur Arbeit kreisen ihre Gedanken nur um die Schuhe. Obwohl sie sich verspäten wird, kehrt sie schließlich um und geht zurück. Unterwegs fällt ihr noch ein, daß sie zuwenig Geld dabei hat. Schließlich, wieder beim Laden angekommen, entschließt sie sich, die Schuhe zurücklegen zu lassen und eine Anzahlung zu leisten. Dies tut sie auch. Erst jetzt erfüllt sie ein Gefühl der Befriedigung und Ruhe. Sie kann beruhigt endlich zur Arbeit gehen.

Was ist hier in Wirklichkeit geschehen? Die junge Dame hatte ein Bedürfnis: ein Paar passende Schuhe zu ihrem neuen Kleid zu finden. Sie hatte sich bereits gewisse Vorstellungen davon gemacht, wie sie aussehen müßten. Dann sah sie solche Schuhe. Sie war fasziniert davon. Ihre volle Aufmerksamkeit auf diese Schuhe richtend, schickte sie gebündelt Energie hinein. Diese Energie wurde dabei durch ihre Gedanken transformiert. Dabei war es nicht nur gedankliche, sondern auch emotionale Energie. Zwischen der jungen Dame und dem Quantum Energie, das sie durch ihre intensive Aufmerksamkeit in die Schuhe gelenkt hatte, bestand ein unsichtbares Band. Als sie weggehen wollte, blieb ein Teil dieser Energie zurück und zog sie wieder zu den Schuhen. Sie selbst sorgte dafür, daß dieses Energiequantum in den Schuhen zurück blieb, denn sie dachte ja beim Weggehen noch weiter daran. Erst als sie zurückging, ihre Energie durch Kauf bzw. Anzahlung wieder in ihren Besitz überging, trat Befriedigung ein.

Bei diesem Beispiel sehen wir, daß der durch den Menschen fließende Strom durch zielgerichtete Aufmerksamkeit gelenkt werden kann, durch Emotionen intensiviert und durch intensive Beteiligung der ganzen Persönlichkeit verstärkt werden kann. Im übertragenen Sinne finden wir diesen Ablauf bei allen Menschen täglich in vielen Variationen vor. Er läuft meist unbewußt ab, da kaum jemand die dahinterliegenden Prozesse kennt. Der Mensch projiziert Energie in einen Mitmenschen, eine Sache, eine Idee, einen Genuß, einen Plan oder einen Wunsch. Dann versucht er, seine Energie wieder zurückzuholen, indem er mit dem Menschen zusammenkommt, die Sache bekommt, die Idee verwirklicht, etwas genießt, einen Plan ausführt oder sich einen Wunsch erfüllt. Wenn ihm dies nicht gelingt, ist er frustriert und unbefriedigt. Er muß eine Möglichkeit finden, seine Energie wieder zurückzuholen. Meist lenkt er sich durch die Projektion neuer Energien in ein neues Ziel von dem alten ab und zieht so die an die bisherigen Ziele oder Wünsche gebundene Energie wieder zurück. Auch die junge Dame in unserem Beispiel hätte so die Energie zurückgeholt. Sie hätte z. B. lediglich im übernächsten Schaufenster ein noch schöneres und besser passendes Paar Schuhe sehen müssen.

Die bekannte Tibetforscherin Alexandra David-Neel berichtete von einem Erlebnis in einem Lamakloster in Tibet. Dort lernte sie, wie man künstlich ein Gedankenwesen, eine sogenannte Tulpa-Gestalt, herstellen kann. Sie mußte erst entscheiden, ob das Wesen männlich oder weiblich sein sollte. Dann wurde sein Aussehen festgelegt. Frau David-Neel entschied sich für eine männliche Form. Sie gab ihm das Aussehen eines kleinen, freundlichen Lamas. Nun mußte sie sich täglich diese Form vorstellen, intensiv an sie denken und darüber meditieren. Dabei erschuf sie ein Wesen, das sie laufend mit Energie ernährte. Sie projizierte also täglich Energie in eine Form. Der Prozeß dauerte einige Monate. Der freundliche kleine Lama wurde immer intensiver. Bald mußte sie sich ihn nicht mehr vorstellen, denn er war immer bei ihr, und sie konnte ihn sogar sehen. Später konnte sie sich auch mit ihm unterhalten.

Inzwischen reiste sie weiter. Sie glaubte immer noch, daß sich das ganze in ihrer Phantasie abspielen würde. Als man ihr aber in einem anderen Kloster, das sie besuchte, statt einer Schale Buttertee gleich zwei Schalen vorsetzte, wurde sie nachdenklich. Auf die Frage, für wen die zweite Schale denn wäre, sagte man ihr, sie sei für den kleinen, freundlichen Lama in ihrer Begleitung. Sie reiste weiter, und ihr lustiger Begleiter war immer dabei. Wie ein treuer Hund folgte er ihr überall hin. Mit der Zeit wurde er ihr aber langsam lästig. Sie versuchte ihn wegzuschicken, doch er blieb.

Je mehr sie ihn haßte, um so scheußlicher sah er auf einmal aus. Sein Aussehen wandelte sich total. Er wurde bösartig und widerspenstig. Nachts konnte sie kaum noch schlafen. Er sagte ihr dauernd, was sie zu tun hätte. In ihrer Verzweiflung reiste sie in das Kloster zurück, wo einige erfahrene Lamas die Tulpa-Gestalt wieder auflösten.

In diesem Beispiel in den wir einen ganz anderen Ablauf vor. Hier wurde bewußt Energie in eine festgelegte Form projiziert. Diese Form verdichtete sich immer mehr und wurde sogar für andere Menschen sichtbar. Solange die Energie, entsprechend der Einstellung von Frau David-Neel, positiv geprägt war, ging alles gut. Später jedoch, als sie aus Abneigung geprägte Energie hineinschickte, wandelte sich auch die Form entsprechend in ein negatives Erscheinungsbild. Da dieses künstlich geschaffene Wesen ja aus ihrer eigenen Gedankenenergie bestand, konnte sie es gar nicht wegschicken. Sie hatte lediglich einen Teil von sich nach außen verlegt. Zwischen ihr und der Tulpa-Gestalt bestand eine unzertrennliche Verbindung. Das Gedankenwesen, als Energiekomplex, war ein Verbund von Teilchen mentalen Stoffes. Jedes dieser Teilchen hatte ein besonderes Muster, das ihm die Schöpferin aufprägte. Das Tulpa-Wesen war also mit einem bestimmten Quantum an Intelligenz und Lebenswillen ausgestattet. Es wußte, daß es auf seine Schöpferin angewiesen war. Es mußte lediglich auf sich aufmerksam machen, dann bekam es von der Schöpferin durch ihre Gedanken neue Nahrung. Die Auflösung solch einer Tulpa-Gestalt, die eigentlich nichts als eine Rückführung der Energie in den Schöpfer ist, kann erhebliche Schwierigkeiten bereiten. Sie gelingt nur Spezialisten, die auch eine große praktische Erfahrung damit haben.

So eine Wesenheit, die künstlich geschaffen wird, ist im Grunde nur ein Automat, der ohne seinen Schöpfer nicht existieren kann. Der Kern eines solchen Wesens wird nicht von einer Seele eingenommen. Die Seele des Schöpfers steuert dieses Wesen. Es kann noch so perfekt und intelligent sein, es ist und bleibt ein Automat. Hier kann man auch von einer Persönlichkeitsspaltung sprechen. Es ist durchaus möglich, daß die nach außen verlegte mentale Energie die Körper ihres Schöpfers so stark beeinflussen kann, daß dieser Mensch glaubt, er werde von außen gesteuert. Er wird dann ein Fall für den Psychiater werden. Es ist nicht ungefährlich, mit solchen Techniken zu arbeiten, wenn man nicht versteht, wie. Viele sogenannte Besessenheitsfälle haben ihren Ursprung in diesem Ablauf. Probleme damit bekommt man, wenn man entweder zuwenig über die Mechanik weiß oder wenn man sich als Seele selbst aufgibt. Die Seele ist in jedem Falle stärker und kann solche Dinge bewältigen. Nur ihr Glaube, daß sie es nicht schafft, macht sie unterlegen.

Auch im normalen Leben kann der Mensch von einer Idee besessen sein, die ihn nicht mehr losläßt. Er findet keine Ruhe, die Idee bringt sich dauernd in Erinnerung, weil sie immer neue Nahrung braucht. Je mehr sie bekommt, um so stärker wird sie. Hier steckt nicht der »Teufel« dahinter, sondern allenfalls ein Teufelskreis. Der hier beschriebene Ablauf muß jedoch nicht unbedingt negativ sein. Richtig gesteuert, kann er zu einer großen Hilfe für den Menschen werden.

Der Mensch ist im alltäglichen Leben nicht in der Lage, immer höchste Gedanken hervorzubringen. Er kann aber täglich eine bestimmte Zeitspanne lang bewußt qualitativ hohe Gedanken hervorbringen, die weit über dem Alltagsleben liegen. Dabei werden zu dieser Zeit der mentalen Energie hohe Schwingungsmuster und Bilder aufgeprägt.

Die Methode besteht darin, diese hohen Schwingungsmuster gezielt in eine Form zu bringen und zu sammeln. Vergleichbar mit einer Spardose, kann man bei Bedarf darauf zurückgreifen, wenn man einmal solch hohe Energie benötigt. Eine derartige Batterie, die ja in sich wieder intelligent ist, besteht dann aus dem sogenannten besseren Teil des Menschen. Sie bringt sich selbstverständlich immer wieder in Erinnerung, weil sie ja Nahrung braucht. Da sie aus hohen Energiemustern besteht, äußert sich dies darin, daß hohe Energie aus dieser Batterie wieder zu ihrem Schöpfer zurückfließt. Der Schöpfer wird dadurch immer wieder noch oben gezogen, und umgekehrt erhält die Batterie von ihrem Schöpfer bewußt wieder neue hohe Energie. Er wandelt sich dadurch zu mehr Bewußtheit, was sich in einer noch positiveren Energieabgabe äußert, wobei abermals der Inhalt seiner Batterie positiver wird. Hier ist der oben beschriebene »Teufelskreis« unter Kontrolle. Er kann außerordentlich nützlich für die Entwicklung sein.

Nachdem diese geheime Technik unseres Wissens hier das erstemal veröffentlicht wird, muß man auch den religiösen Aspekt dieser Methode näher betrachten. Eine solche »Positive Batterie« kann natürlich auch von vielen Menschen geschaffen werden. Auf diese Weise werden beispielsweise Götter und Göttinnen gemacht. Wer – ganz egal, aus welchen Motiven heraus – eine religiöse Gemeinschaft etablieren will, wird, falls er ein Wissender ist, erst einmal die Voraussetzungen für eine Batterie schaffen.

Dazu wird er ein Vorstellungsbild benutzen, ganz gleich, woher er es nimmt. Dort hinein läßt er die durch Aufmerksamkeit in Gang gesetzte Energie fließen. Seine Anhänger werden, wenn er sie auf geeignete Weise dazu bringt, diese Batterie durch Rituale, Gebete und durch besonders vorgeschriebene Lebensführung von allein auffüllen. Wenn die Batterie stark genug ist, wird es auch Energieentladungen geben. Es geschehen Wunder. So ein Gott oder eine Göttin kann sich sogar manchmal einzelnen oder einer Gruppe von Menschen zeigen, was diese nur wieder in ihren religiösen Übungen bestärkt. Es wird wieder verstärkt Energie in die Batterie, sprich Gott/Göttin, abgegeben. Hinter so einem Energiekreislauf, und mehr ist es nicht, stecken immer ein oder mehrere kluge Köpfe.

Bei solch einer länger etablierten Gemeinschaft – besonders dann, wenn die spirituellen Übungen immer lascher ausgeführt werden, wenn die Aufmerksamkeit der Anhänger nachläßt – kann es geschehen, daß sich so eine Batterie durch ein Wunder in Erinnerung bringt. Je stärker die Batterie, um so hungriger wird sie. Nun sollte man meinen, daß sich jemand, der das Ganze durchschaut, davon lösen kann. Dies ist aber nicht der Fall. Selbst wenn er die Gemeinschaft haßt, schenkt er ihr Aufmerksamkeit und damit eben auch wieder Energie. Erst wenn er etwas anderes gefunden hat, was ihn mehr fasziniert, kann er davon loskommen.

So findet man unter Umständen das grausame Spiel, daß eine Batterie, um mehr Energie zu bekommen, wenn dies anders nicht erreichbar ist, eine derartige Gemeinschaft spaltet, einen Glaubenskrieg entfacht. Sie animiert einen Teil der Anhänger dazu, einen anderen Teil wegen einer Belanglosigkeit zu bekämpfen, nur um wieder Energieentladungen herbeizuführen. Daß solche Entladungen dann nicht mehr ein hohes Niveau haben, die Batterie sich dabei also entsprechend verändert, muß nicht besonders betont werden. Hinter solchen Konflikten steht die gemeinsame Gottheit, reibt sich, bildlich gesprochen, die Hände und frißt sich satt. Wenn eine solche Gottheit außer Kontrolle gerät, ist sie kaum mehr zu bändigen. Sie besitzt keine Seele und ist das einzige Wesen, das man mit Fug und Recht als Teufel bezeichnen könnte. Wenn hinter einer derartigen Gemeinschaft an höchster Stelle nicht ein Mensch steht, der das Wissen, die Kraft und die Erfahrung hat, eine Batterie unter Kontrolle zu halten, dann wird diese Gemeinschaft zur Falle für ihre Anhänger. So ein Mensch muß sich aller Körper bewußt sein. Er muß in der Lage sein, sich zumindest eine Stufe höher als die Gottheit bewußt zu etablieren, sonst wird er diese Aufgabe nicht meistern können. Dieser Mensch ist nicht zu beneiden, denn er steht vor dem Problem, nicht nur wie ein Dompteur die Batterie bändigen zu müssen, sondern auch die Anhänger der Gemeinschaft in den richtigen Bahnen zu halten.

So eine Batterie kann man als außerordentlich clever bezeichnen. Schließlich geht es um ihr Überleben. So hat schon mancher, der einen derartigen Platz einnahm, mit dem Leben dafür bezahlen müssen. Fast immer sind es fanatische Mitglieder der Gemeinschaft, die ihn umgebracht haben. Wenn die Batterie außer Kontrolle gerät, dann kann sie zur Bestie werden, und die Anhänger der Gemeinschaft werden nicht mehr das Verhalten zeigen, das man von spirituellen Menschen normalerweise erwarten kann.

Aus diesen Gründen wird sich ein wahrer Wissender hüten, eine solche Gemeinschaft zu gründen. Er wird eher im verborgenen oder in einem kleinen Kreis bleiben. Er weiß, daß die Menschen ihn verehren würden und, wenn er die physische Ebene verlassen hat, aus seinem Bilde eine Batterie schaffen könnten. Meist kann er nicht garantieren, daß er rechtzeitig einen Nachfolger findet, der in der Lage ist, diese Batterie unter Kontrolle zu halten.

Nehmen wir als Beispiel einen Weisen, der der Menschheit »etwas Gutes tun« will. Er predigt die Wahrheit und sammelt viele Anhänger um sich. Seinem Bewußtseinszustand entsprechend, weiß er, was die Menschen falsch machen, was ihnen fehlt, deshalb möchte er ihnen helfen. Dies ist ein nobles Motiv, und niemand wird ihm deshalb Vorwürfe machen wollen. Seine Belehrungen werden von den Anhängern aufgezeichnet und in Ehren gehalten. Eines Tages tritt er ab und lebt auf einer höheren Bewußtseinsebene weiter. Seine Anhänger, durch sein Ableben allein gelassen, halten sich an die aufgezeichneten Belehrungen. Sie halten sein Andenken hoch und verehren sein Bild. Das Resultat kann nun sein, daß ihn seine zurückgelassenen Anhänger vergöttlichen werden. Sie beten zu ihm, er wird in allerlei Nöten angerufen. Es entsteht über sein Vorstellungsbild eine Batterie, und diese Batterie will immer mehr Energie. Sie animiert die Anhänger zum Missionieren. Eine sogenannte Sekte ist entstanden. Eine Art Kirchenverwaltung wird etabliert, an deren Spitze meist jemand steht, der dem Weisen, der ursprünglich nur das Beste wollte, bewußtseinsmäßig bei weitem nicht das Wasser reichen kann. Da die Zeit weiterschreitet, so meint man natürlich, die inzwischen heiligen Schriften des weisen Mannes immer wieder neu interpretieren zu müssen. Sollte dies nicht von Menschen geschehen, die wenigstens von ihrem Bewußtseinsstand her das Beste für die Anhänger dieser zur Kirche gewordenen Gemeinschaft wollen, können sich jetzt Dinge einschleichen, an die der weise Mann nie zu denken gewagt hätte.

Dieser weise Mann sitzt nun auf einer höheren Daseinsebene und weiß erst einmal nicht, was auf der physischen Ebene aus seinem wohlgemeinten Werk geworden ist. Seiner inneren Entwicklung entsprechend, hat er es nicht mehr nötig, sich physisch zu inkarnieren.

Langsam, mit zunehmender Stärke der entstandenen Batterie, die auf seinem Bilde aufgebaut ist, schlägt das Ganze auch in seine Welt durch. Er merkt auf einmal, daß er in seiner Entwicklung nicht mehr weiterkommt. Die Gläubigen stärken die Batterie, und diese ist, ob er will oder nicht, mit ihm verbunden. Er ist ja die Ursache des Ganzen. Die Gläubigen halten ihn mit ihrem niederen Bewußtseinsstand auf der Ebene fest, oder sie ziehen ihn immer weiter nach unten.

Er hat nun verschiedene Möglichkeiten, um mit diesem Problem fertig zu werden. Eventuell findet er einen anderen Weisen, der noch einen physischen Körper besitzt. Der könnte ihm helfen, diese Gemeinschaft auf der Erde so umzuwandeln, daß er wieder frei wird. Ein sehr schwieriges Unterfangen, weil dabei sein Vorstellungsbild von der Batterie gelöst werden und diese an ein abstraktes Symbol gebunden werden muß. Damit wäre es geschafft, er wäre frei.

Wenn er jedoch niemanden auf der Erde findet, der ihn dabei unterstützt, bleibt ihm kaum etwas anderes übrig, als sich wieder zu inkarnieren. Er wird versuchen, den bereits beschriebenen Vorgang selbst vorzunehmen. Dazu muß er es aber erst einmal schaffen, sich an die Spitze der Gemeinschaft zu setzen. Wenn ihm dies nicht gelingt, wird er selbst eine Gemeinschaft gründen, die der alten soviel Anhänger wie möglich abzieht. Meist wird er etwas Besseres bieten und damit zumindest teilweise den Zweck erreichen. Seine neue Gemeinschaft wird er möglichst auf einen höheren Bewußtseinsstand ziehen. Er nimmt der alten Batterie soviel Energie wie möglich weg und bindet sie an ein abstraktes Symbol. Er verbietet, Bilder von ihm anzubeten oder zu verehren. Wenn ihm dies gelingt, hat er schon viel erreicht.

Manchmal schafft er es jedoch nicht in einem Leben. Dann wird er eventuell bei seinem Ableben klar sagen, daß er wiederkommt. Damit hat er sich bereits wieder eine Falle gebaut. Von nun an werden seine Anhänger dem Messiasglauben anhängen. Wenn er sich dann neu inkarniert, kann er wieder kaum beweisen, daß er der Verheißene ist. Seine Religion mag inzwischen schon wieder vom richtigen Pfade abgewichen sein, denn eine etablierte Kirchenverwaltung kann alles gebrauchen, nur keinen wirklichen Messias.

Was sich hier fast wie ein Roman liest, ist in Wirklichkeit ein grausames Wechselspiel, über das meist in so einer Gemeinschaft nicht einmal ihr Leiter, der auf der Erde an der Spitze steht, Bescheid weiß. Es kann sich einige tausend Jahre lang hinziehen, bis irgendwann der veränderte Bewußtseinszustand der Menschen eine neuere Bewegung hervorbringt, die alte ablöst und diese dann langsam in Vergessenheit gerät.

Die Zähigkeit und Langlebigkeit einer Batterie übersteigt jedes Fassungsvermögen eines normalen Menschen. Sehr oft muß eine neue Bewegung die Gläubigen dazu zwingen, ihre Gottesvorstellung anzunehmen. Sie muß Symbole und Riten der alten Religion übernehmen und hat meist sehr viele Märtyrer zu beklagen.

Dies alles ist jedoch keine Garantie, daß die neue Bewegung den Menschen glücklicher macht und besser oder schneller zum göttlichen ES bringt als die alte. Viel wahrscheinlicher ist es umgekehrt. Durch das bei der Missionierung vergossene Blut und durch die negativ geprägte frei werdende Energie der leidenden Menschen entstehen neue negative Ursachen, Kreisläufe und daraus wieder Wirkungen.

Was hier, stark vereinfacht, versucht wurde darzustellen, ist in Wirklichkeit noch viel komplizierter, als es so schon erscheint. Die erste Falle für jeden Menschen, der sich spirituell auf eine höhere Bewußtseinsebene hinaufgearbeitet hat, ist der Drang, seinen Mitmenschen »etwas Gutes tun« zu wollen. Dies ist verständlich, wenn er von seinem neuen Blickpunkt aus die Erde betrachtet. Er weiß, was man besser machen könnte. Von diesem Wissen bis zur Erteilung weiser Ratschläge an die

Mitmenschen ist es oft nur ein kleiner Schritt. Dagegen wäre eigentlich nichts einzuwenden. Es kann aber sein, daß dabei ganz nebenbei, aus Versehen, ohne daß er es will, eine Religion entsteht. Von diesem Punkt an gibt es dann Komplikationen. Wer sich in einem höheren Bewußtseinszustand etabliert hat, muß wissen, daß die Weisheit, die er verkündet, in jedem Menschen bereits vorhanden ist, daß jeder, der intensiv danach sucht, mit oder ohne ihn an sie kommen kann. Er wird die Wahrheit so neutral wie möglich darreichen und, so gut er kann, im Hintergrund bleiben. Und er sollte wissen, daß seine Schriften nach einigen hundert Jahren keinesfalls mehr dem Stand des Bewußtseins der Gesellschaft der Menschen entsprechen. Ganz wichtig sollte für ihn sein, daß er es vermeidet, sich zwischen eine Seele und das göttliche ES zu stellen. Wir alle sind Gottes Söhne und Töchter. Wir alle müssen den Weg selbst finden und zurückgehen. Wir alle haben die Möglichkeit und Fähigkeit dazu.

Sogenannte heilige Schriften haben nach einer gewissen Zeit oft eine negative Wirkung. Sie können den Fortschritt und die Entwicklung hemmen, überholte Anschauungen in Zeiten übertragen, für die sie nicht gemacht sind. Sie können den Drang des Menschen fördern, lieber andere für sich denken zu lassen, als sich selbst zu bemühen. Selbstverständlich wird man solche Schriften nicht verbrennen müssen, wie es manche religiöse Bewegung mit den Schriften ihrer Vorgängerin gemacht hat. Aber man sollte sie als das betrachten, was sie sind: wertvolle Zeugnisse aus der Vergangenheit der Menschheit.

Die Anleitung zur Herstellung von Batterien für die verschiedensten Zwecke finden wir in vielfältigster Weise vor. Es ist z. B. möglich, einen organischen oder einen anorganischen Stoff als physischen Träger für die Batterie zu benutzen.

In alten magischen Büchern findet man sehr oft Rezepte, über die man heutzutage nur den Kopf schütteln kann. Nachstehendes Rezept soll dies einmal demonstrieren. Es bringt angeblich ewige Jugend und heilt alle Krankheiten:

Man nehme:
10 Gran pulverisierte Fledermausohren,
20 Gran indischen Hanf,
6 Stück getrocknete Schwalbenherzen,
10 Tropfen Urin eines weißen Kalbes,
50 Tropfen Drachenblut.

Wir sehen, daß in diesem Rezept außer dem indischen Hanf nichts drin ist, was in irgendeiner Form etwas bewirken könnte, außer eventuell Ekel. Der indische Hanf, auch als Haschisch bekannt, wird allenfalls einen Rauschzustand hervorbringen, aber bestimmt nicht ewige Jugend.

Gehen wir davon aus, daß ein einfacher Mann, er lebt im Mittelalter, dieses Jugendelixier herstellen will. Er entschließt sich also, die Mühe der Herstellung auf sich zu nehmen. Damit beginnen seine Schwierigkeiten. Die Zutaten zu beschaffen ist das große Problem. Er sagt sich aber, daß das Resultat die Mühe lohnt. Nach fast einem Jahr, das er mit Fledermaus- und Schwalbenfangen verbrachte, einer weiten Reise zu Fuß, um endlich ein weißes Kalb zu finden, der endlosen Suche auf verschiedenen Jahrmärkten, bis er endlich für teures Geld indischen Hanf bekommt, kann er endlich aufatmen. Er hat alles zusammen, außer Drachenblut. Nun ist Drachenblut bekanntlich nicht so leicht zu erlangen. Selbst wenn man einen Drachen finden könnte, müßte man ihn erst erlegen, um an sein Blut zu kommen. Dies weiß unser mittelalterlicher Zeitgenosse auch. Er kennt ja schließlich die Ritter und Heldengeschichten. Er weiß aber auch, daß demnächst, wie jedes Jahr, fahrendes Volk in seinen Ort kommt.

Tatsächlich kommt auch eine Zigeunersippe. Er vertraut sich der Stammesältesten an und fragt, wie er an Drachenblut kommen könnte. Die weise Frau weiß genau, was hier eigentlich vor sich geht. Nach endlosem Palaver über die Schwierigkeiten, die Kostbarkeit usw. verspricht sie, solches Blut zu besorgen. Sie wird sofort einen Boten losschicken, der eine andere Sippe besuchen muß, denn es könnte sein, daß diese Sippe noch Drachenblut hat bzw. etwas davon besorgen kann.

Nach Monaten endlich trifft das Gewünschte ein. Die weise Dame hat natürlich keinen Boten losgeschickt. Das Drachenblut stammt von einem Hahn, den sie sich erbettelt hat. Für teures Geld übergibt sie es nun dem schon ungeduldig wartenden Mann. Dieser ist jetzt zwar um einiges ärmer, aber was kümmert das, denn endlich hat er alle Zutaten für sein Jugendelixier beisammen. Vom Entschluß, das Rezept auszuprobieren, bis jetzt sind zwei Jahre vergangen. Zwei Jahre voller Mühe, Ängste, Hoffnung. Seine ganzen Gedanken kreisen in dieser Zeit nur um dieses Wundermittel. Nun wird er es endlich herstellen. Laut Rezept kann dies nur drei Tage vor Vollmond in der ersten Stunde nach Mitternacht geschehen. Man kann sich die nervliche Anspannung und die Konzentration, mit der dieser Mensch zu Werke geht, vorstellen.

Wenn er etwas nicht richtig macht, so waren die ganze Anstrengungen umsonst. Nehmen wir an, daß er alles richtig macht, so wird er nun, auch nach Vorschrift, noch drei Tage fasten, um dann endlich ein Quentchen des Lebenselixiers einzunehmen.

Nun kommt die Überraschung für uns aufgeklärte, kluge und gebildete Menschen. Das Elixier tut seine Wirkung. Er verfällt in einen tiefen Schlaf, was bei dem indischen Hanf niemanden verwundern wird. Am Morgen wacht er auf und fühlt sich wie neugeboren. Er ist so energiegeladen, daß er buchstäblich Bäume ausreißen könnte. Sein Zipperlein und das Reißen im Rücken sind verschwunden. Der Mann ist glücklich und froh. Er fühlt sich jugendlich wie in seinen besten Jahren. Am glücklichsten ist seine liebe Frau, die nun sehr oft mit seiner Aufmerksamkeit bedacht wird.

Hinter all dem steht wieder die Methode der Batterienherstellung. Der Mann hat zwei Jahre lang durch seine intensive Aufmerksamkeit eine Batterie geschaffen. Diese hat er dann bei der Herstellung des Jugendelixiers an die Kombination der Zutaten gebunden. Zu guter Letzt hat er lediglich die Energie wieder in sich zurückgeführt. Die Batterie bestand aus nichts anderem als Energie, der die Qualitäten »ewige Jugend« und »Heilung von Krankheiten« aufgeprägt waren.

Der Erfinder dieses Rezeptes war ein weiser Mensch, der dies so beabsichtigt hat. Er wußte von den Schwierigkeiten, die Zutaten zu bekommen. Er hat bewußt dadurch eine längere Zeit der Aufmerksamkeit einprogrammiert. Als der Mann das Elixier einnahm, hat er seine eigene Energie aus der Batterie, aus seiner Energiespardose, zurückgeholt. Solche konzentrierte Energie ist sehr wohl in der Lage, entsprechend ihrer Qualität bestimmte Vorgänge in den Körpern, bis hin zum physischen, hervorzurufen.

Wenn man also in mittelalterlichen Zauberbüchern solche Rezepte sieht, handelt es sich nicht um Aberglauben. Dahinter steckt ein wohldurchdachtes System und eine tiefe Kenntnis feinstofflicher energetischer Vorgänge.

Das Wissen über die Herstellung von Batterien, das wir jetzt in verschiedenen Variationen kennengelernt haben, kann außerordentlich positiv und nützlich für uns sein. Wenn es perfekt ausgeführt wird, kann es den Menschen weit über seinen Alltag erheben. Sein Bewußtsein wird sich erweitern.

Im Lebensbaum ist der Ursprung dieses Systems auf der oberen Mentalebene zu finden. Das Prinzip Harmonie und Energie wird hier angesprochen und auf vielfältige Weise benutzt. Alle Ebenen, die sich darunter befinden, können damit beeinflußt werden. Dabei darf allerdings nie vergessen werden, daß jede Batterie von einem Wesen oder Menschen hergestellt ist. Sie ist ein Bestandteil der Dualität und deshalb vergänglich. Auf Batterien aufgebaute Gottesvorstellungen sind also sterblich. Sie werden, wie alles in der Dualität, einmal in Vergessenheit geraten. Nach dem Wissen der Weisen des Nordens ist keine Religion ewig oder alleinseligmachend. Die Runenmeister wußten die Wahrheit, als sie die Prinzipien der nordischen Religion in personifizierte Gottesvorstellungen überführten. Sie haben in diese Batterien bewußt ihre Auflösung einprogrammiert, damit nach einer bestimmten Zeit daraus kein Schaden entstehen kann. Die Götterdämmerung ist ein klares Zeugnis dafür.

Fast alle Religionen der Antike waren in dieser Hinsicht sehr ehrlich und offen. Man wußte, daß eine personifizierte Gottesvorstellung zwar sehr mächtig, aber nicht das Höchste war. Man wußte, daß ihr eine Batterie zugrunde lag und wie man mit so einer Batterie umzugehen hatte. Wenn man etwas aus der Batterie erhalten wollte, so opferte man. Man konnte aber auch sehr böse werden, wenn eine Batterie nicht so funktionierte, wie man es sich erhoffte. So kann beispielsweise eine oberitalienische Hexe, die ihre Batterie, die Göttin Diana, anruft, erst klar ihre Forderung stellen, dann sagen, was sie dafür zu geben bereit ist, und dies dann mit folgenden Worten abschließen:

> Bevor du nicht meinen Wunsch erfüllt hast, Sollst du, Diana, keinen Frieden kennen. Beantworte wohl die Gebete, die ich dir gesandt habe, oder Tag und Nacht werde ich dich peinigen!

Auch in deutschen Landen hat man in einem Dorf vor nicht ganz hundertfünfzig Jahren noch den Schutzpatron der christlichen Ortskirche nicht gerade respektvoll behandelt. Als einige Jahre lang die Ernte schlecht war, hat man seine Statue in den Fluß gesteckt. So stand der Heilige mehrere Monate bis zum Halse im Wasser. Nachdem man ihm auch noch gedroht hatte, daß man einen anderen Patron erwählen würde, hat er sich eines Besseren besonnen. Die nächste Ernte war außerordentlich gut. Mit einem Triumphzug holte man ihn aus dem Flusse und stellte ihn, nachdem er neu bemalt war, an seinen angestammten Platz in die Kirche zurück.

Wir bilden uns viel auf unser Wissen und unseren Fortschritt ein. Gleichzeitig sehen wir überlegen auf die scheinbare Primitivität vergangener Kulturen und Religionen herab. Es stellt sich hier aber die Frage, wer in Wirklichkeit primitiver ist oder war. Im Falle der Kenntnis dieser lebenswichtigen Zusammenhänge sind wir in jedem Falle rückständiger. Was in vergangenen Zeiten jeder einfache Mensch wußte und kannte, ist heute nur noch Wissen von wenigen, die ängstlich im Hintergrund bleiben und die Wahrheit aus allerlei Gründen verschweigen. Da kann man nur mit Bewunderung auf den Eingeborenen sehen, der in seinem Dorf sitzt, seinem Dorffetisch einen Hahn opfert und, wenn sein Wunsch nicht erfüllt wird, den Fetisch durch Einschlagen von Nägeln in die Holzstatue mit mehr oder weniger Erfolg dazu zwingt, daß er gehorcht. Sollte der Fall eintreten, daß dies immer noch nichts nützt, so bekommt er eben so lange keinen Hahn mehr, bis er weiß, wofür er gemacht wurde. Für alles hat der Mensch ein Wort gefunden. Diese Religion hatte einen Totenkult, jene ist animistisch, wieder eine andere ist monistisch. All dies sind Verlegenheitsausdrücke, wenn der Verstand nicht in der Lage ist, die wahren Zusammenhänge zu überblicken. Man kann damit eine Religion unter ihrem Begriff in eine Schublade stecken, sie klassifizieren und damit zufrieden sein. Leider hat man dabei nichts von dieser Religion begriffen.

Der Garten der Runenmeister

Nach allem, was wir bisher über die Bildung einer Batterie hörten, können wir nun darangehen, den Garten der Runenmeister, des Vatan, zu besprechen. Dabei versuchen wir, dieses wunderbare Gebilde so einfach wie möglich darzustellen, obwohl der Gesamtkomplex dieses Bereiches ungeheuer groß ist.

Die Bestrebungen im Vatan gehen dahin, daß der Studierende im Laufe seiner Entwicklung lernt, seine inneren Körper bewußt vom Physischen zu lösen und höhere Ebenen bzw. Bewußtseinsbereiche zu besuchen. Dies zu erreichen ist einer der wichtigsten Gründe für die Schaffung eines Gartens. Selbstverständlich gibt es viele Möglichkeiten und Techniken, diese Fähigkeit zu erlernen. Wer jedoch schon einmal solche Übungen gemacht hat, weiß, wie schwer das ganze sein kann. Mit dem Garten ist dies alles sehr leicht, ja sogar ein ausgesprochenes Vergnügen. So ein Garten ist eine sehr vielseitig verwendbare Kreation. Nicht nur der Austritt aus dem physischen Körper, sondern ein ganzes Spektrum okkulter Fähigkeiten können damit erlangt werden.

Bevor wir durch Einsatz unserer Imagination unseren persönlichen Garten schaffen, müssen wir intensiv planen. Zentrum des Gartens ist der Lebensbaum. Dabei sind die zehn Zentren Brunnen, die durch Wege miteinander verbunden sind. Brunnen und Wege sind zusammen das Diagramm des Lebensbaumes. Diese Anlage ist das Zentrum unseres Gartens. Was außerhalb liegt, bleibt der Phantasie und der Kreativität überlassen. Jenseits des Zentrums 10 befindet sich üblicherweise ein Schloß. Außerhalb des Gartenzentrums befindet sich eine Landschaft mit Bächen, Bäumen, Lauben, Felsen usw. (siehe Abb. 15).

Dies ist nur eine Musteranlage eines Vatan-Gartens. Jeder wird sich seinen Garten nach eigenen Vorstellungen so gestalten, wie es ihm Spaß macht. Wichtig ist dabei, daß, wäre der Garten auf der physischen Ebene, man sich darin wirklich wohl fühlen würde. Es ist deshalb notwendig, daß man sich bei der Planung entsprechende Gedanken macht. Man sollte sich dabei viel Zeit lassen und sich vorstellen, daß man auf finanzielle Mittel keine Rücksicht nehmen muß. Stellen wir uns vor, daß wir unermeßlich reich sind, nicht sparen brauchen und auch auf niemanden Rücksicht nehmen müssen. Unser Schloß wird ein wunderbares Märchenschloß mit kostbar eingerichteten Räumen. Stellen wir uns vor, daß wir in den wunderbarsten Menschen der Welt verliebt sind und für ihn nun ein Märchenschloß mit Park und Rosengärten, mit lauschigen und romantischen Winkeln einrichten wollen. An diesem Ort möchten wir mit ihm unser Leben verbringen.

Man sollte sich dabei nicht so sehr vom Verstande leiten lassen. Auch vom Gefühl her müssen wir uns darin wohl fühlen. So ein Garten mag eventuell etwas kitschig geraten und nicht unbedingt den Richtlinien eines Gartenarchitekten genügen. Das ist vollständig unwichtig, denn wir und nicht der Gartenarchitekt müssen uns darin wohl fühlen. Wenn wir uns vorstellen, daß, wenn wir uns im Garten befinden, Friede, Freude, Ruhe und schöne Gefühle in uns eintreten, so sind wir auf dem richtigen Wege.

Alle Details des Garten werden nun liebevoll und in aller Ruhe auf Papier ausgearbeitet. Bereits bei der Planung, werden wir feststellen, daß

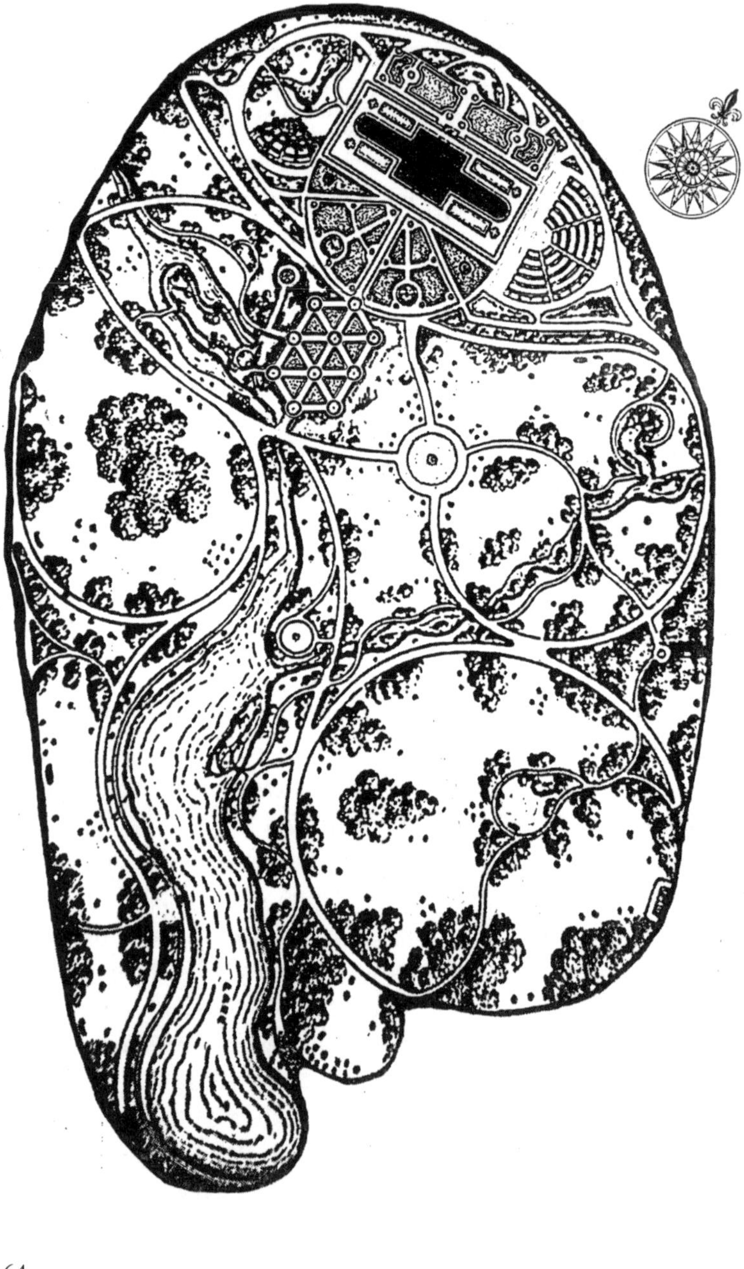

sich unser Sinn für Schönheit und Ästhetik immer mehr entwickelt. Den Garten oder das Anwesen umgeben wir mit einer Mauer, die z. B. nach dem Meer hin offen sein kann. Ein Tor, das verschließbar ist, ist in die Mauer eingelassen und führt nach draußen. Es besteht die Möglichkeit, daß man das Ganze auf eine Insel baut. Damit ist dann die Mauer überflüssig. Wichtig ist, daß wir uns im Garten sicher fühlen. Wie bereits gesagt, sind unserer Phantasie keine Grenzen gesetzt. Es gibt spartanisch eingerichtete Gärten und solche, die außerordentlich prunkvoll sind. Schlösser wie aus Tausendundeiner Nacht mit Teichen, kleinen Tempeln und vielem mehr können wir in einem Vatan-Garten finden. Man muß dabei nur beachten, daß die zentrale Brunnenanlage nach dem Schema des Lebensbaumes gebaut wird. Nachdem der Plan auf Papier fertiggestellt ist und letzte Verbesserungen gemacht worden sind, kommt jetzt ein besonders wichtiger Teil bei der Erschaffung des Gartens. Wir gehen nun daran, uns ein sogenanntes Diorama zu bauen. Dabei handelt es sich um eine Miniaturausgabe unseres Gartens. Selbstverständlich können wir uns auch mit einer schönen farbigen Reinzeichnung des Gartens oder dergleichen zufriedengeben. Maler mit Talent können sich den Garten auf Leinwand malen. Die Erfahrung hat aber gezeigt, daß der Bau eines Dioramas die beste und fruchtbringendste Methode ist, einen Garten zu kreieren.

Ein Diorama ist eine Landschaft im Modell. Verwandte davon sind z. B. Weihnachtskrippen, Puppenstuben, Modelleisenbahnen mit ihren Landschaften. In Museen befindet sich eine Vielzahl von Dioramen, in denen Ereignisse der Vergangenheit dargestellt werden. Auch für

Abb. 15: Plan eines Vatan-Gartens

So könnte der Plan eines Astralgartens aussehen. Wie bei allen Vatan-Gärten finden wir auch hier den Lebensbaum mit den zehn Springbrunnen eingebaut. Hier handelt es sich um einen Schulungsgarten mit Auditorium unter freiem Himmel. Außerdem sehen wir ein Schloß, einen großen Teich und ausgedehnte Parkanlagen im Stil alter englischer Landschaftsgärten.

Zinnfiguren werden oft solche Miniaturlandschaften gebaut, um sie in den richtigen Rahmen zu stellen. Es mag für manchen eine Zumutung sein, daß er jetzt auch noch basteln soll, allerdings wird diese Mühe durch das Ergebnis reichlich belohnt. Wir haben es dabei ja lange nicht mehr so schwer wie in früheren Zeiten. Die Zubehörindustrie für Modelleisenbahnen bietet uns eine reiche Auswahl an Bäumen, Sträuchern, Hecken, Grasimitationen, Felsgestein und Mauerwerk. An Werkzeug benötigen wir nicht sehr viel. Eine Laubsägegarnitur, Schere, Klebstoff, Farbe und Pinsel genügen meist.

Jedes gute Spielwarengeschäft, das Zubehör für Modelleisenbahnen führt, wird uns dabei sinnvoll beraten können. Es gibt über den Dioramabau genügend Literatur. Auch Bastelbüchern für Jugendliche können wir wertvolle Anregungen entnehmen.

Je mehr wir in unserem Garten selbst herstellen, desto besser. Als Material können wir Holz, Pappe, aber auch seltsames Gestein und andere Naturmaterialien, die wir auf Spaziergängen finden, verwenden.

Beim Bau vermeidet man am besten dunkle Winkel und Stellen, die uns Angst einjagen könnten. Unser Schloß hat deshalb keinen Keller. Generell werden Orte, an die man physisch nicht gerne gehen würde, nicht in das Diorama mit eingebaut. Jeder Teil des Gartens muß uns bekannt sein, und wir sollten uns dort überall gerne aufhalten wollen. Bescheidenheit ist in unserem Garten fehl am Platze. Wir müssen darauf achten, daß unser Schloß nicht zu dem kleinen Einfamilienhäuschen wird, das vielleicht unser Wunschtraum hier im Physischen ist. Je mehr sich die Situation im Garten von der gewohnten irdischen unterscheidet, desto besser. Seien Sie ein Prinz oder eine Prinzessin, und schaffen Sie sich die Ihnen gebührende Umgebung. Das Ganze bauen wir auf eine stabile Grundplatte, deren Größe von der Ausdehnung des Gartens, dem verwendeten Maßstab und dem Platz, den wir für die Aufbewahrung des Dioramas zur Verfügung haben, abhängt.

Es hat verschiedene Gründe, daß man sich für die Fertigstellung viel Zeit lassen sollte. Erstens kann man so jedes Detail mit viel Aufmerksamkeit und Liebe herstellen; d. h. automatisch wird so positive Energie gespeichert. Zweitens ist dieses physische Modell der irdische Körper unseres Gartens, den wir gleichzeitig, ohne daß wir uns groß darum kümmern, bereits auf einer anderen Ebene bauen. Je mehr Aufmerksamkeit wir dafür aufbringen, desto leichter haben wir es später, uns in diesen Garten zu versetzen.

Den Garten auf der inneren Ebene bauen wir mit unserer Energie, die wir durch unsere Vorstellung entsprechend formen. Dabei sind folgende Überlegungen zu beachten. Sich einen Garten ohne Tiere vorzustellen ist fast unmöglich. Automatisch bevölkern wir ihn schon bei der Kreation z. B. mit Vögeln, was auch vollkommen richtig ist. Bei der Wahl der Tiere müssen wir allerdings Vorsicht walten lassen, wie ein Beispiel zeigen soll.

Ein Vatani baute sich einen Garten. Als er damit fertig war, glaubte er, sich einen langgehegten Wunsch erfüllen zu müssen, den er sich auf Erden nicht erfüllen konnte. Er stellte sich ein wunderbares Pferd in seinem Garten vor.

Was er dabei nicht bedachte, war, daß ein Pferd die entsprechende Pflege braucht. Die logische Folgerung daraus war ein Pferdeknecht. Leider verwendete er bei der Erschaffung dieses Energiewesens nicht die nötige Sorgfalt, denn dieser Knecht hielt es für unter seiner Würde, Futter für das Pferd zu beschaffen. Ein Kreislauf war hier in Gang gesetzt worden, der den Vatani dazu brachte, seinem Garten nach und nach einen Bauernhof mit Gesinde und allem Drum und Dran hinzuzufügen. Die Angelegenheit nahm ungeahnte Ausmaße an, und er mußte eines Tages feststellen, daß er sich zu seinen üblichen irdischen Sorgen einen ganzen Komplex Sorgen auf einer anderen Ebene hinzu erschaffen hatte. Einen Bauernhof zu führen ist bekanntlich weder auf der physischen noch auf einer anderen Seinsebene ein Pappenstiel. Beinahe hätte er vergessen, daß er selbst die Ursache des ganzen Dilemmas war. Als es ihm endlich klar wurde, blieb ihm nichts anderes übrig, als das Ganze wieder aufzulösen.

Die Auflösung eines Gartens ist ohne weiteres möglich, wenn einige Punkte, auf die wir später noch eingehen, beachtet werden. Aus obigem

Beispiel sehen wir, daß so ein Garten einen beachtlichen Lernprozeß darstellen kann. Wenn wir uns unseren Garten also bewußt mit Tieren bevölkern, dann ist darauf zu achten, daß es sich um Selbstversorger handelt. Vögel, einige Rehe, Pfauen, Schwäne etc. bringen keine ungewollten Schwierigkeiten mit sich. Kompliziert wird es, wenn sich ein Vatani zu allerlei vergnüglichen Zwecken eine Traumfrau oder einen Traummann in den Garten setzt, was selbstverständlich möglich ist. So ein künstliches Wesen kann außerordentlich zählebig sein und mancherlei Schwierigkeiten bereiten. In anderem Zusammenhang sind wir mit der Geschichte von Frau David-Neel und ihrem Lama schon darauf eingegangen. Die Sorgen können bald alle eventuellen Vergnügungen in den Schatten stellen.

Jedem Anfänger sei hier dringend davon abgeraten. Ganz abgesehen von den eventuell auftretenden Problemen sollte man sich aber auch darüber im klaren sein, daß z. B. sexueller Verkehr mit einem selbstgeschaffenen Wesen nichts anderes ist als eine besondere Form der Masturbation.

Etwas ganz anderes ist es, wenn sich zwei liebende Partner, die physisch zusammen sind, gemeinsam einen Garten schaffen und sich dort lieben. Hiergegen ist nichts einzuwenden, ja es ist sogar äußerst wünschenswert, wie wir im nächsten Kapitel noch erfahren werden.

Normalerweise besteht ein Garten so lange, bis wir über ihn hinausgewachsen sind. Darunter versteht man, daß wir ihn nicht mehr benötigen, weil uns die Seinsebene, auf der so ein Garten existiert, nichts mehr zu bieten hat. Erfahrungsgemäß kann dies sehr lange dauern. Es kommt jedoch vor, daß wir aus anderen Gründen den Garten auflösen oder total umgestalten möchten.

Hier gibt es keine Probleme. Der physische Träger des Gartens ist unser Modell. Wenn wir dieses zerstören, so zerlegen wir auch den Garten in seine Bestandteile. Üblicherweise wird dabei das Material, das wir nicht mehr für einen neuen Garten verwenden können, nach der Zerstörung vergraben. Dieses zu verbrennen ist nicht empfehlenswert, da beim Verbrennungsvorgang sich manchmal unangenehme Gefühle einstellen können. Bei der Zerstörung des Gartens gehen wir langsam vor. Man wird diesen Prozeß zeitlich auf einige Tage verteilen, um die Energie langsam wieder in sich aufzunehmen. Dabei entstehen keinerlei Gefahren, da es sich um sehr positiv geprägte Muster handelt, die uns bei der Rückführung allenfalls in eine gehobene Stimmung bringen.

Schon bei der Zerlegung des Gartenmodells werden wir unter Umständen diese Energie verspüren. Es ist dabei gut, wenn man sich aller Gedanken enthält, die sich darauf beziehen, daß es ja eigentlich schade um das gute Stück ist usw. In dieser Hinsicht sollte man konsequent vorgehen. Wer so weit vorgedrungen ist, daß sein Garten sehr intensiv und plastisch auf den inneren Ebenen vorhanden war, ist leicht in der Lage, sich wieder einen neuen zu bauen. Auch auf der physischen Ebene zerstören wir ein Haus, wenn wir es nicht mehr benötigen und ein neues bauen wollen.

Wenn man statt eines Dioramas ein gemaltes Bild als physischen Träger der Gartenenergie bevorzugt hatte, so zerschneidet man dieses ohne Rücksicht darauf, ob es einem noch gefällt oder nicht. Wir könnten uns ja wieder ein neues malen, genauso wie wir wieder ein neues Modell bauen könnten. Wichtig für den Vorgang der Auflösung ist grundsätzlich, daß der physische Träger als Gesamtkomplex zu existieren aufhört.

Die geheimen Gärten

Ehe wir uns der praktischen Arbeit im Garten zuwenden, betrachten wir erst einmal die verschiedenen Gärten, die sich in der Geschichte der Menschheit sowie in Sagen und Märchen niedergeschlagen haben.

Von der aus dem *Nibelungenlied* bekannten Gudrun berichtet eine Sage, daß sie in Worms einen Rosengarten besaß. Dieser Garten war mit einem Seidenfaden eingezäunt. Zwölf Recken bewachten ihn. Hier steht ohne Zweifel fest, daß es sich um einen Vatan-Garten handelte. Nachdem wir wissen, daß im Garten das Muster des Lebensbaumes mit dem Tyrkreis enthalten ist, können wir feststellen, daß mit den zwölf Recken die Archetypen des Tyrkreises gemeint sind. Jeder Mensch hat den ganzen Tyrkreis in sich. In ihm wirken die zehn Grundkräfte des Baumes nach außen in die physische Welt. Der Tyrkreis im Menschen hat auch Schutzfunktionen. Jedes Zeichen bzw. jeder Abschnitt des Kreises beinhaltet Schutzmechanismen. Wenn man also zum Kern eines Menschen vorstoßen will, muß man sich erst einmal mit dessen Tyrkreis, sprich Schutzmechanismen, beschäftigen. Der Mensch nennt dies im allgemeinen »sich näher kennenlernen.« Solche Annäherungen benötigen immer eine bestimmte Zeit.

Ein Recke war im Mittelalter ein Ritter, der etwas beschützte, was schätzenswert war. Ob das nun ein Staat, ein Land, eine Ideologie oder eine Dame war, immer war er zum Schutze von etwas Wertvollem da. Die Rittertugenden beziehen sich alle darauf. Wenn man nun erfährt, daß es Dietrich von Bern erst nach langen Kämpfen mit den Recken gelungen ist, in den Garten der Gudrun zu gelangen, so heißt dies nichts anderes, als daß er sich erst mit den sehr machtvollen Schutzmechanismen dieser Frau auseinandersetzen mußte, bis er zu ihrem Kern vorstoßen konnte. Der Zaun aus einem Seidenfaden drückt aus, daß es sich zwar um einen Garten mit Zaun handelte, dieser Garten aber nicht zur physischen Ebene gehörte. Einfach ausgedrückt, ein Seidenfaden würde wohl niemanden daran hindern, daß er in einen physischen Garten eindringt. In den Sagen von den Rosengärten, von denen einige weitere überliefert sind, wird nach dem Eindringen meist der Garten zerstört.

Ein feinstofflicher Garten stellt einen sehr großen Machtfaktor dar. Ein solch gepflegter Garten ist gleichzeitig auch die innere Stabilitätsplattform für die Seele des Besitzers. Die Zerstörung seines Gartens bedeutet, daß damit seine duale Macht gebrochen wurde.

Der Zwergenkönig Laurin soll, nach der Sage, einen solchen Rosengarten als Machtzentrum besessen haben. Auch dieser Garten wurde von besagtem Dietrich von Bern verwüstet, was ihm der Zwergenkönig sehr übelnahm. Hier handelt es sich wieder um das Brechen der Macht.

Selbstverständlich kann man in einen feinstofflichen Garten eindringen. Man kann ihn auch verwüsten. Da jedoch in der heutigen Zeit kaum jemand weiß, wie so ein Garten angelegt wird, ist es noch viel zweifelhafter, ob jemand außer den Runenmeistern weiß, wie man in einen fremden Garten kommt und wie man ihn auch noch zerstören könnte.

Ein außerordentlich wichtiger Grundsatz im Vatan besagt: »Dringe niemals uneingeladen in einen fremden Garten ein!«

Das Wissen um feinstoffliche Gärten und deren Gebrauch war einst auf der ganzen Erde vorhanden. Überall dort, wo die Hyperboreer als Kulturbringer auftraten, sind bis ins späte Mittelalter Zeugnisse und Spuren davon zu finden. Eine Variation dieses Wissens besagt, daß man natürlich statt eines Gartens auch nur einen Tempel oder ein sonstiges Gebäude im feinstofflichen Bereich errichten kann. Solche Tempel oder auch Schulen wurden sehr oft für den inneren Kreis einer weltanschaulichen Gruppe errichtet. Es gibt auf der Erde noch solche Tempel. Sie bestehen physisch immer noch aus einer Fassade mit Eingang. Sie sind oft in einen Felsen gehauen. Vom Eingang aus geht dann ein Gang noch wenige Meter in das Innere und endet dort physisch. Der innere Teil dieser Tempel mit seinen Räumen besteht auf einer anderen Seinsebene. Er ist auf solch einer Ebene so wirklich, als wenn er physisch vorhanden wäre. Um in diesen Tempel zu gelangen, war es immer nötig, daß ein Schüler bereits die Fähigkeit besaß, sich bewußt vom physischen Körper zu lösen.

Auch im chinesischen Taoismus ist dieses Wissen bekannt. Man findet in den Museen noch viele in Jade, Türkis oder andere Materialien geschnittene Miniaturlandschaften mit kleinen Tempeln, Bäumen, Felsenhöhlen usw. vor. Die Autoren Rawson und Legeza schreiben dazu in ihrem Buch über das Tao:[6] »Naturbeobachtung mit den Augen des taoistischen Einsiedlers führte zu aktiver Teilnahme an der Entdeckung der geheimnisvollen Kräfte der Natur. Häufig stellte man die von der Natur oder dem Menschen geschaffenen Dinge in Miniaturgröße dar (Felsengärten z. B.).

Dies bot den Rahmen für mystische Betrachtungen und geistige Reisen. So hatten Landschaften nicht nur stoffliche Existenz, sondern reichten auch in die Welt der Unsterblichen und Geister hinüber.«

Der frühe Taoismus hat als Weg zur geistigen Entwicklung heute auf der Erde noch die meiste Ähnlichkeit mit dem Weg der nordischen Weisen. Auch diverse Geheimgesellschaften und esoterische Orden kennen die Geheimnisse um den feinstofflichen Garten und seine Möglichkeiten. Sehr oft befindet sich das eigentliche spirituelle Zentrum solch einer Gesellschaft auf einer anderen Seinsebene. Der Aspirant bekommt zu Beginn von einem Lehrer bestimmte Übungen, die ihn bald dazu befähigen, das Zentrum im feinstofflichen Bereich zu besuchen, um dort weitere Unterweisungen zu empfangen. Daß es sich dabei nicht um die zahlreichen Pseudoorden handelt, die ihre Aspiranten und Mitglieder durch Zeitungsinserate suchen, sei hier nur nebenbei erwähnt.

Auch der Vatan besitzt auf den feinstofflichen Ebenen solche Schulungszentren mit ausgedehnten Gartenanlagen, die neben anderen Funktionen auch den Zweck erfüllen, Schülern zur Erlangung des fortgeschrittenen Wissens der Runenmeister zur Verfügung zu stehen.

Fast unbekannt ist, daß es im feinstofflichen Erdbereich immer noch eine ganze Reihe mystischer Städte gibt. Manche davon waren physisch einmal vorhanden, sind jedoch heute nur noch Ruinen. Andere wurden bewußt einmal geschaffen und existieren in voller Blüte. Um nur zwei zu nennen, die auch schon in der Literatur erwähnt werden:

Es handelt sich um Shamballah und Damkar. In voller Blüte stehen auf der Erde fünfzehn größere Städte. Die Vielzahl von kleineren Siedlungen, die räumlich, erdgebunden sich auf feinstofflichen Ebenen befinden, ist kaum zu zählen.

Es gibt mehr Menschen auf der Erde, die eine Doppelexistenz führen, als man annimmt. So ein Mensch mag in Hamburg, New York oder London seine physische Existenz haben, hat sich aber gleichzeitig in einer Stadt im feinstofflichen Bereich etabliert. Er wird sein Geheimnis meist streng hüten, da der Unglaube seiner Mitmenschen noch das wenigste ist, das ihm widerfahren kann. Viel mehr kann es sein, daß er als Spinner oder Phantast abgetan wird oder man ihn gar für psychisch krank hält.

Erwähnenswert ist hier auch ein Phänomen, das auf der Erde immer wieder beobachtet werden kann. Ein Schriftsteller wie z. B. Tolkien schreibt den Romanzyklus »Herr der Ringe«.[7] Er beschreibt meisterhaft die Gegend, das Land, die Bewohner und vieles mehr. Ja, er liefert dazu sogar noch eine seiner Phantasie entsprungene Landkarte. Damit hat er gleichzeitig in einem feinstofflichen Bereich dieses Land kreiert. Viele Leser stecken durch die Aufmerksamkeit Energie in die Kreation. Sie wird immer dichter. Sowohl der Dichter als auch seine Leser machen einen klaren Unterschied zwischen der »Realität« und diesem »Produkt der Phantasie«. Für empfängliche Menschen wird das ganze dann eventuell doch immer mehr Wirklichkeit. Natürlich verschweigt man, daß man mitunter schon gleichzeitig in zwei Welten lebt. Sehr oft aber schließen sich Gleichgesinnte zusammen, weil sie in einem Kreis offen über solche Dinge sprechen können. Für diese Menschen oder Gruppen ist dann dieser spezielle Romanzyklus ein sogenanntes Kultbuch.

Die Autoren Manguel und Guadalupi haben in ihrem Führer durch die imaginären Schauplätze der Weltliteratur unter dem Titel: »Von Atlantis bis Utopia«, über tausend solcher Beispiele aus der Literatur zusammengetragen und mit Landkarten und Skizzen versehen.

Grundlegend unterscheidet sich so ein Kultbuch kaum von der Bibel. Nur unterstellt man der Bibel historische Tatsachen, was bei einem Kultbuch nicht beabsichtigt ist. Eine durch ein Kultbuch entstandene Kreation ist nicht so stabil wie eine bewußt herbeigeführte. Sie wandelt sich in ihrer Form immer wieder, da eine physische Fixierung durch ein Modell nicht vorhanden ist. Jeder Leser wird sich das Ganze etwas anders vorstellen, so daß solche Kreationen immer im Flusse sind. Sie sind jedoch trotzdem vorhanden und sind Variationen des Themas »Geheime Gärten.«

Ein völlig anderer Bereich sind die Gärten der Kinder. Jedes Kind lebt parallel zu seinem physischen Dasein in einer selbstgeschaffenen

Phantasiewelt. In früheren Zeiten wußte man dies sehr genau. Man verhinderte dies nicht, sondern erfahrene Menschen unterstützten diese »Phantasien« sogar durch entsprechende Märchen und Erzählungen. So lenkte man die kleinen Gärten in entsprechende Bahnen. Man war sich damals noch über die stabilisierende Wirkung eines Gartens bewußt und förderte ihn, so gut man konnte, schon bei Kindern. Er war ein wertvolles Mittel der Erziehung, das in der heutigen Zeit vergessen ist. Mangels nötigen Wissens müssen unsere heutigen von modernen Kinderschriftstellern gedichteten Märchen vom Stil des »Brummi geht auf die Reise« so banal klingen. Hier liegt auch der Grund, warum heute moderne Zeichentrick-Fernsehhelden wie Hi-Man und Skeleton usw. soviel Erfolg haben. Es sind die ersten Märchen, die wieder Archetypen, Urbilder, verwenden, wenn auch leider in negativer Weise.

Ein wirkliches Märchen wird immer sowohl Kinder als auch Erwachsene aller Altersstufen ansprechen. Es beinhaltet Grundwahrheiten und bedient sich der Archetypensprache. Es ist immer mittels der Metasprache der Analogie aufgebaut. Es stellt Bezüge zu analogen Abläufen in der Schöpfung und im Menschen her.

Der Märchenerzähler war in den alten Kulturen eine sehr wichtige Person und ein sehr angesehener Beruf. Er war die Person, die die volle Unterstützung sowohl der Sippe, des Stammes als auch der Familie hatte, um die zarten Gärten der Kinder auf erfahrene und subtile Weise zu manipulieren. Wie wichtig man diesen Bereich im Norden nahm, zeigt die Tatsache, daß nur ein voll ausgebildeter Skalde bei den germanischen und ein Barde bei den keltischen Stämmen diese Aufgabe übernehmen konnte. Die Ausbildung eines Barden dauerte bei den Kelten bis zu zwanzig Jahre. Und danach ließ man ihn immer noch nicht an die Kinder heran. Er erfüllte erst viele andere Aufgaben, bis er dafür reif war.

Auch zur Erziehung der Erwachsenen wurde die Kunst des Mythenschöpfens verwandt. Alle Runenmeister des Nordens waren auch Dichter oder Musiker, denn bevor man Runenmeister wurde, war man erst einmal Skalde. Der Stand der Skalden hatte auch die Aufgabe, die Überlieferungen zu wahren und zu hüten, aber auch durch besondere

Erzählungen und Lieder die Phantasie der Menschen zu stimulieren. Diese geistigen Schätze durften früher nicht einmal schriftlich aufgezeichnet werden, obwohl man dafür bereits die Runen als Schrift hatte. Um möglichst viel zu speichern, erfand man sogenannte Metasprachen, die über Archetypen ganze Überlieferungskomplexe zusammenfaßten und so jederzeit Wissen im Menschen abrufbar machten. Aus diesem Grunde sind für den heutigen Forscher die nordischen Überlieferungen, die in späteren Zeiten doch schriftlich aufgezeichnet wurden, so rätselhaft und vieldeutig. Wer die Schlüssel, die Kenningar nicht hat, kann damit kaum etwas anfangen oder muß auf Abwege geraten.

Dies gibt uns auch die Gelegenheit, etwas auf die mittelalterlichen Alchimisten einzugehen. Ewig falsch verstanden, ist die Alchimie auch heute noch in manchen Kreisen der Grund für die wildesten Spekulationen. Die Sprache der Alchimisten ist die konsequente Fortführung der skaldischen Kunst der Metasprache. Auch hier sind die Archetypen wieder im Spiele. Auch hier benötigt man den Schlüssel, der wie in den nordischen Überlieferungen in der Sprache schon enthalten ist.

Die wahren Alchimisten sind sehr weise Menschen, die es meisterlich verstehen, mit den Analogiegesetzen umzugehen. Es gibt sie heute noch. Wer die Kunst der Skalden beherrscht, kann auch die alchimistische Sprache verstehen. Wer die Sprache der Alchimisten versteht, kann auch nordische Dichtungen entschlüsseln.

Selbstverständlich ist in der Alchimie auch der feinstoffliche Garten bekannt. So kann der französische Alchimist Nikolaus Flamel in seinem Traktat *Summarium Philosophicum* (Wien 1751),[9] ganz klar auf den Garten eingehen.

Er schreibt: »Es haben die Philosophi einen Garten / darinnen die Sonne Frühe und Abend / Tag und Nacht / jederzeit ohne aufhören ist / sampt einem lieblichen Tau / von dem sie wolangesprenget wird / und trägt die Erde Bäume und Früchte / die dahin gepflanzet sind.«

Lassen wir noch einen anderen Alchimisten dieses Jahrhunderts zu Worte kommen. Er fragt: »Lieben Sie Gärtnerei? Das ist ein guter Anfang, die Alchimie ist mit der Gärtnerei vergleichbar. Angeln Sie gern? Die Alchimie hat etwas mit dem Angeln gemein, auch mit Frauenarbeit und Kinderspiel.«[10]

Sowohl die Sprache der Skalden als auch die der Alchimisten wird heute nach wie vor noch gepflegt. Dies geschieht auch noch öffentlich, ohne daß es auffällt. Sie ist ein natürlicher Schutz und ein Bindeglied zwischen vielen Menschen, die in der heutigen Zeit noch den Wert der Wahrheit kennen und schätzen. Sie bleibt einem bestimmten Menschentyp immer verschlossen und schützt sich vor solchen Zeitgenossen selbst. Sie wird gefunden durch ernsthaftes, ehrliches Nachdenken. Wer sie gefunden hat, erlebt erst einmal den Schock seines Lebens, denn er sieht die Wahrheit und weiß, wie es um unseren Planeten zur Zeit bestellt ist. Danach macht dieser Schock einer Weltsicht Platz, die ihm nicht nur Hoffnung, sondern Gewißheit und Freude gibt, daß trotz negativem Anschein das Ganze nicht so schlecht steht, wie es aussieht.

Er hat auf einmal Zugang zu einem wunderbaren Kommunikationsnetz, das beinahe die ganze Welt umspannt. Er wird, ohne persönlich mit einem anderen Wissenden in Kontakt treten zu müssen, aus den Medien die wirkliche Wahrheit erfahren. Das Wunderbare daran ist, daß er dazu keine einzige okkulte Fähigkeit benötigt. Die einzige Voraussetzung besteht darin, daß er bestimmte Charakterzüge haben muß, die manchen Menschen fehlen, weil sie sich schon seit langem karmisch den Weg dazu verbaut haben. Aber auch solche Menschen könnten mit einem einzigen, wenn auch schmerzlichen Schritt diese Kunst kennenlernen.

Auch in diesem Buche verwenden wir immer wieder Bereiche der alten Sprachkunst. Wer ehrlich sucht, kann sogar den Schlüssel selbst finden. Dazu sind nur offene Augen, ein wacher Verstand und die Liebe zur Wahrheit nötig. Aber selbst wenn man wollte, kann der Schlüssel mit Worten nicht mitgeteilt werden. Man kann ihn nur begreifen oder eben auch nicht.

Um ein kleines Beispiel alter Skaldenkunst zu geben, seien hier aus dem »Wafthrudnirlied« der isländischen *Edda* zwei Strophen aufgeführt (es handelt sich dabei um eine Frage Wotan/Odins an den weisen Riesen):

32. Odin:
Sage mir zum siebenten,
wenn man sinnreich dich nennt
und du, Wafthrudnir, es weißt:
wie erzeugte Kinder
der kühne Riese,
da er kein Weib gewann?

33. Wafthrudnir:
Knabe und Mädchen
wuchsen dem kühnen Thursen
unterm Arm vereint;
der Fuß mit dem Fuß
des Vielweisen zeugte
den sechshäuptigen Sohn.[11]

In Verbindung mit der nordischen Runenreihe ist in diesen zwei Strophen der *Edda* der ganze nordische Lebensbaum verschlüsselt enthalten.

Die Praxis des Gartens

Für einen Einstieg in die Praxis der Runenmeister ist der geheime Garten wie geschaffen. Nachdem man sich mit viel Liebe und Sorgfalt ein Diorama des eigenen Gartens geschaffen hat, kann man feststellen, daß ein kleines Kunstwerk entstanden ist. Das Modell besitzt bereits sehr viel Anziehungskraft.

Mit dem Bau des Gartens haben wir bereits eine Batterie von erheblicher Dichtigkeit im feinstofflichen Bereich geschaffen. Aus früheren Kapiteln kennen wir die verschiedenen Seinsebenen der Schöpfung. Die bisher geschaffene Batterie befindet sich in einem solchen Bereich. Es ist zu Beginn kaum festzustellen, auf welcher Ebene man den Garten aus Energie etabliert hat, und es ist auch erst einmal unwichtig. Oft kann es der Fall sein, daß so ein Garten je nach Intensität und Aufmerksamkeit, die man beim Bau des Modells aufgewendet hat, sich auf verschiedenen Ebenen gleichzeitig befindet, was man als Glücksfall bezeichnen kann. Diesen unbeabsichtigten Effekt kann man später für viele Zwecke nutzen.

Manch einer wird beim Bau seines Dioramas bemerkt haben, daß er sich manchmal vorstellte, wie er im Garten steht, wenn es darum ging, wie z. B. eine Baumgruppe wirkt, die er gerade in sein Modell gestellt hatte. So etwas ist gut und beabsichtigt, und es nimmt die folgenden Dinge etwas vorweg. Man kann jetzt langsam beginnen, sich in den Garten zu versetzen.

Dabei braucht man seine Phantasie und Einbildungskraft. Am Anfang mag es nicht so vollkommen gelingen, wie man es gerne hätte. Es sollte hier auch nichts überstürzt werden. Sich zu ärgern, weil es nicht gleich gelingen will, ist das Verkehrteste, was man tun kann. Durch Aufmerksamkeit stecken wir Energie in den Garten. Dabei achten wir darauf, daß nur positive und reine Energie hineinkommt. Wenn man sich ärgert, so ist die abgegebene Energie nicht, unbedingt positiv, wie man sie benötigt. Man sollte also zu Beginn nur in seinen Garten gehen, wenn man in friedvoller, guter Stimmung ist.

Aus dem gleichen Grund ist es nicht gut, wenn man sich eine Art feste Übungszeit für die Versetzung in den Garten festlegt. Vermeiden wir alles, was auch nur im entferntesten als Pflichtübung oder Arbeit betrachtet werden kann, in Verbindung mit unserem Garten. Wir bekämen nur ein schlechtes Gewissen, wenn uns bei einer festgelegten Zeit einmal nicht nach Garten zumute ist. Nicht immer ist man in bester Stimmung. Es gibt Tage, da ist es besser, wenn man seinen Garten meidet, da man ihm damit nur schaden würde.

Der erste Grundsatz muß für uns sein, daß der Garten ein heiliger Bezirk ist, in den man nur hineingeht, wenn man positive Gefühle in sich vorfindet. Unter heilig darf dabei nicht »das Heilige« verstanden werden, wie wir es von Religionen her kennen. Begriffe wie Liebe, Erotik, Schönheit, Harmonie, Lebenslust und Ästhetik sind die Stichworte, an die wir uns zu halten haben. Sollte sich dabei unabsichtlich einmal etwas Negatives einschleichen, so ist dies kein Unglück und nicht wert, daß man daran einen Gedanken verschwendet.

So ein Garten ist ein viel potentiellerer Bereich, als man sich zu Beginn überhaupt vorstellen kann. Jeder von uns hat unbewußte psychische Blockierungen und Bereiche, die man meistens zu verdrängen sucht. Wie schon einmal erwähnt, bevölkert man den Garten ganz nebenbei auch mit Pflanzen und Tieren, weil man sich eben einen Garten oder Park gar nicht vorstellen kann, ohne daß Pflanzen und Tiere darin vorkommen.

Wenn wir im folgenden die einzige Unannehmlichkeit des Gartens gleich behandeln, so nicht, um jemandem Angst zu machen oder jemanden zu erschrecken. Dazu besteht auch nicht der geringste Grund.

Es kann vorkommen, daß man, obwohl man immer in bester Stimmung, mit den positivsten Gefühlen, in den Garten geht, unbewußt ein Quantum negative Energie mit hereinnimmt. So etwas ist ganz normal und kann immer wieder geschehen. Da diese Energie meistens schon in unserem sonstigen Leben als schlecht und unerwünscht betrachtet wird, versuchen wir da schon immer, sie unter Kontrolle zu halten, oder haben sie einfach verdrängt. Nun haben wir sie aber, ohne es zu wollen, mit in den Garten genommen. Hier geschieht damit eine phänomenale Verwandlung. Sie nimmt eine bestimmte Form an. So ein Energiekomplex kann unter Umständen eine recht seltsame, skurrile, ja manchmal sogar erschreckende Form annehmen. Hier handelt es sich aber um unsere eigene Energie, die ihrer Qualität entsprechend eine Form angenommen hat. Nun wäre es völlig verkehrt, etwa davonzulaufen oder Angst zu haben. Dieses Wesen kann uns nichts tun, denn es ist, wie der ganze Garten, von uns abhängig.

Statt dessen wird man ihm, auch wenn das etwas unangenehm ist, mit Liebe und Güte begegnen. Das Wesen fühlt sich im Garten sowieso nicht wohl, weil es in dieser harmonischen Energiewelt kaum Chancen hat zu überleben. Es wird sich also früher oder später auflösen bzw. verwandeln müssen, wenn es hier existieren will.

Wenn wir ihm mit Liebe und Güte begegnen, schenken wir ihm positive Energie, und es verwandelt sich in ein schnurrendes Kätzchen. Man ist also mittels des Gartens in der Lage, unangenehme Bereiche in sich positiv zu verwandeln. Deshalb wirkt ein Garten reinigend auf die Psyche und auf die ganze Persönlichkeit. Je sorgfältiger man darauf achtet, nur höchste Energie in den Garten zu stecken, um so weniger ist es möglich, daß sich überhaupt etwas Negatives einschleicht. Dabei bringen wir nochmals in Erinnerung, daß immer dann bereits Energie in den Garten fließt, wenn man an ihn denkt.

Diese Ausführungen sind auch noch aus einem anderen Grunde sehr wichtig. In unserem Garten hat Kampf und Aggressivität nichts zu suchen. Mit der christlichen Kultur wandelten sich die geheimen Gärten auch dahin gehend, daß man glaubte, man müsse kämpfen, wenn im Garten einmal etwas Unangenehmes auftaucht. Die sogenannten Drachenkämpfe haben hier ihren symbolischen Ursprung. In den geheimen taoistischen Gärten ist der Drache z. B. ein willkommener Gast und ein Symbol der Weisheit und des Glücks. Nur im europäischen Raum glaubte man, solchen Dingen mit Kampf begegnen zu müssen. Vor allen Dingen, weil sich gerade die Kundalinienergie im Garten oft in Form eines Drachen manifestiert. Vor allem die Kirche hatte schon immer Angst vor der Kundalini, der menschlichen Sexualkraft.

Zum Thema »Kampf im Garten« gehört auch das Einhorn, das man mit List einfangen zu müssen glaubte. Daß man dazu eine Jungfrau brauchte, hatte eine besondere Bewandtnis, auf die wir hier nicht eingehen möchten. Auch viele andere symbolische Tierformen kommen aus dem Gartenbereich, ebenso wie zahlreiche Halb-Mensch-halb-Tier-Wesen.

Je mehr wir eine Energieform im Garten bekämpften, um so mehr negative Energie verfütterten wir an sie. Um so stärker und aggressiver würde sie. Wer hier etwas aufmerksam nachdenkt, wird finden, daß es auch im sonstigen Leben auf der Erde besser ist, eine negative Erscheinung nicht nach dem biblischen Motto »Aug um Auge, Zahn um Zahn« zu bekämpfen, sondern mit anderen Mitteln an solche Dinge heranzugehen.

Unser Garten wird immer dichter und intensiver. Es gelingt immer besser, sich darin aufzuhalten. Mit der Zeit kann man ein neues Phänomen kennenlernen. Bisher haben wir nur die eigene Energie konfrontiert und kennengelernt. Über kurz oder lang tauchen im Garten allerlei Wesen auf, die unsere Märchen als Feen, Elfen, Gnome, Zwerge, Wichte, und was es sonst dafür alles für Namen gibt, bezeichnen. Auch hier muß klar gesagt werden, daß diese Wesen einen positiven Charakter besitzen und eine ungemeine Bereicherung im Garten darstellen. In Wirklichkeit tauchen sie nicht auf, sondern wir lernen sie langsam wieder sehen. Diese Naturwesen haben wir mit unserem Garten mitgeschaffen. Manche kommen auch von außerhalb in den Garten, weil sie sich darin wohl fühlen. Sie sind willkommene Gäste. Indem wir langsam lernen, sie zu sehen, entwickeln sich die Sinnesorgane unserer inneren Körper wieder. Dies wirkt sich auch auf unser normales Leben im physischen Bereich aus. Wir lernen, die Natur wieder mit ganz anderen Augen zu betrachten.

Obwohl es unwahrscheinlich klingen mag, werden wir mit der Zeit auch im Physischen solche Wesen erblicken. Diese Wesen sind weder böse noch listig, noch dem Menschen feindlich gesinnt. Sie haben in den letzten tausend Jahren nur nicht immer die besten Erfahrungen mit uns gemacht.

Deshalb erfolgt der Prozeß des Sichkennenlernens auf der physischen Ebene nur sehr langsam und behutsam. Seit der Unterdrückung des Heidentums in Europa wird uns gelehrt, daß die Natur etwas Böses ist, das man unter Kontrolle bringen muß und jederzeit unterdrücken kann. Nach der Empfehlung »Machet euch die Erde untertan« kann man sie ausbeuten und ohne Rücksicht zerstören, denn sie ist ja ein Werk des »Teufels.« Die Natur ist jedoch nicht so hilflos, wie man immer annimmt. Wenn der Mensch glaubt, sich schlimmer als ein Parasit aufführen zu müssen, so wird das Resultat nicht unbedingt die Zerstörung der Natur sein, sondern eine extreme Reduzierung der Parasiten.

Es ist also nicht verwunderlich, wenn die Naturwesen, die man in seinem Garten vorfindet, sich etwas von den Wesen auf der Erde, vor allen Dingen charakterlich, unterscheiden. Wer aber Frieden mit ihnen geschlossen hat, wird sich an dieser Zauberwelt erfreuen können.

Irgendwann werden wir den Wunsch haben, unseren Garten zu verlassen oder für die Umwelt zu öffnen. Es wird sich dann auch der erste Besucher dieser Seinsebene einstellen. Wie bereits erwähnt, entscheidet die Qualität unseres Gartens über die Ebene, auf der wir ihn etablieren. Der Besucher wird in seinem Wesen von dieser Qualität kaum abweichen, denn sie ist ja sein Zuhause. Es ist also nichts zu befürchten. Statt dessen wird eine derartige Kommunikation sehr vorteilhaft und fruchtbar sein.

Wer bis zu diesem Punkt gelangt ist, hat bereits eine große Strecke des Weges zur göttlichen Quelle zurückgelegt. So einfach dies alles erscheint, so ist es doch im Verhältnis zum weiteren Weg der schwerste Abschnitt. Wer bis hierher gelangt ist, wird sich immer mehr auf dieser Seinsebene etablieren, ohne den Kontakt zur physischen zu verlieren. Er ist Bewohner zweier Welten. Man lernt dort aber auch, wie man auf die nächstfeinere Ebene gelangen kann. Man kann sich dort mit dem gleichen Vorgang wieder einen Garten schaffen. Dazu wird eine höhere Form der Kreativität angewandt, die man von der Erde aus nur schwerlich einsetzen kann. So ein Garten ist ganz verschieden von dem, den wir bereits besprochen haben. Es herrschen dort wieder andere Gesetzmäßigkeiten. Man kann aber auch hier den Begriff Garten anwenden. Der Vorgang, von Ebene zu Ebene einen Garten bzw. eine Operationsplattform anzulegen, wird in der Bibel als Jakobsleiter bezeichnet. Es ist ein natürlicher Weg ohne Fallen, Gefahren und Abhängigkeiten.

Es ist nicht einfach, einem Menschen Anleitung für seine innere Entwicklung zu geben, ohne nicht gleichzeitig Sperren oder Blocks bei ihm einzubauen. Jeder Mensch ist ein absolut einmaliges Individuum. Sein Entwicklungsweg ist genauso einmalig. Wenn er also über diese innere Entwicklung zu viele Vorinformationen bekommt, so neigt er leider dazu, sich bestimmte Vorstellungen darüber zu machen. Solch eine Vorstellung muß jedoch nicht genauso eintreffen. Sie kann für den einen Menschen zutreffen, für einen anderen nicht.

Die persönliche Entwicklung nimmt ihren individuellen Weg. Eine Vorstellung, wie er verlaufen soll, bringt uns dazu, daß wir eventuell Falsches erwarten. Wir blockieren damit in unseren subtilen Körpern das, was sich auf ganz natürliche Weise entwickeln will. Da jede Fähigkeit oder Qualität, die sich auf den inneren Ebenen entfaltet, sich zu Anfang sehr leise und behutsam zeigt, sind wir geneigt, solche leisen Regungen ganz einfach zu übersehen, weil wir unter Umständen spektakuläre andere Dinge erwarten.

Sehr hinderlich ist für den modernen Menschen der sogenannte Lichtschaltereffekt. Man ist gewohnt, daß, wenn man den Lichtschalter betätigt das Licht angeht. Dieser Vorgang wird unbewußt auf die innere Entwicklung übertragen. Man glaubt, wenn man etwas Bestimmtes tue, dann müsse der Effekt auch gleich kommen. In Wahrheit handelt es sich bei allen Dingen, die mit den inneren Körpern und der Seele zu tun haben, um Wachstums- und Entwicklungsprozesse, die ihre Zeit und Ruhe zur Reifung brauchen.

Selbstverständlich gibt es spektakuläre Umstellungen im inneren Bereich. Jede seelische Erschütterung kann ein solches Resultat bringen. Die Erfahrung zeigt aber, daß der Mensch damit meist nicht umgehen kann und daß solch ein Sprung selten ein stabiles Ergebnis zeitigt. Wir können hier deshalb nur immer wieder betonen, daß man sich in jeder Hinsicht Zeit lassen sollte. Jede Ungeduld, jede zu zielgerichtete oder zu zweckgebundene Vorstellung ist eine Bremse, die man besser zu vermeiden sucht. Auf dem Weg der Runenmeister kommt derjenige schneller und besser voran, der spielerisch und gelassen wie ein Kind, ohne besondere zielgerichtete Vorstellungen, diesen Weg beschreitet. Die Beschäftigung mit dem Garten sollte erst einmal ein Spiel sein. Sie ist auch ein Abenteuer und wird mit zunehmender Erfahrung zur Kunst.

Wie wir bereits wissen, ist der Kern des Gartens nach dem Schema des Lebensbaumes gestaltet. Jedes Zentrum stellt einen Brunnen dar. Mit diesen Brunnen verbindet man die Vorstellung der entsprechenden Qualitäten, wie wir sie bereits kennen. Wenn man sich im Garten befindet und sich beispielsweise die Qualität der Harmonie zuführen will, steigt man in den entsprechenden Brunnen und badet darin. Dieser Brunnen ist in unserer Vorstellung mit der universellen Harmonie der Schöpfung verbunden. Er ist gefüllt mit dem Wasser des Lebens, das in uns die entsprechende Qualität hervorruft. Er reinigt uns und gibt uns neue Kraft. Diese Vorstellung ist Wirklichkeit. Man darf nicht vergessen, daß man sich in einem anderen Bewußtseinszustand befindet als auf der Erde. Was man sich in seinem Garten vorstellt, ist Wirklichkeit.

Im Vatan gibt es dafür ein entsprechendes Ritual. Man badet der Reihe nach in allen zehn Brunnen, wobei man sich in jedem Brunnen die entsprechende Qualität und Kraft vergegenwärtigt. Dabei lernt man u. a. auch, warum es vom Brunnen 9 keinen direkten Weg zum Brunnen 8 gibt usw. Die zehn Brunnen im Garten sind über den Baum mit den Urprinzipien der Schöpfung verbunden. Die Konsequenzen, die sich daraus in positiver Hinsicht ergeben, sind gar nicht zu beschreiben. Viele Sagen und Märchen über heilkräftige Brunnen und Quellen haben hier ihren eigentlichen Ursprung. Oft barg solch eine Quelle eine Nymphe, die einem in allerlei Situationen helfen konnte. Der Brunnen der Frau Holle gehört ebenfalls in diesen Sagenbereich. Die Brunnen im Garten können natürlich auch als Durchgangsstationen oder Tore in andere Seinsbereiche verwendet werden. Zu diesem Zweck taucht man im Brunnen immer tiefer und findet dann einen Ausgang, der in einen reinen Energiebereich bestimmter Qualität führt.

Oft verbanden die Menschen solche Brunnen mit einer Gottheit. Auch in unserem Garten stellen die Brunnen eine Art Wesenheit dar, die sich unter bestimmten Umständen personifizieren kann. Diese Gottheit stellt das reine Urprinzip dar, das der entsprechende Brunnen symbolisiert. Man kann von ihr alles erfahren, was man über das Prinzip wissen will. Man wird diese Gottheit aber nie verehren oder gar anbeten.

Wer praktisch mit dem Garten arbeitet, wird nach und nach selbst auf viele Möglichkeiten kommen, so daß hier weitere Erläuterungen und Anregungen nicht nötig sind.

Unser Garten ist im Kern und auch in seiner Gesamtheit ein perfektes analoges Abbild der Schöpfung. Diese ist mit dem Garten verbunden. Wir unterscheiden einen geordneten Teil, das ist der Kern des Gartens mit den Brunnen und Wegen, und einen freieren Teil, das ist der restliche Garten. Mit anderen Worten, wir erkennen die Reinheit der Urprinzipien an und halten sie auch rein. Wir erkennen aber auch die Freiheit der Entfaltung und Entwicklung an. Im Kern des Gartens haben wir ein wohlgeordnetes System von Brunnen und Wegen. Dem übrigen Teil lassen wir freie Entfaltungsmöglichkeiten. Wir selbst als Schöpfer halten das Ganze aufrecht und geben unsere Energie hinein. Wir unterhalten also mit dem Garten einen Mikrokosmos, der mit dem Makrokosmos auf wunderbare Weise verbunden ist. Was wir in unserem Garten als Mikrokosmos bewirken, beeinflußt auch den Makrokosmos. Deshalb tragen wir mit unserem Garten eine hohe Verantwortung. Der Garten ist unser Trainingsfeld im kleinen. Hier lernen wir, was es heißt, die Verantwortung für eine Schöpfung zu übernehmen, diese zu erhalten und ihre Entwicklung zu fördern, ohne ihr die Freiheit zu nehmen. Auch die für den Menschen so unverständliche göttliche Aussage »Ich und die Schöpfung sind eins!« lernen wir begreifen.

Es kann sein, daß wir glauben, solch ein Garten brauche ja auch Regen für das Wachstum der Pflanzen. Hier gibt es kein Problem, wir müssen es uns nur vorstellen. Wenn wir dies oft genug im Garten gemacht haben, kommt es vor, daß, wenn wir uns auf der Erde vorstellen, es wäre gut, wenn es regnen würde, dies auch sehr schnell eintritt. Oft glaubt man, daß es ein Zufall ist. Später stellt man aber fest, daß man Regen machen kann. Es mag unwahrscheinlich klingen, ist aber ein ganz normales Resultat der Gartenarbeit.

Wir haben die Fähigkeit im Mikrokosmos des Gartens gepflegt und können es nun auch im Großen. Vieles, was wir im Garten als selbstverständlich ansehen, können wir uns im physischen Bewußtseinszustand nur schwer vorstellen. Aber alles, was wir in einem inneren Körper beherrschen, wird durch Resonanz auch andere Körper, bis hin zum physischen, beeinflussen. So wird eine Fähigkeit auch immer auf andere Seinsebenen übertragen und funktioniert dort ebenso. Es wäre nun verkehrt, die Gartenarbeit danach auszurichten, um später einmal in den Ablauf des Wetters eingreifen zu können. Es ist viel besser, sich hier überraschen zu lassen.

Die Versetzung in den Garten mag zu Beginn noch recht mangelhaft sein. Die Fähigkeit, sein Bewußtsein nach innen in einen feineren Körper zu verlagern, ist eine der wichtigsten Fähigkeiten, die man im Vatan lernt. In früheren Zeiten hatte man für diese Fähigkeit sehr poetische Umschreibungen. Man bezeichnete sie als »das Federkleid« oder »das Schwanenhemd.«

Am Anfang gelingt uns eine Versetzung immer nur kurzzeitig. Der Verstand ist nur schwer in der Lage, für längere Zeit einen Gedanken oder ein Bild aufrechtzuerhalten. Hier mit sogenannten Konzentrationsübungen nachhelfen zu wollen, wäre falsch. Je größer die Faszination eines Gedankens oder Vorstellungsbildes ist, um so leichter gelingt das Verweilen an solch einem Punkt. Aus diesem Grunde haben wir unseren Garten so faszinierend und schön ausgestaltet. Eine Versetzung ist jedoch gar nicht so schwer, wenn man bestimmte Dinge berücksichtigt.

Man sollte nicht den Fehler begehen, zu sagen: »Ich versetze mich jetzt in meinen Garten!« Damit bestätigt man sich gleichzeitig, daß man immer noch hier und nicht dort ist. Richtig soll es heißen: »Ich bin jetzt in meinem Garten!« Damit sollte gleichzeitig in der Vorstellung die Gartenumgebung imaginiert werden. Dafür sucht man sich einen leicht vorstellbaren Platz im Garten aus, wo man sich dann befindet. Ist man dort, so sollte man sofort Interesse an der neuen Umgebung zeigen, sich bewegen und versuchen, möglichst viele Wahrnehmungen zu imaginieren. Interessieren wir uns sofort für die Blumen, die Bäume, das Meer, den Strand, unser Schloß usw.

Auch dann werden viele merken, daß sie recht oft sofort wieder im physischen Körper sind. Geduldig und gelassen sollte man es wieder und wieder versuchen. Es gelingt immer besser. Manchmal sind nur kleine Fortschritte zu verzeichnen. Es ist bei jedem Menschen in der

Praxis verschieden. Deshalb kann man hier auch nur allgemeine Ratschläge geben. Jeder sollte dabei seine eigenen Erfahrungen machen.

Auffallend ist z. B., daß man nach einem arbeitsreichen Tag, wenn der physische Körper recht müde ist, sehr einfach in den Garten kommt. Solche Gründe, in den Gartens gehen, wie beispielsweise zur Erholung und Entspannung sind sehr gut. Sie verhindern zu Beginn, daß man sich zu viele Gedanken darüber macht, daß alles noch nicht so perfekt gelingt. Die stetigen spielerischen Versuche je nach Lust und Laune bringen auf stabile Weise diese so wichtige Fähigkeit. Aus dem Grunde nimmt man von den vielen in der Literatur bekannten Übungen und Exerzitien Abstand, weil sie uns ein Programm aufzwingen, das mit der Zeit Unlust und Pflichtgefühl mit sich bringt. Dazu kommt noch das schlechte Gewissen, wenn man einmal eine dieser Pflichten versäumt. Außerdem könnte bei manchen der Eindruck entstehen, er wäre nicht reif genug oder es wären karmische Gründe vorhanden, wenn es nicht sofort so geht, wie er es sich vorstellt.

Man sollte solche Dinge weglassen, das Ganze, wie gesagt, als Spiel betrachten, bei dem man nebenbei noch interessante Fähigkeiten lernt.

In der Literatur liest man oft von einer sogenannten Silberschnur, die den physischen Körper mit den inneren Körpern verbindet. Hier handelt es sich nicht um eine Art Schnur mit Gummibandcharakteristik, sondern um eine natürliche Kommunikationsverbindung. Diese Verbindung ist so stabil, daß sie nur unterbrochen wird, wenn kein Informationsfluß mehr besteht. Solange der physische Körper funktioniert, so lange besteht auch diese Verbindung. Selbst wenn man sich bis an den Rand der Schöpfung begäbe und der physische Körper zu Hause im Bett läge, würde diese Verbindung nicht zerstört. Der Vergleich mit einem Gummiband kam auf, weil man bei den ersten Austrittsversuchen eine Zugwirkung verspürt. Hier handelt es sich darum, daß wir uns durch Gewohnheit nur im physischen Körper sicher fühlen. Bei einer Versetzung kann der Drang vorhanden sein, sich wieder an diesen »sicheren« Platz zu flüchten. Es handelt sich also mehr um Angst und Unsicherheit als um etwas anderes.

Die Versetzung ist eine natürliche Fähigkeit, die manche Kinder noch haben, bis man ihnen sagt, daß das alles nur Phantasie ist und gar nicht stimmt. In den Träumen geschieht die Versetzung auf natürliche Weise. Jeder Mensch besucht im Traum immer wieder fremde Orte. Hier stört uns kein »Gummiband« oder irgendeine Zugwirkung. Trotzdem ist diese Verbindung da, denn wir bekommen über sie die Information, daß der Wecker klingelt. Der Traum ist eine Vorwegnahme der Fähigkeit, sich in andere Bewußtseinszustände zu begeben. In diesem Stadium sind wir viel freier. Wir können fliegen und noch viele andere Dinge mehr. Der uns gewohnte Traumzustand läßt uns Situationen ganz normal erscheinen, die vom physischen Standpunkt aus absolut unmöglich oder unlogisch wären. Im Schlaf befindet sich unser physischer Körper im Ruhezustand. Damit können die inneren Körper aktiv werden. Die physische Ebene benötigt keine Aufmerksamkeit, deshalb verlegen wir diese automatisch nach innen. Ob wir uns dann in einen eigenen, inneren Erfahrungsspeicher begeben oder einen anderen Ort besuchen, ist gleich, es handelt sich immer um dasselbe Phänomen. Der veränderte Bewußtseinszustand bringt eine andere Betrachtungsweise mit sich, als man es vom normalen Leben her gewohnt ist.

Die Trennung vom physischen Körper ist eine außerordentlich wichtige Voraussetzung, um den Vorgang des Sterbens zu verstehen. Im Grunde handelt es sich auch hier um denselben Ablauf. Wenn die Funktionen des physischen Körpers eingestellt werden, so sind wir heute gezwungen, diesen Vorgang plötzlich ohne Vorbereitung zu akzeptieren. Von der Natur wurde dies jedoch nicht so vorgesehen, sie bereitet, wenn sie genügend Zeit dazu hat, solche Ereignisse immer rechtzeitig vor.

Wenn wir uns mit alten Menschen unterhalten, so hören wir oft die Klage darüber, daß sie im entspannten Zustand manchmal Schwindelgefühle haben. Geschildert werden solche Gefühle als eine Art »Neben-sich-Stehen« oder ähnlich. Alle Ärzte kennen diese Klagen. In der Medizin ist dieser Zustand als Depersonalisation bekannt. Hier handelt es sich um einen programmierten Ablauf, um auf die Trennung beim Tod vorzubereiten.

Dieses Phänomen kann bei manchen Menschen schon recht früh auftreten. Es ist kein Indiz dafür, daß man nun bald sterben muß. In verschiedenen Kulturen kannte man früher noch diesen Vorgang. Man nutzte ihn beispielsweise für die Meditation. Man förderte ihn und betrachtete ihn nicht als unangenehme Alterserscheinung oder gar als Krankheit.

Parallel zu solchen Erscheinungen findet man eine scheinbare Herabsetzung des Kurzzeitgedächtnisses bei älteren Menschen vor. Auch hier handelt es sich um einen natürlichen Vorgang. Gleichzeitig mit dem scheinbaren Zunehmen der Vergeßlichkeit kann man ein erstaunliches Erinnerungsvermögen in bezug auf Erlebnisse aus der Jugend beobachten. Dabei werden die gesamten Erfahrungen dieses Lebens langsam aus dem Verstandesspeicher in den Kausalspeicher übertragen. Sie sollen nicht verlorengehen und werden so in Sicherheit gebracht.

Dieser Kausalspeicher ist im Lebensbaum das Zentrum 4. Die Abnahme des Kurzzeitgedächtnisses und die Zunahme der Langzeiterinnerung ist nur scheinbar. In Wirklichkeit ist beides nach wie vor vorhanden. Man versäumt dabei nur meistens, den einen Teil auch weiter zu stimulieren. Im Zentrum 4 sind auch unsere Erfahrungen aus früheren Leben und Seinszuständen vorhanden. Der natürliche Vorgang der Erfahrungssicherung bringt uns also mit zunehmendem Alter mit einem zwar nicht immer formulierbaren, aber ungeheuren Erfahrungsschatz aus früheren Leben in Kontakt. Auch dies war in alten Zeiten bekannt.

Deshalb waren die Ältesten eines Stammes die wichtigsten Menschen. Ihr Rat war wertvoll und weise, denn dadurch konnten Irrtümer und Fehlentscheidungen vermieden werden. Selbstverständlich geht damit einher, daß ältere Menschen sich nicht mehr so stark für Tagesthemen interessieren. Der bewußte oder unbewußte Überblick ist viel größer. Zusammenhänge werden besser erkannt. Gleichzeitig nimmt aber die Wichtigkeit von Einzelereignissen erheblich ab.

Aus diesem Grunde ist eine Menschheit, die auf den Erfahrungsschatz und die Weisheit älterer Menschen nicht zurückgreift, schlecht beraten. Unsere Ahnen und Urahnen wußten dies. Deshalb versorgten sie die alten Menschen, auch wenn sie aktiv und in direkter Weise dem Stamme oder der Sippe scheinbar nicht mehr Nutzen brachten.

Um auf einen wichtigen anderen Punkt zu kommen: Es ist ohne weiteres möglich, einen Garten zu zweit herzustellen. Wenn zwei sich liebende Menschen wissen, daß sie zusammenbleiben, so ist ein gemeinsamer Garten im Vatan eigentlich ein Muß. Solch ein Garten wird von Beginn an gemeinsam gemacht. Das fängt schon bei der Planung an. Hier muß selbstverständlich auf die Bedürfnisse des Partners Rücksicht genommen werden. Beide stecken Energie in den Garten. Hier vermischt sie sich auf natürliche Weise. Dadurch entsteht ein Band, das dem ursprünglichen Idealbild einer Ehe sehr nahe kommt. Über diese Verbindung werden nicht nur Gedanken und Gefühle ausgetauscht, es werden auch innere Sperren und Blocks abgebaut. Die Sehnsucht des Einswerdens wird über den Garten in wunderbarer Weise dem Ziel näher gebracht. Solch ein gemeinsamer Garten strahlt in das Leben im physischen Bereich über, ganz abgesehen davon, daß ein Liebesakt im Garten unbeschreibliche Erfahrungen bringt.

KAPITEL 6

DAS GÖTTLICHE PAAR

Die Sehnsucht der Seele

Von dem Zeitpunkt an, da die Seele in die dualen Welten eintritt, sehnt sie sich zurück zur göttlichen Quelle. Die Konfrontation mit den Gegensätzlichkeit der Dualität kann man als Schock bezeichnen. Die Seele beginnt sofort, sich nach Sicherheit und Stabilität umzusehen. Willig nimmt sie jede Gelegenheit wahr, sich mit anderen Seelen zu verbinden. Ihr schöpferisches Potential läßt sie, zusammen mit anderen Seelen, immer stabilere Plattformen schaffen in der Hoffnung, dort Ruhe, Sicherheit und Schutz zu finden. Unerfahren und scheinbar hilflos, verbindet sie sich mit anderen zu Formen, um die vielen Zustandsveränderungen in der Dualität besser zu überstehen.

Sie nimmt immer dichtere Körper an und steigt in immer stabilere Welten hinab, bis sie sich endlich in Ruhe und Sicherheit befindet. Sie befindet sich auf der untersten Stufe des physischen Universums mit anderen Seelen verbunden im kristallinen Zustand. Hier muß sie jedoch irgendwann erkennen, daß es sich um einen Bereich äußerster Unfreiheit handelt. Deshalb wird sie sich bemühen, davon wieder loszukommen, um schließlich vom anorganischen in den organischen Bereich überzutreten. Sie wird viele Körper annehmen, um letztlich einen physischen, menschlichen Körper zu erlangen. Sie hat damit eine lange Reise hinter sich, die nach unserer Zeit viele Milliarden Jahre betragen kann.

Diese Seele ist nun in der Form eines Menschen auf einem Planeten angekommen, den wir Erde nennen. Auch hier wird sie sehr bald erkennen müssen, daß es weder Ruhe noch Sicherheit noch Stabilität gibt.

Die tiefe Sehnsucht und Rückerinnerung an ihren Ursprung, die göttliche Quelle, wo alle die Qualitäten, die sie sich wünscht, vorhanden sind, treibt sie zu den größten Anstrengungen, diese Qualitäten zu verwirklichen. Letztendlich wird sie jedoch immer wieder erkennen müssen, daß es in der dualen Welt auf allen Ebenen, bedingt durch die vielen verschiedenen Bewußtseinsformen und Zustände, nur stetigen Wandel, unendlich viele Widerstände und Konfrontationen gibt.

Die Realitäten der einzelnen Ebenen zwingen die vielen Daseinsformen, sich nach bestimmten Regeln und Gesetzen zu richten, wobei auch diese nur scheinbare Sicherheit bieten. Übertragen auf die Erde und den Menschen, finden wir, daß die Tatsache, daß wir unsere Türen versperren, eine Lebensversicherung abschließen, Verkehrsampeln aufstellen, uns nicht vor unangenehmen Überraschungen schützen kann. Viele dieser Überraschungen bezeichnen wir mit dem Ausdruck »höhere Gewalt«. Unsere wahre Heimat ist die göttliche Quelle, aus der wir alle kommen, wohin wir alle irgendwann zurückkehren. Alle Bereiche der Welten der Dualität, wo es Energie, Zeit, Raum und Materie gibt, sind unvollkommen und können nur Teile der göttlichen Quelle verwirklichen. Alle Bemühungen, in diesen Bereichen ein Paradies zu schaffen, sind immer unvollkommen.

Im Vatan, der alten Wissenschaft der Runenmeister, kennt man nur drei grundlegende Möglichkeiten, sich das Dasein in den dualen Welten zu erleichtern:

1. Die göttliche Stimme; den göttlichen Lebensstrom, der durch jede Seele in die dualen Welten und Daseinsebenen fließt und alles erhält. Da dieser Strom stärker nach außen fließt, müssen wir, um zur Quelle zurückzukommen, notwendigerweise gegen den Strom schwimmen. Wir müssen den Austrittspunkt dieser Energie finden, dann haben wir auch unsere Seele gefunden.

2. Die freiwillige Verbindung mit einer zweiten Seele. Jede Seele trägt in sich alle Qualitäten der göttlichen Quelle und kann mit dieser gleichgesetzt werden. Die Verbindung mit einer zweiten Seele bietet also die Möglichkeit, zur Quelle zurückzukehren.

3. Die Schaffung von Gärten in immer höheren Daseinsebenen nach dem Prinzip der »Jakobsleiter«.

Wir beschäftigen uns nun mit der zweiten Möglichkeit, der freiwilligen Verbindung mit einer zweiten Seele. Im scheinbaren Chaos der sich stetig wandelnden Welten stellt eine zweite Seele für den Menschen einen stabilen Fixpunkt dar. Auf der langen Reise durch diese Welten haben wir uns unzählige Male mit einer zweiten oder mehr Seelen verbunden, um uns bessere Bedingungen zu schaffen. Dies geschah immer mehr oder weniger aus einer Notwendigkeit heraus. Erst als Mensch sind wir in der Lage, bewußt und freiwillig eine solche Verbindung einzugehen. Verbindungen zwischen Mann und Frau zeigen jedoch erhebliche Unterschiede der Intensität, wie uns die heutigen Verhältnisse der Geschlechter untereinander zeigen. Wir beschäftigen uns hier überwiegend mit der bewußten und freiwilligen Verbindung aus der Sicht des Vatan. In einer solchen Verbindung steht die Seele an erster Stelle.

Duale Bedingungen der Materie, Raum und Zeit sind dabei Umstände, mit denen man sich auseinandersetzen muß, sie sind jedoch nicht so wichtig, wie man annehmen könnte. Eine Vatan-Verbindung zwischen zwei Menschen bezieht sich immer darauf, daß sich zwei Seelen versprechen, ihren Weg durch die dualen Welten bis zur göttlichen Quelle gemeinsam zu gehen. Ein derartiges Versprechen geht über Raum und Zeit hinaus.

Konkret bedeutet dies, daß, wenn ein Partner seinen physischen Körper ablegt, die Verbindung weiterhin bestehenbleibt. Dies mag erschreckend klingen und von vielen Standpunkten aus auch sein. Ein Runenmeister ist sich vollständig klar darüber, daß er dabei mit seinem Partner allerlei Überraschungen erleben kann. Er wird in den verschiedenen dualen Körpern seines Partners die ganze Schöpfung mit all ihren positiven und negativen Aspekten vorfinden. Trotz dieses Wissens wird er das Versprechen aber abgeben, unter allen Umständen mit dem Partner zusammenzubleiben.

Der Wert eines solchen Versprechens kann in voller Tragweite nur in der Praxis verstanden werden. Zwei Seelen, die sich auf solche Weise verbinden und ihren Weg gemeinsam gehen, stellen für die Dualität eine unüberwindliche Macht dar. Kein Gott, kein Umstand, kein

Widerstand, keine noch so negative Situation hält dieser Verbindung stand.

Hier geht es nicht darum, daß man dem Partner dauernd verspricht, mit ihm zusammenzubleiben. Vielmehr legt man ein derartiges Versprechen vor sich selbst ab, denn das Vertrauen und die Sicherheit, daß dem auch wirklich so ist, erhält der jeweilige Partner erst im Laufe der Zeit. Das Wissen, sich ohne Masken und Zwang dem Partner hingeben zu können, sowie die Erfahrung, in jeder Situation vom Partner aufgefangen zu werden, nie mehr alleine zu sein, egal, was auch geschieht, ist für die Entwicklung der Seele von unschätzbarem Wert. Die Erfahrung, daß man total akzeptiert und in seiner Entwicklung unterstützt wird, läßt zwei Seelen wie Blumen erblühen.

Jede Seele ist eigentlich neutral. Man könnte aber auch sagen, daß sie sowohl männlich als auch weiblich zugleich ist. Sie nimmt im Laufe ihrer Wanderung immer wieder den einen oder anderen Standpunkt ein. Der männliche Standpunkt wird mehr die männlichen Eigenschaften betonen und auch einen männlichen Körper auf der Erde verwenden. Der weibliche Standpunkt umgekehrt. Beide Standpunkte sind für die Seele unvollkommen. Das Zusammenkommen in einer Verbindung bietet Ergänzung und Teilnahme am Erfahrungsbereich des anderen.

Viele große Dichter und Denker haben sich im Laufe der Zeiten Gedanken über das Mysterium der Liebe gemacht, und sie tun es heute noch. Dieses Mysterium reicht aber weit über Raum und Zeit hinaus in den Bereich der göttlichen Quelle hinein. Es wird sich deshalb in voller Tragweite ohne Erfahrung jeglicher Entdeckung entziehen. Die Erfahrung selbst jedoch läßt sich auch in poetischer Sprache kaum ausdrücken.

Die Liebe und Partnerschaft zwischen zwei Seelen ist göttlichen Ursprungs, ganz gleich, wie unvollkommen sie auch in den verschiedenen Bewußtseinsbereichen sein mag. Deshalb ist auch jede Weltanschauung oder jedes Entwicklungssystem, das die Verbindung zweier Seelen erniedrigt, ausklammert, verdammt oder im Kern zu reglementieren versucht, mangelhaft und unvollständig. In dieser Verbindung liegt das ganze Geheimnis der Schöpfung verborgen. Wer verhindern möchte, daß der Mensch diese Erfahrung macht, der hält ihn gleichzeitig in der Dualität gefangen

Keine Seele wird zur göttlichen Quelle zurückkehren können, ohne dieses Geheimnis gelöst zu haben. Keine Seele wird ihr wahres, schöpferisches Potential ohne die Erfahrung der Liebe ergründen können. Alle dualen Welten sind durch Seelen mittels dieses Geheimnisses erschaffen worden. Nur durch die bewußte Beherrschung dieses Geheimnisses können wir uns jemals von diesen Welten lösen und unsere wahre Heimat wiederfinden. Wer also eine Seele, ganz gleich, auf welche Weise, davor zurückhält, in dieses Geheimnis einzudringen, möchte, daß sie weiterhin gefangen bleibt, weiterhin leidet, sich nicht zu ihrer wahren Bestimmung entwickeln kann, sich ihrer Göttlichkeit nicht bewußt wird und weiterhin Staub schluckt. Deshalb bezeichnen die Runenmeister ein aus weltanschaulichen Gründen keusches Leben nicht als Heldentat, sondern als Feigheit vor den Mysterien des Lebens. Sie sind der Ansicht, daß eine Ehe, mag sie noch so negativ ausfallen, für die Entwicklung wertvoller ist als ein keusches Leben in einer Meditationshöhle oder in einer Mönchszelle. Wer es ablehnt, sich mit einem Menschen tiefer zu verbinden, lehnt es auch ab, sich mit der Schöpfung auseinanderzusetzen. Da die Schöpfung ein Ausfluß aus der göttlichen Quelle ist, verachtet er letztendlich diesen seinen wahren Ursprung. Er ist kein demütiger Mensch, der zum Wohle der Menschheit auf die Liebe verzichtet, sondern ein großer Egoist, der in Wahrheit seine eigene Entwicklung bremst. Zum Glück ist kein Mensch und auch keine Weltanschauung so mächtig, daß sie in der Lage wären, die Seele von ihrer Bestimmung abzuhalten.

Auch der keusche Egoist entgeht seiner Bestimmung nicht, denn auch er ist eine Seele. Ganz gleich, in welchem Irrtum er steckt und welche lebensfeindlichen Experimente er in diesem Leben gerade durchführt.

Wenn hier die Verbindung zwischen zwei Seelen so hervorgehoben wird, so heißt das nicht, daß eine derartige Verbindung unter allen

Umständen herbeigeführt werden sollte. Es gibt Fälle und Umstände, wo ein Mensch sein Leben lang lieber alleine bleiben möchte. Er hat kein Verlangen nach einer Partnerschaft. Auch besondere Umstände können eine Partnerschaft in dieser Inkarnation als nicht erstrebenswert erscheinen lassen. Wer jedoch auf natürliche Weise Sehnsucht nach einem Partner hat, sollte nicht wegen einer Ideologie darauf verzichten.

Zwei Seelen können meist auf sehr einfache und leichte Weise eine Verbindung eingehen. Da jede Seele jedoch verschiedene Körper mit verschiedenen Erfahrungen benutzt, muß es normalerweise zu Differenzen zwischen den einzelnen Körpern der beiden Seelen kommen. In sehr viel früheren Zeiten überließ man die Partnerwahl nicht dem Zufall oder der Anziehungskraft zwischen einzelnen Körpern. Die Weisen und Ältesten eines Volkes brachten die Paare zusammen. Es war dabei durchaus möglich, daß sich die Partner äußerlich überhaupt nicht gefielen. Ausschlaggebend für die Zusammenführung war vielmehr, daß die inneren Körper für eine dauerhafte Verbindung geeignet waren. Es zeigte sich dabei, daß die inneren Körper eine stabilere Verbindung zustandebrachten als z. B. die sexuelle Anziehungskraft zwischen den physischen Körpern.

Auch heute wird diese Praxis bei verschiedenen Völkern noch ausgeübt. Die Zusammenführung erfolgt jedoch meist nach anderen Kriterien. Sehr oft spielen dabei wirtschaftliche und andere Gründe eine Rolle. Ohne die Beurteilung der einzelnen Körper sollte keine Zusammenführung von außen erfolgen. Da aber das Wissen darum auf der Erde sehr rar geworden ist, sollte man der natürlichen Anziehungskraft unter den Partnern den Vorzug geben.

Wie bereits bemerkt, können sich zwei Seelen sehr leicht und einfach treffen. Wenn beide den absoluten Willen haben, den Weg gemeinsam zu gehen, spielen die verschiedenen Erfahrungen ihrer Körper keine Rolle mehr. Dort, wo eine Seele konsequent hingeht, müssen ihr alle Körper folgen. Das Ziel der Partner, zusammenzubleiben, schafft alle Hindernisse und Unstimmigkeiten aus dem Wege.

Liebe und Sexualität nehmen im Weg der Runenmeister einen sehr hohen Stellenwert ein. Sie sind eine der Möglichkeiten, die Kräfte der Schöpfung miteinander in Einklang zu bringen. Die Liebe wird zu einer Lebenskunst, einer Kunst, die Fesseln des Leibes zu lösen. Dies darf nicht verwundern, denn der göttliche Lebensstrom in seiner Zweiteilung – maskulin und feminin – gebiert in seiner Vereinigung das Leben auf allen dualen Seinsebenen. Es wäre deshalb Dummheit, in einem System, das der Erweiterung des Bewußtseins dient, diesen Bereich aussparen zu wollen.

Selbst der einzelne Mensch ist in all seinen Bereichen polar organisiert. Ohne die permanente Vereinigung dieser Kräfte in ihm selbst hätten seine Körper keine Existenzgrundlage. Die dualen Welten sind der sichtbare Körper der göttlichen Quelle. Die Rückkehr der Seele zur göttlichen Quelle kann niemals dadurch erfolgen, daß man die Natur degradiert und als schlecht betrachtet, sondern nur in der Anerkennung ihrer Prinzipien wird man frei von ihr.

Manche Gottesvorstellung hat die Menschen in ihrem Ausbreitungsbereich in einen Zwiespalt versetzt. Das Leben selbst zeigt dem Menschen laufend die Realität, und gleichzeitig soll er aber diese Realität verleugnen, als notwendiges Übel, als Hindernis für die ewige Seligkeit betrachten.

Unsere heutige Welt zeigt mit erschreckender Konsequenz die fortschreitende Erniedrigung des Menschen und der Natur. Das Bibelwort »Mache dir die Erde untertan!« ist, wie bereits angesprochen, mitverantwortlich für unser heutiges Dilemma. Im Klartext kann es auch so verstanden werden: »Mache mit der Natur, was du willst, denn sie ist von minderem Wert und nur für dich geschaffen!« Oder noch deutlicher: »Säge ruhig den Ast ab, auf dem du sitzt, ich werde dich auffangen, wenn du fällst. Ich fange dich natürlich nur auf, wenn du meine Gebote befolgst!« Die ganze Tragweite dieser Anweisung wird erst deutlich, wenn man sie bis zu Ende durchdenkt. Da der göttliche Lebensstrom sich durch nichts aufhalten läßt, stetig zu neuen natürlichen Lebensäußerungen anregt, gibt es keinen Menschen, der in der Lage wäre, die angeblichen Anweisungen einer Gottheit perfekt zu erfüllen. Oft sind die Anweisungen nicht einmal von der Gottheit, sondern von Menschen, die sich als ihre Vertreter auf Erden ausgeben.

Deshalb betrachtet der Mensch sich dauernd im Zustand der Schuld und Sünde befindlich. Jede natürliche Lebensäußerung ist bei genauem Hinsehen die Übertretung eines Gebotes oder Verbotes. So kommt es, daß der Mensch, der an sich das schöpferische Potential der göttlichen Quelle besitzt, vor einer Gottheit wie ein schwaches, elendes Würmchen dasteht. Unbewußt klopft er sich andauernd an die Brust und betet: »Gott, verzeih mir, daß ich schöpferisch tätig bin, daß ich eine natürliche Lebensäußerung von mir gebe, ja, daß ich überhaupt lebe!«

Für die Seele gibt es kein Gebot oder Verbot, außer daß sie es vermeiden sollte, eine zweite Seele, ohne daß diese damit einverstanden ist, in einen anderen Bewußtseinszustand zu bringen. Die Natur besteht aus Seelen und ist göttlich. Der Mensch hat das Recht und auch die Pflicht, die Natur kennenzulernen. Dies ist ein Bestandteil der Entwicklung der Seele. Es ist das Los niederer Bewußtseinszustände, den höheren zur Erhaltung ihrer dualen Körper zu dienen. Deshalb wird der Mensch auch in die Natur eingreifen. Jedoch nicht jede Möglichkeit des Eingriffs, die sich durch das Kennenlernen ergibt, muß auch ausgeführt werden. Höhere Bewußtseinszustände sind verantwortlich für niedere. Es sollte hervorbringen, daß wir sie achten und sorgsam mit ihnen umgehen, denn sie bilden gleichzeitig den Ast, auf dem wir sitzen.

Höhere Bewußtseinszustände sind aber auch Verteiler des göttlichen Lebensstromes an die niederen Bewußtseinszustände, so daß in der Dualität ein Geben und Nehmen vorherrscht.

Wenn wir die Natur verachten, verteilen wir den göttlichen Strom durch Verfälschung in sehr lebensfeindlicher Weise. Da dieser Strom im Grunde neutral ist, tragen wir die Verantwortung dafür, ob wir ihn aufbauend und positiv oder zerstörend und negativ weitergeben. Bedingt durch den Durchfluß durch die einzelnen Körper jedes Menschen, läßt es sich nicht vermeiden, daß wir diesem Strom eine Qualität aufprägen. Wir sollten dies in lebenserhaltender, schöpferischer Form tun.

Der Schlüssel für die lebenserhaltende und schöpferische Abgabe liegt in der Vereinigung des dualen Stroms und damit, menschlich gesprochen, in der Liebe und der Sexualität. Dabei ist eine Unterscheidung zwischen den beiden Begriffen gegenstandslos. Schon der große Seher Emanuel Swedenborg stellte treffend fest, daß Liebe unterhalb der Gürtellinie sich in die höheren Bereiche ausdehnt und Liebe oberhalb der Gürtellinie sich auch nach unten ausbreitet. Mit anderen Worten: Ganz gleich auf welcher Ebene einzelner Körper sich zwei Menschen treffen, alle anderen Körper werden sich mit der Zeit auch treffen, sofern sie genügend Zeit dafür haben.

Die Wahrheit über das Königstum

Das Königtum, wie wir es heute kennen, ist nur noch ein Abglanz der ursprünglich dahintersteckenden Idee. Die Faszination, die jedoch auch heute noch davon ausgeht, ist weit tieferen Ursprungs, als man, oberflächlich betrachtet, annehmen könnte. Um den tieferen Sinn besser verstehen zu können, müssen wir vorher etwas klären.

Der göttliche Lebensstrom, der sich von der Quelle durch alle Ebenen und Welten bis in die physische ergießt, sucht sich Kanäle, welche seinem Durchfluß möglichst wenig Widerstand entgegensetzen. Solche Kanäle werden benutzt, um den Lebensstrom so rein und unverfälscht und dadurch so lebenspendend und lebensfördernd wie möglich in die gesamte Schöpfung zu ergießen. Solch ein Kanal hat im Laufe seiner Entwicklung gelernt, den Strom nicht durch eigene Filter – sprich eigene Konzepte, Meinungen und individuelle Willensäußerungen – zu verändern. Er stellt also seine eigene, individuelle Persönlichkeit in den Hintergrund. Daß dies nicht einfach ist, ist leicht vorstellbar und hängt vor allen Dingen von der persönlichen Entwicklung des einzelnen ab. Nachdem der Träger dieser Kanalfunktion jedoch grundlegend schon einmal entweder männlichen oder weiblichen Geschlechtes ist, bringt schon diese Tatsache eine entsprechende Veränderung des Stromes hervor. Aus diesem Grunde wird nur ein Teilaspekt des Lebensstromes geschlechtsspezifisch durchgelassen. Um jedoch den universalen Charakter zu erhalten, müßte der als Durchgangsstation fungierende Mensch in der Lage sein, in sich sowohl die männlichen als auch die weiblichen geschlechtsspezifischen Eigenschaften in totale Balance zu bringen. Dies ist jedoch nur auf der Seelenebene möglich. Die Seele ist, wie wir inzwischen wissen, geschlechtslos, besitzt aber potentiell beide Möglichkeiten. Fast alle spirituellen Entwicklungssysteme versuchen, diesen idealen Zustand zu erreichen. Dazu werden zum Teil seltsame Anstrengungen unternommen. Als Beispiel kann uns das Schamanentum dienen. Noch heute finden wir auf der Erde männliche Schamanen, die sich schon rein äußerlich durch Frauenkleider, jedoch auch in ihrem Gehabe ausgesprochen weiblich geben, um die Tatsache, einen männlichen Körper zu haben, auf diese Weise etwas auszugleichen. Dies bringt jedoch nicht unbedingt das gewünschte Resultat und ersetzt auch nicht die notwendige innere Entwicklung. Es ist aber nicht zu bezweifeln, daß eine derartige Praxis den durchfließenden Lebensstrom mehr in Richtung Universalität beläßt als bei den üblichen Menschen.

Ein anderes Beispiel finden wir in vielen alten Kulturen vor. Die Verehrung des Hermaphroditen, welcher mit beiden Geschlechtsmerkmalen geboren wurde, war im Altertum sehr verbreitet. Interessant ist auch die Tatsache, worüber jedoch in unserem Kulturkreis aus verständlichen Gründen kaum gesprochen wird, daß Menschen auf einem bestimmten Stand ihrer Entwicklung es als ausgesprochenen Mangel empfinden, auf eine bestimmte Geschlechterrolle festgelegt zu sein. Ganz Mutige unternehmen in diesem Stadium oft Versuche in Richtung Bisexualität.

Wir kommen nun zu einer anderen Möglichkeit den universalen Lebensstrom in seiner Vollständigkeit zu belassen. Wenn Mann und Frau zusammen in der Lage sind, in Liebe eine tiefe Einheit zu verwirklichen, verbinden sie sich zu einem gemeinsamen Kanal, so daß die Universalität und der reine unverfälschte Durchfluß in alle Ebenen und Welten möglich wird.

Das Königspaar als Mittelpunkt und Zentrum eines Volkes hatte ursprünglich diesen Zweck. Das Königspaar wurde als göttlich betrachtet.

Mit dem Begriff Göttlichkeit hat die Menschheit zu allen Zeiten die höchsten Vorstellungen verbunden.

Wenn wir nun die Wechselbeziehungen zwischen dem Königspaar und seinem Volke näher betrachten, so machen wir interessante Feststellungen. Aus einem früheren Kapitel wissen wir, daß der Lebensstrom dorthin fließt, wohin man seine Aufmerksamkeit richtet. Es ist auch bekannt, daß dieser Strom, ursprünglich neutral, die Eigenschaften und Qualitäten annimmt, die der Trägerkanal durch sein Wesen, seine Meinungen und seine Vorstellungen ihm bewußt oder unbewußt aufprägt. Wir können nun folgendes feststellen: Als Mittelpunkt des Volkes erhält das Königspaar nun durch Verehrung, verbunden mit den hohen Vorstellungen, die der Begriff Göttlichkeit in sich birgt, Energie in höchster Qualität. Diese Energie hebt das Paar auf einen Bewußtseinszustand, welchen man mit Recht auch als göttlich bezeichnen kann. Zusammen mit den äußeren Bedingungen des Königtums entsteht so ein sehr positiver Kreislauf.

Wenn wir nun die ganzen äußeren Bedingungen näher betrachten, so können wir feststellen, daß vieles, was wir heute ganz banal als Geldverschwendung, überaltete Vorstellungen und im Zeitalter der Demokratie als überflüssigen Luxus betrachten, sehr wohl einem berechtigten Zwecke diente. Dieses vom Volke vergöttlichte Paar sollte durch die äußeren Bedingungen von den üblichen Beschwernissen des Lebens ferngehalten werden. Es lebte abgeschirmt vom Volke, um seine Heiligkeit nicht zu zerstören. Man schaffte für es Bedingungen, die Göttern entsprachen. Hierzu gehören Glanz, Fülle, Macht, die wertvollste materielle Umgebung, einfach alles, was man mit der Vorstellung von Göttlichkeit verband, soweit es sich materiell verwirklichen ließ.

Hier müssen wir noch einen anderen Aspekt des göttlichen Stromes betrachten. Dieser Strom fließt wie Wasser überall dort freier, wo er den wenigsten Widerstand erfährt. Ein idealer Kanal wird also von der Schöpfung bevorzugt benutzt, da er als Träger des Lebens fungiert. Die Schöpfung ist auf solche Träger angewiesen und behandelt diese bevorzugt. Sie versucht, diesen Kanal so lange wie möglich zu erhalten, und gibt ihm Mittelpunktsfunktion. Seine ganze Umgebung ordnet sich zu diesem Zweck um ihn, da sie so an dem Lebensstrom mehr teilhaftig wird. Wie wir wissen, hat der Durchfluß reinigende Wirkung. Er bringt also eine Reinigung des Kanals mit sich, so daß dadurch die Intensität des Flusses wieder gesteigert wird. Zusammen mit der tragenden Wirkung der hohen Vorstellung des Volkes entsteht so ein stabiler Kräftefluß über das Königspaar wieder zurück in das Volk. Wenn dieser Kreislauf einmal in Gang gesetzt ist, bringt er für das Volk in bezug auf Wohlstand, Gesundheit und das Gedeihen des Gemeinwesens unschätzbare Vorteile.

Das Königspaar ist somit ein Vermittler zwischen der göttlichen Urquelle und den Menschen. Diese Funktion ist für das Paar nicht ungefährlich. Die kleinste Abweichung vom eigentlichen Zustand der Reinheit bringt schon erhebliche Probleme. Der Vergleich mit der Vorsicht, die im Umgang mit einer elektrischen Hochspannungsleitung nötig ist, scheint hier berechtigt. Deshalb war der Lebensablauf des Paares auch entsprechend geregelt. Von innen geschah dies durch den Lebensstrom und von außen durch weise Berater, welche genaue Kenntnisse der notwendigen Abläufe und Umstände hatten.

Man kann feststellen, daß in der Umgebung des Paares auf beinahe jedes Detail peinlichst geachtet wurde. Nur auserlesene Menschen durften sich ihm nähern. Nur Tiere, welche man als edel ansah, wurden in seiner Nähe geduldet. Hier finden wir gezähmte Raubvögel, Pfaue, Schwäne, Pferde, edle Hunde usw. vor. Die Räume des Schlosses wurden mit den edelsten Materialien ausgestattet. Ein weiträumiger Schloßgarten mit entsprechender Ausstattung gehörte dazu. Nehmen wir nun als Beispiel das Lieblingspferd des Königs. Dieses Lebewesen erhielt selbstverständlich durch die erhöhte Sympathie und Aufmerksamkeit mehr Energie als die übrigen Pferde des Volkes. Dieses Pferd hatte dadurch eine Mittelpunktsfunktion und war wieder Träger und Kanal für die übrigen Pferde des Landes. Wenn es ihm gut ging, ging es auch allen anderen Pferden gut. Nun können wir eventuell besser verstehen, wenn es in einem Märchen etwa heißt: »Tiefe Trauer herrschte im Lande. Das

Pferd des Königs war krank. Tag und Nacht wachte der König an seinem Lager. Er rief die Weisen seines Volkes zusammen ...«

Hier findet man verschlüsselt bestimmtes Wissen vor. Ein Kenner weiß, daß er in diesem Märchen auf weitere Informationen über höheres Wissen stoßen wird. So findet man in vielen Märchen, zum Teil in großer Deutlichkeit und Klarheit, die Zusammenhänge in bezug auf die ursprüngliche Königsidee aufgeführt.

Das Königspaar war als Kanal für die göttliche Lebensenergie die irdische Vertretung der göttlichen Quelle. Wenn man von diesem Gesichtspunkt aus einmal die Königsinsignien näher betrachtet, so sieht man, daß darin die ursprüngliche Funktion des Amtes noch symbolisch zum Ausdruck kommt.

Die Krone als Hauptsymbol entstand aus dem Stirnreif. Im Astralkörper des Menschen befinden sich eine Reihe von Energiezentren. Diese Zentren stehen in Verbindung mit den einzelnen Drüsen im physischen Körper. Die verschiedenen Yogalehren bezeichnen ein solches Zentrum als Chakra, was soviel wie Rad bedeutet, oder Lotus in Anlehnung an die Lotusblüte.

Die Runenmeister verwenden dafür den Begriff Rose. Diese Rosen sind wie drehende Energiewirbel. Sensitive Menschen können sie bei anderen wahrnehmen. Sie schillern in verschiedenen Farben und haben so etwas wie Antennenfunktion, weil sie Energiemuster von außen aufnehmen können. Die Runenmeister verwenden, obwohl sie selbstverständlich alle diese Rosen kennen, nur die beiden höchsten.

Das höchste dieser Zentren sitzt am Scheitelpunkt des Kopfes. Die östlichen Lehren nennen es den »tausendblättrigen Lotus«. Es gilt als das Einfallstor für die göttliche Energie.

Das Königspaar als Vertreter der Gottheit auf Erden hatte selbstverständlich über dieses besondere Zentrum die Aufgabe, die göttliche Energie zu empfangen und an sein Volk weiterzugeben. Um die hohe Funktion der Scheitelzentren auch äußerlich darzustellen, hatten sowohl König als auch Königin entsprechende Stirnreife. Die Stirnreife sollten ausdrücken, daß diese Scheitelrose die wichtigste und heiligste

Stelle am Körper des Königspaares darstellt. Alle weiteren Zentren waren nicht von so großer Bedeutung. Dies gilt auch von der Stirnrose, die zwischen und hinter den Augenbrauen liegt. Sie wird oft als das »dritte Auge« bezeichnet. Hier hält sich im Wachbewußtsein auch die menschliche Seele als Beobachter auf. Diese Rose hat bereits eine niedere Funktion. Sie wird bei den Runenmeistern als Startposition für spirituelle Übungen verwendet. Die darunter liegenden Rosen werden nur für Spezialzwecke eingesetzt. Niemand, der im sechsten Stock eines Hauses ist und in den siebten will, steigt deshalb zuerst in den Keller. Genauso ist es auch mit den Rosen im Astralkörper. Wir befinden uns schon in der sechsten und wünschen, über die siebte mit dem Göttlichen Kontakt aufzunehmen.

Die symbolische Hervorhebung der Scheitelrose finden wir um die ganze Erde vor. Ob es sich um den Heiligenschein, den Federschmuck eines Indianerhäuptlings oder bestimmte Hüte und natürlich alle Arten von Kronen handelt, immer war die ursprüngliche Ursache das Wissen um die große Wichtigkeit der Scheitelrose. Der ursprüngliche Stirnreif bekam sehr bald symbolische Verzierungen, die seine Funktion unterstrichen. Er wurde nach oben gezackt wie die Zinnen einer Burg. Man bekränzte ihn mit der Lilie, die den Lebensbaum symbolisiert. Erst die christlichen Kaiser und Könige befestigten an den Kronen das Kreuz. Sie gingen auch dazu über, die Krone nach oben zu schließen. Dies stellte, im tieferen Sinne, einen Verlust der Verbindung zur göttlichen Quelle dar. Es mag unbewußt geschehen sein, zeigt jedoch den Verlust des Wissens über den ursprünglichen Sinngehalt der Krone. Dabei spielte allerdings auch eine Rolle, daß der König im Kriegsfalle einen Helm trug, an dem, seiner Würde entsprechend, die Krone befestigt war.

Eine andere Art, die hier nur kurz gestreift werden kann, sind die Kronen, welche nach oben sehr spitz zulaufen.

Hier handelt es sich um Energiesammler, die dem Scheitelzentrum Kraft zuführen sollten. Die Pyramidenform ist ein derartiger Energiesammler.

Sehr oft findet man in alten Darstellungen Magier, Zauberer und Hexen mit einer spitzen Mütze dargestellt. Auch hier geht es darum, die Einstrahlung zum Scheitelzentrum zu verstärken.

Die spitze Mütze ist sehr alt. Sie geht auf die Hyperboreer zurück, wo sie die Mütze der Vatanis, der Runenmeister, war. Der nordische Gott Froh bzw. Freyr wird mit dieser Mütze dargestellt. Auch im ganzen späteren Einflußbereich der ausgewanderten Hyperboreer finden wir sie vor. So trägt sie beispielsweise der mittelamerikanische Gott Quetzalcoatl, der übrigens auch den Beinamen Wotan hat. Sie ist ebenso als Azteken- und als Wikingermütze bekannt. Die überall in Europa, auch wo die Römer nie gewesen waren, gefundenen kegelförmigen Keulen, welche als kleine Schmuckgegenstände von den Frauen als Ohrgehänge und am Gürtel getragen wurden, sind Talismane, welche diese Mützen darstellen, die Glück und später auch einen guten Ehemann bringen sollten. Die Wissenschaft nennt sie Herkuleskeulen und schreibt sie römischem Einfluß zu. Der Forscher Eugen Friedrich Beck hat hier richtig vermutet, wenn er sie den europäischen Vratyas, den Urgeweihten, zuspricht.

Hier noch ein Beispiel, das zeigt, wie sich der Symbolwert im Laufe der Zeiten wandeln kann. Jedes Kind trägt heute stolz seine mit Bonbons gefüllte Schultüte bei der Einschulung mit sich. Die Schultüte, früher auch Trichter genannt, hatte ursprünglich einen anderen Zweck: Einem Schüler, der ein Defizit an Intelligenz und Auffassungsgabe hatte, setzte man für kurze Zeit eine spitze Mütze auf. Man glaubte, damit würde das Hirn stimuliert und so natürlich auch die Auffassungsgabe des Schülers gestärkt. Es war in den Augen anderer Schüler auch eine Schande, wenn man eine solche Behandlung notwendig hatte. Der die Intelligenz steigernde »Nürnberger Trichter« fällt ebenfalls in diesen Bereich der Überlieferungen.

Es bestehen zudem keinesfalls negative Beziehungen zur Zipfelmütze des »deutschen Michels«, zur Mütze der »französischen Marianne« und, man höre und staune, zur Schlafmütze, die man im Bette sich über die Ohren zog.

Auch die Pyramidenhüte im tibetischen Tantrismus, die Mützen der gelben Lamas, die altägyptischen Kronen und die Tiara des Papstes sind nur Variationen zum gleichen Thema, das wir hier mit bestem Willen nicht ausführlicher behandeln können, obwohl es sehr interessant ist und verdient, mit verschiedenen Mind-Maschinen neuerer Zeit in einem Atemzuge genannt zu werden. Nur noch wenige Menschen sind in der Lage, all das, was hier inzwischen verborgen liegt, zu begreifen. Vieles wird nur noch aus Tradition getragen, anderes ist zum Spott und zur Karikatur geworden und kaum einer weiß, wo der Ursprung liegt. Die spitze Mütze hat eine sehr tiefe Symbolik und ist älter als manches, was wir heute auf der Erde als alt betrachten.

Neben der Krone finden wir das Szepter als Symbol für die Verbindung des Königspaares zur göttlichen Quelle. Es war auch ein Zeichen des Richteramtes. Wenn im Organismus des Staates etwas nicht mehr stimmte, mußte es wieder gerichtet werden. War dies jedoch nicht mehr möglich, so mußte man sich von diesem besonderen Problem trennen.

Man brach den Stab über jemandem. Man brach die Verbindung zwischen der Gemeinschaft und dem Menschen ab, der so weit von der Gemeinschaft abgewichen war, daß er nicht mehr gerichtet werden konnte. Das Königspaar als reinster Kanal für göttliche Energie galt als die Macht besitzend, die Verbindung zu Gott aufrechtzuerhalten oder sie zu trennen, wenn es nötig war.

Das Schwert war immer ein Symbol des Kampfes und der Verteidigung. Der König war der höchste Krieger des Staates. Mit dem Reichsschwert wurde man zum Ritter geschlagen. Die Berührung mit dem Schwert hatte den Sinn einer Aufgaben- und Kraftübertragung. Aber auch die Legitimation, zum Schutz des Staates Leben zu nehmen, wenn dabei Schaden von der Gemeinschaft abgewandt werden konnte, wurde damit gegeben. Das ursprüngliche Rittertum hatte eine besondere Ethik, die allerdings mit dem Verfall immer mehr in Vergessenheit geriet.

Der Reichsapfel stellte die Erde dar. Darauf war zu Anfang wieder die Lilie als Zeichen für den Lebensbaum gesetzt. Später wurde die Lilie durch das Kreuz ersetzt. Auch hier ist die Ursprungssymbolik der Macht über die Erde bzw. über die Materie klar erkennbar. Der Ring um den Apfel stellte den Erdkreis dar. Die vier von der Lilie ausgehenden Einfassungen symbolisieren die vier Himmelsrichtungen oder die vier Ecken der Welt, wie man damals zu sagen pflegte.

Die Symbolik des Königtums und seine Gesamtfunktion innerhalb einer Gemeinschaft ist außerordentlich umfangreich. Fast alle Bereiche, die wir in diesem Buch schon behandelt haben und noch behandeln werden, spielten hier eine Rolle. Es war die perfekt erdachte Möglichkeit, eine Gemeinschaft von Menschen mit allen Ebenen der Schöpfung in Verbindung zu bringen und zu halten. Alle Riten, Rituale, Einrichtungen im Zusammenhang mit dem ursprünglichen Königtum waren perfekt aufeinander abgestimmte Bereiche, die immer den Hauptzweck hatten, die hierarchische Ordnung der großen Schöpfung im kleinen so gut wie nur möglich zu verwirklichen.

Hier sei noch angeführt, daß das Königspaar in früherer Zeit die Gabe hatte, durch Berührung zu heilen. Schon die Berührung des Saumes des Königsmantels hatte diese Wirkung.

Der Sonnenkönig Ludwig XIV. soll diese Gabe noch gehabt haben. Trotz seines nach unseren Begriffen ausschweifenden Lebens war er der Verehrung eines großen Teils seines Volkes ausgesetzt und damit eine hochgepolte Batterie von Lebensenergie. Der Titel »Sonnenkönig« weist auf uralte Anschauung und Symbolik hin. Die Begriffe Gott, Sonne, Gold sind Ausdruck einer göttlichen Funktion auf verschiedenen Ebenen. Der Tenno, der japanische Kaiser, gilt als von der Sonne abstammend. Fast in sämtlichen alten Herrschergeschlechtern galt der Norden als Ursprung und Legitimation ihrer Würde und Funktion. Im alten China war es in Anwesenheit des Kaisers verboten, mit dem Rücken nach Norden zu sitzen. Dieses Privileg galt nur dem Kaiserpaar. Im Norden war der Pol, der Sitz der Götter, der Ursprung der Hyperboreer, der blaublütigen Rasse. Dort im Norden war die Weltachse, um die sich alles drehte, der heilige Götterberg, das absolute Zentrum der Welt. Die christlichen Missionare haben, als sie dem Norden das Christentum brachten, so ziemlich ganze Arbeit geleistet. Die erfundene Figur des Kaiser Karl »der Große« und mit ihm viele nachfolgenden, wirklichen Kaiser und Könige haben maßgeblichen Anteil daran, daß diese für ein Volk auch heute noch bitter notwendige Institution des Königtums zum Erliegen kam. Von dem Verlust der ursprünglichen göttlichen Funktion und des damit zusammenhängenden Wissens bis zur heutigen Abschaffung der meisten Königshäuser sieht man eine logische Folge und Konsequenz dieser Entwicklung. Die jüdisch-christliche Kultur verlegte den heiligen Berg nach Jerusalem. Alles Heil kam auf einmal aus dem Orient.

Die subtile Umerziehung des Nordens finden wir sogar in unserer Sprache wieder. Das Wort »Orientierung« besagt eigentlich, daß, wenn jemand nicht weiß oder verwirrt ist, er sich zum Orient – wo die Sonne aufgeht – wenden sollte, damit er endlich die nötige Klarheit findet. Daß ein vom Volk auf Zeit gewähltes Präsidentenpaar niemals die Aufgabe und Funktion eines Königshauses im ursprünglichen Sinne wahrnehmen kann, ist klar. Daß eine Demokratie kein Ebenbild der Schöpfung in bezug auf die hierarchischen Strukturen von Bewußtseinszuständen darstellt, ist genauso klar.

Die Faszination der wenigen in Europa noch verbliebenen Königshäuser ist trotz des Verlustes ihres wahren Ursprungs immer noch vorhanden. Man braucht sich dabei nur an dem Inhalt der vielen Blätter der Regenbogenpresse »orientieren«. Auch diese Häuser würden schon nicht mehr existieren, wenn sie nicht unrühmliche und peinliche Kompromisse mit den »wirklichen Herren« dieser Erde, in der Vergangenheit eingegangen wären.

Die Wissenschaft der Runenmeister kennt die wahren Methoden und Möglichkeiten des Königtums. Die Vatanis kennen die Umstände, welche die Menschheit bis heute so weit gebracht haben, bis ins Detail. Das Rad läßt sich nicht mehr zurückdrehen. Wir leben nach alter, hyperboreischer Zeitrechnung schon eine ganze Zeitspanne im sogenannten dunklen Zeitalter. Das wertvolle Wissen kann heute nur noch privat von auserwählten Menschen, die wahrheitsliebend und mit gutem Unterscheidungsvermögen ausgestattet sind, gelebt werden. Die königliche Kunst ist von jedem verständigen Menschenpaar ausführbar.

Es ist nicht gut, vergangenen Zeiten nachzutrauern. Man vergißt dabei unter Umständen, die Zukunft richtig zu planen. Jede Zukunft ist jedoch das Resultat der Vergangenheit und des Jetzt. Wir sollten immer daran denken, daß die Kausalgesetze der Schöpfung in jeder Hinsicht präzise und genau sind. Sie lassen sich nicht manipulieren. Ganz gleich, wieviel Irrtümer, falsche Denkmuster, mentale Manipulation, Hinterlisten, Fälschungen, Lügen in einer Situation vorhanden sind oder eine Rolle spielen, ob es sich um Zeitgeschichte oder Zweitgeschichte handelt, unter allem liegt immer die pure, nackte Wahrheit, die periodisch immer wieder an das Tageslicht kommt. Keine künstliche, mentale Realität, man kann auch Lüge dazu sagen, ganz gleich, von wem sie und zu welchem Zwecke sie erschaffen wurde, ist in der Lage, ein Gegengewicht zur Wahrheit darzustellen. Die Seele, die in jedem Menschen als Träger der göttlichen Wahrheit fungiert, sorgt in jedem Falle dafür, daß Unwahrheiten in einem der Körper letztendlich eliminiert werden. Dies geschieht sowohl im Mikrokosmos, also beim Menschen, als auch im Makrokosmos, also in größeren Systemen. Im Mikrokosmos kann dies zu Krankheit oder Verlust des physischen Körpers führen, im Makrokosmos bezeichnet der Mensch solche Korrekturen schlicht als Katastrophen.

Die Seele hat nur einen Wunsch und ein Ziel, möglichst schnell in die göttliche Quelle zurückzukehren. Dazu ist ihr jedes Mittel recht. Sie nimmt dabei nicht die geringste Rücksicht auf ihre dualen Körper, denn sie ist ewig und unzerstörbar. Jede Unwahrheit, ob beim Menschen oder auf der Erde, ja in der ganzen Schöpfung, kann so nur mit erheblichen Anstrengungen und nur eine bestimmte Zeit aufrechterhalten werden. Sie stellt eine Disharmonie des Ganzen dar, das Ganze wird auf kurz oder lang die Balance bzw. die Harmonie wiederherstellen. So eine Ausgleichsherstellung ist immer sehr schmerzhaft, ob es beim einzelnen Menschen oder in größeren Dimensionen geschieht. Das Kausalgesetz will es jedoch so, denn auf diesem Gesetz ist die ganze Dualität aufgebaut. Von diesem Gesichtspunkt aus betrachtet, gibt es in der Schöpfung keine Situation, in die wir unverschuldet kommen können, obwohl es vordergründig den Anschein haben mag. Da die Seele in anderen Zeiträumen rechnet, sprich über Inkarnationen hinweg Disharmonie aufrechterhalten kann bis zu der Inkarnation, wo sie es eben nicht mehr schafft, den irrtümlichen Status quo aufrecht zuerhalten, sind unsere Lebensumstände in diesem Leben manchmal erschreckend, und wir betrachten sie mangels Überblick als von uns nicht verschuldet. In Wahrheit haben wir für jeden Umstand auch die Ursache gelegt und tun es laufend weiter. Kein Gott oder Teufel schickt uns ein Unglück, sondern unsere eigene Seele, die erkannt hat, daß sie auf diese Art zu leben ihrem Ziel, der göttlichen Quelle, keinen Schritt mehr näherkommt, bis sie eine Disharmonie wieder ausgeglichen hat. Bei der Herstellung der Harmonie nimmt sie keine Rücksicht auf Materie, Energie, Raum oder Zeit.

Mag diese Wahrheit für uns noch so erschreckend klingen, sie ist unumstößlich, wenn auch schwer verständlich. Der primitive Drang nach Herrschaft über die Materie läßt den Menschen unter Umständen sehr lange Staub schlucken. Wenn wir diesen Drang aufgeben, liegt uns plötzlich die ganze Dualität zu Füßen, und wir kommen an den Nektar heran.

Viele in Irrtümern steckende Seelen glauben, sie seien mächtig, schlau, clever, an der Spitze der Macht oder auf dem Weg dorthin. Sie wähnen sich gefährlich wie ein Löwe und merken nicht, daß auf ihnen ein zartes Kind sitzt, das lächelnd und spielerisch den Löwen reitet.

Liebe und Sexualität

In diesem Abschnitt müssen wir uns sehr viele Beschränkungen auferlegen. Nicht, weil wir hier nicht alles offen darlegen möchten, sondern weil sich im Laufe der langen Existenz dieser Lehre so viele Methoden und Techniken der Liebe angesammelt haben, daß man darüber allein einige Bände schreiben könnte. Die Fülle zeigt auch die zentrale Rolle dieses Themas im Vatan und die unerschöpfliche Kreativität des Menschen in diesem wichtigen Lebensbereich.

Kein anderer Bereich wurde in der Vergangenheit mit soviel Geboten und Verboten belegt wie die Liebe und die Sexualität. Es ist, als ob man, ohne genau zu wissen, warum, ahnte, daß in der Beziehung der Geschlechter ein großer Teil der menschlichen Freiheit verborgen liegt. Wir sind trotz der Befreiung der Sexualität noch lange nicht so unbefangen, wie es oberflächlich den Anschein hat. Es sind sehr große Widerstände vorhanden, die jeglichen Fortschritt in dieser Richtung mit allen Mitteln verhindern möchten. Noch immer ist es für einen Jugendlichen leichter, aus den Medien zu erfahren, wie man mordet, betrügt oder jegliche Art von Gewalt ausübt, als daß er, ohne dabei Versteck spielen zu müssen und ohne schlechtes Gewissen, Konkretes über die Sexualität und die Beziehung der Geschlechter erfahren kann. Das Dilemma für die Feinde der menschlichen Freiheit ist groß: Wenn die Schlafzimmertür einmal geschlossen ist, können, ohne daß man es unter Kontrolle hat, von dem, »unmündigen« Bürger ja die tollsten Dinge getrieben werden …

Ein unkontrollierbarer Bereich war und ist jeder Obrigkeit mit entsprechendem Bewußtseinsstand immer suspekt: Nun sind wir so perfekt und haben beinahe für alles Kontrollinstrumente gefunden und eingerichtet. Nur eben hinter der verschlossenen Tür nimmt sich der Bürger die »unverschämte« Freiheit, etwas zu tun, was sich irgendwie gänzlich jeder kontrollierbaren Reglementierung entzieht.

Es wäre ermüdend, auf die Rolle der Kirche in diesem Punkte näher einzugehen. Dafür gibt es genügend Literatur. Es müßte eigentlich klar sein, daß von einem Theoretiker, einem Menschen, der Keuschheit und Ehelosigkeit für sein ganzes Leben gelobt hat, auf die entscheidenden Fragen betreffs Liebe und Sexualität keine klare Antwort zu erwarten ist.

Es ist auch nicht notwendig, auf die schon beinahe 2000-jährige Unterdrückung der Frau näher einzugehen. Es ist ja inzwischen aus der

Bibel bekannt, daß dieses gefährliche Wesen der eigentliche Grund dafür ist, daß wir nicht mehr im Paradiese leben. Allein das ist doch schon Grund genug, ihm eine zweitklassige Behandlung angedeihen zu lassen. Trotz Emanzipationserfolgen ist die Sache noch lange nicht ausgestanden. Es gibt noch viele Arten subtiler Scheiterhaufen. In vielen Köpfen flackern von Zeit zu Zeit in nostalgischer Weise heiße Gedanken auf. Kommt dies alles nur, weil die Frau mit dem Teufel im Bunde steht, weil sie den Sündenfall provozierte, oder hat man ganz einfach seit langer Zeit Angst vor diesem Wesen, das so schwer berechenbar ist, weil in ihm die göttliche Urkraft mit mehr Freiheit fließt als beim Manne? Der Mann war im Laufe der Zeiten sehr erfindungsreich. Er hat sich Schleier, Keuschheitsgürtel und noch vieles mehr ausgedacht, um sich vor der Frau zu schützen.

Im Vatan gibt es hingegen die ungeschriebene Regel, daß nur der Mann auch wirklich ein Mann ist, der einer Frau die absolute Freiheit geben kann, wirklich eine Frau ohne Einschränkung zu sein. Zu diesem Thema ließe sich noch vieles sagen, wenn es der vorgesehene Platz hier zuließe. In der Wissenschaft der Runenmeister gibt es ein sehr altes Kriterium für die Beurteilung eines Volkes oder einer Rasse. Je freier die Frau in einem Volke ist, um so männlicher ist der Nationalcharakter.

Die Ausführungen über diesen speziellen Punkt sind deshalb so wichtig, weil nur ein wirklicher Mann und eine wirkliche Frau, die die Möglichkeit hat, auch wirklich Frau zu sein, die wichtigen Techniken und Methoden der Liebe und Sexualität, wie sie im Vatan verstanden werden, auch mit positiven Resultaten ausführen können. – Beginnen wir mit einigen grundlegenden Regeln.

1. Die Ausübung der Sexualität ist ein Grundrecht der Schöpfung.

2. Die Ausübung der Sexualität ist keine Pflicht.

3. Die Ausübung der Sexualität ist gesund.

4. In der Ausübung der Sexualität ist erlaubt, was beiden Partnern gefällt.

5. Die Sexualität sollte nicht als Waffe verwendet werden.

6. Sexualität ist uneingeschränkte Kommunikation und Austausch.

7. Geburtenregelung nach dem immer neuesten Stand der Wissenschaft ist ein Grundrecht der Schöpfung.

Man kann nun sagen, daß diese 7 Punkte doch eigentlich in der heutigen Zeit ganz selbstverständlich wären. Leider ist dies nicht so. Die nachfolgenden Erläuterungen dazu sollten deshalb in aller Konsequenz durchdacht werden.

Zu Punkt 1: Die Ausübung der Sexualität ist ein Grundrecht der Schöpfung. Zum besseren Verständnis sei hier gesagt, daß die Runenmeister nur von Liebe sprechen, wenn es sich um eine Verbindung der Seelen auf der siebten Ebene, der Seelenebene, handelt. Alle Bereiche, die darunterliegen, sind Körper verschiedener Dichte. Auf diesen Ebenen sprechen wir von Sexualität.

Die Dualität ist auf der Sexualität aufgebaut. Dies wird von sogenannten Weisen und Menschheitslehrern, aber auch von Religionen immer wieder ignoriert. Sex ist in der Dualität der höchste Ausdruck göttlicher Kreativität. Sex ist in der dualen Schöpfung die höchste Möglichkeit, zwei duale Bereiche zu vereinen. Jede Vereinigung zweier dualer Körper hat, je nach Intensität, eine Energieentladung zur Folge und kann, ob dies bewußt oder unbewußt geschieht, als schöpferischer Akt angesehen werden. Auf allen dualen Ebenen läuft dieser Vorgang gleich ab. Auf der physischen entsteht so neues Leben. Die Seele als Ebenbild der göttlichen Quelle bezieht ihr Wissen und ihre Weisheit aus ihren Erfahrungen in der Dualität. Die Grundbedingung einer Vereinigung zwischen Seele und göttlicher Quelle ist die Fähigkeit ersterer, nur zu sein, ohne dabei in irgendeiner Form kreativ zu sein. Jede Aktion oder Reaktion der Seele bringt sofort die Trennung von der göttlichen Quelle und den Abstieg in die dualen Welten.

Die zentrale Frage vieler Philosophen und Religionen besteht, wenn wir alle komplizierten Spekulationen weglassen, darin: Warum trennt sich die göttliche Quelle von Teilen ihrer selbst, um sie dann nach langer Wanderung unter bestimmten Bedingungen wieder in sich aufzunehmen? Ist die Aufspaltung von der Einheit in die Vielheit notwendig, nur um dann wieder zur Einheit zurückzukehren? Warum begann diese Trennung oder der »Sündenfall«, wie er manchmal bezeichnet wird? Kann oder soll dieser vermeintliche Irrtum gestoppt oder wieder rückgängig gemacht werden? Wenn ja, wie ist dies zu bewerkstelligen? Dies sind Grundfragen, die seit Urzeiten die Eingeweihten der Menschheit bewegen. Eine Antwort kann letztendlich nur die Erfahrung des einzelnen bringen.

Die Anschauung, daß im Verhältnis zur göttlichen Urquelle alles, was außerhalb dieser existiert, als negativ, böse, schlecht oder als Werk des Teufels zu betrachten sei, bringt in vielen Weltanschauungen den Versuch hervor, diesen Irrtum der Trennung oder des sogenannten »Sündenfalls« dadurch rückgängig zu machen, daß man die »negative« Seite der Schöpfung bekämpft oder unterdrückt. Der Versuch des Menschen, seinen Mikrokosmos, die dualen Körper, mit Gewalt, Unterdrückung, Kasteiung aufzulösen, ist bereits eine neue Kreation in der Dualität. Dies gilt auch im Makrokosmos. Solange die Seele aber auch nur die geringste Art von schöpferischer Tätigkeit vornimmt, ist sie von der göttlichen Quelle getrennt. Jede Anstrengung dahingehend, daß bezüglich der Kreativität im dualen Bereich etwas ausgeklammert, ignoriert, tabuisiert wird, muß dem eigentlichen Zweck, der Vereinigung der Seele mit ihrer Quelle, entgegenstehen.

Die Ansicht der Runenmeister ist, daß der Weg der Verneinung der sichtbaren Schöpfung keine Erlösung der Seele aus dem Kreislauf von Geburt und Tod in der Dualität bringt, da jeder Versuch einer Verneinung bereits wieder eine Grenze zieht zwischen dem, der etwas ablehnt, und dem, was er ablehnt. Damit hat der Verneinende bereits wieder Dualität erschaffen. Der Vatan ist deshalb die totale Bejahung der Schöpfung. Je mehr ich diese bejahe, um so mehr Grenzen und Teilungen fallen, um so näher kommt der einzelne der Nichtdualität, der Quelle. Dies bedeutet nicht, daß Grenzen gewaltsam niedergerissen werden und versucht wird, duale Bereiche gleichzumachen, sondern die Akzeptanz einer Grenze zwischen zwei Seinszuständen jeglicher Art und Form. Die Seele selbst soll über diese Grenzen hinweg in der Lage sein, beide Standpunkte einnehmen zu können. Dies kann nicht durch äußeren Eingriff geschehen. Durch die Grundfähigkeit der Seele, alles zu können, wird dieses Ziel erreicht. Dabei muß die Dualität das bleiben, was sie ist, lediglich die Seele erweitert ihre Anschauung über Grenzen hinweg zur Einheit hin.

Nur durch die Fähigkeit, jeden dualen Seinszustand auf Wunsch einnehmen zu können, sind wir in der Lage, duale Seinszustände zu überwinden. Die Grundfähigkeiten der Seele – Sein, Haben und Tun – werden dazu verwendet, in den dualen Welten so lange Erfahrungen zu machen, bis diese Welt des Scheines, der Maya, der Illusionen, sich in nichts auflöst. Ohne die totale Erfahrung der Dualität ist diese für die Seele eben keine Welt des Scheins, der Illusion, sondern Realität, aus der es kein Entrinnen gibt. Wenn es dafür einen Trick, einen schnellen Weg oder irgendeine erleichternde Hilfe gäbe, wäre sie im Vatan bekannt. Wenn jemand glaubt, so etwas zu haben, so mag er damit glücklich werden.

Es gibt in der Schöpfung zwei Grundströmungen. Die eine besagt, daß die göttliche Quelle und die dualen Welten eine Einheit bilden, beide ohne einander nicht existent sein können, beide gleich wichtig sind. Die Seele fügt sich in diese Tatsache ein und bejaht sie. Sie selbst verändert ihren Standpunkt, bis sie sowohl die Quelle als auch die Dualität total erkennt. Dabei wird die Gesamtschöpfung in ihrem hierarchischen Aufbau anerkannt als Erfahrungsfeld für Seelen, als notwendig befunden, so belassen, wie sie ist, denn sie ist gut, in voller Balance und notwendig. Die zweite Strömung lehnt sich gegen die Gegebenheiten der Dualität auf und bekämpft sie. Sie weigert sich, als Seele die Gesetzmäßigkeiten anzuerkennen. Sie weigert sich, die Welten kennenzulernen. Sie glaubt, durch Verneinung und Ignorierung der Dualität diese auflösen und damit eine Erlösung erreichen zu können. Sie versucht, durch Kampf die Grenzen zwischen einzelnen Bewußtseinszuständen niederzureißen, um einen paradiesischen Zustand zu erreichen. Sie versucht, den Einheitszustand der Quelle in der Dualität mit Gewalt zu erreichen. Dadurch erreicht sie das Gegenteil des Gewollten und verstärkt diese Dualität, durch Aufbau neuer Grenzen und Teilungen. Die Quelle läßt sich nicht in die Dualität hineinziehen, sonst hört sie auf, die Quelle zu sein. Wir als Seelen müssen uns zur Quelle, zur Einheit hinbewegen.

Beide Strömungen sind generelle, duale Bewußtseinszustände. Die erstere arbeitet mit der Schöpfung zusammen und erreicht ihr Ziel dadurch, daß die Schöpfung ihr immer mehr offenbart, daß Teilung und Trennung lediglich Anschauungen oder Meinungen der Seele sind. Die zweite Strömung versucht, gegen die Schöpfung zu arbeiten. Sie bekämpft sie in der Hoffnung, daß sie überwunden werden kann. Da die Schöpfung in jedem Falle stärker und Kampf an sich schon eine duale Angelegenheit ist, verstrickt sich die zweite Strömung immer stärker in duale Situationen, aus der sie sich nicht mehr selbst befreien kann. Dies bringt unsägliches Leiden hervor.

Eine Seele, die der zweiten Strömung anhängt, ist letztendlich beleidigt darüber, daß sie aus der Quelle austreten mußte. Sie ist der gefallene Engel, der es Gott übel anrechnet, weil er das Paradies verlassen mußte. Da jedoch zwischen der Seele und der Quelle lediglich ein relativer Unterschied besteht, ist eine solche Seele böse auf sich selbst. Sie ist beleidigt und hat den Drang, sich selbst und andere zu peinigen. Sie findet nirgends Ruhe. Die Dualität ist ihr Aufenthaltsort auf lange Zeit. Sie haßt diesen Ort, hat Angst vor ihm, bekämpft ihn, weigert sich jedoch, ihn aufzugeben. Mit allen Mitteln versucht sie, diesen Ort in ein Paradies umzuwandeln. Sie versucht, sich selbst – Gott – zu »bezwingen«, und weiß gleichzeitig, daß ihr dies auf diesem Wege nicht gelingen wird.

Sie erwartet zu jedem Zeitpunkt ein Strafgericht, weil sie sich immer als schuldig fühlt. Ihre Einsamkeit ist unsäglich. Sie fleht zu Gott, bittet und betet. Sie klammert sich an Worthülsen. Sie versucht, ihr Alleinsein dadurch zu überwinden, daß sie andere Seelen dazu zwingt, die gleichen Anschauungen wie sie selbst zu haben. Gleichzeitig verliert sie immer mehr die Fähigkeit, als Seele Kontakt zu einer zweiten Seele herzustellen. Die größte Pein besteht jedoch immer wieder darin, daß sie von der Schöpfung gezwungen wird, ihr Gesamtkonzept und ihre Anschauung aufzugeben.

Wenn eine Seele alle ihre Körper auf Konzepten und Meinungen über die Schöpfung aufgebaut hat, die mit der wirklichen Realität nicht übereinstimmen, so wird das Aufgebenmüssen solcher falschen Konzepte als wirklicher Tod, Hölle oder Feuer empfunden.

Dabei wäre dies alles nicht notwendig. Wie kann eine Seele glauben, daß ihr Ursprung, die Quelle, für sie ein derart schreckliches Los vorgesehen hat?

Die Sexualität ist einer der Schlüssel für die Seele, die Schöpfung besser kennenzulernen. Sie ist das Grundrecht jeder Seele.

Zu Punkt 2: Die Ausübung der Sexualität ist keine Pflicht.

Wenn eine Seele sich entscheidet, in einer Inkarnation diese Erfahrung nicht machen zu wollen, so ist das ihr Recht. Wenn die Entscheidung jedoch von einem der Körper kommt, so ist in jedem Falle Vorsicht geboten. Eine Entscheidung durch die Seele führt dazu, daß für eine sexuelle Betätigung nicht das geringste Bedürfnis besteht. Jede Versuchung in anderer Richtung, die dann durch irgendeine Form von Askese unterdrückt werden muß, ist ein klares Indiz dafür, daß die Seele mit der Entscheidung nichts zu tun hat. Eine Entscheidung, die vom Verstande ausgeht, setzt immer eine Berechnung voraus wie z. B. die folgenden: »Wenn ich jetzt keusch bin, komme ich nach meinem Tode in den Himmel. Wenn ich jetzt asketisch lebe, schaffe ich mir Verdienste für das nächste Leben. Wenn ich hier auf etwas verzichte, empfange ich dadurch höheren Lohn.« Wenn wir hier keusch sind, so kommen wir nicht in den Himmel, nachdem wir den physischen Körper abgelegt haben, statt dessen befinden wir uns wie der sogenannte »Unkeusche« auf der Astralebene. Wir haben mit unserem Handeln in dieser Inkarnation lediglich eine zusätzliche Ursache für eine neue Inkarnation gelegt, um dann die entstandene Disharmonie an Erfahrung nachholen zu können. Die eigene Seele arrangiert dies so, irgendein Gott ist dabei nicht beteiligt.

Wenn wir jetzt asketisch leben oder durch Selbstkasteiung ein Vakuum an Erfahrung schaffen, so erhalten wir im nächsten Leben zweifellos unseren Lohn dafür. Dieser sieht jedoch immer etwas anders aus, als der Praktizierende einer derartigen Spekulation es erwartet. Das Karmagesetz läßt sich nicht übertölpeln. Es bezieht wunderbarerweise auch die Motivation beim Ausgleich mit ein, die bei einem derartigen Experiment eine Rolle spielte. Man sollte nie vergessen, daß die göttliche Quelle eine unwiderstehliche Anziehungskraft auf die Seele ausübt, daß nur totale Balance und totale Erfahrung der Dualität zu ihr zurückführt. Da die Seele ewig ist, hat sie sehr viel Zeit. Eine Inkarnation ist in der Ewigkeit nur der Schlag eines Schmetterlingsflügels. Es gibt deshalb Inkarnationen, in denen eine Seele ihre Körper Irrtümer über Irrtümer begehen läßt, bis sie einmal eingreift. Auch Irrtümer bringen Erfahrungen, zum Teil sogar sehr schmerzhafte. Der Weg aus der Dualität in die göttliche Quelle zurück muß jedoch nicht schmerzhaft sein.

In einem Partner finden wir die komplette duale Schöpfung vor. Da wir diese sowieso konfrontieren müssen, ist der Partner die größte Chance, die Dualität kennenzulernen und zu erfahren. So gesehen kann eine Ablehnung der Sexualität aus Berechnung auch als Feigheit vor dem Leben betrachtet werden. Dies ist dann kein Verdienst, sondern grenzenloser Egoismus.

Zu Punkt 3: Sexualität ist gesund.

Ein besonderes Charakteristikum des von der göttlichen Quelle kommenden Lebensstromes ist, daß er durch sämtliche Körper in sehr feinen

Kanälen verläuft. Je weiter und reiner die Kanäle sind, um so besser kann der Strom fließen und die entsprechenden Körper mit frischer Lebensenergie versorgen. Das Besondere daran ist nun, daß die Kanäle sich durch Freude, Fröhlichkeit, Humor, Lachen, Liebe, Lust usw. automatisch erweitern. Schmerz, Leid, Frustration, Mißerfolg und dergleichen mehr wirken sich verengend auf die Kanäle aus.

Auch wenn die meisten Menschen von der Existenz solcher Kanäle kaum etwas wissen, kann doch jeder Mensch an sich subjektiv diese Wirkung wahrnehmen. Gerade über den physischen Körper kann uns die Medizin klare Informationen darüber geben, was hier vor sich geht. Liebe und Sex sind für den Menschen wahre Jungbrunnen. Wenn mehr geliebt und mehr Sex praktiziert würde, so hätten wir weniger Krankheit und auch weniger Krieg auf der Erde. Es ist eine Tatsache, daß ein Mann oder eine Frau das beste »Hormon« für den Partner darstellt. Ob beim Kreislauf, Stoffwechsel, bei der Entgiftung, der besseren Sauerstoffversorgung oder der bestmöglichen Psychotherapie, immer findet man nur positive Wirkungen der Liebe und Sexualität vor. Die Tätigkeit der Chakras oder Rosen wird angeregt und verbessert. Es muß hier nicht aufgelistet werden, was das Gegenteil davon in unseren Körpern alles bewirken kann. Die Lustfeindlichkeit in vielen Teilen unserer Gesellschaft kann man als einen schwerwiegenden Fehler bezeichnen, der uns jährlich Unsummen an Gesundheitskosten beschert.

Zu Punkt 4: In der Ausübung der Sexualität ist erlaubt, was beiden Partnern gefällt.

Der Mensch ist ein Ebenbild Gottes. Als solches kann es an seinem Körper weder etwas Schlechtes noch Unreines oder Unanständiges geben. Daß der Mensch dazu in der Lage ist, bewußt die Sexualität unabhängig vom Zwecke der Reproduktion auszuführen und als eigenständig zu betrachten, muß einen besonderen Grund haben. Im anderen Falle müßte man annehmen, daß der liebe Gott seinen Menschenkindern bewußt eine Falle gestellt hat, in die seine Kinder so gerne hineinlaufen.

Welcher Vater bzw. welche liebenden Eltern würden ihrem Kinde eine derartige Falle aufstellen? Als Ebenbild Gottes können wir auch die verschiedenen Körper des Menschen als göttlich betrachten. Wir sind natürlich auch so frei, sie entsprechend gebrauchen zu dürfen. Ein wichtiges Attribut der Göttlichkeit ist Freiheit. Jede Beschränkung der Freiheit kann so auch als Herabwürdigung der Göttlichkeit angesehen werden. Es widerstrebt uns anzunehmen, dem Schöpfer sei ein Teil seiner Kreation gründlich mißglückt, daß daraus eine Falle werden kann, die uns hindert, zu ihm zurückzukehren. Dann wäre er kein perfekter Gott, er würde für uns gar kein Gott sein.

Man kann es von den verschiedensten Gesichtspunkten aus betrachten, solange wir darauf achten, daß wir den Partner nicht gegen seinen Willen in einen Bewußtseinszustand bringen, den er sich nicht wünscht. Solange wir uns nicht zwischen den Partner und die göttliche Quelle stellen und diese Verbindung stören, so lange dürfen wir tun, was wir wollen und was uns gefällt. Niemand kann dem Menschen dieses Recht absprechen. An Versuchen, dem Menschen dieses Recht zu schmälern, hat es auf der Erde nie gemangelt. Die Urkraft, welche der Sexualität zugrundeliegt, ist jedoch immer stärker. Sie nimmt sich ihr Recht auf schöpferische Freiheit.

Zu Punkt 5: Die Sexualität sollte nicht als Waffe verwendet werden.
In diesen Bereich fällt alles, was wir unter dem Begriff Gewalt in Liebe und Sexualität verstehen. Dazu gehört die Erzwingung genauso wie der in der Partnerschaft so oft praktizierte Liebes- oder Sexentzug, um etwas Bestimmtes zu erreichen. Statt dessen sollte man das göttliche Geschenk nutzen, den Partner zu fördern und in seinem Bewußtsein zu erhöhen.

Gewalt auf der einen Seite und Liebe und Sex auf der anderen stehen sich diametral gegenüber. Bei der Gewalt konfrontieren wir Energie in verletzender, schmerzhafter Form, bei Liebe und Sex vereinigen wir verschiedene Energie in aufbauender Weise.

Zu Punkt 6: Sexualität ist uneingeschränkte Kommunikation und Austausch.
Die Sexualität ist die höchste Form nichtverbaler Kommunikation. Man sollte danach trachten, in diese Kommunikation möglichst viele der eigenen feinstofflichen Körper mit einzubeziehen. Ganz abgesehen davon, ist auf der Seelenebene die Liebe sowieso die einzige Kommunikationsform zweier Seelen.

Die einzelnen Körper zweier Menschen tauschen beim Liebesakt Energie, Wissen, Lebensmuster und Erfahrungen aus. Diese Tatsache sollte nie vergessen werden, da der Vorgang sich üblicherweise der Kontrolle entzieht und kaum wahrgenommen wird. Es gibt also keinen rein physisch-körperlichen Liebesakt, wie man annehmen könnte. Immer werden Lebensmuster, persönliche, familiäre und auch rassische Muster mit ausgetauscht. Deshalb ist es wichtig, in der Wahl seines Partners zu berücksichtigen, daß bei einer Liebesverbindung, ob sie nur kurzzeitig oder von längerer Dauer ist, immer zusätzliche Konsequenzen zu erwarten sind, die sich aus der Konfrontation der verschiedenen karmischen Muster auf allen Bewußtseinsbereichen des Menschen ergeben.

Zu Punkt 7: Geburtenregelung.
Dieser Punkt erregt zur Zeit die Gemüter unwissender Menschen sehr stark. Um uns hier mehr Klarheit zu verschaffen, muß man den Vorgang der Inkarnation einer Seele und damit auch die Geburt des Menschen genauer betrachten. Wir tun dies selbstverständlich vom Standpunkt der alten Wissenschaft der Runenmeister aus; die Runenmeister, die Vatanis, gehen dabei wieder vom Standpunkt der Seele aus.

Die Seele, die sich als Mensch inkarnieren möchte, hat eine ungeheure Erfahrung mit diesem Vorgange aus der Vergangenheit. Sie hat bereits Myriaden von Körpern hinter sich – von der kristallinen über die pflanzliche bis zu tierischen und meist auch schon menschlichen Formen. Es ist gar nicht mehr zu überblicken, wie oft ein Inkarnationsversuch schon schiefging. Eine Seele, die den Bewußtseinszustand erreicht hat, daß sie in der Lage ist, sich als Mensch zu inkarnieren, ist sehr vorsichtig geworden. Sie bringt bei einer Inkarnation eine ganze Reihe feinstofflicher Körper mit entsprechender Erfahrung und Wissen mit. In der Schwangerschaft bindet sie diese inneren Körper nach und nach an den entstehenden physischen. Die Seele selbst jedoch bleibt die gesamte Zeit der Schwangerschaft außerhalb und steuert dies alles von außen.

Dies hat einen besonderen Grund. Wenn die Seele sich vor der Geburt schon mit ihrem zukünftigen physischen Körper identifizieren würde, bekäme sie Probleme mit der Seele der Mutter. Die Schöpfung hat es nicht vorgesehen, daß zwei Seelen, die in der Lage sind, menschliche Körper als Werkzeuge zu benutzen, sich einen Körper teilen. Der neu entstehende Körper des Kindes ist jedoch immer so lange noch Bestandteil des Körpers der Mutter, bis die Geburt abgeschlossen ist. Dies ist erst der Fall, wenn der Körper des Kindes als abgeschlossene biologische Einheit betrachtet werden kann, also nach der Durchtrennung der Nabelschnur.

Die Seele tritt als letztes in den neuen Körper ein, und dies erst nach der Geburt. Der Eintritt kann in einer Zeit von zwei Tagen bis zu einigen Wochen erfolgen. Erfahrene Hebammen wußten dies früher noch. Sie sagten, man würde an den Augen der Neugeborenen erkennen, wann die Seele in den kleinen Körper eingetreten ist. Erst nach diesem Eintritt kann man nach Ansicht der Runenmeister und weisen Frauen des Nordens von einem beseelten Wesen, einem Menschen sprechen.

Die Natur hat zur Erhaltung der Art, aber auch um eine optimale Nachkommenschaft sicherzustellen, bei der Mutter eine ganze Reihe von Mustern eingerichtet, die sich bereits während der Schwangerschaft nach und nach auslösen. Bei Tieren spricht man in diesem Zusammenhang von Brut- und Pflegeinstinkten.

Es würde hier zu weit führen, alle diese Muster zu behandeln. Wir möchten nur auf eines hinweisen, was immer wieder Probleme in der Familie des Neugeborenen bringen kann: Nach der Geburt, und sehr oft schon vorher, hat die werdende Mutter ein geringeres Bedürfnis, sich sexuell zu vereinigen. Sie soll ihre volle Aufmerksamkeit auf das

Neugeborene richten. Ihr Partner steht dieser ablehnenden Haltung sehr oft mangels besseren Wissens mit Unverständnis gegenüber. Hier tauchen dann Fragen auf wie:

»Liebt sie mich nicht mehr?« usw. Dahinter stehen ganz vernünftige Gründe, da sonst unter Umständen bereits nach neun Monaten ein weiteres Baby kommt. Auch wenn wir schon seit langem in unsere Natur eingreifen, ob medizinisch oder durch besondere Art zu leben, sollten wir uns mehr am Tierreich »orientieren« und hören, was die Verhaltensforschung alles weiß. Dort finden wir viele Antworten auf scheinbar komplizierte Fragen.

Auch im feinstofflichen Bereich spielen sich eine Reihe von neuen Vorgängen ab. Die junge Mutter sendet kaum noch feinstoffliche sexuelle Signale ab. Diese haben sich gewandelt in Botschaften von Schutzbedürfnis für sie und das Kind. Um wieder in der Sprache der Verhaltensforschung bei Tieren zu sprechen: Die Männchen sollten das Weibchen jetzt in Ruhe lassen und beschützen, damit es seiner Aufgabe der Brutpflege gerecht werden kann. Sehr oft findet man in Freundeskreisen der Mutter dann die Feststellung, sie hätte seit der Geburt ihren ganzen Sex-Appeal verloren. Ja es gibt sogar Frauen, die nur aus diesem Grunde die Mutterschaft ablehnen, weil sie bei ihren Freundinnen solche Veränderungen festgestellt haben. Wenn das Kind etwas größer geworden ist, kommen die Sexsignale wieder – genauso wie der verstärkte Drang, sich sexuell zu vereinigen.

Bei der Diskussion um die Geburtenregelung stehen viele Dinge, die von der Natur so eingerichtet wurden, neben religiösen und moralischen Bedenken, neben Unwissenheit über die volle Tragweite der Vorgänge zur Debatte.

Dazu kommen noch Argumente höherer Vernunft von der Seele. Derartige seelische Impulse gehen oft in Richtung solcher Fragen wie »Bin ich in der Lage, dieses Kind optimal großzuziehen?« usw.

Betrachten wir einmal die Lebenspraxis der nordischen Völker. Dabei sollten wir nicht so leichtfertig mit den Begriffen »primitiv« und »Barbarei« umgehen, Begriffe, die von den tendenziösen Wissenschaften den »dummen« Nordvölkern zugelegt wurden. Wir möchten deshalb gleich, noch bevor wir auf bestimmte Praktiken des Nordens eingehen wollen, feststellen, daß zu gleicher Zeit, als man bei unseren Ahnen eine bestimmte Form von Geburtenregelung praktizierte, bei manchem der nach Meinung unserer Wissenschaft hochstehenden alten Kulturvölker, die man uns heute noch als Vorbilder hinstellt, es durchaus üblich war, seinen erstgeborenen Sprößling den Göttern zu opfern. Dabei brachte schon damals ein männliches Opfer mehr Segen der Götter als ein weibliches. So etwas beispielsweise war im »barbarischen« Norden nie üblich.

Wenn bei unseren Altvorderen ein Kind zur Welt kam, so waren als Hilfe sogenannte weise Frauen dabei. Diese Vorläuferinnen der Hebammen kannten sich sehr gut aus. Sie wußten auch um die feinstofflichen Vorgänge der Schwangerschaft und Geburt gut Bescheid. Das Kind wurde in einer Sippe oder Gemeinschaft zur Welt gebracht. Nach der Geburt wurde das zarte Wesen gründlich auf Mißbildungen untersucht. Bereits einige Stunden nach der Geburt stand fest, ob es den harten Lebenskampf in diesem Körper bestehen konnte. Die Gemeinschaft wurde zusammengerufen, und die weisen Frauen übergaben das Kind dem oder der Sippenältesten. Auch hier wurde nochmals eine Untersuchung vorgenommen, dieses Mal jedoch nach anderen Gesichtspunkten. Wenn dies alles mit positivem Resultat abgelaufen war, so nahm eine der weisen Frauen das Neugeborene, hob es über ihren Kopf und zeigte es so allen Anwesenden als neues Mitglied der Gemeinschaft. Diese Frau war, neben der Mutter, durch ihr besonderes Wissen eine Art Patin des Kindes. Sie war insbesondere auch für die gesundheitlichen Aspekte des Heranwachsenden mitverantwortlich. Das Hochheben und Zeigen des neuen Mitglieds der Gemeinschaft gab dieser speziellen Frau die Bezeichnung *Heb*amme. So alt ist dieser Ausdruck schon. Wenn wir nun zum negativen Ablauf der Geburt bei unseren Vorfahren kommen, so mag das Geschilderte in unserer »humanen« Zeit zu entsprechenden Reaktionen führen, die jedoch aus der Sicht der damaligen Zeit kaum berechtigt sind.

Wenn nach der Geburt die weisen Frauen eine Mißbildung oder sonst einen Makel an dem Kind vorfanden, wurde nicht viel Aufhebens davon gemacht. Man nahm das Kind, legte es außerhalb der Siedlung in entsprechendem Abstand von den Menschen in den Wald für die wilden Tiere. Es wurde dafür nicht einmal getötet, um den Tieren nicht zuzumuten, Aas fressen zu müssen. Man gab der Natur etwas zurück, was aller Voraussicht nach nicht lebensfähig gewesen wäre.

Eine grausame Praxis aus unserer heutigen Sicht. In einer Zeit, in der man ernstlich diskutiert, ob man ein Kind, das mit zwei Köpfen zur Welt kommt, nicht doch am Leben lassen und großziehen soll. Hier stellt sich eben die Frage, zu welchem Zwecke. Um diesen Menschen dann auf Volksfesten als Kuriosität auszustellen? Was für ein Leben und welche Erfahrung für eine Seele!

Wir legen in der heutigen Zeit großen Wert darauf, human zu handeln. Das Wort »human« ist bereits sehr alt. Es besteht aus den Silben HU und MAN. *Hu* ist eine alte Bezeichnung für Gott. Diese Silbe ist übrigens auch ein Vatan-Mantra. *Man* bezeichnete den Verstand, was im Sanskrit noch immer der Fall ist. Manu z. B. galt im indogermanischen Sprachraum als Vater der Menschheit. Wir kennen aus den Überlieferungen noch die »Gesetze des Manu«. Die keltischen Stämme hatten einen Gott, den sie HU nannten. Das Wort human bedeutet ursprünglich also »göttlicher Verstand«. Von Man stammt nicht nur das Wort Mann oder der englische Begriff für Mensch, sondern wir verwenden in unserer Sprache das unbestimmte Fürwort man, häufig, um einen Menschen mit einer Seele und einem beurteilenden Verstand zu beschreiben. Man käme nie auf die Idee, dieses Wort für Tiere zu verwenden.

Human handeln heißt folglich, aus der Sicht der göttlichen Seele den Verstand zu gebrauchen. Man kann sich vorstellen, zu welchem Urteil ein human denkender Mensch unserer Vorfahren käme, wenn er unsere heutige Auffassung von Humanität beurteilen müßte. Und dies nicht nur in der Frage der Geburtenregelung.

Diese Ausführungen bieten wie immer denen, die es nicht anders verstehen wollen, alle Möglichkeiten, sie falsch zu verstehen. Ein Irrtum wird jedoch nicht deshalb zur Wahrheit, weil er Tausende Male wiederholt wird. Vom Standpunkt der Runenmeister her gesehen, ist eine Unterbrechung der Schwangerschaft in den ersten drei Monaten erlaubt. Und zum Entsetzen aller spirituellen und emotionalen Träumer sei auch noch gesagt, daß dies nicht mehr Karma verursacht als die Herausnahme des Blinddarms. Alle psychischen Probleme, die sich daraus ergeben könnten, sind durch Unwissenheit und Fehler der Umwelt verursacht. Auch diese Probleme ließen sich durch entsprechende Beratung und Betreuung vermeiden.

Die Entscheidung obliegt ganz allein der Frau. Es ist gut, wenn der Partner diese Entscheidung mitträgt, anderenfalls sollte das Wort der Frau die letzte Gültigkeit haben. Kein Staat, keine weltanschauliche oder religiöse Gemeinschaft sollte dabei etwas mitzuentscheiden haben. Niemand hat ein Recht, einen Menschen für solch eine Entscheidung zu richten.

Um noch einmal auf die uns grausam erscheinende Praxis der Rückgabe des Neugeborenen an die Natur zurückzukommen: Den christlichen Kirchen, denen die Frau schon immer unterdrückenswert erschien, waren die weisen Frauen von Beginn ihrer Missionierung an ein Dorn im Auge. Alle runenkundig und mit der Gabe der Weissagung ausgestattet, hatten diese Frauen einen großen Einfluß auf die Landbevölkerung. Sie kannten sich nicht nur in Heilkunde und der heidnischen Religion, sondern auch in Magie und diversen anderen Disziplinen aus. Sehr bald verfolgte man sie. Man sagte, sie wären mit dem Teufel im Bunde. Man machte sie für Mißernten, krankes Vieh und jegliche Art von Unglück verantwortlich. Viele weise Frauen wohnten im heiligen Hain, dem HAG. Daraus entstand die Bezeichnung *hagzus* und später Hexe.

Die Art, wie sie mit mißgebildeten Neugeborenen umgingen, bot den willkommen Anlaß, zu verbreiten, sie würden Kinder stehlen, diese töten und aus dem Fett ihre Flugsalben herstellen, um damit zu Treffen mit dem Teufel auf dem Blocksberg zu fliegen.

Man machte regelrechte Jagd auf vermeintliche Hexen. Da Jesus einmal sagte: »Ihr sollt in meinem Namen kein Blut vergießen!«, hat man sie auf dem Scheiterhaufen verbrannt. Es waren etwa neun Millionen Menschen, die diesem Wahnsinn zum Opfer fielen.

Von jedem Bewußseinsstand aus sieht die Angelegenheit anders aus. Im Sinne des Vatan, urteilt man vom Standpunkt der Seele aus, da sie der Angelpunkt und die Ursache des Lebens ist, dem sich letztendlich alles unterzuordnen hat. Eine Seele, die bei einer Inkarnation nicht erwünscht ist, wird sich später, unbewußt, an der Gesellschaft rächen. Wie die Motive für einen Schwangerschaftsabbruch auch sein mögen, daß die Schwangerschaft unterbrochen wird, ist darin begründet, daß das Kind nicht erwünscht ist.

Eine Seele, welche sich mit einem bestimmten Elternpaar verbindet, bekommt dies alles sehr genau mit. Leider ist es dabei jedoch schon zu spät. Die Seele hat bereits einen Körper mit dem Embryo verbunden und kommt nicht mehr los davon. Dieser archetypische Körper wird in vielen hl. Schriften als Seele, als Atma oder Jiva bezeichnet. Er hat jedoch mit der Seele nichts gemein. Dieser Körper hat ein Basiswahrnehmungsorgan für die Zeit. Gleichzeitig besteht in diesem Körper die Illusion, daß er selbst unsterblich wäre. Er glaubt ewig zu sein. Er ist jedoch wie alle Körper vergänglich. Hier beginnt bereits die große Illusion, welche man mit Kala oder Maya bezeichnet. In der Lehre des Vatan bezeichnet man ihn als Archetypenkörper. Mit fortschreitender Schwangerschaft, werden immer mehr feinstoffliche Körper in das werdende Kind integriert. Manche bringt die Seele aus früheren Inkarnationen mit, andere werden neu gebildet. Die Seele selbst tritt normalerweise erst nach der Geburt in den kleinen Körper ein.

Nun gibt es tatsächlich Fälle, hier vor allen Dingen bei bestimmten Naturvölkern, in denen die Seele bereits wenige Augenblicke nach der Befruchtung in den Mutterleib eintritt. Solche Fälle werden in den sogenannten Totenbüchern beschrieben. Es handelt sich dabei um eine Form von Flucht aus der Astralebene. Im tibetischen Totenbuch wird ausdrücklich davor gewarnt, sich wahllos in den nächstbesten Mutterleib zu flüchten, nur weil man damit glaubt, einer selbstverursachten astralen Situation zu entgehen. Es muß jedoch gesagt werden, daß solche Fälle als Ausnahmen betrachtet werden können. Normalerweise handelt eine Seele sehr bewußt und erfahren, bevor sie sich inkarniert. Sehr oft sucht sie sich, lange bevor ein Paar sexuellen Verkehr zusammen hat, dieses bereits als Eltern aus. Die Seele kann jedoch vorher nicht feststellen, ob sie auch erwünscht ist. Sie kennt die physischen Bedingungen nicht, die sie erwartet. Sie weiß nicht, ob gesundheitlich alles in Ordnung sein wird usw. Sie hat Erfahrungen mit Millionen von Inkarnationen in alle Formen der Schöpfung. Sie ist deshalb so unglaublich vorsichtig, weil unzählige Inkarnationsversuche in schmerzhafter Weise scheiterten. Deshalb erfolgt der Eintritt der Seele in das Kind erst nach der Geburt.

Nun kann der Mensch lange Diskussionen führen, wie manches besser gemacht werden kann, daß z. B. die Gesellschaft kinderfreundlicher wird. Man kann große Rechnungen aufstellen, daß auf der Erde jede Sekunde drei Menschen zur Welt gebracht werden, und wie lange es noch dauert, bis dieser Planet übervölkert ist. Man kann bevölkerungspolitische Ansichten vertreten, z. B. über das Aussterben seines Volkes. Alle diese Dinge gehen eigentlich am Thema vorbei.

Wenn wir mit den Gesetzen der Analogie tiefer sehen, so finden wir folgendes vor: Wenn man z. B. die Staatsgrenzen öffnet, so wird man u. U. mit Menschen konfrontiert, die man nicht eingeladen hat. Die Inkarnation auf die Erde ist gleichfalls eine Grenzüberschreitung, eine Einwanderung aus einer anderen Welt, einem anderen Bewußtseinsbereich. So betrachtet ist eine unerwünschte Geburt, eine unerwünschte Einwanderung auf die Erde, in ein Volk und eine bestimmte Familie.

Genauso wie jemand, der nicht eingeladen wurde, findet das Kind für seine Existenz nicht die optimalen Bedingungen vor. Wie bei einem Asylanten, wenn er schon einmal da ist, so auch bei einem Neugeborenen, wird man sich irgendwie schon arrangieren. Der Asylant und auch der Neugeborene werden jedoch, bewußt oder unbewußt, nie vergessen, daß sie ursprünglich nicht erwünscht waren. Dies ist in beiden Fällen keine optimale Voraussetzung für ein Leben.

Der menschliche Verstand neigt gern zu den berühmten Patentlösungen, weil dem Menschen in der heutigen Zeit laufend eingeredet wird, daß alles machbar ist. Man nimmt ein Volk und glaubt, es würde mächtiger werden, wenn es in der Zahl größer wird. Die Größe eines Volkes ist jedoch in seiner Qualität begründet.

Nur in einem Volk, in dem der Durchfluß des göttlichen Stromes sehr frei möglich ist, gibt es Dichter, Denker, Erfinder und große Menschen. In so einem Volke inkarnieren sich erfahrene, in der Entwicklung fortgeschrittene, edle Seelen gern. Nur wo man gute und optimale Bedingungen, sprich Familien, vorfindet, wo ein Kind auch wirklich erwünscht ist, sollte man Inkarnation zulassen.

Eine Familie, die, aus niederen Motiven heraus, Kinder ablehnt, hat einen dementsprechend niederen Bewußtseinsstand. Die Seele, welche sich dort durch staatliche Verordnung, weil eine Unterbrechung der Schwangerschaft nicht erlaubt ist, oder durch religiöse Unwissenheit inkarniert entspricht diesem Stand bewußtseinsmäßig sehr genau. Erfahrungsgemäß, bleibt so eine Seele sehr einsam und bereitet dann letztendlich sich selbst und der Umwelt viele Schwierigkeiten. Sie rächt sich sowohl an der Familie als auch an dem Volke.

In der Schöpfung zieht Ähnliches sich an. Der Mensch muß also klar überlegen, ob er die Grenze zum Jenseits zwangsöffnen und auf höheren Befehl alles in sein jeweiliges Volk inkarnieren läßt, nur, um mit anderen Völkern in der Masse zu konkurieren, oder ob man wirklich Seelen, die man wünscht, mit entsprechend hohem Bewußtseinsstand in den richtigen Familien willkommen heißt. Auch unsere Ahnen, die sich wieder inkarnieren wollen, haben es verdient, daß sie willkommen sind und gute Bedingungen dafür vorfinden. Je erfahrener die Seelen sind, die in einem Volke inkarnieren, um so mehr wird sich das Gesamtniveau heben. Dies löst eine Kettenreaktion aus, weil solch wertvolle Menschen gleichzeitig sehrwohl auch wieder bereit sind, Kindern das zu bieten, was ihnen zusteht, wenn man sie schon einlädt.

Natürlich wird eine Frau, die sich auch sehnlichst wünscht, Mutter zu sein, nicht verstehen, wie man auch nur auf die Idee kommen kann, sein Kind abzutreiben. Solche Frauen sind ein Segen für ein Volk. Wer als Mutter das werdende Leben des Kindes wirklich anteilnehmend verfolgt, wird solches Ansinnen zweifellos als barbarisch betrachten. Sie wird schon bei dem Gedanken, daß die Seele des Kindes noch gar nicht in das werdende Kind eingetreten ist, sofort energisch protestieren. Hat sie doch, so weiß sie aus Erfahrung, während der ganzen Schwangerschaft mit dem Kind schon Kommunikation gehabt. Nur, dazu ist es nicht notwendig, daß die Seele schon von den Körpern Besitz ergreift. Eine Seele ist göttlich und kann diese Verbindung auch von Außerhalb haben. Ja sie wäre sogar in der Lage, alle ihre Körper innerhalb eines ganzen Lebens, von der Wiege bis zum irdischen Ende, von außerhalb zu steuern.

Fast alle Kleinkinder, treten, oft noch bis zum 3. Lebensjahr, immer wieder mit ihrer Seele aus den Körpern aus. Alles, was eine Mutter während der Schwangerschaft subjektiv wahrnimmt, hat seine Richtigkeit. Wenn diese spezielle Verbindung, welche göttlicher Natur ist, nicht wäre, so könnten sich diverse Körper nicht bilden. Andere Körper würden wiederum nicht optimal auf das irdische Leben vorbereitet. Man nennt dies auch vorgeburtliche Erziehung. Auch aus diesen Tatsachen heraus wäre es besser, eine Geburt erst zuzulassen, wenn auch die Bedingungen stimmen.

Der Vorgang der Schwangerschaft und der Geburt berührt in einer Frau Bereiche, welche von der Schöpfung für die Erhaltung einer Art vorgesehen sind. Aus diesem Grunde ist eine Frau von der ersten Minute nach der Befruchtung an in der Gesamtbeurteilung dieses Vorganges befangen. Es werden dabei alle Kräfte mobilisiert, um das werdende Leben zu schützen. Dies war auch in der frühen Vergangenheit der Grund, warum die hohen Grade der weisen Frauen keine Kinder bekommen durften. Natürlich war das in der Spätzeit nicht bei allen Stämmen der nordischen Völker so. Aber man wollte so die wirkliche Beurteilungskraft der weisen Frauen in diesem Punkt erhalten. Oft mangelte es daran und man zog, was uns heute selbstverständlich erscheint, schwächliche Kinder mit auf. In der Niedergangszeit gab es Bestechungen und manches mehr, nur damit ein Kind die erste Hürde der Aufnahme in den Stamm bestand. Auch bei der zweiten Hürde, der Akzeptanz durch den bzw. die Stammesälteste wurde oft von den weisen Frauen nachgeholfen.

So eine Akzeptanz geschah nämlich erst, wenn der Älteste oder die Älteste feststellten, daß der Säugling auch den spezifischen Sippengeruch hatte. Das heißt, daß der Säugling berochen wurde. Mit welchen seltsamen Methoden die weisen Frauen dafür sorgten, daß dieser Geruch stimmte, muß hier nicht näher ausgeführt werden.

Jedenfalls kann man sagen, daß es bei unseren Vorfahren immer einen stetigen Kampf gab, zwischen der Mutter, die ihr Kind in jedem Falle behalten wollte, und den zur damaligen Zeit berechtigten Bedenken, wenn so ein Wesen evtl. zu schwach für den Lebenskampf war. Damals waren die Lebensbedingungen entsprechend hart, deshalb wurde diese Form der Geburtenkontrolle als notwendig für die Gesundheit des Volkes betrachtet. Die heutige Situation sollte anregen, darüber nachzudenken, warum werdende Mütter die Mutterschaft als Belastung empfinden und die Schwangerschaft unterbrechen.

Man sollte sich keine Sorgen um Seelen machen, die sich dadurch eine andere Inkarnation suchen müssen. Seelen sind sehr weise und wissen sich zu helfen. Vielmehr wäre es zu wünschen, alles dazu zu tun, daß wirklich neues Leben erwünscht ist und mit Freude willkommengeheißen wird. Solange dies in einer Gesellschaft nicht der Fall ist, sollten man eine Zwangseinwanderung aus der Astralebene nicht staatlich verordnen. Dazu gehört auch, daß man aus solchen Kindern nicht staatliche Heimkinder macht.

Menschen, die nicht nachdenken, auch wenn sie glaubten die Lehre des HEID zu praktizieren, haben schon sehr viel Schaden in diesem unserem Volke angerichtet. Beispielsweise regen sie heute dazu an, die Bevölkerung von 80 Millionen auf 100 Millionen zu bringen. Dann ist man mächtig und hat nichts zu befürchten. Schnell wird sich auch ein, laut genug schreiender, Kurzschlußdenker mit entsprechend niederem Bewußtseinszustand finden, der endlich mal wieder allen klarmacht, daß so ein großes Volk mehr Raum braucht. Was dann kommt, sollte bekannt sein. Und damit ist dieses Volk mal wieder in die große Falle gelaufen, in der es, seine »Freunde« sehr gerne haben möchten. Alle haben es ja schon immer gewußt, daß wir Deutschen die Monster der Erde sind, die immer wieder über andere Völker herfallen. In mancher Hinsicht hat sich nicht viel geändert. Die Deutschen haben nach wie vor immer noch die gleichen Feinde. Weil dies so ist, sollte man nicht die Dummheit auf die Spitze treiben und immer wieder in die gleichen Fallen laufen.

Im VATAN werden alle Dinge vom Standpunkt der Seele aus beurteilt. Niemand zwingt irgendjemanden, seinen Standpunkt aufzugeben. Wer in bezug auf die Geburtenregelung eine bestimmte Meinung hat, den werden diese Ausführungen nicht überzeugen. Bevor man sich jedoch mit vollem Munde für das Leben einsetzt, sollte man für dieses Leben die richtigen Bedingungen schaffen. Jedes Lebewesen ist es wert hier zu leben, von der Amöbe bis zu einem Gottmenschen. Dazu in den Familien und der Natur die richtigen Bedingungen zu schaffen sollte ein wichtiges Ziel sein. Wer einmal die innere Verbindung der Seele einer Frau mit ihrem werdenden Kinde sehen könnte, welche, z. B. durch eine Vergewaltigung, unerwünscht schwanger wurde, wüßte, von was hier gesprochen wird. Dieser Zustand ist für beide Seelen die reine Hölle.

Das göttliche Paar

Bei den Menschen nimmt der physische Körper üblicherweise die meiste Aufmerksamkeit gefangen. Jeder Mensch hat jedoch noch mehrere feinstoffliche Körper, die auf verschiedenen Dichtigkeitsstufen oder Ebenen für diverse Aufgaben notwendig sind.

Beim ungeschulten oder unwissenden Menschen ist bei einer Liebesvereinigung die bewußte Aufmerksamkeit meist nur auf den physischen Körper gerichtet. Es gibt jedoch Möglichkeiten, dabei weitere, auch feinstoffliche Körper bewußt in das Geschehen mit einzubeziehen. Hier öffnen sich für die Lust, aber auch in Hinblick auf die Erweiterung des Bewußtseins ganz neue Perspektiven. Einige dieser Möglichkeiten sind inzwischen bereits vielen Menschen bekannt.

In den dualen Welten ist es nicht möglich, daß zwei Körper denselben Platz einnehmen. Nur zwei Seelen können miteinander verschmelzen.

Alle dualen Körper versuchen jedoch, diese Fähigkeit der Seele zu kopieren oder zumindest diesem Zustand so nahe wie möglich zu kommen. Beim physischen Liebesakt pressen wir unsere Körper zusammen und würden, wenn wir könnten, in den Partner hineinkriechen. Feinere Körper sind nicht so fest strukturiert wie der physische. Hier gibt es bereits bessere Möglichkeiten, die Sehnsucht nach gegenseitiger Durchdringung zu realisieren.

Um die Liebespraxis der Vatanis verständlich zu machen, müssen wir hier einen Idealablauf konstruieren, der von den heute üblichen Situationen ganz verschieden ist. Was wir hier schildern, wäre ein absolut idealer Ablauf für das physische Universum bzw. unsere Erde. Daß die Praxis uns zu vielen Kompromissen zwingt, muß nicht besonders betont werden.

Stellen wir uns vor, wir begegnen dem Partner unserer Träume. Man kennt sich nicht und weiß bis dahin nichts voneinander. Ein Blick in die Augen dieses Traumpartners – und der Blitz schlägt ein. Die Knie werden uns weich, es wird uns heiß und kalt. Wenn man jemandem solch einen Augenblick schildern müßte, fehlten einem dazu einfach die Worte. Ganz gleich, was man darüber sagt, jedes Wort ist zu banal, um dieses wunderbare Gefühl zu beschreiben. Das gleiche geschieht natürlich auch bei unserem Traumpartner. Daß dieses Erlebnis solche Wirkung auf uns hat, kann nur geschehen, wenn zwei Seelen Kontakt miteinander aufnehmen; und die Kontaktaufnahme der Seele erfolgt oft dadurch, daß sich zwei Blicke treffen.

Alles, was wir von jetzt an unternehmen werden, kann als Absinken in die Dualität gewertet werden. Idealerweise würden sich die beiden Partner jetzt so verhalten, wie es im folgenden beschrieben wird.

Gehen wir also aufeinander zu, schauen uns an und gehen zusammen weiter. Man wandelt dabei wie im Traum auf den sogenannten rosa Wolken. Manchmal wirft man sich einen Blick zu, wobei jedesmal ein Feuerwerk an Gefühlen uns durchfährt.

Wenn man jetzt klug ist, wird man sich aber recht bald trennen. Dabei tauscht man möglichst nur das Allernötigste aus. Am besten wäre dabei eine Fotografie und die Telefonnummer, mehr nicht. Dann sollten wir mit dem Traumpartner noch ein Treffen für eine Woche später vereinbaren. Das Beste wäre, wenn man sich dann privat bei einem der Partner träfe.

Niemand wird sich ausmalen können, was wir in dieser Woche alles erleben. Wahrscheinlich gibt es in dieser Zeit nichts, das uns in das normale Leben zurückholen kann. Je weniger Worte wir bis jetzt gewechselt haben, um so besser. Worte werden über den Verstand gebildet. Dieser ist jedoch im Augenblick nur dazu da, mit dem alltäglichen Leben klarzukommen. In dieser Woche wird man wahrscheinlich das Foto des Traumpartners kaum noch aus den Händen legen. Der Verstand schlägt Purzelbäume und reißt uns von einer Stimmung in die andere. Es ist sogar möglich, daß man etwas meßbares Fieber bekommt.

Wenn jetzt beide Partner in das Wissen der Runenmeister und weisen Frauen eingeweiht wären, so wüßten sie, wie sie sich im weiteren verhalten müßten. Gehen wir also von dieser Voraussetzung aus.

Auf der 6. Ebene im Lebensbaum findet man die Archetypen des Urmannes und der Urfrau (die Zentren 3 und 2). Ein männlicher Runenmeister wird nun die ganze Woche über, das Foto als Hilfsmittel, die Traumpartnerin im wörtlichsten Sinne vergöttern. Sie stellt für ihn die höchste Form der Frau dar. Sie ist göttlich, schön und vollendet. Er betet sie an und projiziert in dieses Vorstellungsbild alle Wünsche in bezug auf Frauen. Er steigert sich so tief hinein, wie er kann. Eventuell macht er in dieser Woche Urlaub, denn die erste Woche ist die schwerste, schönste und auch schlimmste. Er macht Spaziergänge in der Natur. Dabei stellt er sich vor, dies alles sei das Werk seiner Göttin. Sie habe all die Schönheit der Natur für ihn geschaffen. Die Woche wird für ihn zu lang, aber auch zu kurz sein. Der normale Zeitbegriff kommt immer wieder durcheinander. Dabei wird realisiert, was mit dem Begriff »liebeskrank« gemeint ist. Er wird sich danach sehnen, sie zu sehen, gleichzeitig hat er aber auch Angst davor. Die ganze Zeit steht er »unter Strom«. Alle Eigenschaften, die man der Urfrau, einer Göttin, zuschreiben würde, werden in die Traumpartnerin hineingedacht. Man darf dabei auch nicht vergessen, daß diese Frau im selben Moment und die ganze Woche über das gleiche mit ihrem Traummann macht.

Der Tag und die Zeit des Treffens ist nun da. Wir gehen hier davon aus, daß man sich in der Wohnung des Mannes trifft. Dazu ist eine gewisse Vorbereitung nötig. Es darf nicht vergessen werden, daß man eine Göttin empfängt. Man stellt Blumen auf, räuchert mit Sandelholz, steckt Kerzen an, bereitet einen Raum nur dafür vor. Das Telefon ist im Schrank verstaut, die Türklingel wird, wenn die Dame eingetroffen ist, abgeschaltet. Runenmeister haben oft einen besonderen Raum für ihre geistigen Arbeiten. Wenn nicht, so sollte man möglichst alles aus einem Zimmer schaffen, was nicht hineingehört. Außer einem Teppich in der Mitte, Blumen – Zimmerpalmen oder anderen Pflanzen –, Räucherutensilien und all den Dingen, die man für wichtig hält, sollte der Raum leer sein. Selbstverständlich herrscht darin eine angenehme Temperatur.

Bedenken wir, daß hier ein Gott seine Göttin erwartet. Der Gott sollte vorher ein Bad nehmen. Das Bad sollte aus reinem Wasser bestehen, also ohne Badezusatz und dergleichen. Auch auf Parfüm und Rasierwasser usw. wird verzichtet. Dann hüllt man sich in sein Ritualgewand, wenn vorhanden, oder in einen kostbaren Stoff, einen Sarong oder etwas Entsprechendes. Es gibt leider kein einziges europäisches Kleidungsstück für einen Mann, das für diesen Anlaß passend wäre. Wichtig ist vor allen Dingen, dafür zu sorgen, daß die kommende Situation vom gewöhnlichen Alltag so weit entfernt wie möglich erlebt wird. Wenn die Göttin eintrifft, wird ihr außerhalb des Raumes die Möglichkeit gegeben, sich ihres Straßengewandes zu entledigen und sich entsprechend herzurichten. Weise Frauen haben für diese Situation bereits das Notwendige dabei. Selbstverständlich ist auch sie nicht parfümiert. Auf ihren Wunsch sollte sie ebenfalls noch die Möglichkeit für ein Bad in reinem Wasser bekommen.

Er setzt sich inzwischen in den heiligen Raum und erwartet sie. Möglicherweise hat er Tee gemacht oder etwas Champagner bereitgestellt. Vielleicht steht auch eine Kleinigkeit zum Essen bereit, Pralinen oder Gebäck vom Feinsten, was er bekommen konnte.

Die Göttin kommt nun in den Raum, angetan mit einem hauchdünnen Traumgewand. Im Kerzenlicht sieht man ihre Gestalt durch das Gewand schimmern. Er empfängt sie und geleitet sie zu ihrem Kissen auf dem Teppich. Niemand spricht ein Wort. Man kann nun zusammen Tee trinken oder sonst etwas zu sich nehmen. Dabei betrachten sich die Partner mit allen Gefühlen und den zartesten Empfindungen, deren sie fähig sind. Beide sollten sich vorstellen, daß sie das himmlische, göttliche Paar der Liebe verkörpern.

Man läßt sich sehr viel Zeit und legt alles ab, was man an Scham, Vorurteilen, Konzepten und sonstigem Wenn und Aber so mit sich herumträgt. Man spricht vor allen Dingen mit den Augen, also mit der Seele. Nach einer gewissen Zeit kann man die Gewänder ablegen und die göttliche Schönheit des Partners betrachten, bis man sich einander nähert.

Man sollte aus dem ganzen kein Ritual mit Verstandesüberlegungen machen, sondern sich eher spontan treiben lassen. Jede Überlegung wie »Was mache ich jetzt als nächstes?« sollte man unterlassen.

Zu zarten Berührungen übergehend, wird die Göttin sich wahrscheinlich hinlegen und sich zärtlich streicheln lassen. Er sollte dabei bedenken, daß er das Kostbarste, was es für ihn in der ganzen Schöpfung gibt, vor sich hat. Sie ist ein scheues Reh, das nicht erschreckt werden darf. Durch Zärtlichkeit schafft man Vertrauen. Man sollte dabei nicht gleich die Genitalien des Partners berühren. Er wird ihre Brüste und alle Körperteile streicheln, von denen man annehmen kann, daß dabei die Atmosphäre nicht gestört wird. Man drückt mit den Händen die gegenseitige hohe Achtung für den göttlichen Partner aus. Man sollte dabei bedenken, daß man sehr viel Zeit hat. Je nach Wunsch wechselt jeder mal von Aktivität in Passivität, wie es beiden gerade in den Sinn kommt. Durch Hineinhorchen in den Partner errät man seine Wünsche. Ganz gleich, wie hoch die sexuelle Spannung ist, Ruhe, Zärtlichkeit, Liebe, Gefühl und Behutsamkeit sind das Wichtigste in dieser Situation. Wenn man sich jetzt nicht beherrscht, so kann alles umsonst gewesen sein. Man hält sich in Liebe und Zärtlichkeit in den Armen. Man spricht liebe Worte, drückt seine Bewunderung aus, riecht den gegenseitigen natürlichen Duft. Man veranstaltet ein himmlisches Fest.

Sollten beide zu der Meinung kommen, daß es jetzt schon Zeit für eine Vereinigung ist, so wäre dies sehr schade. Man sollte das Zusammensein besser harmonisch ausklingen lassen und auseinandergehen. Es gibt Vatanis, die sich sehr lange Zeit lassen. Es soll sogar welche geben, die die Vereinigung mit der entsprechenden Entladung ganz vermeiden, um die höchste Spannung nicht zu verlieren. Dies bleibt immer dem Paar überlassen.

Ideal ist es, wenn man sich zwischen den Treffen etwas Zeit läßt und sich jedesmal wieder millimeterweise vorantastet. Man sollte die Spannung zu steigern suchen.

Wenn es zum Liebesakt kommt, dann so zart wie möglich. Empfehlenswert ist, seine Heftigkeit etwas zurückzuhalten und sich so zu benehmen, wie es Göttern geziemt. Dies heißt nicht, darauf verzichten zu müssen, denn alles wird im Laufe der Zeit von ganz allein leidenschaftlicher. Man sollte sich jedenfalls so geben, daß man die gegenseitige Achtung nie verliert, und den gegenseitigen Austausch auf so hohem Niveau halten wie nur möglich. Man läßt den Alltag, so gut es geht, außen vor. Was für ein Interesse besteht zu wissen, wer oder was der Partner im Alltag ist. Beide sind zusammen das göttliche Paar, das einzige in der ganzen Schöpfung, was wird dazu mehr gebraucht? Man sollte über solche Dinge möglichst wenig mit anderen Menschen sprechen. Diese Praktiken sind heilig und sollten es auch bleiben. Sie sind nicht für Ignoranten oder Leute bestimmt, die alles in Frage stellen oder in die Tiefe ziehen.

Wenn man einmal der Meinung ist, man sollte sich gegenseitig einen Orgasmus schenken, so bereitet man sich auf diesen Abend entsprechend vor. Dazu gehört natürlich, daß es beide wünschen. So ein Abend wird besonders gestaltet.

Inzwischen kennt man sich so gut, daß man weiß, was für den Partner am schönsten ist, welche Vorlieben er hat. Sie verwöhnen sich gegenseitig, ganz gleich, wie. Wenn während der Liebesvereinigung der Höhepunkt eintritt, sollten beide sich vorstellen, daß sie soeben gemeinsam in höchster Lust und Ekstase die ganze Schöpfung in wunderbarster Schönheit kreieren. Im höchsten Augenblick schenken sich zwei göttliche Wesen alles, was man sich überhaupt vorstellen kann an Liebe, Gefühl und Stärke. Beide stürzen sich ineinander mit ihrem ganzen Wesen. Beide sind in diesem Augenblick wirklich die Urfrau und der Urmann, die höchsten dualen Götter, das *»göttliche Paar«*. Wenn man mit Ehrlichkeit und Liebe, mit den höchsten Intentionen, die ganze Zeit über, die man sich kennt, all dies zusammen praktiziert hat, wird es wahrscheinlich sein, daß beide Seelen verschmelzen, wenn auch eventuell nur für einen ewigen Augenblick. Dieses Erlebnis zu beschreiben, sollte man erst gar nicht versuchen.

Betrachtet man, was bisher geschehen ist, so kann man sagen, daß die beiden Partner sich gegenseitig bewußtseinsmäßig geradezu in den siebten Himmel gebracht haben. Auf allen Ebenen, in allen Körpern, sind die unbeschreiblichsten Resultate registrierbar. Dinge, die man nie für möglich gehalten hat, werden wahr. Ein so verbundenes göttliches Paar ist in der Dualität unbesiegbar. Alles gruppiert sich um das Paar. Es ist der energetische Mittelpunkt für die Umwelt, ein Zentrum des Friedens und des Lebens. Die ganze Schöpfung ist bei seinem Zusammensein beteiligt. Auch im Alltag sind die Partner immer verbunden. Sie sind immun gegen negative Strömungen und strahlen so viel Kraft aus, daß man sich bemüht, immer in ihrer Nähe zu sein.

Die Praxis des göttlichen Paares ist z. B. eine gute Möglichkeit, sich gegenseitig zu verjüngen. Immer wenn man zusammen ist, wird für den Partner das Vorstellungsbild von Jugend, Schönheit, Reinheit und totaler Gesundheit aufrechterhalten. Er ist ein junger Gott oder Prinz, sie eine zarte junge Göttin, eine wunderschöne Prinzessin. Dies dürfte nicht so schwerfallen. Wenn die äußere Realität zuerst dieser Vorstellung widerspricht, kann man mit geschlossenen Augen das Bild innerlich herstellen. Man sollte für vorteilhaftes Licht sorgen und über körperliche Mängel erst einmal hinwegsehen.

Die ausgetauschten Energieströme reinigen die inneren Körper. Diese Körper sind jedoch die Basispläne für die physische Zellteilung.

Wenn sich im Laufe des Lebens in den inneren Körpern viele negative und belastende Muster angesammelt haben, wird die Grundlage für den laufenden Aufbau von Zellen im physischen Körper immer unvollkommener. Wenn durch den Austausch von Energieströmen, welche mit positiven Gedankenbildern und Mustern geladen sind, z. B. Jugend, Gesundheit, Schönheit in den Partner projiziert werden, so ist damit manches möglich, was sich Menschen in der heutigen Zeit schwer vorstellen können. Man kann damit sein Leben um ein Beträchtliches verlängern.

Man sollte bedenken, daß eine Frau mit vierzig Jahren jederzeit noch in der Lage ist, einen Verband junger Zellen, ein Baby, hervorzubringen, und dies nur durch die Vereinigung zweier Menschen. So etwas ist auf allen Ebenen möglich und eines der Geheimnisse ewiger Jugend.

Man weiß, was passiert, wenn zwei Menschen frisch verliebt sind. Beide Partner blühen auf, obwohl die meisten inneren Vorgänge dabei unbewußt ablaufen. Welch ungeheure Möglichkeiten haben wir erst, wenn wir diese Vorgänge bewußt ausführen und verstärken. Wie man von seinem Partner denkt, welches Vorstellungsbild man von ihm hat, zu diesem wird er. Die vielfältigen Energieströme, die man beim Liebesakt austauscht, haben die Qualität, die wir diesen Strömen durch Gedanken und Vorstellungsbilder auf prägen. Es liegt bei jedem Paar, damit Leben zu zeugen oder diese wichtige Chance nicht wahrzunehmen. Darüber hinaus ist man damit in der Lage, einen dritten Menschen oder eine Gruppe auf allen dualen Ebenen positiv zu verändern. Man sollte nicht übersehen, daß das göttliche Paar aus seiner Allmacht heraus neue, positive Zustände in seiner Umwelt kreieren kann. Die Praxis unterscheidet sich nicht von der oben beschriebenen Methode. Beide Partner werden dabei lediglich das Vorstellungsbild zur Erzielung der Wirkung aufrechterhalten. Man sollte jedoch darauf achten, daß dabei der eigentliche Sinn der Vereinigung, hohe Gefühle, Liebe, Lust und Freude und vor allen Dingen der Partner nicht vergessen wird. Diese Praxis wurde ursprünglich vom Königspaar in gleicher Weise ausgeführt. Damit Wie wir schon erwähnt haben, sind Bedingungen für die Durchführung dieser hohen Praktiken in der heutigen Zeit nicht mehr so ideal. Bevor wir jedoch über Kompromisse nachdenken, wollen wir ein Beispiel aus der Vergangenheit anführen.

Um die letzte Jahrtausendwende kam mit dem Rittertum ein neuer Kult zum Vorschein, die Troubadoure oder Minnesänger. Aus dem alten Stand der Barden bei den keltischen Stämmen und der Skalden bei den germanischen Stämmen entwickelte sich dieser neue Stand. Es handelte sich dabei um fahrende Sänger und Dichter. Sehr oft war ein Ritter auch gleichzeitig Troubadour, dichtete eigene Lieder und trug sie an Höfen vor.

Im 12. Jahrhundert stand die sogenannte Troubadourmystik bereits in voller Blüte. In der Praxis erwählte sich ein Ritter oder Troubadour eine hohe Dame der Minne. Es konnte sich um ein unschuldiges Mädchen bei Hofe oder aber auch um eine verheiratete Frau handeln. Dabei spielte sich das Ganze meist mit vollem Wissen des Mannes der verheirateten Dame ab. Ja sehr oft waren der Troubadour und der Gatte der Dame enge Freunde.

Es war damals allen Beteiligten klar, daß es erheblicher Mühe bedarf, in einer Ehe eine hohe Liebes- und Sexualspannung aufrechtzuerhalten. Deshalb hatte der Gatte seine eigene hohe Dame, wie seine Gattin die hohe Dame eines anderen war. Man betrachtete diese Praktiken nicht als Ehebruch, sondern als eine heilige Angelegenheit. Ja es gab an den Minnehöfen sogar einen Liebeskodex, aus dem nachstehend einige Paragraphen zitiert werden:

1: Die Ehe ist kein Hindernis für die Liebe. Man stelle sich diesen Satz in aller Konsequenz einmal vor: Er ist ein Faustschlag gegen eine der wichtigsten Grundlagen staatlicher, gesellschaftlicher und kirchlicher Regeln.

2: Wer nicht verschwiegen ist, ist nicht wert, lieben zu dürfen.

6: Der Mann soll nicht der Liebe pflegen, bevor er erwachsen ist.

26: Die Liebe darf der Liebe nichts verweigern.

Interessant ist dabei, daß die Liebes- oder Minnehöfe meist von hohen adligen Damen geführt wurden. Berühmt waren beispielsweise diejenigen von Alienor von Aquitanien oder Maria von Champagne. Ein bekannter Minnesänger war etwa Walther von der Vogelweide.

Grundsätzlich handelte es sich bei der heiligen Minne um Vorgänge, wie wir sie bereits beschrieben haben. Hier wurde die Spannung oft bewußt auf Jahre hinaus aufrechterhalten. Der Troubadour machte Liebeslieder und Gedichte für seine geliebte hohe Dame, womit er seine Verehrung und Sehnsucht ausdrückte. Zur wirklichen Liebesvereinigung kam es dabei sehr selten. Vielmehr pflegte man die Praxis des »Donnoy«, des zarten Beieinanderliegens mit der Geliebten ohne wirkliche physische Erlösung. Aber bis man sich zusammenlegte, ließ man sich sehr viel Zeit. Wie bei allem, was sich der Kontrolle der Kirche entzog, war man in Rom nicht sehr erbaut von diesen Praktiken. Da alle Ermahnungen nichts halfen, setzte man die Heilige Jungfrau, Maria, als hohe Dame ein und versprach dabei himmlischen Lohn. Von da an gab es zwei Strömungen im Minnedienst, den kirchlichen und den weltlichen. Dies hinderte allerdings viele nicht daran, in ihrem Gebetbuch unter dem Bild der Heiligen Jungfrau auch weiterhin das Bild oder eine Miniatur ihrer weltlichen hohen Dame mitzuführen.

Die ursprünglichen Minnepraktiken hatten nichts mit Askese oder Kasteiung zu tun. Es handelte sich mehr um den verantwortungsvollen Umgang mit der dem Menschen innewohnenden Schöpferkraft. Von Abtötung des Fleisches oder der Vermeidung vermeintlicher Sünden konnte keine Rede sein, da die Praktizierenden durch ihre Disziplin weitaus höhere und bessere Genüsse erlangten. Der entscheidende Unterschied besteht darin, daß hier Leben geschaffen wurde auf allen Seinsebenen, daß Freude, Liebe und Lebenslust gegenüber Schmerz, Leid, Frustration und Zerknirschung gefördert wurden. Dieses Ziel, neben entsprechender Bewußtseinserweiterung, wird bei all diesen Praktiken auch heute noch angestrebt. Wie gesagt ist es schwer, diese Praxis bzw. Variationen davon in unserer Zeit in idealer Weise durchzuführen, obwohl es auch heute noch getan wird. Man muß sich deshalb kompromißbereit zeigen und versuchen, soviel wie möglich davon zu realisieren. Wenn der Mensch etwas länger in einer Partnerschaft lebt, kann bereits sehr viel von der ursprünglichen Spannung unter den Partnern verlorengegangen sein. Es gibt jedoch die Möglichkeit, diese Spannung wiederaufzubauen. Es kostet etwas Mühe und Geduld, ist aber in jedem Falle sehr lohnend. Eine relativ einfache, aber sehr schöne Praxis, die sich ein Paar nicht entgehen lassen sollte, ist der Bau eines gemeinsamen Gartens auf der nächstfeineren Seinsebene.

Wie so etwas gemacht wird, haben wir bereits beschrieben und muß hier nicht wiederholt werden. Es werden lediglich die Wünsche beider Partner in den Garten eingebracht. Alles andere läuft so ab, als ob man den Garten für sich selbst herstellt. Wenn sich beide Partner im fertigen Garten einmal etabliert haben, ist es ein Leichtes, ideale Bedingungen für diese hohe Liebespraktik zu schaffen. Man braucht physisch keinen Raum herrichten, alle widrigen Umstände fallen weg. Man wird sich im gemeinsamen Schloß oder Park einen Platz schaffen. Im Garten vermischen sich die Energien schon durch den Bau.

Hier geht es dann darum, die Liebesvereinigung bewußt als zusätzliches Ritual auf dieser Ebene vorzunehmen. Ohne den physischen Körper, der uns immer wieder Fallstricke in der Praxis auf der Erde legt, ist alles viel leichter und märchenhafter. Darüber viel zu sagen ist nicht möglich, weil alles, was man beschreiben würde, von der praktischen Realität weit entfernt wäre. Als Unterstützung kann man zu Beginn einmal eine Zeit auf die physische Vereinigung verzichten. Dies ist jedoch nicht Bedingung, da sich mit zunehmender Praxis im Garten der physische Umgang mit dem Partner ebenfalls positiv ändert. Diese Resultat trifft immer ein, auch wenn man schon zwanzig oder mehr Jahre zusammen ist. All diese Praktiken sind nicht an ein bestimmtes Alter gebunden. Jugendliche Paare haben zwar eine jugendlichere Sexualspannung und meist auch noch eine etwas stärkere. Ältere Paare sind jedoch besser in der Lage, die nötige Disziplin und Geduld aufzubringen, was bei jungen Paaren manchmal etwas schwerer ist. Die Begriffe Disziplin und Geduld dürfen nicht falsch verstanden werden. Hier wird nicht trainiert, geübt und gearbeitet im gewohnten Sinne, sondern in kindlicher Freude geliebt.

Wenn ein Kind einen geschenkten Lebkuchen in viele kleine Teile teilt und diese dann genußvoll verspeist, kann man nicht negativ von Disziplin sprechen, sondern eher davon, daß durch entsprechendes Vorgehen der Genuß so lange wie möglich dauert. Dabei wird kaum ein negatives Gefühl aufkommen. Disziplin und Geduld sind hier so zu verstehen. In der Liebesvereinigung kann man sich entsprechend beeilen, um rasch zu einer Entladung zu kommen. Es kann aber auch ein ausgedehntes Vorspiel, eine genußvolle, lange Vereinigung und ein liebevolles Nachspiel geben, ganz wie es dem Menschen beliebt. Im Garten sind Dinge möglich, die man sich kaum erträumen kann. Astralmaterie – und damit auch der Astralkörper des Menschen – ist im Verhältnis zur physischen Materie so flexibel, daß der Mensch immer eine gewisse Zeit braucht, um damit umgehen zu können. Aus diesem Grund ist auch eine physische Fixierung des Gartens notwendig, da man sonst im astralen Bereich ohne Erfahrung kaum eine Stabilität erreichen kann. Es ist z. B. kein Problem, daß die Partner sich im Garten in vertauschten Rollen treffen.

Sie würde gerne einmal wissen, wie es als Mann ist, und er wollte schon immer mal in die Rolle einer Frau schlüpfen. Dabei kommen sehr oft versteckte Ängste, homosexuell zu sein oder lesbische Ambitionen zu haben, hervor und können so gleich verarbeitet bzw. aufgelöst werden. Eine Frau, die sich beispielsweise einen größeren Busen wünscht, sollte dies in jedem Falle im Garten verwirklichen. Wenn sie dabei konsequent ist, wird sie sehr bald merken, daß auch der physische Busen zu wachsen beginnt und schöner wird. Das gleiche gilt für die Wunschgröße des Penis beim Manne. Natürlich dauert es etwas, bis der jeweilige physische Körper nachzieht, dies geschieht jedoch in jedem Falle. Selbstverständlich kann sich auch nur ein Partner in die andere Rolle begeben und die homoerotische Praxis damit für beide Teile ermöglichen.

Die menschliche Seele ist geschlechtslos, weder männlich noch weiblich. Auch die feineren Körper sind nicht so klar in einer

Geschlechterrolle, wie man es beim physischen Körper an den Geschlechtsmerkmalen erkennen kann. Niemand ist ganz Mann oder ganz Frau. Der Mensch hat beide Anlagen in sich. Der Teil, der überwiegt, ist für die physischen Merkmale verantwortlich. Mit dieser Rolle identifiziert man sich üblicherweise. Daß diese aber nicht immer so eindeutig ist, wissen wir.

Man kann dabei klar sagen, daß alle diese Möglichkeiten und Praktiken selbstverständlich auch einem männlichen oder weiblichen homosexuellen Paar offenstehen. In der Praxis werden von solchen Paaren auch ohne besonderes Wissen darüber bereits die Polaritäten gewechselt. Dies kann bei einer physischen Vereinigung mehrmals geschehen; d. h. mal ist der eine Partner der aktive, führende Teil, dem sich der andere hingibt, mal ist es umgekehrt – und dies gleichermaßen zwischen Männern oder Frauen. Bei einem physisch gleichgeschlechtlichen Paar ist jedoch ein Ausgleich eines gewissen Energievakuums empfehlenswert. Bei einem männlichen Paar besteht ein weibliches Vakuum, und umgekehrt ist es das gleiche. Deshalb sollte so ein Paar – nicht erotischen, sondern gesellschaftlichen – Umgang mit einem oder mehreren heterosexuellen Paaren pflegen. Daß dies in der heutigen »aufgeklärten und toleranten« Zeit nicht so einfach ist, muß man bedauern. Die Befangenheit und diverse Ängste lassen dies nicht so einfach zu. Durch einen solchen Umgang wird das Vakuum an anders gepolter Energie ausgeglichen. So etwas ist für alle Beteiligten, auch die heterosexuellen Paare, positiv. Viele homosexuelle Paare tun dies bereits unbewußt, ohne daß sie wissen, warum.

Das was wir hier offen beschreiben, war lange Zeit geheim und wird auch heute noch geheim praktiziert. Noch im letzten Jahrhundert hätte eine solche Veröffentlichung Strafe und Beschlagnahme des Buches nach sich gezogen. Vor hundert Jahren hätte man mit Schlimmerem rechnen müssen, und vor 250 Jahren wäre man womöglich auf dem Scheiterhaufen gelandet.

Die im folgenden beschriebene Liebesmethode ist bei vielen Menschen schon bekannt. Es handelt sich um Karezza. Das Wort *carezza* bedeutet in der italienischen Sprache soviel wie »zärtliche Berührung«. Viele Menschen haben diese Methode bereits ausprobiert, und die, denen es gelungen ist, sind des Lobes voll.

Beim Karezza stimulieren sich die Partner, wie der Name schon sagt, mit zärtlichen Berührungen, bis der Mann dazu fähig ist, sein Glied in die Partnerin einzuführen. Dann sollte er sich so ruhig wie möglich verhalten, also sich sowenig wie möglich bewegen. Es ist ihm nur erlaubt, mit sanften Bewegungen seine Erektion aufrechtzuerhalten. Durch Streicheln und Liebkosungen des Partners lösen sich mit zunehmender Praxis feinere Schwingungen in den inneren Körpern. Es entsteht ein Austausch dieser Energie. Jeder innere Körper ist zu einer Art Orgasmus fähig. Solche gegenseitigen Entladungen werden dabei angestrebt.

Bis es allerdings soweit ist, kann es schon eine Weile dauern. Dies liegt an verschiedenen Dingen. Sehr oft kennt ein Partner die Methode über ein im Handel erhältliches Buch. Bis er den Partner davon überzeugt hat, können viele Diskussionen ablaufen. Sehr oft ist es die Frau, welche diese Praktik einmal ausprobieren möchte. Hier beginnen dann beim Mann die Probleme. Ein wesentlicher Bestandteil seiner Männlichkeit und seines Selbstverständnisses besteht in einem leidenschaftlichen Liebesakt mit Orgasmus. Solange er seine Partnerin befriedigen kann, so lange ist sie ihm sicher, glaubt er. Nun soll er auf heftige Leidenschaft und den Orgasmus verzichten und weiß nicht einmal, ob statt dessen etwas Schöneres nachkommt. Die Mutigen, die es dann trotzdem versuchen, und sei es lediglich, um der Partnerin einen Gefallen zu tun, sind zu Anfang nur mit halbem Herzen dabei. Dies sind nicht die besten Vorbedingungen für diese Methode. So kann es dann länger als nötig dauern, bis ein Ergebnis zu bemerken ist. Das, was kommt, entspricht dann erst einmal nicht dem, was für den Idealfall in den Büchern versprochen wird. Da beide Partner mit ganzem Herzen und voller Aufmerksamkeit dabeisein sollten, stören die Vorbehalte eines Partners oder falsche bzw. zu hohe Anfangserwartungen den sich langsam entwickelnden Energieaustausch. Sehr oft wird der Versuch dann enttäuscht abgebrochen, und der Mann hat wieder einmal recht, denn er hat es ja vorher schon gewußt.

Karezza kann durchaus zur Verfeinerung der Sexualität beitragen. Wenn sie richtig und mit Geduld praktiziert wird, treten die erwarteten Ergebnisse auch ein. Daß die Dauer bis zum Erfolg bei jedem Paar verschieden sein wird, ist einleuchtend. Sehr viel helfen würde es, wenn man unvoreingenommen daranginge, die bisherige Zielrichtung wegfallen ließe – also alle Gedanken an einen Orgasmus oder ein Resultat vermeiden und einfach wie Kinder spielen könnte. Sehr wichtig ist es dabei, wenn erst einmal so etwas wie ein Kräfteaustausch wahrgenommen wird, nicht nur zu nehmen, sondern auch zu geben. Es hat sich ebenso gezeigt, daß es für den Mann gut wäre, wenn er der Frau erst einmal die Führung überließe.

Das öftere Scheitern von Karezza hat diese Methode zu Unrecht in Verruf gebracht und abgewertet. Wie immer, wenn man etwas entwertet, wird es mit geringschätzigen Begriffen belegt. So spricht man über die Methode beispielsweise als Vorwand für »Impotente«, die keinen Orgasmus mehr zustande bringen und so ihr Gesicht wahren wollen.

Die Zahl abwertender Ausdrücke für die Sexualität ist ein wichtiges Indiz, wie es um diese in einem Kulturraum bestellt ist. Worte wie bumsen, ficken, rammeln, Votze, Möse usw. sind bezeichnend für die Art, wie wir mit der Sexualität umgehen. Sie zeigen auch den Streß, den wir uns damit machen, die Angst, die wir bewußt oder unbewußt davor haben, vor dem Partner zu versagen. Mit solchen Ausdrücken versuchen wir, uns selbst zu zeigen, daß wir alles im Griff haben, ob es nun stimmt oder nicht. In China heißt die Vagina »Jadegrotte« oder »Pforte des Himmels«, das Sperma »Frühlingstau«, der Penis »Himmelsbote«.

Was für ein Unterschied! Hier sehen wir recht deutlich, was kirchliche Lustfeindlichkeit in unserem Kulturkreis angerichtet hat.

Es gibt noch eine ganze Reihe von Methoden, die sich von Karezza nur unwesentlich unterscheiden, jedoch weniger bekannt sind. Dazu zählen diverse tantrische Praktiken. Im Tantra wird die Liebesvereinigung ritualisiert. Hier versucht man, die anfänglichen Schwierigkeiten dadurch zu überwinden, daß man eine hohe Motivation für die Praktik liefert. Wenn Götter es wollen, dann kann es sich nicht um Sünde handeln.

Wenn es Bestandteil der Religion ist, geht vieles leichter. Im Urtantra ist der Ablauf in allen Details vorgeschrieben. Wer sich damit auseinandersetzen will, findet genug Literatur. Dabei sollte man sich zuerst über das Urtantra informieren, bevor man sich mit den Praktiken westlicher Tantrajünger beschäftigt.

Ein wichtiger Ansatzpunkt für die Entwicklung einer Fähigkeit bei einem inneren Körper ist, daß man den nächstdichteren Körper ruhigstellt. Da der dichtere Körper immer die größte Aufmerksamkeit auf sich zieht, muß ein Weg gefunden werden, ihn von seinen Bedürfnissen wegzubringen. Erst dann verlagert sich das Bewußtsein weiter nach innen, wobei es dann möglich ist, den nächstfeineren Körper zu Wahrnehmungen zu bringen. Der sogenannte kosmische Orgasmus, von dem in der Literatur immer wieder berichtet wird, ist in diesen Bereichen zu erlangen. Im Vatan versucht man, sich in möglichst vielen Bewußtseinszuständen zu etablieren und diese auch zu genießen. Um die Harmonie auf all diesen Ebenen nicht zu verlieren, wird auch der physische Orgasmus weiterhin praktiziert.

Niemand zerstört einen hohen Zustand, wenn er ab und zu in die »fleischlichen Niederungen eines physischen Orgasmus« herabsteigt. Das Bewußtsein soll ja erweitert und nicht verengt werden. Solange wir alle Körper, einschließlich des physischen, haben, sollten wir mit ihnen leben und sie auch benutzen. Es sollte uns immer klar sein, daß alle Körper ohne Unterschied heilig sind. Der Mutige wird sehr bald die nötigen Erfahrungen erlangen und nicht einseitige Experimente praktizieren, wo es nicht nötig ist. Er würde nur der inneren Harmonie schaden. Dies schließt auch ein, daß wir, solange wir eine Fähigkeit in uns entwickeln, zu diesem Zwecke einmal eine Zeitlang eine Ebene etwas ausklammern. Wenn wir dem Ziel sehr nahe sind, werden wir wieder alles mit einbeziehen, was nötig ist.

Man sollte sich in diesem Zusammenhang niemals von medizinischen oder sonstigen Kapazitäten etwas verteufeln lassen. Die meisten solcher, »Spezialisten« haben von diesen Bereichen nicht einmal die leiseste Ahnung. Es sollte zu denken geben, daß diese »Kenner« der Materie noch bis weit in das 20. Jahrhundert hinein behaupteten, daß Onanie oder Masturbation das Schädlichste ist, was es im Sexuellen gibt. Darin, vor vermeintlichen Folgen wie Impotenz, Rückenmarksschwund oder Bleichsucht zu warnen, waren die Herren sehr erfindungsreich. Das, was wirklich durch ihre Behauptungen geschah, war die Produktion eines Heeres von Jugendlichen mit schlechtem Gewissen und verpfuschten, verklemmten Anschauungen über die Sexualität.

Ein Mensch liegt nie falsch, wenn er in mutiger und vorsichtiger Weise neue Gebiete erforscht. Unter vorsichtiger Weise versteht man, daß man nicht auf Biegen und Brechen an etwas arbeitet. Hier kommt man schneller voran, wenn man spielerisch darangeht. Ein wichtiger Indikator dafür, daß man alles richtig macht, ist, das Freude und Spaß im ganzen überwiegen. Wenn etwas zur Pflicht oder zur Arbeit wird, dann sollte man kürzertreten und eventuell lieber einmal etwas anderes probieren. Niemand bestreitet, daß die Sexualität ein empfindlicher Bereich ist. Es liegt bei uns, ihn zu einem noch schöneren Bereich zu machen.

Vergessen wir in dieser Hinsicht besser den westlichen Grundsatz des industriellen Zeitalters: »Wer viel tut, erreicht viel!« Ersetzen wir lieber die Quantität durch Qualität und sagen: »Je freudiger und fröhlicher wir etwas tun, um so schöner und intensiver wird es!« Man sollte dabei auch nicht vergessen, daß nicht das Ziel wichtig ist, sondern daß man erst einmal losgeht, denn es liegen wunderschöne Landschaften auf dem Wege. Sollte man einmal stolpern, so ist dies eine wundervolle Gelegenheit für beide Partner, einmal herzhaft zu lachen.

Als die Methode der Karezza in Deutschland bekannt wurde, gab es eine ziemlich lebhafte Diskussion in den Medien. In der Zeitschrift *Die Weltbühne* fanden sich gegen Ende 1932 längere Aussprachen, in die u.a. auch van de Velde, der Autor des damals aufsehenerregenden Buches »Die vollkommene Ehe»,[12] eingriff. In Nr. 1/1933 gibt Walther von Hollander, einer unserer Vorfahren, dazu ebenfalls seine Meinung wieder, die wir dem Leser nicht vorenthalten wollen:

Ich bin kein Sexualfachmann, obwohl ich die »einschlägige« Literatur ganz gut kenne. Das Material eines Spezialarztes steht mir nicht zur Verfügung. Aber ich habe anderes Material. Ich habe einige Erfahrungen gemacht und habe festgestellt, daß meine Erfahrungen und meine Gedanken über diese Erfahrungen weder neu noch vereinzelt sind. Ich fand sie in den Weisheitsbüchern der Chinesen, in Berichten über primitive Völker, im Weisheitsgut Kultivierter. Ich fand sie bei denjenigen Menschen von heute, die gewohnt sind, sich vorurteilslos zu beobachten und in Zucht zu nehmen. Das Resultat dieser Erfahrungen und Beobachtungen hielt ich für mitteilenswert. Sicherlich haben andere wieder andere Erfahrungen, über die man nachdenken kann. Ich finde nicht, daß die Entgegnungen, die hier veröffentlicht wurden und die ich sonst noch erhielt, meine Erfahrungen widerlegen.

Der Mann kann seine Zeugungssäfte beherrschen, falls er sich bemüht. Das ist eigentlich alles, was ich mitzuteilen hatte. Herr Dr. Jacobsohn sagt nun, daß diese Beherrschung in das Sprechzimmer des Spezialarztes führen müsse oder zu einer anatomisch greifbaren Störung der Potenz. Ich kann mir nicht vorstellen, daß Herr Jacobsohn den Beweis für diese Behauptung antreten kann. Nirgends in den alten Schriften, die sonst vor allen Gefahren zu warnen pflegen, wird von dieser Gefahr gesprochen. Nicht einer der mir befreundeten oder bekannten Menschen, die sich dieser Methode bedienen, ist krank geworden.

Wenn die Menschen, wenn die Liebenden bisher glücklich geworden wären, so wäre es Unsinn, nach neuen oder alten Methoden zu fahnden. Tatsächlich sind sie zum größten Teil unglücklich, unsicher, verwirrt. Es muß also etwas an den bisher angewandten Methoden nicht stimmen. Für die Menschen, die das spüren, habe ich geschrieben.

Meine »Methode« ist nicht meine Methode, sondern das Ergebnis einer oft unterbrochenen und immer wieder geknüpften Kette von Erfahrungen und Beobachtungen mehrerer Jahrtausende. Diese

Erfahrung besagt, daß der Zeugungsakt genauso vielstufig ist wie alles in der Natur und daß man über die Primitivstufe nur durch Übung, Pflege, Training und Selbstbeherrschung herüberkommt. Jeder Mann kann dieses Training auf sich nehmen. Auch »der Mann aus dem Volke«. Sehr häufig weiß, »der Mann aus dem Volke« sehr gut Bescheid. Er weiß auch, daß man etwas leisten muß, wenn man etwas erreichen will, und er scheut sich nicht davor. Für Männer freilich, die »die Zumutung überhaupt ablehnen, sich in Zucht zu nehmen, hat die Methode keinen Wert. Ich bin immer wieder zu einer noch genaueren Beschreibung »meiner Methode« aufgefordert. Ich glaube, es ist zunächst nicht viel mehr darüber zu sagen, als daß man die Zeugung beherrscht, sobald man sich durch Spürsamkeit und Wachsamkeit, durch Einfühlung in seinen Partner über die Stufe des »von selbst« hinausgearbeitet hat. Auf die Dauer wird man nicht weiterkommen, wenn man sich nicht in gleicher Weise aller Möglichkeiten und Kräfte des Körpers bemächtigt. Das Problem der Sexualerziehung ist also immer ein Problem der Gesamterziehung, und wer nicht lernen will, sorgfältig mit sich umzugehen, der wird auf dem Spezialgebiet der Sexualität auch nicht erfolgreich sein.

Auf vielfachen Wunsch und mit größtem Widerstreben dennoch einiges »Konkretes«. Eigentlich müßte man sich zuvor über viele Voraussetzungen einigen, über die Tatsachen der inneren Sekretion zum Beispiel und wieviel von den nicht gleich ausgegebenen Sexualsäften schon während der Geschlechtsvereinigung beim Mann in den inneren Kreislauf aufgenommen wird, so daß er (wie die Chinesen verlangen) verjüngt und gekräftigt aus der Liebesnacht hervorgeht. Man müßte sich über die viel zu selbstverständlich hingenommenen Tatsachen des Orgasmus unterhalten und ob wirklich weiblicher und männlicher Orgasmus gleichzusetzen ist oder ob nicht vielmehr es wichtiger und meinetwegen »natürlicher« ist, daß die Frau zum Orgasmus kommt, während der Mann mit seinen Säften nicht nur zeugen soll, sondern sich auch aufbauen (das wenigstens sollten die Fachleute allmählich mitberücksichtigen), man müßte sehr genau über die Frage des Schwingungsaustauschs sprechen, über den innerhalb der weißen Rasse nur die Karezzaleute nachgedacht haben (aber sie haben einen gewissermaßen verfrühten Seelenbegriff dazwischengebracht), kurzum: Die Fragen liegen so schwierig, daß man sie wohl diskutieren, aber nicht hin und her artikeln kann.

Trotzdem also ganz kurz: Von der Karezza unterscheidet sich die von mir beschriebene Methode darin, daß sie keine Bewegungslosigkeit verlangt, sondern im Beginn ein vorsichtiges Einspielen, ein Herangehen an den Orgasmuspunkt, ein Überspielen dieses Punktes (am besten durch Atmung), worauf der Mann freie Fahrt hat. Er kann das Tempo, die Intensität, meinetwegen die Heftigkeit anwenden, die er will.

Die Befriedigung auf dieser Stufe liegt nicht mehr (und auf alle Fälle nicht immer) im Orgasmus, sondern in der Erfrischung, Stärkung und Befriedigung des gesamten Organismus. Läßt man es dennoch zum Orgasmus kommen, der nicht zu dieser Methode gehört, dann freilich bleibt auch in diesem Stadium nur die Wahl zwischen Interruptus und der möglichen Zeugung. Aber auch dann noch hat der Mann zwei Vorteile: Einmal kann jeder Mann jede Frau wirklich befriedigen. Und zum zweiten kann er den Zeitpunkt des Orgasmus bestimmen.

Viele junge Menschen fürchten, daß sie durch die Beherrschung um den Genuß der Leidenschaft kämen.

Die Natur, so meinen sie, sei unbeherrscht. Dazu ist auch wieder zu sagen, daß man sowohl das Unbeherrschte wie das Beherrschte zur Natur rechnen muß, daß also Natur nichts Eindeutiges ist. Wer mit seinen Leidenschaften glücklich geworden ist, soll auch weiterhin nicht gestört werden. Denen aber, die unglücklich sind, muß man sagen, daß die Natur alle Kräfte hundertfältig wiedergibt, die man anwendet, um sie zu erschließen. Mein Aufsatz hat sich an die Männer gewandt, weil die Männer besonders wenig über die Zeugung nachzudenken pflegen. Ich wollte aber nicht sagen, daß die Frauen in der Frage nichts zu suchen hätten. Im Gegenteil: Sie könnten viel, sie könnten alles erreichen. Sie vor allem aber könnten mit der schrecklichen Verwechslung von Unbeherrschtheit und Leidenschaft ein Ende machen, die so viel Unglück in die Welt gebracht hat. Sie könnten den Männern die Beherrschung ihrer Funktionen erleichtern, wenn sie auch ein bißchen besser Bescheid wüßten. Dann würden viele von ihnen die wirkliche Leidenschaft kennenlernen und in ihr warm, glücklich und heiter werden.

Die Frage des »unterdrückten« Orgasmus hat schon immer die Gemüter erregt. Die meisten Einwände sind jedoch aus Unkenntnis und theoretischen Überlegungen entstanden. Die vielen Bücher über spirituelle Sexualtechniken, sei es nun Karezza, Tantra oder Tao, kann man auch nicht als besonders ermutigend bezeichnen. Der arme Mensch, der den guten Willen hat, seine Sexualität zu transzendieren bzw. zu verfeinern, steht da manchmal vor der großen Frage, ob er die vielen Techniken und Ratschläge überhaupt je befolgen kann, ob er es je schaffen wird. Da wimmelt es nur so von komplizierten Beschreibungen der inneren Körper.

Da gibt es Energieleitungen, Chakras, Kraftzentren, kleine und große Kreisläufe und vieles mehr. Manche Werke kann man eher als Leitfaden der okkulten Anatomie bezeichnen als ein Lehrbuch für die Liebe. Und hierauf soll sich der gestreßte Leser auch noch während des Liebesaktes konzentrieren !

Viele der Autoren und Gurus haben vergessen, daß es vor all diesen Methoden nur das Paar gab, das sich liebte. Es führte den Liebesakt, so gut es konnte, aus. Dieses Urpaar wußte lediglich, daß Liebe schön war. Die beiden Liebenden trachteten irgendwann danach, diese schönen Zeiten auszudehnen. Der Mensch war schon immer zu großen Leistungen fähig, wenn es darum ging, Genuß auszudehnen. Da gab es weder Tantrameister, die Ratschläge gaben, noch Taoisten, die aus ihren Erfahrungen heraus sprechen konnten.

Das Urpaar stellte gewiß einmal fest, daß der physische Orgasmus dem schönen Ablauf ein Ende setzte. Also bemühte sich der Mann, sich etwas zu beherrschen. Man hatte länger Vergnügen und Lust. Eventuell kam man dabei auch darauf, daß man die gewonnene Zeit mit viel Zärtlichkeit ausfüllen konnte, was den Genuß noch mehr steigerte. Man merkte, daß dies die Spannung und das Wohlbefinden vermehrte. Bestimmt gab es Mutige, die sich sagten: Was, wenn wir ganz auf den Orgasmus verzichten? Würde dann die übrige Zeit immer so schön wie im Liebesakt sein? Der Mensch stellte fest, daß *mit* einem Orgasmus für einige Zeit die schöne Spannung und gehobene Stimmung weg war, *ohne* sie praktisch für immer anhält, ja sich sogar steigert. Man kam zu der Erkenntnis, daß man auf einen schönen Augenblick verzichtete und dadurch das Paradies zurückgewann.

Im Laufe der Zeit verfeinerten sich die Sinne derart, daß man beim Akt spürte, wie die Sexualkraft, die früher nach außen verpuffte, nach innen floß und sich hier und dort sammelte. Wie diese Kraft wie von selbst bestimmte bevorzugte Bahnen im Körper fand und immer gerade dort, wo sie am nötigsten gebraucht wurde, auch ankam. Man erkannte, daß man eigentlich lediglich voller Liebe dem Partner begegnen mußte, nur des Partners größtes Wohlergehen nicht aus dem Sinne verlieren brauchte, alles andere regelte sich dann von selbst.

Die Menschheit nannte diese Zeit das Goldene Zeitalter. Später kamen gierigere Zeitgenossen, denen es nicht genügte, daß sich im Liebesakt alle Körper austauschten, die Seelen sich auf höchster Ebene trafen und verschmolzen.

Man analysierte das Ganze erst einmal und zerpflückte es in seine Bestandteile. Es war ja inzwischen genug Erfahrung vorhanden. Was passierte, wenn man hier oder dort mehr Sexualenergie hinführte? Sollte man der Kundalini nicht gleich zeigen, wo die Leitungen entlangführen? Sollte man nicht diesem oder jenem Chakra mehr Energie zuführen Was, wenn ...?

Man machte auch damit seine Erfahrungen. Manches konnte man schneller erreichen. Gleichzeitig tauchten jedoch auch Gefahren auf, die man sorgfältig registrieren mußte, damit Schülern nichts Schlimmes passierte; denn inzwischen gab es schon Spezialisten, die natürlich

Schüler hatten. Irgendwann stellte man fest, daß die Disharmonie, die man laufend anrichtete, erst einmal wieder beseitigt werden mußte. Wer das nicht schaffte, war nicht reif genug.

Also fand man immer wieder neuere und bessere Methoden. Zu Beginn, bevor es solche Spezialisten gab, war es ein Vergnügen, sich auf den Partner in Liebe einzustellen. Man liebte sich, was konnte also schöner sein, als sich gedanklich mit dem geliebten Menschen zu befassen. Inzwischen mußte man sich konzentrieren, damit man auch ja alles richtig machte. Die frühere natürliche, selbstlose Hingabe an den Partner beim Liebesakt sorgte für Ausgleich und Balance. Wer schenkte, fragte nicht, ob er vom Partner mehr zurückbekam, als er gab. Inzwischen mußte man sich auch darüber Gedanken machen.

Ganz Kluge dachten sich: Warum sich soviel Mühe mit einer Frau geben, nur um die Sexualspannung aufrechtzuerhalten? Wechseln wir doch gleich öfter die Partnerin. Wie immer, wenn kluge Menschen von Forscherdrang und Gier getrieben werden, waren auch darunter wieder welche, die nicht genug bekommen konnten und sich dachten: Warum etwas zurückgeben, nehmen wir uns doch einfach, was wir brauchen. Auch dafür fand man bald die richtigen Tricks. Damit man natürlich immer junge und frische Energie bekam, nahm man auch nur junge, frische und gesunde Mädchen dafür.

Sehr bequem war es, wenn solche Mädchen keine Ahnung hatten, was da beim Sexualakt mit ihnen geschah. Es hätte ja einmal eine Frau auf die Idee kommen können, das gleiche mit den Männern zu machen. Auch dies kam immer wieder vor. Deshalb warnte man eindringlich vor solchen Frauen in den geheimen Büchern, die inzwischen kursierten. Denn gegen eine Frau, die eingeweiht war, war der Mann natürlich wieder im Nachteil und um die Früchte seiner Liebespraktiken gebracht.

Man fand nämlich bald heraus, daß Sexualenergie nicht nur gesund und frisch machen konnte, sondern unter gewissen Umständen auch den Alterungsprozeß stark verlangsamte. Also findet man in einem geheimen Buch das Versprechen, daß, wenn man es schaffte, in einer Nacht mit elf jungfräulichen Mädchen zu schlafen, ohne zu ejakulieren, man unsterblich würde. Man machte regelrecht Jagd auf jungfräuliche Mädchen. Inzwischen hatte man sich in geheimen Schulen und Orden mit Meistern zusammengeschlossen.

Wer zu alt war, um diese Liebestechniken zu pflegen, den packte man jede Nacht zwischen »junges Fleisch« (junge Mädchen), um so über die Aura seine Lebensgeister aufzufrischen, was ganz gut funktionierte. Dies wußte schon der alte David aus der Bibel. Aber auch Mahatma Gandhi soll man so seinen Hungerstreik gegen die Engländer erleichtert haben.

In Paris gab es noch im 19. Jahrhundert – und wer weiß, möglicherweise gibt es sie auch heute noch – Salons, in denen man sich für gutes Geld einer Kur mit jungen, frischen Landmädchen erfreuen konnte. Die Leiterin eines solchen Salons stellte nüchtern fest, daß ein Mädchen nach drei Wochen mindestens eine Erholung von drei Monaten benötigte, um für diesen Zweck wieder einsatzfähig zu sein.

Inzwischen kennen Wissende bessere Methoden, ohne aufzufallen, die Früchte derlei Tuns zu genießen. So finden wir manche Yogaschulen, deren Guru sich einen ganzen Schwarm von jungen, schönen Anhängerinnen hält. Diese meditieren fleißig mit dem Vorstellungsbild ihres verehrten Meisters, um irgendwann einmal Erleuchtung zu erlangen. So bekommt der Meister drahtlos immer frische Lebensenergie, die dazu noch von sehr hoher Qualität ist, da man ja nur reinen Herzens im stillen Kämmerlein über seinen verehrten Meister meditiert. Der alte, bärtige Lustgreis, der davon profitiert, erfreut sich einer strahlenden Gesundheit. Dies führen seine Anhänger wiederum darauf zurück, daß er erleuchtet ist und damit natürlich auch Herr über seinen physischen Körper.

Schließlich lehrt er ja die Beherrschung der eigenen Kräfte. Und wenn man fleißig meditiert, wird man auch einmal herausfinden, wie so etwas eigentlich möglich ist. Der Guru wird sich hüten, sein Geheimnis zu offenbaren. Wer einmal damit begonnen hat, ist regelrecht süchtig danach und wird sich seine spirituelle Frischzellentherapie nicht so einfach nehmen lassen.

So weit sind wir also inzwischen gekommen. Aus dem heiligen Vorgang der Liebe haben wir Menschen eine Wissenschaft gemacht, die man nur noch mit dem Wissen eines spirituellen Technikers erfahren kann. Natürlich bekommt man seine Ausbildung in diesen Techniken aus dem Osten. Ein Heer von Scharlatanen, Yogis und Gurus beglückt ausgerechnet uns. Nicht die Eskimos, die Ägypter, die Indianer oder sonst jemanden, der wirtschaftlich nicht unbedingt gesegnet ist. Nein, die reichen Länder werden heimgesucht, wie es auch der französische Schriftsteller Robert Charroux formuliert hat:

> Daß die Wahrheit aus Indien kommt, versteht sich von selbst, ist es doch Archetyp und Spiegel der Welt: 635 Millionen unterernährter, unsauberer, unterentwickelter, arbeitsloser armer Kerle ohne Bleibe, gezwungen, am Straßenrand zu kampieren und aus Pfützen zu trinken, dem Aberglauben ebenso ausgeliefert wie den Krankheiten. Diese Hölle auf Erden ist das »Land der Wunder«, aus dem die Yogis und Gurus kommen, die Lehrer der Weisheit, die ihre Philosophie in die USA und das Abendland exportieren, Männer mit einem vertrauenerweckenden Gesicht, einem gewaltigen Bart und langen Haaren, die sich bloß mit einem weißen Sari zu bekleiden und barfuß zu laufen brauchen, um die Naiven nach Lust und Laune melken zu können.«[13]

Die vielen westlichen Wahrheitssucher, die verzweifelt nach Rezepten zur Erleuchtung und Erlösung suchen, sollten innerlich nicht den gleichen Fehler machen, den die Menschen äußerlich bereits gemacht haben. In welchem Zustand die Erde ist, dürfte inzwischen allen bekannt sein. Man hat das Gleichgewicht durch Eingriffe in die Natur mit allen Mitteln zerstört. Dies geschah von einer Warte aus, von der aus kein Überblick über das Ganze möglich ist. Die meisten Sucher, die sich auf Systeme und Methoden einlassen, sind der Gnade eines Lehrers oder Gurus ausgeliefert. Niemand kann ihnen sagen, ob sie nicht mit klugen Worten an der Nase herumgeführt werden. Sie erhalten Anleitungen, in ihre eigene Natur einzugreifen, ohne daß sie wissen, was sie wirklich tun. Sie tun das gleiche, gegen das sie im äußeren Leben als spirituelle

Menschen oder Esoteriker so vehement protestieren. Sie greifen in unqualifizierter Weise in die Natur ein und richten damit im Innern den gleichen Schaden an, den sie außen mittlerweile am Zustand der Erde so klar vor Augen geführt bekommen. Die Fülle der heute angebotenen Möglichkeiten ist so verführerisch, daß es schwerfällt, hinter allem die Natürlichkeit und den Ursprung zu erkennen. Wer sich diesem Trend oder Diktat nicht fügt, muß sich wohl oder übel mit Einfacherem zufriedengeben, z. B. in der Sexualität mit dem einfachen Liebesakt. Aber gerade hier liegt die Chance des Menschen, im einfachen Liebesakt. Beinahe 2000 Jahre Sexualfeindlichkeit und Verdummung haben es eben nicht geschafft, diesen Liebesakt so zu verpfuschen, daß man nicht mit Liebe, Ehrlichkeit und Mut wieder zu seinem natürlichen Ursprung zurückkehren kann.

Wer käme beim Essen auf die Idee, sich darauf zu konzentrieren, daß die Nährstoffe seiner Nahrung genau durch diese oder jene Blutbahn genau in dieser Quantität dieses oder jenes Organ erreichen. Die Natur hat es wunderbar eingerichtet. Jedes Enzym findet den richtigen Platz für seine Aufgabe, jedes Hormon weiß, wo es hingehört, vorausgesetzt, wir nehmen die richtige, natürliche und saubere Nahrung auf. Selbstverständlich hat der Mensch auch hier in seiner Gier den Abgrund beinahe erreicht. Dies schließt jedoch nicht aus, daß der einzelne für sich in der Auswahl seiner Nahrung mehr Vorsicht walten lassen kann. Genauso ist es in der Liebe. Alle Kräfte finden ihren Bestimmungsort, wo sie gebraucht werden. Was wäre das für eine Gottheit, die den Menschen so gebaut und erschaffen hätte, daß er eine Ausbildung zum Liebesingenieur brauchte, um sich perfekt mit seinem Partner zu vereinen. Die Natur lehrt uns freiwillig ihr Wissen und ihre Weisheit. Wir brauchen dazu keine klugen, geheimen Bücher weiser Männer. Wer sich nur etwas bemüht, der wird mehr belohnt, als er erwartet. Deshalb macht sich ein Runenmeister keine Sorgen um Gefahren und Praktiken, die er eventuell noch nicht kennt. Er weiß, daß er nur aufrichtig und selbstlos lieben muß, alles andere kommt dann auch von selbst.

KAPITEL 7

DIE ENTWICKLUNG ZUM RUNENMEISTER

Das Ziel der Entwicklung

Bevor man sich mit der Entwicklung im Vatan näher beschäftigt, sollte man sich erst einmal klar darüber werden, wohin man sich überhaupt entwickeln will. Dabei wird wohl jeder Mensch seine eigenen, mehr oder weniger deutlichen Vorstellungen haben. In der Wissenschaft der Runenmeister werden folgende Ziele angestrebt, von denen man weiß, daß sie alle möglichen erreichbaren Ziele des Menschen enthalten:

1. der Seele, dem Ebenbild der göttlichen Quelle, dem eigentlichen Menschen, die volle Kontrolle über alle ihre dualen Körper zu verschaffen,

2. die Seele zum perfekten Instrument der göttlichen Quelle zu machen, ohne daß sie dabei ihre Individualität aufgeben muß,

3. die Seele daran zu erinnern, daß sie alle in der Schöpfung existierenden Bewußtseinszustände und Seinsebenen kennenlernen kann, und dies in voller Freiheit der eigenen Entscheidung,

4. den Zustand der Freiheit und Vollendung zu erlangen, in dem es möglich ist, frei in die göttliche Quelle einzutreten oder aus ihr auszutreten, ohne den Zustand der Vollendung zu verlieren.

Diese vier Ziele sind von jedem Menschen erreichbar. Wir alle sind auf dem Weg dorthin, ob wir dies wissen oder nicht. Und auf dem Weg zu diesen Zielen sind wir als Menschen schon ein großes Stück vorangekommen. Ganz gleich, ob wir uns gerade nur mit der physischen Materie befassen oder eventuell schon mit der inneren Entwicklung beschäftigen, wir sind auf dem Weg zurück zur Quelle. Es gibt viele Wege zum Ziel. Der Vatan ist nur eine unter weiteren Möglichkeiten. Deshalb gilt in dieser Lehre jede Anstrengung, jeder Versuch in die richtige Richtung als positiv. Jeder Weg, dessen Motive rein sind, ist anerkennenswert. Darum wird auch kein Runenmeister je versuchen, einen Menschen von solch einem Weg abzubringen. Wenn der Betreffende ihn erfahren hat, wird er von selbst weitergehen und das Richtige für sich finden. Dies hindert Vatanis jedoch nicht daran, darauf aufmerksam zu machen, wenn sie erkannt haben, daß ein Weg auf unlauteren Motiven aufgebaut ist und wenn die Gefahr einer Falle für Unwissende besteht. Sie tun dies jedoch so neutral wie möglich, denn eine Seele hat das Recht, Irrtümer bis in alle Ewigkeit zu begehen, wenn sie es möchte. Erst wenn dabei eine weitere Seele bewußt auf ihrem Weg zurück behindert wird oder eine Seele keine Möglichkeit sieht, sich aus einer selbstverursachten oder fremden Falle zu befreien, erlaubt sich ein Runenmeister einzugreifen. Dies geschieht in sehr subtiler Form. Zumeist genügt ein kleiner Anstoß am richtigen Punkt, und die Seele findet selbst die richtige Lösung ihres Problems. Dabei wird jede Verstärkung ihrer Hilflosigkeit vermieden. Dazu gehört, daß der Helfer, wenn es sich irgendwie machen läßt, gar nicht sichtbar in Erscheinung tritt. Dadurch wird die Möglichkeit eines Dankes vermieden, was eine subtilere Form der Erniedrigung wäre. So eine Seele glaubt dann, daß ihr Gott geholfen hat. Damit hat sie nicht einmal unrecht, denn wir sind alle Götter, nur in verschiedenen Bewußtseinszuständen.

Die Vatanis sind wahre Meister in der Tarnung. Man nennt sie in den spirituellen Welten auch die »Stillen«. Da sie sich in diversen Bewußtseinsebenen aufhalten können bzw. sehr einfach von einem Zustand in den anderen wechseln können, nennt man sie auch »Wanderer«.

Ein Vatan-Meister, der sich entschlossen hat, in der Dualität als Instrument der göttlichen Quelle zu verbleiben, erfüllt mannigfaltige Aufgaben. Diese werden ihm nicht von einem Gott oder sonst jemandem zugeteilt, sondern er erkennt sie selbst. Er und seinesgleichen sind die Krieger der göttlichen Quelle, die selbsternannten und eigenständigen Krieger, die Leben in allen Bereichen schützen und verteidigen. Zu diesen Kriegern gehören nicht nur Runenmeister des Vatan. Manche

Weisheitsschule hat Eingeweihte hervorgebracht, die sich dieser Aufgabe widmen. Es sind jedoch nicht so viele, die diesen Punkt erreichen, denn je näher wir der göttlichen Quelle kommen, um so dünner wird, symbolisch gesprochen, die Luft, so daß die Ernte nicht so üppig ist. Nicht jeder, der diesen Zustand erreicht hat, stellt sich als Werkzeug zur Verfügung und bleibt freiwillig in der Dualität.

Die geheimen Krieger der göttlichen Quelle bekämpfen die Unwahrheit auf allen Ebenen, aber jeder, der sich auch nur ein Minimum bemüht, in Richtung Wahrheit zu leben, ist ihres Schutzes sicher. Ganz gleich, wie oft er dabei hinfällt, seine Intentionen sind dabei das Wichtigste.

Wenn ein Vatan-Meister von einer Bewußtseinsebene in eine andere reist, so verursacht er, ohne etwas dazuzutun, Chaos und Aufruhr. Dies ist vergleichbar mit einem Menschen, der über eine Wiese geht. Ohne daß er es will, bringt er Schrecken für die Kleinlebewesen mit sich und oft sogar den Tod. Aber in der Schöpfung geht nichts verloren, die Dualität ist so aufgebaut. Jeder Atemzug des Menschen bringt den Tod von Milliarden von Bakterien und Mikroorganismen mit sich. Es handelt sich dabei immer um Seelen, die dadurch eines Körpers beraubt werden. Es ist ein Gesetz der Dualität, daß die Körper niederer Bewußtseinszustände den Körpern höherer Wesen als Nahrung dienen und zur Erhaltung ihrer Körper wieder Verwendung finden. Wer möchte beurteilen, welche Seele mehr wert ist, die einer Bakterie oder die eines Schweines, das wir zur Nahrungsgewinnung schlachten? Wer auf dem Weg der Runenmeister auch nur kleine Fortschritte gemacht hat, wird feststellen, was allein seine Anwesenheit in einer Gruppe von Menschen anrichtet. Vom Standpunkt der göttlichen Quelle aus sind die Auswirkungen positiv. Vom Standpunkt des diesen Auswirkungen unterworfenen Individuums aus sind sie nicht immer angenehm. Sie führen jedoch immer in Richtung mehr Wahrheit und Freiheit. Wer den Vatan studiert, wird sehr bald für seine Umwelt nicht mehr richtig einschätzbar. Obwohl er alles vermeidet, was auffallend wäre, paßt er bald in keine Schublade mehr. Man sucht seine Nähe, stellt äußerlich fest, daß es sich um einen ganz normalen Menschen mit ganz gewöhnlichem Beruf und mit Familie handelt. Man bleibt immer etwas unzufrieden, weil da irgend etwas Unerklärliches an ihm ist. Manche behelfen sich damit, daß sie den Praktizierenden des Vatan zum Glücksbringer erklären, weil sich, seit sie ihn kennengelernt haben, manches in ihrem Leben zum Positiven verändert hat.

Auf dem Weg des Vatan wird man es vermeiden, mit Angehörigen etablierter Religionen oder spiritueller Gesellschaften und Gruppen zu diskutieren. Dies würde für beide Teile nichts bringen. Zwischen einem christlichen Priester und einem Runenmeister liegen wahre Abgründe.

Ein Vatan-Meister hätte sich jedoch sehr gut mit dem 1968 verstorbenen Franziskaner Pater Pio über außerkörperliche Erfahrungen unterhalten können. Mit einem Mullah zu diskutieren wäre nicht sinnvoll, sehr wohl aber eine Unterhaltung mit einem Sufimeister. Mit einem jüdischen Rabbiner gäbe es nur Probleme, weil ein Runenmeister den inneren Kern des jüdischen Glaubens besser kennt als er. Nicht so mit einem Zaddik, einem Gerechten. Mit diesem sich zu unterhalten ist auch für einen Vatani ein Gewinn. Selbst wenn beide bestimmt in den meisten Dingen nicht einer Meinung sind. Hier kann man aber natürlich nicht alles über einen Kamm scheren, denn es gibt in allen Gemeinschaften vernunftbegabte Menschen, selbst an Stellen, wo man sie gar nicht vermuten würde. Vermeiden wird man es auch, dem Drang nachzugeben, anderen Belehrungen oder gute Ratschläge zuteil werden zu lassen, sofern nicht ausdrücklich darum gebeten wird. Die Achtung vor der Intimsphäre der Mitmenschen ist außerordentlich wichtig. Da niemand da ist, der diese Gebote aufstellt, muß der Praktizierende diese Grundsätze für sich selbst aufstellen und verwirklichen. Mit zunehmender Einsicht wird ihm klar, daß es auf der Erde in Wirklichkeit ganz anders ist, als man ihm und denjenigen, die keine Möglichkeiten haben, die Wahrheit zu erkennen, bisher weismachen konnte. Er wird, wie schon einmal erwähnt, einen Schock bekommen, dem eine Krise folgt.

Dies ist die kritischste Zeit für ihn. Hier ist der Drang, an die Öffentlichkeit zu gehen, sehr stark. Hier möchte man die Wahrheit über die Erde in die Welt hinausschreien.

Wer diese Krise mit gesundem Menschenverstand überwindet, hat eine Feuertaufe hinter sich. Es gab jedoch genug, die diese Wahrheit nicht ertragen konnten und sich zu unüberlegten Aktionen hinreißen ließen. Dies war vor allen Dingen noch bis zum Anfang dieses Jahrhunderts der Fall.

Die neue Zeit, die uns über die Medien den täglichen Müll der Erde in das Heim bringt, hat erheblich dazu beigetragen, daß viele Menschen die größten Ungeheuerlichkeiten hinnehmen können, ohne in irgendeiner Weise darauf zu reagieren. So ist es auch mit der Wahrheit über den Zustand der Erde. Hingegen kann es – so erschreckend die Wahrheit ist – bei einem angehenden Vatani passieren, daß er, sobald er die Ausmaße in ihrem vollen Umfang erkennt, sagt: »Jetzt erst recht! So etwas kann nicht einfach so hingenommen werden.« Und er wird ein glühender Verfechter der Wahrheit.

Er stellt auf einmal fest, daß er in einer fremden, feindlichen Umwelt lebt, die ihm aber nichts anhaben kann. Er stellt jede Meldung jedes Mediums grundsätzlich erst einmal in Frage, und er weiß, warum. Er wird hellhörig, wenn offiziell etwas verdammt oder als schlecht bezeichnet wird. Jedes Buch, das zerrissen wird, ist ihm wert, gelesen zu werden. Er entwickelt einen sechsten Sinn für Unklarheiten der Weltgeschichte. Seine Neugierde wird immer mehr geweckt. Er beschäftigt und interessiert sich für Dinge, deren Zusammenhänge nur noch wenige verstehen.

Nachdem sich sein Blick immer weiter in Richtung Seele verlagert, wird die Beurteilung dieser Dinge immer mehr in größeren Zusammenhängen vorgenommen.

Eines kann man hier schon mit aller Deutlichkeit sagen: Wenn die Menschheit erkennen könnte, was auf der Erde so alles vor sich geht, spaltete sie sich sofort in zwei Teile. Der größere Teil würde den kleineren wohl umbringen, denn manche Dinge kann ein Mensch einem anderen nie verzeihen. Aus diesem Grunde ist es gut, daß die Wahrheit der

Masse verborgen bleibt. Sie ist so anders als all das, was man sich je vorgestellt hat, man will einfach zu Beginn nicht wahrhaben, daß es das gibt. Sie ist jedoch mit etwas Mühe für jeden erfahrbar. Wer diese Erlebnisse durchmacht, fragt sich zwangsläufig: »Wo sind die weisen Männer, Gurus und Menschheitslehrer? Wo ist ihr yogatrainiertes Wahrnehmungsvermögen?« Wenn man dann solche »Heilige« näher betrachtet, sieht man, daß sie meist nicht einmal über den Rand ihres Ashrams hinausblicken können.

Die Erde ist unter den Planeten in gewissem Sinne schon einmalig. Sie ist ein Schmelztiegel sämtlicher möglicher Bewußtseinszustände. Kaum irgendwo in der Schöpfung gibt es so viele Möglichkeiten, Leiden erdulden zu können. Kaum irgendwo im Universum ist ein derartiges Sammelsurium von Interessen negativer Art auf einem Platze vertreten. Kein Science-Fiction-Autor könnte sich dies ausdenken. Es ist aber auch Tatsache, daß eine Seele kaum irgendwo so schnell vorwärts in Richtung göttlicher Quelle kommt, wenn sie es will, wie hier, in dieser Ecke der Milchstraße.

Das Studium der Wissenschaft der Runenmeister ist von seinem ganzen Aufbau her ein Einzelstudium bzw. ein Zweierstudium für ein Paar. Dies ist verständlich, da sich in seinem Verlaufe die Individualität des Menschen sehr stark entwickelt. Auch dieses Buch ist deshalb als Anleitung für ein Einzelstudium ausgelegt. Trotz der großen Bandbreite kann es nur einen Einstieg darstellen. Wer diesen Einstieg jedoch geschafft hat, kann ohne Probleme allein weiterkommen.

Es hat sich gezeigt, daß es möglich ist, unter bestimmten Voraussetzungen und entsprechender Anleitung gemeinsam in Studiengruppen zu lernen. Dies hat den Vorteil, daß der Schüler durch Gleichgesinnte eine gewisse Stütze hat und anfängliche Schwierigkeiten leichter bewältigt. Solche Studiengruppen sind etwas anders aufgebaut, als man es von den üblichen spirituellen Studiengruppen gewohnt ist. Ein Lehrer wird mit allen Mitteln vermeiden, daß ein sogenannter Kollektivdruck entsteht. Er versucht, den Studierenden die Möglichkeit zu geben, so individuell zu lernen, wie es geht.

Aus dem, was wir bisher wissen, dürfte auch klar sein, daß mehrere Studierende nicht über ihre innere Entwicklung miteinander diskutieren. Wenn ein Bedürfnis dafür besteht, so steht der Lehrer dafür zur Verfügung, der weiß, wie man mit solchen Dingen umgeht. Alle inneren Fortschritte sind zu Beginn so fein und labil, daß hier manches zerstört werden kann. Außerdem werden so die kindhaften Vergleiche vermieden, wer denn nun schon weiter fortgeschritten sei. Da der Weg bei jedem Menschen verschieden abläuft, sind Vergleiche gar nicht möglich. Ein Lehrer hat es sehr schwer, für eine größere Anzahl von Studierenden einen Studienplan aufzustellen. Wenn ein Runenmeister bereit ist, den Vatan auf diese Weise weiterzugeben, so wird er sich oft auf einen generellen Studienplan stützen, der einen Rahmen darstellt. Es liegt jedoch in seinem Ermessen, inwieweit er sich an diesen Plan hält.

Der Studierende durchläuft einen Schulungs- und Grad-Plan, der auf dem Lebensbaum aufgebaut ist. Dieser Planwurde im 19. Jahrhundert aufgestellt. Es finden sich darin traditionelle Elemente der Vergangenheit genauso wie die Berücksichtigung moderner Erkenntnisse. Dabei sind einzelne Grade bewußt so aufgebaut, daß darin verschiedenste Archetypen im Menschen angesprochen werden. Man kann es auch so formulieren: Der Studierende hat die Gelegenheit, während des Studiums selbst Erfahrungen zu machen, für die während seiner Entwicklung von innen heraus der Drang entsteht. Hier handelt es sich um die Position des Lehrers, des Gurus, des Priesters, des Magiers, des Ritters und den Drang, einem Orden oder einer Art Loge anzugehören. Für Frauen gibt es selbstverständlich den entsprechenden jeweiligen Gegenpart. Es hat sich gezeigt, daß es nicht viel hilft, dem Studierenden zu sagen, daß solche Positionen nur vorübergehende Stadien seiner Entwicklung sind. Viel besser ist es, ihm die Gelegenheit zu geben, im geeigneten Rahmen diese Positionen ausleben zu können.

Der im folgenden beschriebene Plan hat sich bereits einige Zeit in dieser Form bewährt. Der Lehrer wird dabei selbstverständlich die Zusammensetzung einer Gruppe entsprechend berücksichtigen. Solche Studiengruppen, die es in ganz Europa einschließlich Nordamerika gibt, sind autark. Es bleibt der Gruppe überlassen, ob sie Kontakte nach außen zu anderen Gruppen pflegt.

Der Vatan-Schulungs und Grad-Plan

Publikumsgrade:

Grad l: Lehrling/Maid: In diesem Grad werden die nordische Mythologie, theoretische Grundlagen des Vatan, Gesundheits- und Heilwissen, Kräuterkunde, Astrologie, die Kabbala und verschiedene dem Vatan ähnliche Systeme kennengelernt. Der Studierende beginnt mit ersten Übungen.

Grad 2: Geselle/Gesellin: Hier wird das Wissen aus dem 1. Grad vertieft. Neue Kenntnisse über Runen, den Garten usw. werden vermittelt. Der Studierende verspürt gewisse Fortschritte im Bereich seiner Psyche. Eine innere Stabilität entwickelt sich.

Grad 3: Meister/Meisterin: In den Meistergrad wird man aufgenommen, wenn bestimmte, genau definierbare Voraussetzungen erfüllt sind. Von diesem Grad wird erwartet, daß er in der Lage ist, sein Wissen aus den ersten beiden Graden an Studierende dieser Grade weiterzugeben. Die Vorbereitung dazu erfolgt in begrenztem Umfange schon im 2. Grad. Tieferes Wissen um Menschenführung zeichnet diesen Grad aus. Hier wird der Bereich Religion in all seinen Aspekten behandelt.

Dies sind die Publikumsgrade. Unter bestimmten Bedingungen kann ein Aspirant direkt in den 2. oder 3. Grad auf genommen werden. Das unterliegt der Beurteilung durch den Lehrer. Die Bewältigung eines Grades ist an keine bestimmte Zeitdauer gebunden.

Die nachfolgenden Grade, die sogenannten Haingrade, sind an einen Schweigeeid gebunden. Er bezieht sich darauf, daß bestimmtes Wissen nicht an unvorbereitete oder außenstehende Menschen weitergegeben wird. Es handelt sich um kritische Grade, in denen sehr oft der Drang, als Guru oder Menschheitslehrer aufzutreten, hervortritt. Da sich der Studierende in diesen Stadien noch nicht voll bewußt sein kann, welche Tragweite solches Tun hat, muß er einen Schweigeeid ablegen. Nach diesen Graden wird der Eid wieder aufgehoben. Der Studierende ist frei und handelt in eigener Verantwortung in bezug auf das Wissen, mit dem er jetzt anders umgehen kann.

Haingrade:

Grad 4: Druide/Druidin: Die Bezeichnung des 4. Grades kommt aus dem keltischen Kulturkreis. Die Druiden waren die keltischen Priester. So ist auch dieser Grad ein Priestergrad, der jedoch nicht auf religiös-keltisches Wissen beschränkt ist. Hier wird alles, was mit dem Bereich Religion verbunden ist, theoretisch und praktisch angewandt. Dabei geht es nicht so sehr darum, die nordische Weltanschauung in die heutige Zeit zu übertragen, sondern es werden verschiedene tiefere Aspekte der alten Religion praktisch verinnerlicht. Wie wir schon erwähnt haben, hat es sich gezeigt, daß der Drang, als Mittler zwischen der göttlichen Quelle und den Menschen aufzutreten, am besten selbst durchgemacht und ausgelebt wird, um darüber hinauszukommen. Dies geschieht in diesem Grad. Es werden Jahres- und Naturfeste, Heilungsriten, alte germanische Riten der Odins-Mysterien durchgeführt. Talentierte Studenten beschäftigen sich hier auch mit der Malerei, Dichtung und Musik. Der Hauptzweck des Grades ist jedoch, über den Priesterbereich hinauszukommen.

Grad 5: Magier/Hexe: Dieser Grad beschäftigt sich theoretisch und praktisch mit allen Bereichen der Magie und Ritualistik. Es werden auch meist die ersten außerkörperlichen Erfahrungen gemacht. Der Magier bzw. die Hexe erwirbt sich das sogenannte Federkleid oder Schwanenhemd. Dies sind Umschreibungen der nordischen Skalden für den Austritt aus dem physischen Körper. Man kann annehmen, daß die

Runenmeister die wohl umfangreichste Sammlung von Techniken zur Erlangung dieser Fähigkeit besitzen. In diesem Grad lernt man den Umgang mit magischer Macht. Andere Gebiete sind die Technomagie, die Schaffung von Batterien und von Elementalen.

Grad 6: Edler/hohe Dame: Dieser Grad studiert die Harmoniegesetze. Die Veredelung des ganzen Wesens findet statt.

Viele Fähigkeiten, die in früheren Graden gelernt wurden, werden hier vervollständigt. Der Studierende wird sich unter Anleitung ein eigenes Wappen schöpfen. Er kann auch nachweisen, daß er bereits ein Wappen führt. Ein solches muß jedoch auch in einer der bekannten Wappenrollen eingetragen sein.

Grad 7: Ritter/Fee: Über diesen Grad ist schwer etwas zu sagen. Hier werden Probleme der Persönlichkeitsstruktur gelöst. Das sogenannte Federkleid wird vervollkommnet. Dieser Grad schafft Persönlichkeiten, die energetische Mittelpunkte ihrer Umgebung darstellen. Sie wirken nur durch ihre Anwesenheit harmonisierend und ordnend auf ihr Umfeld ein. Hier kann man von wahrem, wirklichem Adel sprechen. Die Gralsmysterien sind ein wichtiger Kernpunkt dieses Grades.

Sternengrade:

Die nachfolgenden Sternengrade 8, 9 und 10 erklimmt der Studierende selbständig, indem er auf der entsprechenden Bewußtseinsebene erscheint. Er wird so Meister eines Wissens, das nur wenige verstehen können. Er ist auch Bewohner verschiedener Welten. Sein Bewußtsein lernt die Unsterblichkeit kennen. Die innersten Mysterien des nordischen Geheimwissens einschließlich der wahren Geschichte des Nordens, der Hyperboreer und der ganzen Erde bis weit in die Vorzeit sind ihm geoffenbart. Hier ist auch der Schweigeeid der Haingrade aufgehoben. Wer diese Grade erklommen hat, lehrt, sofern er sich dazu entschließt, seine Studenten im Traumzustand bzw. auf den inneren Bewußtseinsebenen.

Im normalen Leben verwenden solche Menschen meist viel Mühe darauf, nicht erkannt zu werden. Deshalb führen sie auch ein ganz gewöhnliches Leben mit einem völlig normalen Beruf.

Grad 8: Runenmeister/Runenmeisterin: Dieser Grad beherrscht und kennt alle Möglichkeiten des nordischen Lebensbaumes. Er besitzt einen oder mehrere private Vatan-Gärten auf den inneren Ebenen. Alles, was je in Verbindung mit Runen praktiziert wurde, wird in diesem Grad beherrscht.

Grad 9: Rosenmeister/Rosenmeisterin: Inhaber dieses Grades besitzen einen vollendeten heiligen Hain. Ein heiliger Hain ist nicht mit dem persönlichen Vatan-Garten identisch, der lediglich eine Vorstufe darstellt. Darüber mehr zu sagen, würde weit über den Rahmen dieses Buches hinausgehen. Diese Grade führen sehr oft, wenn sie lehrend tätig sind, einen oder mehrere Schulungsgärten auf verschiedenen Seinsebenen.

Grad 10: Vatanmeister/Vatanmeisterin: Der Name sagt schon, daß es sich hier um die Vollendung des Vatan-Weges handelt. Wie bereits Grad 8 und 9 handelt es sich hier um die »Stillen«, die »Wanderer«, die geheimen Krieger der göttlichen Quelle.

Im Buch der goldenen Regeln heißt es über diesen Grad:

O edler Wanderer, triffst du auf deinem Wege eine Gottheit, so erweise ihr die gebührende Achtung!

Bete sie nicht an, sondern strebe danach, zu werden, was diese Gottheit anbetet!

Ein anderer Spruch für diesen Grad lautet:

In den Welten von Licht und Dunkel bleibe immer ein Vorübergehender!

Dieser Schulungsplan entspricht dem nordischen Lebensbaum. Dabei kann man den 1. Grad mit dem 10. Zentrum des Baumes und den 10. Grad mit dem 1. Zentrum gleichsetzen. Manche Studiengruppen haben einen Grad Null eingerichtet, wo sich der Interessent erst einmal informieren kann, was ihn erwartet, wenn er diesen Weg betritt.

Die Vermittlung des Vatan-Weges

Es ist für einen Eingeweihten in den Weg der Runenmeister eine große Entscheidung, eine Gruppe von Studenten auf ihrem Weg zu begleiten. Der beschriebene Studienplan ist lediglich ein Vorschlag, auf den man sich einmal geeinigt hat. Jeder Lehrer kann sich ebensogut einen Studienplan nach eigenem Ermessen aufstellen. Auch die Bezeichnungen der Grade sind keineswegs bindend. Sie sind so nebensächlich wie viele Dinge organisatorischer Art, die in Vatan-Studiengruppen auftreten bzw. sich dort als notwendig erwiesen haben. Das Grundprinzip des Vatan, dem Individuum soviel Freiheit wie möglich zu lassen, läßt sich oft nur schwer mit den Notwendigkeiten vereinbaren, eine Gruppe so zu führen, daß diese auch in der Entwicklung Fortschritte macht. Dies ist mit einem Drahtseilakt vergleichbar, bei dem viele Bedingungen eine Rolle spielen. Die heutige Zeit bietet sehr schlechte Voraussetzungen dafür. Ein Runenmeister, der eine derartige Gruppe leitet, muß sie, auch wenn er nicht will, autokratisch führen. In der Zeit vermeintlicher Demokratien versuchen Menschen wenigstens dort, wo sie glauben, es zu können, solche Ideale zu verwirklichen. Es ist deshalb immer wieder schwer, sich den Entscheidungen des Lehrers zu beugen, da diese nicht immer verstanden werden.

Ein Lehrer hat ein großes Arsenal von Möglichkeiten, einzelne Studenten entsprechend ihren Talenten zu fördern. Er wird dies immer, so gut es geht, versuchen. Jeder Student würde als Individualist eine andere Behandlung seines Weges erfordern. In einer Gruppe sind jedoch immer wieder Kompromisse erforderlich. Die Vergangenheit hat gezeigt, daß es möglich ist, in der Gruppe das nordische Wissen mit Erfolg zu studieren. Oft ist dieser Versuch jedoch auch schon aus den verschiedensten

Gründen gescheitert. Die Vor- und Nachteile eines Gruppenstudiums halten sich die Waage.

Hier muß auch die Frage erörtert werden, wie man in der Vergangenheit an diese Lehre kam. Seit »Karl dem Großen» sind die nordischen Runenmeister im Untergrund. Sie haben sich auf vielfältigste Weise zu tarnen gewußt. Es gab bisher drei Möglichkeiten, an diese Lehre zu kommen. Einmal kann es der Fall sein, daß ein Mensch in irgendeiner spirituellen Gemeinschaft Übungen macht, die als Resultat einen Kontakt mit einer inneren Ebene oder dem 4. Zentrum des Baumes, also der Ursachenebene, herbeiführen. Meist sind die Intentionen ganz andere, und der Mensch kann gar nicht wissen, was ihn erwartet.

Im 4. Zentrum des Baumes, man nennt dieses Zentrum auch die schwarze Sonne, findet man das Wissen um den Vatan komplett vorhanden. Manche Schulen anderer Richtungen nennen den Bereich auch die Akasha-Chronik. Die Astrologen kennen ihn als Saturn-Prinzip und halten ihn oft für negativ. In Wirklichkeit ist das Zentrum wie alle anderen für jeden Menschen lebensnotwendig.

Wenn jemand dieses Zentrum kontaktiert – dies kann ebenso durch eine persönliche Erschütterung oder Erfahrung spontan geschehen –, kommen von dort immer Bruchstücke von Wissen. Der Mensch nennt so etwas auch Inspiration. Es kann bei einer spirituellen Übung, im Traum oder wenn man sich mental sehr intensiv mit einer Sache beschäftigt, geschehen. Plötzlich scheint es, als ob man den roten Faden gefunden hat. Es ist, als ob einem immer mehr zu diesem Thema zu Füßen gelegt wird.

Hier beginnt eine große Gefahr. Wenn solch ein Mensch in seinem Verstande bestimmte Grundkonzepte hat, und wer hat nicht solche, wird die Fülle der Informationen im Verstande nach diesen Grundkonzepten entsprechend eingeordnet und auch zurechtgebogen. Die Fülle der Informationen kann den Menschen unter Umständen überwältigen. Es kann dann geschehen, daß ein einfacher Zeitgenosse zur Überraschung seiner Umwelt plötzlich mit Weisheiten nur so um sich wirft, zum Sektierer wird und möglicherweise sogar versucht, eine Religion zu gründen. Dabei wäre alles in Ordnung, wenn dieser Mensch in der Lage wäre, seinen Verstand etwas zu zügeln, und er das Gebotene erst einmal ganz neutral annähme. Da aber Menschen von ihren Konzepten nicht so leicht ablassen können, weil diese ein wesentlicher Bestandteil ihrer Persönlichkeit sind, kann es zu einer Katastrophe führen. Solch ein Mensch kann, besonders wenn er sich mit religiösen oder spirituellen Dingen beschäftigt, seine Eingebungen mit seinem bisherigen Verstandeswissen kombinieren. Das Resultat wird möglicherweise eine Irrlehre sein. Ein typisches Beispiel, was diesbezüglich alles passieren kann, sei hier angeführt. Dabei kann dies immer geschehen, wenn es zu einer Kontaktnahme mit dem 4. Zentrum des Baumes kommt. In unserem Beispiel geht es um Wissen der nordischen Runenmeister und Skalden.

Ein Mann namens Guido von List beschäftigte sich mit den Runen. Durch eine Krankheit, bei der er eine lange Zeit blind war, kam er an das 4. Zentrum des Baumes. Er empfing ganze Komplexe vom Wissen der Runenmeister Er hatte jedoch, da er in eine Zeit geboren wurde, wo der völkische Gedanke sehr stark vorhanden war, auch bestimmte Verstandeskonzepte in dieser Richtung. Er kombinierte beides, so daß in seinen Schriften nicht immer die reine Lehre der Runenmeister zu finden ist. Oft ging er eigene Wege oder schoß über das Ziel hinaus. Man sollte ihn deshalb nicht verurteilen, denn alle nicht ideologischen Fakten seiner Werke entsprechen größtenteils der Wahrheit. Wir sollten ihm Achtung zollen und nicht mit Steinen werfen, denn jeder Mensch sitzt in irgendeinem Glashaus. Der Weg des Vatan über *Santor*, die schwarze Sonne, ist schwer und gefährlich. Man kann dabei leicht scheitern. Es hat aber immer genug Menschen gegeben, die es trotzdem geschafft haben, deshalb sei hier diese Möglichkeit erwähnt.Die Schwingungsmuster, die im Verstand vorherrschen, stimulieren immer in Form von Resonanzen ebenfalls das 4. Zentrum. Deshalb kommt auch Wissen aus dem großen Speicher, das in Verbindung mit dem Verstandeswissen gebracht werden kann. Dies ist nicht nur auf den Vatan oder Runenwissen beschränkt. Das gleiche passiert in allen Variationen z. B. immer wieder in Religionen. Viele Spaltungen von der Originallehre haben so ihren Ursprung genommen.

Bei einem weiteren Beispiel, das ebenfalls in diese Richtung geht, handelt es sich um eine dunkle Periode der menschlichen Geschichte, die viele Religionen am liebsten bis in alle Ewigkeit totschweigen würden. Aber alles kommt periodisch immer wieder an das Tageslicht.

Es handelt sich um die stolzen, blonden, blauäugigen, heroischen und tapferen Nordmänner. Ein in Dänemark noch sehr bekannter und berühmter Runenmeister war Egil Skalla-Grimsson. Dieser Runenmeister war klein und stämmig. Er hatte einen großen Schädel, schwarzes Haar und ein sehr deftiges Wesen. Über die Farbe seiner Augen ist nichts bekannt. Er haderte oft mit seinem Gott Wotan. Er war das, was man einen nordischen Wissensträger nennen kann, einen Weiskuning, einen Weisheitskundigen. Er war aber weder blond noch groß, noch trug er seine Runenweisheit dauernd auf einem Tablett vor sich her. Dafür konnte er ausgezeichnet dichten. Seine Skaldengedichte gehören zur nordischen Literatur.

Er hatte aber so gar nichts von einem arioheroischen Herrenmenschen an sich. Jörg Lanz von Liebenfels hätte ihn glatt für einen Tschandalen gehalten. Herr Lanz ist der Verfasser des bemerkenswerten Buches *Theozoologie*,[14] das noch sehr viele Freunde hat. Er soll auch der Mann sein, der Hitler als Ideenlieferant diente, was jedoch so nicht behauptet werden kann.

Herr Lanz legt in der *Theozoologie* dar, daß es einmal Wesen auf der Erde gab, von denen manche als eine Art Bindeglied zwischen Mensch und Affe anzusehen sind. Diese Wesen sollen eine unheimliche sexuelle Potenz besessen haben. Nachdem die arioheroischen Nordmänner, die Göttersöhne, scheinbar Wichtigeres zu tun hatten, als ihren sexuellen Pflichten nachzukommen, hielten sich ihre Damen lieber an diese Wesen. Die Nachkommen dieses schändlichen Tuns nannte er die Niederrassen, die Tschandalen. Dazu zählen nach Herrn Lanz praktisch alle Rassen, außer den blonden, kühnen, tapferen und blauäugigen Nordmännern. Hier haben wir es wieder mit Teilwissen aus dem 4. Zentrum des Baumes, aus der Kausalebene, zu tun. Das Verrückte ist dabei, daß es diese Wesen wirklich einmal gegeben hat.

Wenn Herr Lanz gewußt hätte, welch seltsame Spielarten der Natur unseren Planeten schon bewohnten, Wesen, von denen manche dem Menschen, »der Krone der Schöpfung«, von der Intelligenz und den Fähigkeiten her allemal das Wasser reichen konnten, so wäre er zu etwas anderen Schlüssen gekommen. Manche dieser Wesen leben noch heute. So sind die Delphine, diese außergewöhnlichen Lebewesen, trotz jahrhundertelanger gegenteiliger Erfahrungen einfach nicht von der Meinung abzubringen, daß es sich bei den Menschen um intelligente Lebewesen, ja gar um Brüder handelt, die es vorgezogen haben, lieber an Land zu leben.

Die Wahrheit ist viel phantastischer, als es sich Herr Lanz je vorstellen konnte. Es gibt jedoch keinen Grund, sich hier näher darüber auszulassen. Eine neue Wissenschaft mit sehr viel Zukunft, die sich präastronautische Archäologie nennt, ist der Wahrheit auf der Spur.

Aber kommen wir zu einer anderen Möglichkeit, mit dem Vatan in Kontakt zu kommen. Es gab und gibt in Nordeuropa noch Familien, in denen dieses Wissen, in Teilen oder als Ganzes, von den Eltern an die Kinder weitergegeben wurde. So etwas kann schon einige Hundert Jahre in der Familie üblich sein. Dabei kam und kommt es auch vor, daß nur ein Elternteil eingeweiht ist oder daß das Wissen nur dem bestmöglichst geeigneten Kind weitergegeben wurde.

Solche Wissensträger müssen ihr Wissen wenigstens einem Menschen innerhalb ihres Lebens weitergeben. Nur so konnte diese Lehre im Untergrund weiterbestehen. Dabei kam es vor, daß ein Träger dieses Wissens keine Nachkommen hatte oder innerhalb seiner Familie oder Verwandtschaft keinen geeigneten Nachfolger fand. Hier wurde dann in okkulten Gruppen, in Logen oder esoterischen Orden nach einem geeigneten jungen Menschen männlichen oder weiblichen Geschlechts gesucht. In der heutigen Zeit, in der praktisch das ganze esoterische Wissen quasi wie auf dem Präsentierteller vor der Menschheit liegt, wo eine Verfolgung kaum noch zu befürchten ist, kann dieses Wissen auch veröffentlicht werden. Die Runenmeister möchten den Menschen nichts vorenthalten. Es besteht auch kein Grund, etwas zu verheimlichen, denn Schützenswertes schützt sich selbst. In der Vergangenheit waren die Träger nordischen Wissens jedoch sehr oft in Lebensgefahr, wenn sie es nicht verstanden, sich entsprechend zu tarnen. Es gab Zeiten, da bedeutete das Auffinden einer einzigen Rune beim Menschen dessen sicheren Tod durch die Inquisition.

Es gab auch eine große Anzahl Tarnlehren, die Grundsätze der Lehre des Vatan in christliche Begriffe kleideten, um keinen Verdacht zu erregen. Eine dieser Lehren ist z. B. die Alchimie. Möge es in Zukunft immer weniger Interessengruppierungen geben, die Möglichkeiten haben, den Menschen die Wahrheit vorzuenthalten, ganz gleich, aus welchen Motiven heraus.

Die Exerzitien der Runenmeister

In einer Lehre, die bereits so lange existiert wie der Vatan, sammeln sich im Laufe der Zeiten viele Details, Möglichkeiten und Methoden an, die jedoch genausogut im Laufe der Zeiten wieder überholt oder veraltet sind. Das krampfhafte Festhalten an solchen Methoden bedeutet, daß die Attraktivität und die Effektivität der Lehre allmählich immer mehr nachläßt. So etwas geschieht meist dann, wenn sie in sogenannten heiligen Schriften für die Nachwelt fixiert wurde.

Leider ist es so, daß diejenigen innerhalb einer Lehre, welche sie noch in sich lebendig halten, zwar die heiligen Schriften auf den neuesten Stand des Menschenbewußtseins bringen könnten, jedoch von einer inzwischen aufgebauten Administration daran gehindert werden. Innerhalb der Administration selbst wird man vergeblich einen wirklich Eingeweihten suchen, denn die Eingeweihten reden nicht oder nur sehr leise, und die, die sich lautstark in einer Verwaltung hervortun, wissen nichts. So muß es zwangsweise zum Niedergang der Lehre kommen, bis sich nur noch Nostalgiker und Außenseiter mit ihr beschäftigen.

Es gibt jedoch auch Bereiche innerhalb einer Lehre, die für alle Zeiten Gültigkeit haben und für jeden Bewußtseinsstand und die zu jeder Zeit praktiziert werden können, wobei sie immer die gleichen Resultate hervorbringen. Daß sie in vielen heiligen Schriften kaum mehr gefunden werden können, liegt nicht daran, daß sie darin nicht enthalten wären, sondern vielmehr daran, daß die Sprachschlüssel dieser heiligen Schriften verlorengegangen sind. Solch eine Lehre ist das »Geheimnis des Wortes«. Seit Tausenden von Jahren in fast allen Religionen und spirituellen Lehren vorhanden, bildet sie das Kernstück und den Universalschlüssel für die Rückkehr der Seele zur göttlichen Quelle. Es handelt sich um den göttlichen Lebensstrom, der aus der göttlichen Quelle in alle Seelen fließt, der alles Leben in der Schöpfung erhält. Wir haben inzwischen schon viele Aspekte dieses Stromes kennengelernt. Hier zeigen wir nun auf, wie man diesen Strom findet und bewußt wahrnehmen kann. Die weiter unten beschriebene Übung ist die höchste und einzig notwendige. Mehr würde der Mensch nicht benötigen, um zu seinem Ursprung zurückzukehren. Alles andere ist und bleibt Beiwerk. Der Eintritt des göttlichen Lebensstromes in die Seele ist von jedem Menschen auf allen dualen Seinsebenen hörbar. Es ist bekannt, daß dieser Strom beim Eintritt von einer höheren Bewußtseinsebene in die unmittelbar darunterliegende Ebene eine andere Schwingungsform annimmt. Dieser Vorgang ist wahrnehmbar. Wenn wir die Aufmerksamkeit darauf legen, nehmen wir die göttliche Stimme wahr. Wenn wir eine körperliche Anstrengung hinter uns haben oder uns in absoluter Ruhe entspannen, vernehmen wir innerhalb des Kopfes so etwas wie ein Geräusch. Man kann es als feines Sirren bezeichnen, vergleichbar mit den Stimmen Tausender zirpender Grillen. Man kann es auch vergleichen mit dem sehr hohen Ton, den z. B. ein Elektromotor mit sehr hoher Umdrehungszahl hervorbringt. Dieser Ton ist leise, kaum vernehmbar. Manche Menschen könnten ihn mit dem sogenannten Ohrensausen gleichsetzen.

Der Ton ist immer da. Wir beachten ihn jedoch sehr selten oder überhören ihn ganz einfach. Man kann ihn im Mittelpunkt des Kopfes in Höhe der Augenbrauen feststellen. Oft nimmt man ihn etwas rechts oder links wahr. Manchmal hilft es, unsere Augen und Ohren zu verschließen, um den Ton wahrzunehmen.

Auch mit dem Schwingen der Drähte einer Hochspannungsleitung könnte man diesen Klang vergleichen. Bei Menschen, die bereits Erfahrungen mit Meditation gemacht haben, kommt dazu noch das Geräusch, als ob die Hochspannungsdrähte mit Hunderten von zwitschernden Vögeln besetzt sind. Es gibt noch viele Variationen zur Beschreibung dieses Klanges.

Wenn wir den Klang oder Ton gefunden haben, mag es sein, daß wir etwas enttäuscht sind. Das soll es sein, von dem die Heiligen, Gurus und spirituellen Lehrer in den höchsten Tönen sprechen, wovon sie ganze Bücher voll Lobpreisungen geschrieben haben?

Dies ist Nadabrahm, Shabdadhun, der göttliche Klang, die Stimme Gottes, die Musik der Sphären, die Stimme der Stille, der Strom des Lebens, der Heilige Geist, das Zischen der Schlangenkraft, auch Kundalini genannt. Tausende von Namen hat man diesem Ton gegeben. Kein System, keine Methode, die uns wirklich zur göttlichen Quelle zurückbringt, kann auf diesen Klang verzichten. Wo man geht und steht, ob wach oder im Schlafe, unaufhörlich ist die göttliche Stimme da und auch für jeden, der möchte, wahrnehmbar. Sie ist so fein und leise, daß sie im Getöse der Welt beinahe untergeht. Sie ist die Nahrung der Seele, die unzerstörbare Verbindung der Seele zu ihrem Ursprung. Dieser Klang, wie man ihn zu Beginn wahrnimmt, kommt von der Astralebene und tritt in die physische Ebene ein. Deshalb ist er auch weit entfernt von dem, was man sich unter himmlischem Klang vorstellt. Der wirkliche Ursprung ist jedoch die Seele, das 1. Zentrum des Lebensbaumes.

Unendlich viele Klangformen annehmend, fließt dieser Strom durch alle Zentren des Baumes bis in die physische Materie. Unendlich oft verändert, mit unzähligen Variationen von Schwingungsmustern geladen, ist der spärliche Rest, den wir im physischen Bewußtseinszustand wahrnehmen, der seidene Faden, an dem die Schöpfung hängt und an dem wir uns zur Quelle zurückziehen können. Keine Macht der Schöpfung ist stärker, niemand könnte uns diese Verbindung durchtrennen oder nehmen. Selbst wenn es eine Hölle gäbe, was nicht der Fall ist, wäre sie nur durch diesen Strom existent. Unsere Vorfahren nannten diesen Strom Thund, der schwer überschreitbare Fluß, der Walhall umfließt. Wenn Wotan/Odin sagt, daß er einst Thund geheißen habe, nennt er damit seinen Ursprung vor seiner Personifizierung als Gott.

Ein anderes Wort für die göttliche Stimme wurde später das Wort Heid. Noch für die Germanen war es ein Synonym für Glück und Gold. Der Name Heidrun bezeichnete eine göttliche Rune. Ein Segenswunsch für einen neugeborenen Knaben war: »Möge er ein Heidreck werden!« Ein tapferer Recke, der mit der göttlichen Stimme erfüllt ist und von ihr gelenkt wird. Den Lebensbaum nannte man auch Heiddraupnir, den Heidtröpfler, aus dessen Ästen und Blättern das göttliche Heid in die Welt tropfte. Heidrun nannte man auch eine Ziege, die im Geäst der Weltesche weidete und die Asen, die nordischen Götter, mit dem Nektar der Unsterblichkeit versorgte. Auch das Wort Heide stammt davon. Eine Heide ohne wuchernden Urwald mit all den Blumen und ihrer Schönheit war wie ein Abbild des Himmels, umgeben von dem gefahrvollen Dickicht der europäischen Wälder. Ein Heide war ursprünglich jemand, der das Heid kannte, bis es als abwertende Bezeichnung für die nicht an die christlichen Lehren glaubenden Menschen herhalten mußte.

Heid als göttliche Kraft steht der ganzen Schöpfung in neutraler Form zur Verfügung. Alle Wesen können sich ihrer auf ihre Weise bedienen. Heid kann jede Qualität und Eigenschaft annehmen. Aus diesem Grunde hängten unsere Ahnen an die Eigenschaftsworte unserer Sprache, wenn sich die göttliche Kraft manifestiert, die Silbe »HEIT« an. So wird z. B. aus schön Schönheit, aus dumm Dummheit, aus häßlich Häßlichkeit. Zwischen »heit« und »keit« besteht dabei kein Unterschied. Auch Sammelnamen von Wesen, die sich bewußt des göttlichen Heid bedienen konnten, hängte man oft die Silbe »heit« an, etwa in den Wörtern Gottheit und Menschheit. Man sagt jedoch nicht »Tierheit« oder »Pflanzenheit«, da das Heid von Tieren und Pflanzen noch nicht bewußt verwendet werden kann. Hier sehen wir auch wieder, was viele große Menschen klar erkannt haben, daß die deutsche Sprache eine der wenigen auf der Erde noch gesprochenen Mysteriensprachen ist, welche in sich die Welt, das Leben, den Menschen und alle Zusammenhänge der Schöpfung klar zum Ausdruck bringen. Sie ist mehrschichtig lesbar, und wer die Schlüssel kennt, findet darin auch den Weg zurück zur Quelle klar aufgezeigt. Unsere Ahnen maßen die Stufen der Evolution nach der Fähigkeit, mit Heid umgehen zu können. Sie sahen diese Kraft in der ganzen sichtbaren Schöpfung. Jedes Mineral, jedes Metall, jede Pflanze, jedes Tier, jeder Mensch und auch jeder Gott oder jede Göttin war Träger dieser Kraft.

Jede Lebenseinheit, von einem Teilchen im Atom angefangen, läßt bewußt oder unbewußt das Heid durch eine Art von Filter und wandelt diese neutrale Kraft zu seiner Erhaltung oder zu anderen Zwecken um. Dadurch tritt diese Kraft als Eigenschaft oder Form in Erscheinung. Bis zu den Tieren, aber auch bei den meisten Menschen, geschieht dies unbewußt und wird laufend durch die Konfrontation mit anderen Lebewesen, mit der Materie, mit Raum, Zeit, Energie und Schwerkraft korrigiert.

Die besondere Eigenschaft von Heid ist, daß es in einem Wesen am stärksten fließt, wenn Freude empfunden wird. Deshalb sind Übungen, Meditationstechniken oder religiöse Exerzitien, welche in irgendeiner Weise zur Pflicht, Mühe und Plage werden können, in bezug auf Heid, die göttliche Stimme, von keinem großen Wert. Aus diesem Grunde legen die Runenmeister so großen Wert auf Freude, Fröhlichkeit, Lust und Humor. Vieles, was man im Vatan zu seiner Entwicklung vornimmt, ähnelt deshalb eher dem Spiel. »Wenn ihr nicht werdet wie die Kinder, werdet ihr nicht in das Himmelreich eingehen! » Eine wahre Feststellung von Jesus, genauso wahr wie das Wort: »An ihren Früchten sollt ihr sie erkennen!« – an den Früchten ihres Lebensbaumes natürlich.

Aber kommen wir wieder auf den göttlichen Klang und seine Wahrnehmung zurück. Es gibt Menschen, die trotz aller Anstrengungen einfach nichts von diesem Klang wahrnehmen. Sei es dadurch, daß sie etwas anderes erwarten, an der falschen Stelle suchen oder eventuell noch nie richtig nach innen gehorcht haben. Dennoch besteht auch hier die Möglichkeit, den Ton zu finden.

Selbst wenn man heute Atheist wäre, haben die meisten Menschen doch in der Kindheit oder in einer früheren Inkarnation an ein höheres Wesen geglaubt. Dieses höhere Wesen bezeichnete man in erster Linie als Gott. Nicht als Jesus, Allah, Jehova, Brahma, sondern als Gott. Die einfachste Möglichkeit, nach kurzer Zeit den göttlichen Klang in sich zu finden, bietet die folgende Übung:

Wir setzen oder legen uns bequem hin. Man sollte die Sinnesorgane, so gut es geht, gegenüber Eindrücken von außen verschließen. Die Augen sind geschlossen. Man kann eine Schlafmaske und Ohrstöpsel verwenden. Dann entspannt man sich und blickt mit seiner Aufmerksamkeit auf die Stelle zwischen den Augenbrauen. Etwa ein bis zwei Zentimeter darüber befindet sich das sogenannte »dritte Auge«. Es handelt sich um ein Chakra, eine Rose, wie man im Vatan sagt. Man betrachtet nun einfach nur diese Stelle, ohne etwas Besonderes zu erwarten. Einige Zentimeter hinter dieser Stelle hält sich die Seele üblicherweise im Wachzustand auf.

Nach einigen Versuchen, wenn man etwas Übung hat, kann es sein, daß etwas verschoben vom Mittelpunkt der Aufmerksamkeit ein feiner Lichtpunkt in der Ferne zu sehen ist. Während dieser Versuche sollte man nur an das Wort Gott denken. Man wiederholt es in Gedanken und läßt sich dabei nicht beirren. Wenn die Aufmerksamkeit abirrt, geht man gelassen wieder zurück. Der Lichtpunkt, den man etwas abseits vom Mittelpunkt sieht, verflüchtigt sich sofort, wenn man versucht, ihn genau zu betrachten. Es handelt sich hier wieder um den Ton, der jedoch ebenso als Licht wahrnehmbar ist.

Die Augen des Verstandes sind leider zu grobstofflich, als daß sie diesen Lichtpunkt wahrnehmen könnten. Man sieht ihn mit den Augen feinerer Körper. Sobald man die Aufmerksamkeit des Verstandes darauf legt, ist er fort. Wenn man ihn bewußt mit dem Verstand erwartet, kommt er nicht. Also ist es besser, nichts zu erwarten. Man sollte einfach über das Wort Gott meditieren, alles andere ergibt sich dann schon. Wenn der Lichtpunkt vorhanden ist, sollte man an ihm vorbeisehen und sich nicht um ihn kümmern. Im Laufe der Übung sucht man immer wieder im Kopfraum nach der feinen Schwingung des Heid. Nicht die Ohren hören diesen Klang, sondern feinere Sinnesorgane der inneren Körper.

Geduld, Gelassenheit, Ruhe und Entspannung sind die besten Voraussetzungen für den Erfolg dieser Übung. Wer zu hektisch und nervös ist und scheinbar nicht richtig abschalten kann, der sollte wie folgt vorgehen: Bevor er oder sie mit dem Wort Gott beginnt, sollte er/sie einige ruhige Atemzüge vornehmen: ruhig einatmen, dann die Luft durch die leicht geöffneten Lippen entweichen lassen, als ob man einem Blasebalg langsam die Luft entströmen ließe. Dabei sollte man nicht pressen. Beim Einatmen denkt man dabei die Silbe RU und beim Entweichen der Luft die Silbe HE. Dies macht man einige Male, bis sich beim Ausatmen eine Zeitlang das wohlig entspannte Gefühl in der Bauchgegend einstellt. Wenn man sich so etwas beruhigt und entspannt hat, kann man zum Wort Gott übergehen. Dabei kümmert man sich dann nicht mehr um die Atmung.

Wir möchten noch eine weitere Übung bzw. eine der vielen Varianten und Möglichkeiten beschreiben: Nachdem man in einem entspannten Zustand ist, stellt man sich vor, daß man auf der Spitze eines hohen Berges sitzt. Unten, unter einer Wolkendecke, befindet sich der ganze Trubel der Weltgeschichte. Alle Sorgen und was sonst zum Leben gehört, lassen Sie im Tal zurück. Hier oben ist strahlender Sonnenschein, Freiheit und nichts, was belasten könnte. Sie sollten dabei an das Wort LIEBE, FRIEDE, FREUDE oder sonst einen Begriff, der eine hohe Stimmung ausdrücken kann, denken. Man hält seine Aufmerksamkeit an diesem Wort fest, damit man nicht gleich wieder mit den Gedanken im Tale ist. Sie können sich vorstellen, daß Sie auf dem Berg der Mittelpunkt der Schöpfung sind und dieser Liebe, Friede, Freude schenken. Dabei sollte man vermeiden, sich irgend etwas Bestimmtes vorzustellen, daß sich z. B. etwas darin ändert usw. Dazu sind Sie nicht an diesem Punkt.

Man läßt alles so, wie es ist, und schenkt ganz einfach. Dies sollte die einzige Intention sein. Sie sind eine Quelle, der es egal sein kann, wer aus ihr trinkt. Die Menschen in der Schöpfung haben die Freiheit und das Recht, sich die Köpfe einzuschlagen, wenn sie es wünschen; Sie sind ein Gott, der allen seinen Segen spendet, und dies ohne Unterschied. Wenn man sich einmischt, sitzt man nämlich sofort ebenfalls mittendrin.

Wenn man will, so stellt man sich auf dem Berge so groß vor, daß man mit dem Kopf bis ins All reicht und die Kugelgestalt der Erde gerade wahrnehmen kann. Man kann so der ganzen Erde Liebe und Frieden geben. Sie können die Übung so ausdehnen, daß sie die ganze Schöpfung umfaßt. Sie versetzen sich an die Stelle der göttlichen Quelle und imaginieren, wie die ganzen Universen aus Ihnen austreten. Man sollte sich dabei keine Beschränkungen auferlegen. Man beendet eine solche Übung mit einem Segensspruch, z. B. »Liebe und Frieden allen Wesen und mir!« Nicht Friede den Menschen auf Erden, sondern allen Wesen ohne Unterschied einschließlich Ihnen als göttlichem Wesen, denn wenn man selbst keinen Frieden und keine Liebe hat, kann man auch niemandem etwas davon geben. Dies ist ein kleines Beispiel für meditative Übungen; Sie sollten dabei aber kreativ sein. Wer dieses Buch aufmerksam durchgelesen hat, dem wird es kaum möglich sein, dabei etwas falsch zu machen. Wichtig ist auch, sich immer wieder zu Herzen zu nehmen, was in dem folgenden Auszug aus einem Werke der »Hermetischen Brüder« gesagt wird:

> Im Falle du dich dir selbst, also Gott, nicht gleichmachen kannst, so kannst du Gott nicht verstehen, denn gleich wird verstanden von seinesgleichen. Du mußt dich zu einer unermeßlichen Größe machen und von allem Kreatürlichen ausspringen. Dich über alle Zeit erheben und die Ewigkeit werden, so wirst du auch Gott verstehen. Du sollst für dich nichts unmöglich erachten, dich selbst als unsterblich achten und daß du mächtig bist, alle Kunst, alle Wissenschaften und Eigenschaften von allen Geschöpfen zu verstehen. Du

mußt höher werden als alle Höhen und tiefer als alle Tiefen. Fasse in dir alle Gegensätze und Eigenschaften zusammen, die da sind, Hitze und Kälte, Trockenheit und Feuchte; denke dich überall gleichzeitig seiend, auf Erden, im Himmel. Denke, daß du noch nicht geboren bist, daß du noch im Mutterleib bist, daß du noch jung seist, daß du alt seist, daß du gestorben bist und in der Welt jenseits des Grabes. So wirst du alles gleichzeitig verstehen, die Zeit, den Raum, die Kreationen, die Qualitäten und die Größe. Dann kannst du Gott verstehen. Aber wirst du deine Seele im Leibe begraben, dieselbe kleiner machen und würdest sagen: Ich verstehe nichts, ich kann nichts, ich fürchte mich vor dem Meere, in den Himmel kann ich nicht steigen. Ich weiß nicht, wer ich bin, weiß nicht, wer ich sein werde. Was geht dich dann Gott an?[15]

Man sollte in allem, was man für seine Entwicklung auf dem Weg zur göttlichen Quelle tut, davon ausgehen, daß man schon die volle Verantwortung für die ganze erschaffene Welt hat und sich in dieser Aufgabe lediglich vervollkommnet.

Nachdem wir den inneren Klang, die göttliche Stimme, gefunden haben und ihn jederzeit hören können, kommen wir zu der wichtigsten und einzigen wahren Übung für alle Wesen der Schöpfung.

Wir nehmen uns immer wieder etwas Zeit, schließen Augen und Ohren und legen die Aufmerksamkeit auf diesen Ton. Dies tun wir, sooft wir das Bedürfnis danach haben. Nach einer gewissen Zeit wird man feststellen, daß hinter diesem Ton ein zweiter zu hören ist. Sie sollten jedoch nicht nach ihm suchen. Wir unterlassen es hier, zu beschreiben, wie dieser Ton klingt, denn der Klang ist bei jedem Menschen etwas anders. Wir werden noch viele verschiedene Töne hören, von Tausenden von hellen Glöckchen über eine Flöte zu einem Klang, der stark an einen schottischen Dudelsack erinnert. Weder die Reihenfolge des Auftretens solch verschiedener Töne noch sonst etwas ist ein Anhaltspunkt für uns, daß man sich gerade so oder so entwickelt. Sollte der eine oder andere von irgendeinem Guru eine Aufstellung über die Reihenfolge der Töne bekommen haben oder gar solche Aussagen wie: »Wenn wir eine Flöte hören, so sind wir auf der Seelenebene!«, dann vergessen wir solche Dinge. Auch auf der Astralebene gibt es Flötentöne, die schon recht passabel klingen können.

Sie sollten bedenken, daß Sie, wenn Sie allein in der Wüste oder im Urwald lebten, von spirituellen Lehrgebäuden gar nichts wüßten – außer daß man auf den inneren Klang hören sollte – dennoch ohne Zweifel zur göttlichen Quelle zurückfinden. Dazu wäre weder eine besondere Anleitung noch ein Guru noch ein System, nicht einmal der Vatan nötig. Der Klang kommt direkt von der eigenen Seele, und in die Seele tritt er aus der göttlichen Quelle. Man braucht immer nur dem Klang nachzugehen, und man ist auf dem einzigen wahren Weg zurück und wird auch ankommen. Alles, was sonst an Techniken, Tricks, Systemen usw. gefunden oder erfunden wurde, kann man im Grunde als Unterhaltungsspiele für die verschiedenen Körper betrachten, damit diese die Seele nicht mehr so sehr ablenken, behindern oder verführen können. Da inzwischen ein Heer von mutigen Menschen auf ihrem Weg gewisse Erfahrungen gemacht haben, können wir zweifellos von ihnen sehr viel lernen. Das Wichtigste ist jedoch, der göttlichen Stimme zu folgen, dann finden wir unsere Seele und mit dieser die göttliche Heimat.

Nur der menschliche Verstand kann der Überzeugung sein, daß es unerläßlich ist, eine umfangreiche okkulte Bibliothek zu haben, irgendwelchen von Gurus vorgezeichneten Wegen exakt zu folgen oder sich auf sonstige Weise den Weg zu Gott zurück schwermachen zu müssen. Jeder Mensch – in jedem Zustand, in jeder Situation, mit jedweder Vergangenheit – muß hier und jetzt die Möglichkeit haben, den entscheidenden Schritt zu tun. Das Schöne daran ist, daß er, wenn er den richtigen Punkt erreicht hat, automatisch das Richtige dafür tut. Ob er gerade in einem Liebesakt die höchste Lust erlebt hat oder in einer extremen Situation steckt, aus der er nicht mehr herauszukommen meint, er wird an einem bestimmten Punkt die Augen schließen, nach innen gehen und dann feststellen, daß dort noch ein Plätzchen reserviert ist, wo, abgelöst von allem, Ruhe, Friede und Gelassenheit herrscht. Und dies kann sowohl ein Buschmann in der Kalaharisteppe als auch ein Professor für Religionsphilosophie. Es könnte lediglich sein, daß es der Professor etwas schwerer hat.

Ein Runenmeister hat deshalb immer ein ambivalentes Verhältnis zum System des Vatan. Er hat zwar den Einstieg in irgendeiner Form von außen oder innen erhalten, wandelt später jedoch beinahe alles für seine ureigensten und persönlichen Bedürfnisse um. Deshalb war und ist der Vatan für Menschen, die sich an ein starres System anlehnen wollen, so schwer verständlich. Das schwerste ist und bleibt, mit der gewonnenen Freiheit auch entsprechend umgehen zu können. Aber auch für Menschen, die sich noch unsicher fühlen und anlehnen müssen, ist der Vatan voller Möglichkeiten. Wir müssen uns nur vom göttlichen Klang führen lassen, dann finden wir auch die rechte Weise und den rechten Weg. Was dann von innen kommt, dem sollten wir bedingungslos folgen. Niemand drängt sich danach, eine mühsam errungene, scheinbar sichere Lebensplattform zu verlassen. Trotzdem sollte man der inneren Stimme Folge leisten. Wenn der Mensch so weit ist, daß er den Ruf der Seele vernimmt, wird er diesen Ruf im Verstand so erleben, daß er schon einmal weiß, daß jetzt etwas geschehen muß, daß es so nicht weitergehen kann. Dann wird er zu suchen beginnen, und wenn er ehrlich sucht, wird er auch das für sich Richtige finden. Ob dies dann eine Religion, ein Guru oder sonst ein Entwicklungssystem ist, bleibt sich erst einmal gleich. Hier ist erst einmal alles von gleichem Wert. Wenn er lange genug esoterische Bücher gelesen hat, wenn er lange genug einer Religion angehörte, wenn er eventuell seinen Guru durchschaut hat, wird er wieder auf den Ton zurückkommen, die göttliche Stimme. Dieser bescheidene, kleine Anhaltspunkt, der im weltanschaulichen Getöse fast untergeht, der weder groß schillert noch für sich Reklame macht, der zu Beginn weder interessant noch unterhaltsam ist, den man weder verkaufen noch kaufen kann, ja, der so einfach und scheinbar banal ist, daß man ihn ganz leicht übersehen kann, dieser Ton ist der seidene Faden, das goldene Band, unzerreißbar, überall zu finden, denn man trägt ihn immer in seiner Seele mit sich.

Der Mensch ist einem Ritter vergleichbar, der bis an die Enden der Welt geritten ist, um den Heiligen Gral zu finden. Dann kommt er enttäuscht und mit leeren Händen zurück, weil er ihn nicht finden konnte. Erschöpft legt er sich nieder, schließt die Augen, fühlt sich unwürdig, weil irgendein Gott ihn das Kleinod nicht finden ließ. Er ist in seinem Inneren leer. Er hat die ganze Welt gesehen und nichts gefunden, was auch nur annähernd dem gleichkam, was man ihm vom Heiligen Gral erzählt hat. Es gibt nichts mehr, was ihn aufrichten könnte. Sein irdisches Leben ist sinnlos geworden, er möchte sterben.

Damit hat er die richtige Bedingung geschaffen. Der Kelch ist leer und rein geworden. Nun ergießt sich die göttliche Energie, der Ton, in das Gefäß und füllt es langsam mit Ambrosia. Er selbst ist der Heilige Gral, während seiner ganzen Suche hatte er sich immer dabei. Das ist es also, ruft er erstaunt, und will es vor Freude allen leidenden Mitmenschen und Suchern sagen. Dann stellt er fest, daß ihn gar niemand hören will. Die Sache kann doch nicht so einfach sein; schließlich hat man ja selbst schon viele Inkarnationen lang alles ausprobiert.

Nun hat er den Gral gefunden. Er will ihn jedem schenken, und keiner will ihn haben. Statt dessen wollen die Menschen auf schmerzhafte Weise die Kundalini erwecken. Beim neuen Gralsritter ist die Kundalini bereits am Scheitelpunkt angelangt. Er hat ganz vergessen, daß sie es ist, die ihm in zarter Weise, in bescheidenen Worten die göttliche Weisheit zuflüstert. Deshalb hat man die Gralsritter auf die Suche geschickt, daß sie das Gesuchte, wenn sie es außen nicht finden können, zu guter Letzt an der richtigen Stelle entdecken. Daher ist es auch sinnlos, einen Menschen davon abbringen zu wollen, an dieser oder jener falschen Stelle zu suchen. Er muß suchen, denn seine Seele hat ihn losgeschickt. Sie wird keine Ruhe geben, bis er sich alles angeschaut hat. Er wird jedes Detail der Schöpfung immer wieder so lange in seinen Händen wenden müssen, bis er merkt, daß es das mal wieder nicht war. Auf seiner Wanderung wird er Körper verschleißen, Stanniolpapier für Gold halten, Drogen für Nektar, nur um am Schluß nach jeder Erfahrung immer wieder mit leeren Händen dazustehen. Dabei wird er es lange Zeit gar nicht bemerken, daß seine Hände leer sind.

Wenn wir den Vatan aus dieser Sicht betrachten, stellen wir fest, daß es sich um ein System handelt, die menschliche Ignoranz zu überlisten. Da einem Vatani alles offen dargelegt wird, kann er auf vielen Ebenen gleichzeitig sehr viele Erfahrungen machen.

Er weiß, daß vieles davon nicht nötig wäre. Da ihm jedoch seine Körper keine Ruhe lassen, stellt er sie mit allerlei unterhaltsamen Spielchen zufrieden. Seinen Fortschritt kann man dadurch bemessen, wieviel er auf seinem Wege schon wegläßt. Bei den meisten Menschen gibt die Seele bereits recht konkrete Informationen, was gut für den Fortschritt wäre. Aber wer hört schon auf die leise Stimme der Seele, wenn einzelne Körper so laut schreien. Folglich bleibt der Seele oft gar nichts anderes übrig, wenn sie die Inkarnation nicht als nutzlos betrachten will, als den Menschen in eine extreme Situation hineinzustoßen. Leiden und Schmerzen entstehen durch Festhalten. Linderung kommt durch Loslassen. Alle Leiden und Probleme des Menschen sowie aller Wesen der Schöpfung entstehen dadurch, daß man:

1. etwas sein will, was man nicht ist,
2. anders sein will, als man ist,
3. etwas tun will, was man nicht kann oder darf,
4. etwas tun muß, was man nicht tun will,
5. etwas haben will, was man nicht hat,
6. etwas behalten will, was man hat
7. etwas loswerden will, was man hat.

Ein Problem oder Leiden an sich ist immer eine Konfrontation mit der Umwelt. Als Umwelt kann man auch die Körper betrachten, die von der Seele in den dualen Seinsebenen benutzt werden. Jeder dieser Körper kann aus obigen Gründen zum Problem werden.

Die Seele des Menschen sollte eigentlich keine Probleme haben, denn sie kann alles sein, alles haben und alles tun. Außerdem ist sie unsterblich und nicht verletzbar. Leider identifiziert sie sich so stark mit ihren Körpern und der übrigen Schöpfung. Da sowohl diese Körper als auch die ganze äußere, duale Schöpfung den Gesetzen von Raum, Zeit und Schwerkraft unterworfen sind, ist hier nichts beständig. Wer sich mit Unbeständigem verbindet, muß auch akzeptieren, daß er laufend wegen einer der obengenannten sieben Ursachen leiden muß, bis er gelernt hat loszulassen. Die Angst, nichts mehr zu haben, wenn man losläßt, ist so unbegründet wie der Glaube, durch den Verlust eines Zahnes sein Leben zu verlieren.

Alles, was durch irgendeinen unserer Körper wahrnehmbar ist, ist das Resultat einer Ursache. In den dualen Welten können wir, wenn wir weiterdenken, feststellen, daß alle Resultate endlich sind, der zeitlichen Begrenzung unterworfen. Dies sollte uns darauf bringen, daß die Ursachen polar dazu unendlich, ewig sind. Für die Seele ist es daher wichtig, daß sie langsam ihre Aufmerksamkeit von den Welten der permanenten Wandlungen abzieht und sich der Ursache, der Ewigkeit zuwendet. Nur die Seele ist dazu in der Lage. Und der einzige Einstieg dafür ist die göttliche Stimme, die aus der göttlichen Quelle kommt.

In der Wissenschaft der Runenmeister wird versucht, mit allen zu Gebote stehenden Mitteln und auf allen Ebenen so schmerzlos wie nur möglich so viele Erfahrungen wie möglich zu machen, um der Dualität – oder Maya, wie die Inder sagen – ihre Faszination zu nehmen, um die Dualität zu überwinden und wieder zur Quelle, unserem Ursprung, zurückzugehen.

Der Lebensbaum ist dabei unser Plan. Mittels des Gartens erweitern wir unser inneres Erfahrungsfeld, mittels der Liebe lernen wir, daß wir unterwegs nicht allein sein müssen, und Verantwortung für eine andere Seele zu übernehmen. Dafür können wir, wenn wir wollen, Werkzeuge und Hilfsmittel verwenden. Diese legt man jedoch beiseite, wenn man sie nicht mehr benötigt. Das Wichtigste ist nicht irgendein Werkzeug, sondern die göttliche Stimme. Mit Werkzeugen können wir, vorausgesetzt, wir haben das nötige Wissen dazu, ein Auto reparieren. Das Auto ist jedoch sinnlos, wenn niemand da ist, der damit fahren will.

Die Vatan-Alchimie

Selbst bei den meisten Esoterikern und Suchern weckt das Wort Alchimie nur noch ein müdes Lächeln. Die gefährliche Tochter der Alchimie, die Chemie, hält ihre Mutter für senil und geistig verwirrt. Sie will nichts mehr mit ihr zu tun haben und schämt sich ihrer.

Die Vatanis halten sie für einen der wenigen Lichtblicke der letzten zweitausend Jahre. Wohlgemerkt immer im Hinblick auf die Entwicklung des Menschen. Wir werden uns hier der schwerverständlichen Mutter nähern – so behutsam, wie es geht – und sehen, welche Geheimnisse in ihrem Nähkästchen verborgen sind. Dabei brauchen wir viel Geduld und Verständnis, denn Mutter Alchimie ist schwer verständlich und läßt sich ihre Geheimnisse nicht so leicht entlocken. Problematisch ist schon, daß sie eine eigene Sprache spricht und es so aussieht, als ob sie die Geheimnistuerei an sich erfunden hat. Also müssen wir uns erst einmal ihre Sprache beibringen. Wie gut, daß viele Vatanis bei der Erfindung ihrer Sprache fleißig mitgewirkt haben.

Aber beginnen wir ganz von vorn. Stellen Sie sich vor, Sie fliegen ganz allein in Afrika über unwegsames Gebiet, das mindestens tausend Kilometer vom nächsten zivilisierten Ort entfernt ist. Und genau hier müssen Sie jetzt notlanden. Sie stehen allein mitten in der Wildnis und haben keine Ahnung, wie es weitergehen soll. Glücklicherweise kommt ein Buschmann, der in dieser Gegend lebt, und fragt Sie etwas, das Sie aber nicht verstehen. Sie versuchen, ihm etwas zu erklären, er wiederum versteht aber auch Sie nicht. Was ist zu tun? Sie wollen ja schließlich überleben. So klug und aufgeklärt, wie Sie auch sein mögen, der Buschmann ist Ihnen in dieser Situation haushoch überlegen. Er kennt sich aus. Nun wird Ihnen kaum etwas anderes übrigbleiben, als zu versuchen, den Buschmann zu verstehen. Nur er kann Ihnen zeigen, wie man hier überlebt, wenn er gewisse Dinge verständlich zu machen vermag. Die Sprache der Buschmänner ist sehr schwer; sie haben nicht nur Vokale und Konsonanten, sondern auch noch sogenannte Schnalzlaute. Sie werden schon glücklich sein, wenn Sie das Wort für »essen« in der Buschmannsprache beherrschen. Ihr Retter in der Not wird nun auf eine Knolle deuten und dabei das Wort für »essen« aussprechen.

Wenn Sie sich jetzt beobachten könnten, wie wach Ihr Verstand ist, wie genau Sie alles beobachten, wie Sie kombinieren und lernen, so würden sie feststellen, daß Sie in einem ganz besonderen Bewußtseinszustand sind. Sie waren wahrscheinlich in Ihrem ganzen Leben noch nie so wach und so konzentriert. Und damit sind wir über dieses kleine Beispiel schon mitten in der Alchimie. Sie wollen die Sprache der Alchimie lernen, dann stellen Sie sich vor, daß Ihr Leben davon abhängt. Wenn Sie diesen Eifer nicht an den Tag legen, so lassen Sie besser die Finger davon, denn die wirklichen Alchimisten wußten, daß jemand dann nicht dafür geeignet ist. Das Lernen der Sprache mit all ihren Metaphern, Gleichnissen, Fallen und Sackgassen ist die geeignete Vorschule, um den Stein der Weisen zu finden. Doch wir müssen es hier noch weiter etwas spannend machen, damit Sie später besser erfassen, um was es eigentlich geht.

Wir sind nun soweit und kaufen uns ein alchimistisches Werk, das der berühmte Jakob Böhme wärmstens empfohlen hat: »Wasserstein der Weisen« von Johann Ambrosius Siebmacher.[16] Es ist ein Nachdruck der Ausgabe von 1661. Wir nehmen dieses Werk, weil die Widersprüche darin uns möglicherweise auf die richtige Spur bringen könnten. Wir beginnen zu lesen und stellen fest, daß es schon sehr schwierig ist. Wir müssen erst eine »Materia« finden, also irgendeine Substanz, die viele besondere Eigenschaften hat. Das ganze ist für den Uneingeweihten so verwirrend, daß unser Ziel, Gold zu machen, in immer weitere Ferne rückt. Trotzdem lesen wir weiter. Da finden wir auf einmal ein Traktätchen, worin doch tatsächlich behauptet wird, daß die ganze komplizierte

Operation eigentlich so gar nicht stimmt und alles nur unnötiges Getue ist. Bis wir recht schauen, stecken wir mitten in frommen religiösen Sprüchen und Gleichnissen von Jesus usw. Dann finden wir im Anhang noch einen Auszug aus den Schriften des berühmten Nikolai Flamel, der wieder erklärt, wie man im Labor dies und das ausführt. Am Schluß stellen wir fest, daß wir sehr verwirrt sind. Zu allem Überflusse finden wir in dem vortrefflichen »Wercke« auch noch den Ratschlag, so viele alchimistische Bücher wie nur möglich zu lesen. Damit könnten wir jetzt die Flinte ins Korn werfen und uns lieber einem Guru zu Füßen werfen, wenn wir nicht so neugierig wären. Also nehmen wir einmal ganz unverfroren ein alchimistisches Rezept und versuchen, damit Gold zu machen – hier erst einmal die Originalfassung:

> Nennen wir es: Gar einfältige Anleitung für den anfangenden Schüler des hl. Geistes, worinne gar leicht der Weg zu finden, den phylosofischen Stein zu prozedieren.
>
> Nimm genug vom besten Saturno, reinige es von allen Faeces, und tue das ganze in einen Pferdebauch. Dort lasse es 40 Tage, bis du den Rabenflügel siehst. Vergesse nicht, dir vorher den allesverschlingenden Azot aus dem Goldsamen herzustellen. Von diesem Azot bringe soviel in den Saturno, bis es genug ist. Wenn du dann den Rabenflügel siehst, so freue dich, denn dein Werk geht trefflich voran. In dieser Zeit beobachte den Saturno genau, damit du es nicht verpassest, immer die richtige Wärme zu halten. Bald wirst du merken, daß der Saturno verschiedene Farben annimmt.
>
> Freue dich, denn du siehst den Pfauenschwanz. Bei all dem steigt der Mercurius zum Himmel empor. Achte darauf, das Gefäß nicht zu öffnen, damit er nicht entweichen kann, was ein großes Unglück wäre. Du mußt dem Werke immer wieder Goldsamen zusetzen. Goldsamen ist leicht zu finden, es sind kleine Körnchen, manche spitz, manche länglich, manche rund. Jeder Mensch hat ihn schon gehabt. Nur wenige arme Kreaturen haben ihn noch nie besessen. Wenn der Pfauenschwanz zu Ende ist, so wird sich alles zum Weißen wenden.

Immer wenn du etwas abgeschlossen hast, so danke Gott für seine unermeßliche Gnade und daß er dir auch fürderhin beistehen möge.

Prozediere weiter, bis daß der Saturno so weiß wie Schnee ist. Hier hast du besonderen Grund, Gott für seine Hülfe zu danken. Nun prozediere weiter, bis der Saturno langsam ins Rötliche übergeht. Öffne das Gefäß nicht, bis alles eine wunderbare rote Farbe hat. Nun kannst du den bereiteten Stein, das Wunder der Schöpfung, betrachten und dich all seiner trefflichen Würkungen erfreuen. Vergesse nicht, Gott mit der ganzen Inbrunst zu danken, daß er dich so gut geführet hat. Amen.[17]

Jeder erfahrene Alchimist würde über dieses Rezept sagen: »Kurz, aber sehr genau beschrieben!« Da wir im Rahmen dieses Buches nicht soviel Platz haben und in der heutigen Zeit, speziell im Vatan, die Geheimnistuerei gar nicht mehr nötig ist, wollen wir die Rätsel lösen. Damit gehen wir einiger wunderbarer Übungen verlustig, die uns für die Herstellung des Steins der Weisen sehr nötig wären. Wir können uns aber im Vatan in anderer Weise behelfen. Natürlich können wir auch nicht auf einige stille, alchimistische Sucher Rücksicht nehmen, die sich gerade in dunklen Gedankengängen mit wilden spekulativen Ideen herumschlagen. Wir steigen voll in die Interpretation ein. Zuerst brauchen wir genug Saturno. Im Lebensbaum finden wir im Zentrum 4 die Entsprechung des Saturn. Vier ist die erste Zahl der Materie. Also können wir davon ausgehen, daß wir eine Grundmaterie nehmen müssen. Da wir sie reinigen sollen, muß sie ja verschmutzt sein. Das ganze tun wir in einen Pferdebauch. Warum nehmen wir nicht einfach unseren physischen Körper, machen uns leer von allem Schmutz, legen also alle falschen Konzepte und Meinungen usw. ab. Der Pferdebauch ist der Hinweis, daß es ein biologischer Körper sein muß mit etwa 36 Grad Wärme. Halten wir noch einmal fest: Unser Saturno ist der Mensch mit seinen ganzen Verunreinigungen, mit allen seinen Körpern. Nun nehmen wir den Goldsamen und bereiten daraus den Azot. Azot ist ein oft gebrauchtes Wort für ein universelles Lösungsmittel, eine Art Säure, die alles zersetzt. Hier die Lösung: Das Wort Azot stellt in den Sprachen Latein, Griechisch und Hebräisch alle Buchstaben dar, also A bis Z, Alpha bis Omega und Aleph bis Tau:

A - Z
A - O
A - T

Wir wissen schon aus einem früheren Kapitel, daß Buchstaben Schwingungsformen sind, mit denen wir auf alle Körper einwirken können. Es sollen möglichst alle Schwingungen angewandt werden, also das ganze Alphabet, damit wir unsere alten Konzepte und Schwingungsmuster auflösen können. Wir verwenden dafür keine Wörter, sondern nur noch Buchstaben, die in ihrer Wirkung am tiefsten gehen. Praktisch sieht dies so aus: Wir denken uns jeden Buchstaben in unserem ganzen Körper. Die richtige Wärme halten wir, indem wir die Zeit der Übung entsprechend variieren. Das heißt, wir übertreiben nicht bei unseren Übungen. Wir könnten dadurch Fieber bekommen. Die Alchimisten nannten es auch »Kochung mit gelinder Wärme«.

Die armen Kreaturen, die den Goldsamen nicht haben, sind Analphabeten, die selbstverständlich auch keine Buchstaben unterscheiden gelernt haben.

Nun denken wir also die Buchstabenschwingungen in uns hinein. Wir sprechen sie nicht laut aus, denn wir sollen ja das Gefäß nicht öffnen. Was geschieht nun? Der normale Mensch würde sagen: Was soll mit dem bißchen Buchstabendenken schon passieren? Es passiert sehr viel. Ganz langsam stellen wir fest, daß sich in uns eine Veränderung vollzieht. Alles löst sich auf. Alles, was wir an Meinungen und Konzepten mühselig aufrechterhalten haben, unser ganzes Wesen, zeigt Zerfallserscheinungen. Der Rabenflügel ist schwarz, und Schwarz ist die Farbe des Todes. Wer dies einmal mitgemacht hat, der weiß, wovon wir hier sprechen. Das ganze ist wie eine Art Verwesung bei lebendigem Leibe.

Der Verstand, der Merkur, Zentrum 9 im Lebensbaume, versucht noch zu retten, was zu retten ist. Er klammert sich unter Umständen noch an die banalsten Dinge. Schließlich bleibt ihm nichts anderes übrig, als sich danebenzustellen und nur noch zuzusehen, was hier geschieht. Ein gutes Beispiel sind Zahnschmerzen. Auch hier trennen wir uns manchmal von der ganzen körperlichen Qual und betrachten sie mit Abstand. Wir sollen es aber auf jeden Fall betrachten und uns nicht aufgeben. Der Merkur bleibt bei dem ganzen Ablauf dabei. Er könnte sich auch verabschieden und alles aufgeben. Wir betrachten also unseren Tod und warten ab, bis alles vorbei ist.

Der Pfauenschwanz ist eine Umschreibung für eine ganze Reihe von seltsamen Gefühlszuständen, die man früher gerne mit den Farben einzelner Planeten bezeichnet hat. Er ist auch ein Hinweis, daß verschiedene Zentren des Baumes, die ja auch wieder die gleichen Farbentsprechungen haben, dabei Veränderungen erfahren. Die Zahl Vierzig bedeutet, daß wir vier Ebenen reinigen, von denen jede eigentlich wieder einen eigenen Lebensbaum mit je zehn Zentren darstellt. Es handelt sich dabei um die physische, die astrale, die mentale und die Ursachenebene. Dies sind vierzig Zustände, die wir durchmachen.

Immer wenn wir einen Zustand abgeschlossen haben, verfestigen wir ihn, indem wir feststellen, daß er abgeschlossen ist. Dies ist mit »Gott danken« gemeint. Wenn wir etwas Ganzes bekommen haben, danken wir, womit wir gleichzeitig auch ausdrücken, daß wir es jetzt haben. Weiß ist die Farbe der Unschuld und Reinheit. Irgendwann sind wir also rein.

Nun wird der Mercurius wieder absteigen; d. h. der Verstand mit der Seele merkt auf einmal, daß der Tod vorüber ist und wir immer noch leben. Ja, bedeutend besser als vorher. Sein Interesse ist wieder geweckt, und er identifiziert sich wieder mit den Körpern. Ganz langsam fließt nun frische Energie durch alle Körper und füllt sie wieder mit neuem Leben. Rot ist die Farbe des Lebens, rot ist das Blut.

Dieser hier nur kurz beschriebene Vorgang erfaßt alle Körper von der Ursachenebene abwärts. Im physischen Körper ist die reinste Hölle los während der Zeit des Rabenflügels. Es zwickt und zwackt an allen Ecken und Enden. Eine schleichende, lähmende Unlust macht sich breit. Das ganze ist so unangenehm, vor allen Dingen beim ersten Male, daß in den Rezepten nicht umsonst steht, man möge auf Gott vertrauen, dann werde alles gut.

Dies war der trockene alchimistische Weg. Kommen wir nun zum sogenannten nassen Weg. Der trockene Weg spielt sich im Menschen, dem Alchimisten selbst, ab. Für den nassen Weg benötigen wir ein kleines Labor. Ora et labora, bete und arbeite, trifft hier fast wörtlich zu. Die Operation wird dabei teilweise nach außen verlegt. Man nennt diesen Vorgang auch das große Arkanum. Als Saturno nimmt man hier sehr gerne graues Steinsalz, das man reinigt.

Mit diesem Salz wird nun all das gemacht, was wir vom Menschen schon kennen. Natürlich können wir auch hier die Lautschwingungen nur in uns selbst erzeugen. Durch unsere Aufmerksamkeit und Sorgfalt stellen wir aber eine Verbindung mit der Materie in unserem Labor her. Wir sollen uns Tag und Nacht darum kümmern. Nun werden wir feststellen, daß alles, was in uns abläuft, fast genauso mit diesem Salz geschieht. Das Resultat ist ein rotes Pulver, der sogenannte rote Löwe.

Der Vatani weiß, daß hier eine Batterie hergestellt wird mit der Qualität all dessen, was er aus den vielen Büchern über den Stein der Weisen gelesen hat. Je komplizierter das Rezept, desto besser ist es, denn um so mehr Energie steckt er in das Salz. Mit der Zeit hat dies Wirkungen bis in die Molekularstruktur der Materie.

Wenn wir dem Ratschlag des Alchimisten Siebmacher gefolgt wären, hätten wir uns erst einmal einige Jahre durch alchimistische Bücher und Rezepte durchgearbeitet. Irgendwann wäre ganz langsam die reine Wahrheit in feinster Dosierung herausgekommen. Wir hätten so ganz nebenbei die Analogiegesetze gelernt, auf der Suche nach der Prima Materia die halbe Natur kennengelernt und uns unter Umständen mit Atomphysik und Molekularbiologie beschäftigt – bis wir wie der enttäuschte Gralsritter darauf gekommen wären, daß wir erst einmal mit uns selbst beginnen müssen und alles, was wir nötig haben, schon in uns angelegt ist.

Nach Hunderten von scheinbar widersprüchlichen Rezepten hätten wir den analogen gemeinsamen Nenner herausgeschält und wären, um einige Erfahrungen reicher, dann zum einfachen Ziel gelangt. Wir hätten jedoch auch den Rest des Lebens Rezepte ausprobieren können, weil auch das Experimentieren sehr faszinierend sein kann. Jemand, der den Stein der Weisen schon zwanzig Jahre sucht, ist nämlich kaum davon zu überzeugen, daß die Sache so einfach sein soll. Oder es hätte uns wie einem Theologieprofessor gehen können, der, wenn er auf die religiöse Wahrheit stößt, diese ganz einfach übersieht, weil er doch nicht mit so viel Mühe die ganze Materie studiert hat, nur um nachher festzustellen, daß er wohl sehr viel Zeit verloren hat. Dabei hat er aber gar keine Zeit verloren, denn wenn er durch sein Suchen nicht alles kennengelernt hätte, so hätte er auch nicht feststellen können, daß es dort nicht zu finden ist.

Genau dies haben die Alchimisten mit all dem ganzen »Getue« bezweckt. Sie konnten sicher sein, wer den Stein gefunden hatte, der war in jeder Hinsicht sauber und hätte dieses Wissen nie mißbrauchen können, denn er hatte sich schon in der Vorarbeit dazu so gewandelt, daß er dazu gar nicht mehr fähig gewesen wäre.

Es gibt noch mehrere Betätigungen, die dem sogenannten nassen Weg zugeordnet werden. So wird in der alchimistischen Literatur auch der Energieaustausch mit einem Partner in diesem Zusammenhang erwähnt. Hier werden wir uns aber nur mit den Buchstabenübungen beschäftigen. Auch in diesem Bereich verraten wir keine Geheimnisse, denn die reichhaltige Literatur über Mantra-Yoga beispielsweise geht diesbezüglich sehr viel weiter.

Buchstabenübungen sind beinahe aus jedem Kulturkreis bekannt. Sowohl die Sufi-Derwische als auch die ersten Freimaurer und Steinmetzbünde, dann die Karbonari kannten diesen Weg. Er war im alten Ägypten und Griechenland genauso bekannt wie in Indien und China.

Wenn wir Bücher darüber lesen, sollten wir uns jedoch im klaren sein, daß jeder Autor immer von seinen Erfahrungen ausgeht; z. B. empfiehlt Weinfurter in seinem Werk »Der brennende Busch«,[18] die Buchstaben in die Füße hineinzudenken. Der Magier Franz Bardon hingegen warnt in seinen Werken davor, weil dadurch in den Füßen ein Blutstau entstehen könnte. Er ordnet jedem Buchstaben ein Organ oder eine Körperstelle zu. In Indien wird das Sanskrit-Alphabet in den einzelnen Chakras geübt. Dort heißen zu Übungszwecken verwendete Buchstaben Wurzelmantras.

Wer über die Verwendung von Buchstaben zum Zwecke der Höherentwicklung das erste Mal etwas hört, ist leicht dazu geneigt, zu glauben, daß es sich dabei lediglich um eine Methode handelt, einen Einzelbuchstaben als Stütze für Meditationszwecke zu verwenden. Hier muß ausdrücklich davor gewarnt werden, die Sache zu leicht zu nehmen.

Doch kommen wir nun zu einigen Beispielen. Wenn uns etwas schmeckt bzw. wenn es uns gefühlsmäßig sehr gut geht, können wir dies mit dem Ausruf »Ah!« kundtun. Das A beispielsweise entspricht dem 10. Zentrum des Lebensbaumes und ist die Schwingung der Astralebene. Deshalb beginnen die Sufi-Derwische, bevor sie zu anderen Einzelbuchstaben übergehen oder zum eigentlichen A, damit, daß der Schüler sich mit Buchstabenkombinationen, die auf dem A und einigen Konsonanten aufgebaut sind, erst einmal sensibel macht, um die Schwingungen besser wahrnehmen zu können. Das A bringt in der heutigen Zeit Praktiker immer wieder etwas durcheinander, weil es bei manchen Menschen zuerst im Gehirn schwingt. Seine eigentliche Lokalisation ist jedoch in der Magengegend. Dieser Irrtum entsteht dadurch, daß viele Menschen heute ihre Emotionen sehr stark durch den Verstand unter Kontrolle haben und es in unserer Gesellschaft lernten, Emotionen zu unterdrücken.

Ein anderes Beispiel: Wenn wir uns über etwas wundern, können wir dies mit einem »Oh!« ausdrücken. Der Buchstabe O entspricht dem 7. Zentrum im Lebensbaum, dem Prinzip der Sonne. Das A entspricht übrigens dem Mond.

Das O ist im Solarplexus lokalisierbar. Das 6. Zentrum des Baumes ist unser Energiereservoir. Es hat den Buchstaben I. Der Buchstabe U ist im sogenannten Halschakra zu finden; er entspricht dem 4. Zentrum und dem Prinzip Saturn. Das U als Übungsmantra ist sehr schwer auszuhalten. Aktiviert es doch den ganzen Bereich unseres Karmas, und wir assoziieren es mit Negativem, was z. B. auch an Sätzen wie »Uh, ist mir heute kalt!« oder »Uh, geht es mir heute schlecht«, liegt.

Als die menschliche Sprache sich entwickelte, drückten wir erst einmal unsere Gefühle mit einzelnen Buchstaben aus. Das gleiche finden wir auch heute noch beim Kleinkind, wenn es sprechen lernt.

Was passiert nun, wenn wir Buchstaben in uns hineindenken? Jeder dieser Buchstaben ist eine Einzelschwingung, die in unseren verschiedenen Körpern jedes Atom mitschwingen läßt. In jedem Teilchen entsteht so ein Wirbel, den man als eine symmetrische Figur bezeichnen könnte, nur ist die Figur dreidimensional. Sie ist immer harmonisch wie ein dreidimensionales Mandala. Wer schon einmal etwas von den Klangfiguren E.F.E. Chladnis, des Begründers der experimentellen Akustik, gehört hat, weiß in etwa, was passiert. Die Wirbel prallen mit festen Mustern in den Teilchen zusammen und lösen die Muster langsam auf. Diese Konfrontation zweier Schwingungsmuster ist nicht immer angenehm. Nur selten könnte man sagen, daß sie zueinander passen. Diese Konfrontation löst den sogenannten Rabenflügel oder die dunkle Nacht der Seele aus. Es handelt sich um eine Art Tod alter Schwingungsmuster. Eigentlich ist es eine Reinigung, die den Verstand samt Seele dazu zwingt, die ganze Angelegenheit mit Abstand zu betrachten. Alte Konzepte, alte Gewohnheiten, alte Krankheitsmuster usw.: Alles bleibt auf der Strecke. So belastend diese für das Individuum sind, es trennt sich nur ungern davon.

Es warnen denn auch alle Mystiker, Mantra-Yogis und sonstigen Praktiker davor und empfehlen, Zuflucht zu Gott zu nehmen, dann könne nichts passieren. Deshalb finden wir in den Schriften der Alchimisten eben so viele Anspielungen und Empfehlungen, gläubig und fromm zu sein; z. B. die Empfehlung, demütig zu sein, besagt dabei nichts anderes, als daß wir weitermachen und abwarten sollen. Wir sollten das alles nicht zu deuten versuchen, sondern eher geduldig über uns ergehen lassen. Nach dem Regen kommt mit Sicherheit der Sonnenschein.

Grundsätzlich muß man aber sagen, daß Buchstabenübungen eine sehr ernste Sache sind, auch wenn die Alchimisten von Kinderspiel sprechen. Sie meinen damit nicht, daß es kinderleicht wäre, sondern daß wir wie die Kinder ganz langsam das Alphabet wieder lernen sollten, aber dieses Mal in anderer Weise – in uns selbst.

Man muß innerlich schon etwas stabil sein und vor allen Dingen psychisch gesund. Auch wenn diese Voraussetzung gegeben ist, sollten wir nur gelinde kochen, sprich üben. Allzuviel kann uns aus der Bahn werfen. Wir müssen die »Kochung« so regulieren, wie wir es gerade noch auszuhalten vermögen. Abzuraten ist auch, nach der Manier einiger christlicher Mystiker ihren »sündigen« Körper durch Forcierung der Übungen zu quälen, um vermeintliche Sünden abzubüßen. Wir müssen dabei nicht unbedingt den Kreuzweg Christi durchlaufen. Es ist nicht sehr empfehlenswert, sich überhaupt mit der Person Jesu während der Übungen zu identifizieren, es sei denn, daß Sie unbedingt eine Stigmatisation mit den Wundmalen provozieren wollen, um in der Öffentlichkeit als heiliger Mensch dazustehen. Jede Identifikation während dieses Vorganges ist reine Dummheit und ersetzt alte Muster gegen neue, nicht unbedingt bessere.

Während der Übungen sollten Sie auf Ihre Träume achten. Ihre Seele hat bei dem ganzen Vorgang die Oberkontrolle und versucht mit allen Mitteln, Ratschläge in den Verstand zu bringen. Da Sie am Tage zu sehr abgelenkt sind, geschieht es überwiegend im Traum. Auch dort muß die Information bzw. der Ratschlag erst einmal so in Bilder gefaßt werden, damit Sie ihn auch verstehen. Wenn jemand dann von einem glühendheißen Ofen träumt, der kurz vor dem Zerplatzen ist, sollte er etwas weniger heiß kochen.

Ein Scheitern kann man fast immer als Übertreibung oder als Selbstaufgabe vor der überwältigenden Erfahrung bezeichnen. Der Vatani erhält neben den Buchstabenübungen immer die Verbindung mit der göttlichen Stimme aufrecht. Er wird also immer an der Stelle des sogenannten dritten Auges verweilen, so gut es geht, mit den einzelnen Buchstaben üben und wenn möglich im Hintergrund immer den Ton wahrnehmen. So kann ihm eigentlich nichts passieren. Er denkt sich an dieser Stelle den Buchstaben, als ob er ihn langgezogen aussprechen würde. Dann läßt er diese Schwingung zusammen mit dem Ton, wie wenn sie auf ihm reiten würde, durch seinen ganzen Körper schwingen bis zu den Fußspitzen. Wem dies nicht gleich gelingt, der sollte erst langsam den Körper durchdringen, um allmählich bis zu den Füßen zu gelangen. Eine gute begleitende Vorstellung ist dabei, daß man sich den Körper als einen riesengroßen Raum imaginiert, in dem dann sowohl der Ton als auch der jeweilige Buchstabe hallend erschallen.

Lassen Sie dabei alle Vorstellungen, was der Buchstabe bewirkt, also alle Entsprechungen aus dem Baum und dem Tyrkreis, erst einmal weg. Mit zunehmendem Erfolg werden Sie selbst die Richtung herausfinden. Machen Sie einfach das ganze Abc in aller Ruhe durch, und lassen Sie sich dabei sehr viel Zeit. Sie können sich in jedem Falle aus der Literatur Informationen holen, bedenken Sie aber, daß es sich dabei meist um die Erfahrung eines speziellen Autors handelt; es soll auch solche geben, die ihre »Erfahrungen« irgendwo abgeschrieben haben. Sie sind ein anderes Individuum und sollten sich erst einmal an den neutralen Grundablauf halten. Mit der persönlichen Erfahrung werden Sie sich sowieso dann die Methode nach den eigenen Bedürfnissen umstrukturieren.

Das Unterbewußtsein

Der Mensch ist Seele, umgeben von Körpern verschiedener Energiedichtigkeit. Eine Seele ohne Körper kann, wie bereits früher gesagt, alles sein, alles tun und alles haben. Außerdem ist sie unzerstörbar. Zur Erlangung von Erfahrung in den Fähigkeiten von Sein, Tun und Haben muß sie in das Trainingsfeld der Dualität.

Beim Eintritt in die Dualität bildet sich die Seele u. a. einen primitiven Körper. Diese Hülle kann man als die Urform des Mentalkörpers betrachten. Mittels dieses Körpers versucht nun die Seele, ihre drei obengenannten Eigenschaften auch in der Dualität zu verwirklichen. Die Gegebenheiten der Dualität setzen dem jedoch Widerstand entgegen. Trotzdem versucht sie es immer weiter und ist in der Wahl der Mittel keineswegs kleinlich. Die Existenz in der Dualität macht eine Reihe von Voraussetzungen nötig. Dazu gehört in erster Linie die Nahrung und die Fortpflanzung.

Mit zunehmender Erfahrung in der Dualität speicherten sich immer mehr Daten und Fakten im primitiven Mentalkörper. Durch den Umgang mit den Fakten ergaben sich nun einige für die Seele vollständig neue und ungewohnte Funktionen. Sie lernte über diesen Mentalkörper, der ja innerhalb von Zeit und Raum lebt, die Erinnerung, die Logik, das Vergleichen von Daten und auch die Auswahl von Daten. Das war notwendig, um mit der Umwelt zurechtzukommen. So entstand innerhalb des Mentalkörpers der Verstand, wie wir ihn heute kennen. Der Verstand wurde mit der Zeit zu einer geschlossenen Einheit. Da die Seele auch jetzt noch ihre Grundeigenschaften verwirklichen will, dies in der Dualität aber nur unvollkommen möglich ist, finden wir nun im Mentalkörper eine Trennung zwischen dem Wunsch, alles zu sein, alles zu tun und alles zu haben, und dem Wissen über die Beschränkungen in der Umwelt. Die Diskrepanz zwischen diesen beiden Teilen des Mentalkörpers wurde mit der Zeit so groß, daß diese beiden Teile inzwischen als Gegner betrachtet werden können.

Durch unser Leben in der Gemeinschaft sind wir gezwungen, ständig mit dem Verstand zu operieren. Der Rest des Mentalkörpers wird von uns dauernd verdrängt. Den verdrängten Teil nennt man Unterbewußtsein. Das Unterbewußtsein liegt innerhalb des Mentalkörpers der Seele am nächsten. Alle Energie von der Seele passiert erst das Unterbewußtsein und dann das Oberbewußtsein, den Verstand. Der Verstand nimmt im Mentalkörper lediglich 10 Prozent der Kapazität ein, der Rest von 90 Prozent gilt als Unterbewußtsein. Der Verstand fühlt sich vom Unterbewußtsein ständig bedroht. Er hat sich deshalb als Schutzmaßnahme einen Filter zwischen Unterbewußtsein und sich gesetzt. Diesen

Filter nennen wir den Zensor. Der Zensor läßt nur solche Dinge aus dem Unterbewußtsein in den Verstand gelangen, die dem Individuum in der Umwelt nicht schaden. Er setzt sich aus Moralgesetzen, Erziehungsmustern und all den Regeln zusammen, die wir als notwendig für das Zusammenleben in unserer Zivilisation betrachten.

Die Grundmuster des Zensors werden bereits in den ersten vier bis sechs Jahren gelegt. Ohne den Zensor wäre unsere Zivilisation gar nicht möglich.

Das Unterbewußtsein kennt den Zensor sehr genau. Es weiß, daß alle seine Wünsche und Neigungen über ihn laufen. Es versucht deshalb, diesen Wächter mit geschickten Tricks zu überlisten. Im Unterbewußtsein sind alle Erlebnisse und Erfahrungen gespeichert. Zusätzlich bekommt es laufend Anregungen und Informationen, die für die Existenz wichtig sind, von der Seele.

Im Schlaf, wenn dem Individuum keine Gefahr droht oder es sich nicht mit der Umwelt auseinandersetzen muß, vermindert der Verstand seine Aktivität. Der Zensor hingegen ist immer voll in Aktion. Nun hat das Unterbewußtsein die Möglichkeit, aktiv zu werden. Unsere Träume sind das Resultat dieser Aktivität. Um nun wichtige Informationen oder irgendwelche Wünsche in das Oberbewußtsein zu bringen, werden diese vom Unterbewußtsein derart verschlüsselt, daß sie den Zensor ohne Komplikationen passieren können.

Praktisch sieht das dann beispielsweise so aus: Eine Frau haßt ihren Mann. Moralgrundsätze verbieten es ihr, sich scheiden zu lassen. Die Seele aber weiß, daß ein Zusammenbleiben mit diesem Menschen die Entwicklung nicht fördert. Sie gibt die Information an das Unterbewußtsein weiter, von dort soll sie in den Verstand kommen. Das Unterbewußtsein, frei von jeglichen Gesetzen, hat eine einfache Lösung des Problems, es würde den Mann umbringen. Es weiß aber, daß so etwas niemals durch den Zensor gehen würde. Also muß aus diesem Wunsch etwas Annehmbares gemacht werden. Das sieht dann so aus: Die Frau träumt, daß sie von einer Bestie angegriffen wird und diese im Laufe des Kampfes tötet. Dagegen könnte kein Zensor etwas haben. Schließlich muß man sich ja wehren, wenn man angegriffen wird. Ob allerdings der Verstand merkt, daß die Bestie nur ein Symbol für etwas ganz anderes ist? Es ist leider so, daß der Verstand selten entschlüsseln kann, was ihm vom Unterbewußtsein geliefert wird. Leider deshalb, weil der Verstand viele Lösungen für Probleme aus dem Unterbewußtsein erhalten könnte. Die gelieferten Lösungen sehen meistens ganz anders aus, als der Verstand es sich vorstellt. Wenn er aber die angebotenen Vorschläge richtig deutete, wäre er in der Lage, eventuell einen geeigneten Kompromiß, der auch in der Umwelt keinen Schaden anrichten könnte, zu finden. Das Unterbewußtsein beschäftigt sich mit allen Problemen, die das Individuum plagen, und versucht dauernd durch Träume Lösungen dafür zu geben.

Der Zensor ist außerordentlich stabil. Er ist der Wächter zwischen unseren primitiven Wünschen und der Außenwelt. Da er bereits in der Kindheit gebildet wurde, entspricht er nicht mehr ideal den Erfordernissen. Er hat Muster in sich, die man inzwischen als überholt betrachten kann. Trotzdem ist er für uns notwendig. Ohne ihn würden wir kaum den vielen Ratschlägen des Unterbewußtseins widerstehen können. Wir würden ohne Rücksicht versuchen, unsere geheimen Wünsche zu erfüllen. Nun gibt es Menschen, die in ihrer Kindheit in einer Umwelt aufwuchsen, welche ein Verhalten aufwies, die keineswegs den Grundlagen unserer Zivilisation entsprach. Nehmen wir als Beispiel ein Kind, das in einem Elternhaus aufwächst, deren Mitglieder es mit dem Eigentumsbegriff nicht so genau nehmen. Immer wenn sich eine Gelegenheit bietet, so vergreifen sich die Mitglieder an fremdem Eigentum. Dem sich entwickelnden Zensor dieses Kindes fehlt nun der Eigentumsbegriff. Es wird später in der Regel keine Skrupel haben, seine Wünsche durch Diebstahl zu erfüllen.

Ein anderes Beispiel: Ein Kind wächst in einer Familie auf, die außerordentlich puritanisch ist. Alles, was mit dem Körper oder der Sexualität zu tun hat, wird als schmutzig und verabscheuungswürdig betrachtet. Der Zensor dieses Kindes wird später kaum ein normales Zusammenleben mit einem Menschen des anderen Geschlechts zulassen. Wir sehen daraus, daß der Zensor entweder zu frei oder zu unfrei aufgebaut werden kann. Es ist eine Tatsache, daß es kaum einen Menschen gibt, bei dem dieser Wächter den wirklichen Gegebenheiten der Umwelt entspricht. Entweder er läßt zu viele Wünsche oder zu wenige zur Verwirklichung hindurch. Es gibt ein Mittelmaß und eine verträgliche Abweichung nach beiden Seiten. Das Mittelmaß richtet sich nach den moralisch und kulturell anerkannten Regeln, die in einer bestimmten Zeit und an einem bestimmten Ort gültig sind. Stärkere Abweichungen bringen entweder einen Menschen hervor, der laufend die Gesetze übertritt, oder einen Menschen, der absolut ängstlich und kontaktarm, zu keiner freien Handlung oder Entscheidung fähig ist. Mit zunehmendem Entwachsen aus der Kindheit wird der Mensch sich seiner Diskrepanz zwischen inneren Wünschen und äußeren Erfüllungsmöglichkeiten bewußt. Er versucht nun, seinen Zensor der Wirklichkeit anzupassen. Er versucht, sich langsam immer mehr Wünsche zu erfüllen, aber gleichzeitig hat er ein schlechtes Gewissen. Eine der Möglichkeiten besteht darin, daß er sich einen kleinen Kreis Gleichgesinnter sucht, wo er Dinge tun kann, ohne Schwierigkeiten zu bekommen. Er bildet sich mit anderen eine kleine Insel der Freiheit. In der Gemeinschaft besteht nämlich für viele die Möglichkeit, den Zensor zu lockern. Wir haben schon gesagt, daß dieser Wächter sehr stabil ist.

Es gibt aber Methoden, ihn durchlässiger zu machen. Eine von der experimentellen Psychologie gefundene Methode besteht in der Desensibilisierung. Hier wird in einer Gruppe von Menschen, deren Zensor zu stark entwickelt ist, mittels Übungen die Schranke gelockert. Diese Praktiken sind unter der Bezeichnung Gruppendynamik bekannt geworden. Hier werden durch Körperkontakt und Ersatzhandlungen Wünsche aus dem Unterbewußtsein hervorgeholt und scheinbar befriedigt. Dadurch wird der Zensor immer überflüssiger und verkümmert. Die gestauten Aggressionen und unterbewußten Wünsche der Ehefrau im obengenannten Beispiel werden z. B. dadurch befriedigt, daß sie in der Gruppe mit den Fäusten oder einem Messer ein Kissen als Ersatzobjekt für ihren Mann bearbeitet. Ganz abgesehen davon, daß viele Leiter solcher Gruppen kaum das Wissen um die wirklichen Zusammenhänge zwischen Unterbewußtsein, Zensor und Oberbewußtsein besitzen, ist es in jedem Fall gefährlich, auf diese Weise in die herrschende Mechanik einzugreifen.

Wir wissen in der Magie, daß dieser Zensor lebenswichtig ist und Eingriffe dieser Art zu Katastrophen führen können. Die Magie entwickelte deshalb andere Methoden, um den aus dem Unterbewußtsein kommenden Druck abzuführen, ohne dabei den Zensor zu beschädigen.

Die früheren Eingeweihten wußten, daß die mühsam entwickelte Art des Zusammenlebens nicht durch derartige Experimente gefährdet werden durfte. Für das einfache Volk richteten sie innerhalb des Jahres eine bestimmte Zeitspanne als sogenannte Freitage ein. In dieser Zeit sollte jeder eine Maske tragen und, seinem inneren Antrieb folgend, all das tun, was er den Rest des Jahres unterdrückte. Dabei war, außer dem Töten von Menschen, eigentlich alles erlaubt. Um auch dem Tötungstrieb gerecht zu werden, wurden Tiere geschlachtet. Um den Zensor außer Kraft zu setzen, erklärte man das Ganze als den Willen der Götter.

Damit fiel auch das schlechte Gewissen im Oberbewußtsein weg. Durch die Maske konnte niemand nach dieser Zeit seinem Zeitgenossen etwas vorwerfen. Am Ende dieser Frei-Tage wurde als Zeichen und deutliche Abgrenzung vom übrigen Jahr ein Trauerfest gefeiert. Damit kehrte man wieder in den normalen Tagesablauf zurück. Man hatte sich ausgetobt und konnte wieder friedlich zusammenleben. Derartige Frei-Tage finden wir bei allen Kulturvölkern als Ventil für das Unterbewußtsein. Dazu zählen die Bacchus-bzw. dionysischen Feste genauso wie z. B. unsere frühere Fastnachtszeit. Diese Feste waren außerdem noch geschickt in die Naturgegebenheiten des Jahreslaufes eingebaut, so daß auch gleichzeitig noch andere Zwecke damit erreicht wurden. Alle Frühlings-, Fruchtbarkeits-, Erntedank- und anderen Feste zeichneten sich durch erhebliche Freizügigkeiten in bezug auf Essen, Trinken, Tanz und Sexualität aus. Die heutige Gesellschaft hat, von wenigen Ausnahmen abgesehen, kaum noch Gelegenheiten, den herrschenden Energiestau abzubauen. Das einzige natürliche Ventil in unserer heutigen Zeit besteht für das Unterbewußtsein im Traum. Bestimmte Regierungen haben inzwischen ihre Foltermethoden dahin gehend verfeinert, daß sie Menschen am Träumen hindern. Solche Methoden haben verheerende Wirkungen auf die Psyche. Aber auch der Einzelne hindert sich in immer größer werdendem Ausmaß am Träumen. Dies tut er mit Schlafmitteln und allerlei Drogen. Die steigende Zahl von Neurosen und Psychosen sind zu einem Teil auch darauf zurückzuführen.

In einer Welt, die dem Menschen praktisch keine Möglichkeit mehr bietet, unterbewußte Energie abzuführen, versucht der einzelne, sich Ersatzventile zu schaffen. Eines davon besteht im Alkohol. Durch Alkohol wird der Zensor bzw. dessen Stabilität vermindert. Dies geschieht in derselben Weise wie bei jeder anderen Droge, jedoch nur kurzzeitig. Mit Abnahme der Wirkung bekommt der Zensor seine alte Stärke wieder. Unter Alkohol- oder Drogeneinfluß finden wir aber auch noch eine weitere Erscheinung. In diesem Zustand hält sich das Individuum ja weiterhin in seiner Umwelt auf. Es muß auch in diesem Zustand, so gut es noch kann, versuchen, mit dem Verstand seine Aktionen und Reaktionen zu kontrollieren. Mit der Kontrolle verbunden, stellt sich der Zensor auch zunehmend wieder auf die neue Situation ein. Er funktioniert also bald wieder in gewohnter Weise. Um den Ausschalteffekt zu erweitern, muß das Drogenquantum immer mehr erhöht werden. Irgendwann wird dann auch die physiologisch gerade noch verträgliche Dosis überschritten, und die hinlänglich bekannten Körperschäden treten auf.

Der Mensch hat immer Drogen als Ventil des Unterbewußtseins verwendet. Die Gefahren, die damit verbunden waren, wurden vor allen Dingen dadurch gemindert, daß man das Individuum in diesem Zustand in eine Umgebung brachte, die ihm erlaubte, seine ganze verstandesmäßige Kontrolle aufzugeben. Dadurch genügte schon ein geringes Quantum der Droge, um den Zensor zu lockern. Es bestand weder für den Verstand noch den Zensor eine Funktionsnotwendigkeit. Daß unser heutiges Verhalten die Notwendigkeit solcher Bedingungen nicht kennt, ist uns bekannt. Viele Menschen fahren unter Alkoholeinfluß

Auto und sind auch noch stolz darauf, daß sie dies einigermaßen schaffen und nicht »erwischt« worden sind. Der Stolz bezieht sich darauf, sich auch in einer extremen Situation noch kontrollieren zu können. So finden wir auch in der sogenannten Drogenszene z. B. LSD-Konsumenten, die sich in diesem Zustand, ohne aufzufallen, vollständig kontrolliert im extremsten Großstadtverkehr bewegen können.

Der Zensor dieser Menschen hat sich schon so auf diesen Zustand eingestellt, daß sie, um, wie sie sagen, mal wieder richtig auszuflippen, die fünf bis zehnfache Dosis einnehmen müssen. Bei laufender Einnahme von so extremen Mengen – ob von LSD, Alkohol oder einer anderen Droge – hat der Zensor keine Möglichkeit mehr zur Erholung und Lockerung. Er bleibt auch in den Drogenpausen auf Extrembelastung eingestellt. In solchen drogenlosen Zeiten läßt er nur noch wenig Energie und unbewußte Eindrücke durch. Das Leben wird leer und fad, also greift man rasch wieder zur Droge. Über solche Probleme könnte man noch wesentlich mehr in dieser Richtung anführen. Wir wollen uns jedoch lieber den positiven Seiten und Möglichkeiten des Unterbewußtseins zuwenden. Um das Wesen des Unterbewußtseins zu begreifen, müssen wir uns das Verhalten von Individuen betrachten, die entweder gar keinen oder einen noch schwachen, unentwickelten Zensor besitzen. Wesen beinahe ganz ohne Zensor sind die wild oder frei lebenden Tiere, sehr schwache Zensoren finden wir bei Haustieren. Bei Kleinkindern ist der Zensor ebenfalls erst schwach entwickelt. Obwohl das Unterbewußtsein von Tieren und Menschen entwicklungsmäßig verschieden ist, gibt es doch einige grundlegende Parallelen zwischen kleinen Kindern und Tieren:

1. Der verstandesbedingte Zeitbegriff ist nicht vorhanden.

2. Eine Aktion oder Reaktion erfolgt aus den im Augenblick vorhandenen Situationen oder Bedürfnissen spontan.

3. Hauptbedürfnisse sind Nahrung, Sicherheit und Kontakt mit Individuen gleicher Art sowie der Umwelt.

4. Es besteht die Wahrnehmungsfähigkeit eines breiteren Schwingungsbereiches.

5. Ein sogenanntes Instinktwissen ist vorhanden (beim Kleinkind z. B. das Blinzeln der Augen bzw. das Schließen der Augen bei Gefahr für dieses Organ).

Wir sind in einer auffallend gleichen Weise fasziniert von Kleinkindern, Tieren und interessanterweise auch von Clowns. Dies liegt darin begründet, daß sich unser Unterbewußtsein in ihnen wiedererkennt. Selbst die gespielte Hilflosigkeit des Clowns bietet dem Unterbewußtsein die Möglichkeit zur Identifikation.

Wenn die Auseinandersetzung mit dem durch die Inkarnation neu angenommenen Körper abgeschlossen ist, treten weitere Fähigkeiten zutage:

- das Wissen um alle früheren Leben und Erlebnisse im Diesseits und auch im sogenannten Jenseits,
- die Vorausschau auf kommende Ereignisse und Situationen,
- die Verbindungsmöglichkeit zum Unterbewußtsein jedes Wesens in der ganzen Dualität einschließlich der Fähigkeit zur Kommunikation mit diesen,
- die Einwirkung und Steuerung des Energiehaushaltes aller eigenen Körper,
- die fast unbegrenzte Einwirkung auf alle Energiebereiche außerhalb.

Alle diese Möglichkeiten sind dem heutigen zivilisierten Verstand suspekt, ja geradezu unheimlich. Er hat Angst, damit konfrontiert zu werden: Seine Kapazität sei beschränkt, er könne diese Fülle gar nicht fassen. Deshalb forciert er den Aufbau des Zensors. Mit Recht glaubt der Verstand von seinem Standpunkt aus, daß dies alles zu einem nicht in sein Umfeld passenden Verhalten führen würde. Er ist analytisch aufgebaut und kann immer nur Teile des Ganzen wahrnehmen und betrachten. Das Unterbewußtsein aber ist synthetisch, auf das Ganze bezogen. Diese verschiedenen Auslegungen machen eine Zusammenarbeit unmöglich, ohne daß der eine von beiden nachgibt. Da normalerweise keiner nachgibt, herrscht permanenter Krieg. Das Unterbewußtsein als stärkerer Teil ist dabei immer der Angreifer, und der Verstand oder das

Oberbewußtsein muß sich ständig verteidigen und schützen. Das Unterbewußtsein versucht, das ganze Individuum dauernd zu lenken. Alle Vorahnungen, für den Verstand unverständliche Zu- und Abneigungen sowie vieles andere, sind Informationen oder Aktionen des Unterbewußtseins, die trotz des strengen Zensors durchgekommen sind.

Für den Vatani besteht nun die Notwendigkeit, eine Möglichkeit zu finden, sich ganz vorsichtig wieder unter die Führung des Unterbewußtseins zu bringen, ohne daß er Schwierigkeiten oder negative Auswirkungen in seiner Umwelt hat. Der Vatani hat solche Möglichkeiten. Eine davon ist z. B. die bereits beschriebene Buchstabenübung. Dabei werden zwar Muster aufgelöst, was jedoch für das Zusammenleben in der Gesellschaft notwendig ist, wird beibehalten, auch wenn dabei manches in Frage gestellt und dem Verstand zur Überprüfung vorgelegt wird.

Auf keinen Fall sollte man mit dem Unterbewußtsein unsachgemäß herumexperimentieren. Die Hypnose z. B. kann – in den falschen Händen – sehr viel Schaden anrichten. Es ist schon mehr als genug, daß das Unterbewußtsein als der primitive Teil des Mentalkörpers von der Werbung und diversen Meinungsmachern laufend manipuliert wird.

Über die Bildung magischer Kraftzentren

In diesem Abschnitt werden wir ein Thema behandeln, worüber leider immer noch zuwenig bekannt ist. Ja man kann sagen, es handelt sich um ein sogenanntes »heißes Eisen«.

In den letzten zwanzig Jahren erlebten wir eine Schwemme von Gurus und Yogalehrern, die aus dem Osten in den Westen strömten. Die vordergründige Motivation dafür besteht im wesentlichen darin, dem westlichen Menschen die Segnungen östlicher Meditation und Philosophie zu bringen.

Der westliche Mensch nimmt diese Lehren willig an. Er vergißt dabei aber allzu oft, daß es sich hier um Methoden und Denkrichtungen aus fremden Kulturkreisen handelt. Er vergißt auch, daß der Westen in seiner

Tradition ebenfalls Möglichkeiten und Methoden hervorgebracht hat. Aber bekanntlich schmecken die Kirschen aus Nachbars Garten immer besser.

Eine Seele versucht durch die Annahme eines physischen Körpers, mittels Erfahrungen ein Gleichgewicht herzustellen. Wenn sie also einseitig entwickelt ist, sucht sie sich einen Platz aus, um ein einseitiges Vakuum an Erfahrungen auszugleichen. Nach diesem Gesetz, das immer bei einer Inkarnation zur Auswirkung kommt, sucht die Seele sich den optimalen Platz für Ausgleichserfahrungen aus.

Von diesem Punkte aus können wir sagen, wer im Westen geboren wurde, hat diese Erfahrung nötig und findet hier auch die dazu erforderlichen Bedingungen. Wenn eine Seele also andere Erfahrungen nötig gehabt hätte, so hätte sie sich auch einen anderen Kulturkreis für die Inkarnation ausgesucht.

Nun kann man die Frage stellen: Ist dieses Gesetz den östlichen Weisen denn nicht bekannt? Die Antwort lautet: Es ist bekannt, und nicht nur den Weisen und Gurus. Nein, auch der einfache Mensch weiß darüber Bescheid. Ja er weiß darüber so gut Bescheid, daß ein Heer von Menschen versuchen, dieses Gesetz zu eigenen Vorteilen auszunutzen. Nehmen wir als Beispiel das Land, das zur Zeit am meisten versucht, uns mit seiner Weisheit zu beglücken: Indien. Schon die vielen Religionen dort sagen, daß ein Mensch, wenn er in diesem Leben extrem arm ist und vieles erdulden muß, im nächsten Leben dafür das Gegenteil erleben wird. Wir finden in Indien folglich auch das Phänomen, daß es sehr viele Menschen gibt, die dort bewußt in Armut leben und zum Teil sogar sich in Dunghaufen setzen oder sich selbst quälen. Letzteres tun mit Vorliebe Yogis. Dabei wird notwendigerweise ein Erfahrungsvakuum in der Seele hergestellt, so daß die nächste Inkarnation automatisch anders verläuft. Wir sehen also, der östliche Mensch weiß Bescheid. Er versucht zum Teil durch Manipulation, das Inkarnationsgesetz zu beeinflussen.

Die einzige östliche Lehre, die diesen Kuhhandel nicht mitmacht, ist der Buddhismus. Buddha hat es erst auch mit derart extremen Praktiken versucht, er kam aber bald davon ab und verkündete dann die

Lehre vom mittleren Pfad, wobei schon hier versucht wird, auf ein Gleichgewicht hinzuarbeiten.

Buddhistische Mönche und Lamas sind auch die einzigen, die dem westlichen Menschen nicht ihre Lehre zu predigen und aufzuzwingen versuchen, aus der klaren Erkenntnis heraus, daß man Gesetze nicht manipulieren kann, ohne Schaden anzurichten. Obwohl sich viele tibetanische Lamas im Westen befinden, hört man kaum etwas von ihnen. Man kann sagen, es gibt genauso viele buddhistische Weise hier wie solche aus anderen östlichen Richtungen. Aber sie missionieren nicht und geben ihre Lehre nur denen, die wirklich danach fragen und es auch wünschen.

Trotzdem hat der Buddhismus zur Zeit einen großen Zulauf. Auch hier wird wie so oft nicht genau hingesehen. Gerade Frauen, die mitten in der Emanzipationswelle stehen, werden von dieser Lehre angezogen. Ob das jedoch auch noch so wäre, wenn sie wüßten, daß Buddha die Meinung vertritt, eine Frau müßte erst als Mann inkarnieren, um Befreiung vom Rad der Wiedergeburt zu erlangen.

Was bringt nun einen Guru oder sonstigen östlichen Weisen dazu, in den Westen zu kommen und hier eine große Anhängerschaft zu suchen, obwohl er eigentlich weiß, daß östliche Methoden und Lehren für den westlichen Menschen bzw. die westliche Seele unnütz sind? Wir müssen nämlich wissen, daß es für die wirkungsvolle Praktizierung einer kulturfremden Lehre oder Methode zur Bewußtseinserweiterung unbedingt notwendig ist, viele Jahre in dem dieser Lehre entsprechenden Kulturkreis zu leben und gleichzeitig alle Brücken in die Vergangenheit abzubrechen. Wenn ein derartiger Mensch nach Erreichung seines Zieles dann in den Westen zurückkommt, hat er eine Möglichkeit, diese fremde Lehre einigen wenigen dafür geschaffenen Bewohnern des Westens nahezubringen. Die Bedingungen sind dafür jedoch nicht sehr günstig. Es ist schon fast unmöglich, kulturelles Brauchtum wie z. B. Volkstänze in einen anderen Kulturkreis zu übertragen, weil die natürliche Verwurzelung und die lebendige Vergangenheit dazu fehlen. Um so unmöglicher ist es da bei Methoden, die bedeutend tiefer in die Wurzeln des Menschen eingreifen.

Unterstellen wir einem östlichen Lehrer oder Weisen, der in den Westen kommt, zuerst einmal das immer wieder betonte noble Motiv, man wolle dem streßgeplagten, nur materialistisch denkenden westlichen Menschen die Segnungen der Meditation überbringen. Dieses Motiv kann, nach unseren bisherigen Überlegungen, aber nicht recht stimmen. Nun, was gibt es noch?

Es gibt noch Geld. Es gibt auch noch mentale und astrale Energie. Vor allen Dingen sind aber die besten Bedingungen vorhanden, Geld und Energie in Hülle und Fülle ohne große Anstrengungen zu bekommen. Hier gibt es Glaubensfreiheit und damit verbunden auch noch Steuerfreiheit. Doch das wichtigste ist, hier gibt es Menschen, die religiös unzufrieden sind, die über spirituelle Techniken und Gesetze fast nichts wissen und, daraus resultierend, willig alles schlucken und auch tun, was man ihnen sagt. Man kann sich in diesem Zusammenhang an den Ausspruch eines Yogis halten, der uns zu Ohren gekommen ist. In vertrautem Kreise, als er etwas zuviel einer der »Segnungen« der westlichen Welt, dem Alkohol, zugesprochen hatte, äußerte er folgendes: »Es ist ganz gleich, welche Übung ich dem westlichen Menschen gebe, er macht alles. Wichtig ist, daß er etwas spürt und daß sich etwas rührt. Ob es ihm schadet oder nutzt, merkt er gar nicht.«

Der westliche Mensch ist stark von Erfolgsdenken geprägt. Erfolg mißt er vor allen Dingen an Geld. Deshalb merkt er gar nicht, daß etwas nicht stimmen kann, wenn diese »Heiligkeiten« im Rolls-Royce oder im Privatjet von Stadt zu Stadt reisen. Im Gegenteil, er sagt sich: Wenn mein Guru soviel Erfolg hat, dann muß seine Lehre doch stimmen.

In den USA kam es anfangs zu geradezu grotesken Situationen unter den Yogis und Gurus. Man warb sich mit zum Teil recht brutalen Mitteln gegenseitig Anhänger ab, so daß man sich notgedrungen zusammensetzen und Vereinbarungen treffen mußte. Wer nun als Neuankömmling mit einer neuen Lehre ankommt, muß sich diesen Vereinbarungen unterwerfen, sonst wird er nicht gerade sanft behandelt. In Eingeweihtenkreisen spricht man inzwischen von der »Yogamafia«.

Von all dem dringt natürlich sehr wenig an die Öffentlichkeit, denn darin ist man sich auf jeden Fall einig: daß man nach außen zusammenhalten muß. Es handelt sich dabei ja, wie es einer ausdrückte, um »unser Brot mit Butter«.

Immer wenn ein Yogi oder ein Guru Anhänger um sich schart, bildet sich ein magisches Kraftzentrum. Um aber Menschen um sich zu scharen, muß man diese faszinieren. Und dies beginnt schon bei der äußeren Erscheinung. Jeder von uns besitzt in seinem Unterbewußtsein eine Reihe von Urbildern, die man Archetypen nennt. Einer dieser Archetypen ist der weise alte Mann mit Bart. Mit dem Alter und einem Vollbart verbindet unser Unterbewußtsein automatisch Weisheit, Autorität und die Möglichkeit der Anlehnung. Die westliche Psychologie kennt diese Archetypen und arbeitet damit. So erscheint z. B. im autogenen Training während der Sitzungen, wo es sich um die Antwort auf eine wichtige Lebensfrage handelt, sehr oft vor dem inneren Auge ein bärtiger alter Mann, der den Übenden berät. Menschen bzw. Männer, die einen Beruf ausüben, der Autorität verlangt, legen sich sehr oft einen Bart zu. Auch Männer, die eine Außenseiterideologie vertreten, tun dies oft.

Als ich einmal zur Besichtigung der psychotechnischen Meßanlage an einer deutschen Universität eingeladen wurde, traf ich dort viel zu früh ein. Ich mußte vor dem Tor warten. In den gleichen Räumen war auch ein Seminar für Psychologiestudenten angesetzt. Ich hatte nun Muße, die ankommenden Studenten zu beobachten. Aus Langeweile begann ich die Bartträger unter den Studenten zu zählen. Von den 87 Psychologiestudenten hatten nur zwölf keinen Bart. Viel später mußte ich feststellen, daß dies nicht nur mir aufgefallen war: Ein Psychologiestudent widmete diesem interessanten Phänomen sogar seine Doktorarbeit.

Wir sehen also, daß die äußere Erscheinung eines Gurus schon anzieht, weil damit ein Archetyp angesprochen wird. Um Anhänger zu bekommen, muß man aber auch etwas vertreten oder bieten, was vorteilhaft für sie ist. Und hier wird nicht mehr und nicht weniger versprochen als Befreiung von allem, was den Menschen plagt. Denken wir uns einen Guru, der eine Organisation gründen will. Er nennt seine Methode die »Meditation im Licht«. (Eine Ähnlichkeit mit bestehenden Organisationen kann dabei leider nicht vermieden werden.)

In dieser Meditation, im weiteren wollen wir sie kurz ML nennen, werden, wie oft in östlichen Schulen, sogenannte Mantras verwendet. Ein Mantra ist, wir sprachen bereits davon, entweder eine Silbe wie z. B. OM, AUM oder RAMA, ein Wort wie Gott, KRISHNA, HARE usw. oder ein Satz wie beispielsweise OM MANI PADME HUM. Die Zahl der Mantras, die es gibt, kann als astronomisch bezeichnet werden. Wenn es sich bei dem Mantra um einen Satz handelt, wird damit bezweckt, daß der Übende auf die im Satz enthaltene Idee seine Aufmerksamkeit legt. Diese Idee soll den Schwingungszustand und so das Bewußtsein heben. Das gleiche gilt auch für ein Wortmantra. Nur wird mit solch einem Mantra fast immer eine höhere Kraft oder eine Gottesvorstellung angesprochen. Damit soll eine Verbindung zu der Kraft oder Gottheit hergestellt werden. Die beiden Arten von Mantras sind relativ problemlos. Sie erfüllen meist ihren Zweck und können im Menschen kaum Schaden anrichten.

Ganz anders ist es mit den Silbenmantras, welche oft auch als Wurzelmantras bezeichnet werden. Die Art von Mantras wirkt am tiefsten, da damit keinerlei Idee oder konkreter Inhalt verbunden ist. Bei diesen Mantras handelt es sich entweder um einzelne Buchstaben oder um Buchstabengruppen. Jedes der Wurzelmantras stellt ein Schwingungsmuster dar.

Bei der Anwendung von Wurzelmantras besteht aber eine große Gefahr, wenn man folgendes nicht berücksichtigt:

Jeder Mensch ist eine Seele, umgeben von verschiedenen Körpern. Die Seele fungiert als Durchgangsstation für die universale göttliche Kraft. In dieser Kraft liegen alle denkbaren und nicht denkbaren Möglichkeiten latent verborgen. Die Kraft fließt von der Seele aus durch alle Körper. Jeder der Körper wirkt wie ein Filter: Er läßt nicht die ganze

Schwingung durch, sondern lediglich einen Teil, entsprechend seiner Beschaffenheit. Durch unsere Erziehung und auch Umwelt bedingt, haben wir uns schon sehr früh dahin gehend festgelegt, daß wir lediglich einen Teilbereich der Universalenergie verwirklichen. Wir haben uns z. B. einen bestimmten Beruf gewählt und haben bestimmte Ansichten. Es besteht gar kein Zweifel, dadurch, daß wir uns so festlegten, lassen wir viele andere Möglichkeiten zu leben brachliegen. Unser Dasein als Mensch auf diesem Planeten macht es aber erforderlich, daß wir uns festlegen und uns nicht verzetteln. Entweder wir konzentrieren uns auf ein Gebiet und leisten dort Großes, oder wir verteilen unsere Aufmerksamkeit auf viele Gebiete und leisten so nur Durchschnittliches.

Wir sehen also, daß von der Universalenergie nur ausgewählte Teilschwingungen durch unsere Körper fließen können. Dadurch entsteht ein Stau und ein Druck, mit dem wir leben müssen. Wir haben uns aber daran gewöhnt und bemerken es kaum. Es gibt nun eine Möglichkeit, vor dem Punkt, an dem die Universalenergie in den Mentalkörper fließt, einen Filter zu setzen. Dafür werden Wurzelmantras verwendet. Dabei darf ein derartiges Mantra keinen Inhalt, keine Idee und auch keinen Symbolwert haben, sonst würde es den Verstand zu Gedankenverbindungen anregen. Also nimmt man eine Buchstabenverbindung, die keinen Sinn ergibt.

Wer nun ein derartiges Mantra übt, hat einen Filter gesetzt, durch den nur der Teil der Universalschwingung fließen kann, der dem Mantra entspricht. Dadurch wird das Bewußtsein nicht erweitert, sondern verengt. Vor dem Filter staut sich nun die Energie, die nicht durch das enge Loch kommt. Wenn durch Üben des Mantras dieser Filter lange Zeit aufrechterhalten wird, steigt der innere Druck immer mehr an.

Interessant ist nun, daß der Übende kaum merkt, wie sich da langsam eine Zeitbombe entwickelt. Er verspürt recht positive Wirkungen. Durch die minimale Energiemenge, die durch seinen Körper fließt, kann er sich vom Verstand her besser konzentrieren, er ist nicht mehr so starken Gefühlsschwankungen unterworfen und physisch ruhiger und gelassener: also alles Dinge, die doch sehr positiv sind. Und ganz plötzlich ist der innere Stau so stark, daß er die Dämme einreißen kann.

Der Mensch ist dem plötzlichen Energieschwall meist in keinem Körper gewachsen. Der Energieschwall regt in den Körpern Bereiche an, die zu seinem bisherigen Leben gar nicht passen. Physisch kann es zu einem Nervenzusammenbruch kommen. Emotional gibt es einen Gefühlsreichtum, der von Euphorie bis zur Depression reicht. Der Verstand hat auf einmal Gedanken und Ideen, die total aus dem Rahmen springen, in extremen Fällen kann es zu schizophrenen Erscheinungen fuhren.

Wurzelmantras sind die machtvollsten Werkzeuge, um Bewußtseinsveränderungen herbeizuführen, soweit sie mit der nötigen Kenntnis angewandt werden. Bei unverantwortlicher Handhabung können sie den direkten Weg in die Irrenanstalt darstellen.

Alle verantwortungsbewußten Lehrer lassen deshalb den Übenden immer wieder das Mantra wechseln, damit möglichst viele verschiedene Schwingungen durch die Körper fließen, wodurch diese auf vielseitige Weise trainiert werden. Ein einzelnes Mantra sollte nicht länger als einen Monat geübt werden. Es gibt sogar Lehrer, die ganz vorsichtig sind und jeden Tag ein anderes Mantra empfehlen. Durch den rechtzeitigen Wechsel wird auf jeden Fall eine Staubildung unmöglich gemacht. So angewandt, besteht nicht die geringste Gefahr.

In Abbildung 16 versuchen wir den ganzen Vorgang noch einmal graphisch zu verdeutlichen:

Die Seele gibt laufend Universalenergie ab, worin alle möglichen Schwingungsformen enthalten sind. Diese Schwingungsformen sind auf der Zeichnung stellvertretend durch die 5 Pfeile dargestellt. Durch ein Wurzelmantra wird nun die abstrakte Ebene des Mentalkörpers für nur eine Schwingungsform empfänglich gemacht, auf der Zeichnung dargestellt durch Pfeil 3. Die Schwingungsformen 1, 2, 4 und 5 kommen so nicht durch diese Ebene durch. Alles, was nun darunter liegt, wird nur durch eine einseitige Schwingungsform beeinflußt und versorgt. Dadurch ergeben sich zu Beginn die scheinbar positiven Wirkungen,

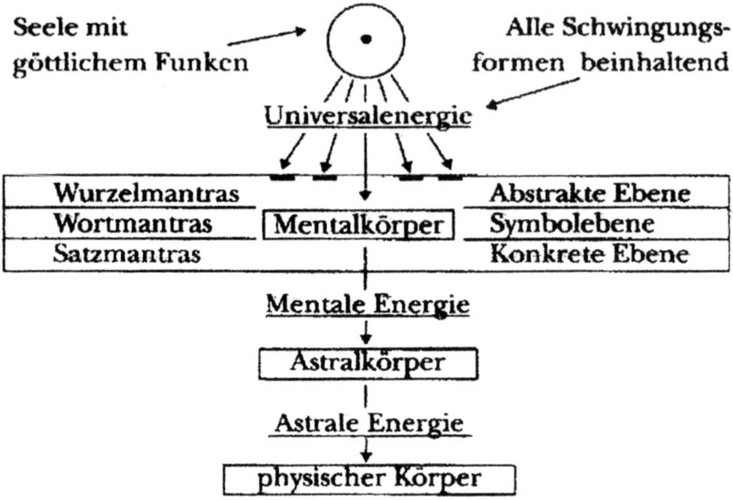

Abb. 16: Der Durchfluß einseitiger Schwingungsformen bei der Anwendung eines Wurzelmantras

über die wir schon gesprochen haben. Die nicht durchkommenden Schwingungen stauen sich und brechen irgendwo an der schwächsten Stelle durch. Praktisch wirkt sich das so aus, daß sich die Universalenergie an einer anderen Stelle eine Durchflußmöglichkeit schafft, um die Einseitigkeit auszugleichen. Die Energie, die nun zusätzlich durchkommt, hat ganz andere Formen als die bisher gewohnte. Sie ist so gegensätzlich, daß sich in der Persönlichkeit plötzlich zwei sich widersprechende Antriebe bemerkbar machen. Die Auswirkung davon endet in extremen Fällen in einer Schizophrenie; d. h. die Person wird ein Fall für den Psychiater.

Gott sei Dank hat jeder Körper ein gewisses Maß an Selbsterhaltungsmechanismen. Das Unterbewußtsein meldet sich meist rechtzeitig im Traum mit entsprechenden Warnträumen. Als Beispiel wurde der Traum von einem rotglühenden Ofen, der irgendwann explodierte, bekannt.

Ein derartiger Traum wiederholt sich so oft, bis das Individuum merkt, daß etwas nicht stimmt. Es soll aber auch Menschen geben, die glauben, ein derartiger Traum stelle das Zeichen für einen besonderen Fortschritt bei den Übungen dar.

Es ist ein besonderer Segen, daß die meisten Übenden noch rechtzeitig abspringen oder es mit dem regelmäßigen Üben nicht so genau nehmen. Die Fälle, in denen es zu den schlimmsten Auswirkungen kommt, sind deshalb relativ selten. Die Lehrer finden immer eine Erklärung dafür, wenn einmal etwas schiefgeht: In so einem Fall ist immer der Betreffende schuld, niemals die Methode. Es sind immer die gleichen Argumente, mit denen sich Yogis in solchen Fällen verteidigen. Der Übende hat die Methode nicht verstanden, er war nicht mit ganzem Herzen bei der Sache, er hat etwas falsch gemacht, er war noch nicht reif genug usw.

Kein Yogi wird in seiner Selbstherrlichkeit zugeben, daß seine Methode unter Umständen auch gefährlich sein könnte. Sehr oft finden wir aber, daß dem Schüler noch eine ganze Reihe Verhaltensregeln und Gebote aufgetragen werden, wie z. B. daß er kein Fleisch essen oder sich sexuell enthalten soll. Da wir Menschen schwach sind und derlei Gebote immer wieder übertreten, bezieht der Übende ein Scheitern der Methode fast immer automatisch auf seine eigenen Fehler. Er hat ja zwischendurch immer wieder gesündigt, da konnte es ja nicht klappen. Hat der Guru nicht immer wieder darauf hingewiesen, daß man dies und das nicht darf? Also kann er doch nicht verantwortlich gemacht werden. Wer als Schüler in die ML eintritt, wird sehr bald merken, daß es unter den sogenannten fortgeschrittenen Schülern verschiedene Rangstufen gibt. Da sind erst einmal die ML-Lehrer, die die Schüler einführen und ihnen nach einem bestimmten Plan oder bestimmten Richtlinien ein Mantra geben. Im weiteren haben wir in der ML, wie in fast allen derartigen Schulen, einen inneren Kreis von Personen. Diese Personen zeichnen sich vor allen Dingen durch große Treue gegenüber dem Guru aus. Wir können weiterhin feststellen, daß es sich durchwegs um Menschen handelt, die in irgendeiner Weise für die Bewegung von Nutzen sind. Wir finden da den Hingebungsvollen, zum Dienen Geschaffenen genauso wie den Typ des Managers, der alle geschäftlichen Möglichkeiten kennt. Weiterhin natürlich auch Akademiker wie Ärzte, Rechtsanwälte usw.

Alle diese Personen erfahren vom Guru eine bevorzugte Behandlung. Für diese ist er persönlich da, wenn es nötig ist, vorausgesetzt, sie stellen keine kritischen Fragen und akzeptieren, was er sagt. Interessant ist dabei, daß diesen Menschen nach einer gewissen Zeit immer wieder ein neues Mantra gegeben wird. Oft wird ihnen auch geraten, zwischenzeitlich mit der Meditation auszusetzen. Auf die kindlichen Eifersüchteleien unter diesen Auserwählten, wer wohl höher in der Gunst des Gurus steht oder näher bei ihm sitzen darf, wollen wir hier gar nicht eingehen, weil uns das nicht interessiert.

Wir können an dieser Stelle auch noch einfügen, daß es sehr schwer ist, internes Wissen aus solchen Gemeinschaften zu erfahren. Man ist da auf Informationen von ehemaligen Lehrern und ehemaligen Mitgliedern aus dem inneren Kreis angewiesen. Es ist nicht immer genau festzustellen, was wirklich stimmt und was nicht. Wir können aus dem, was wir wissen, nur in mühsamer Kleinarbeit wie in einem Puzzle nach und nach ein ungefähres Bild der Wirklichkeit zusammenfügen. Wenn wir nachstehend eine der vielen Möglichkeiten eines Mantra-Planes und seine Anwendung aufzeigen, so sind wir nicht sicher, ob das hier dargestellte Schema in einer der Glaubensgemeinschaften wirklich angewandt wird. Das System der Mantra-Gebung bleibt fast immer in den Händen des Gurus und wird ganz selten wenigen Vertrauten mitgeteilt, und dies aus gutem Grund, wie wir bald feststellen werden. Um einen Mantra-Plan für die Vergabe von sogenannten Wurzelmantras aufzustellen, gibt es zwei Grundmöglichkeiten, je nachdem, was wir erreichen wollen. Die eine Möglichkeit wird zu dem Zweck verwendet, Menschen, die meditieren, innerlich zu verbinden. Über diese Verbindung werden schwächere Mitglieder von den stärkeren energiemäßig gestützt, so daß auch die Schwachen noch Erfolge erzielen. Bei den Starken entwickelt sich so unbewußt ein größeres Verantwortungsbewußtsein gegenüber den Mitmenschen. Diese Art von Mantra-Plan kann als positiv bezeichnet werden, vorausgesetzt, die Mantras werden, wie bereits gesagt, immer wieder ausgetauscht. Die zweite Möglichkeit ist eine ausgeklügelte Art, die durch Meditieren mit einem Mantra durchfließende Energie in bestimmte Bahnen zu lenken, die meistens beim Guru als Mittelpunkt des Ganzen enden. Der Guru ist so in der Lage, die gesamte Energie seiner Bewegung auf sich zu lenken und für seine persönlichen Zwecke zu gebrauchen.

Wir werden nun derartige Pläne näher untersuchen. Dafür ist es nötig, in ein Gebiet einzudringen, das scheinbar mit Yoga gar nichts zu tun hat. Es gibt darüber zwar im Westen sehr viel Literatur, aber das wahre Wesen dieses Gebietes ist selten bekannt oder wird bewußt verschwiegen. Es handelt sich um die sogenannten magischen Quadrate. Oft mißverstanden und immer wieder beschrieben, stellen sie eines der undurchsichtigsten Gebiete der Magie dar. Ein Magier oder Yogi aber, der in die Astralebene eindringt, wird es nicht umgehen können, sich damit zu beschäftigen.

Als magisches Quadrat bezeichnet man eine Gruppe von Buchstaben oder Zahlen, die in besonderer Reihenfolge quadratisch angeordnet sind. Die zwei folgenden magischen Quadrate sind wohl die bekanntesten Beispiele:

S	A	T	O	R
A	R	E	P	O
T	E	N	E	T
O	P	E	R	A
R	O	T	A	S

Dieses Buchstabenquadrat kann von allen Seiten gelesen werden und ergibt immer die gleichen fünf Wörter.

16	3	2	13
5	10	11	8
9	6	7	12
4	5	14	1

Hier handelt es sich um das Jupiter-Quadrat aus dem Kupferstich »Melancolia I« von Albrecht Dürer. Dieses Quadrat ergibt, ganz gleich, wie man es addiert, immer die Summe 24. Zahlenquadrate finden sehr oft Verwendung als Talismane, Buchstabenquadrate ebenso. Letztere haben sich in einer stark abgeschwächten Form jedoch auch in unser normales Leben eingeschlichen: Wir erkennen sie beispielsweise noch in der unterhaltsamen Form der Kreuzworträtsel. Uns interessieren hier aber weder Kreuzworträtsel noch die Verwendung als Talismane, sondern wir wollen die wirkliche Bedeutung dieser Zahlen und Buchstabenquadrate ergründen.

Auf der Astral- und auch Mentalebene gibt es viele Kräftegruppierungen. Was wir sehr oft als ein einheitliches Wesen wahrnehmen, ist in Wirklichkeit eine harmonisch zusammengefügte Zahl von verschiedenen Energieeinzelschwingungen. Wie auf der physischen Ebene, so ist man auch auf allen anderen dualen Ebenen bemüht, Energie in Qualität und Quantität zu ordnen und zu messen, um sie so besser kontrollieren zu können.

Nehmen wir als Beispiel eine Kräftegruppierung, die bei den Magiern normalerweise als Dämon mit dem Namen Astarot bekannt ist. In dem mittelalterlichen Werk »Die heilige Magie des Abramelin» finden wir nun ein magisches Buchstabenquadrat dieses Wesens:

A	S	T	A	R	O	T
S	A	L	I	S	T	O
T	L	A	N	B	S	R
A	I	N	O	N	I	A
R	S	B	N	A	L	T
O	T	S	I	L	A	S
T	O	R	A	T	S	A

Jeder Buchstabe stellt eine spezifische Einzelschwingung dar. Eine Buchstabenreihe kann man als Schwingungssequenz bezeichnen. Sowohl eine Einzelschwingung als auch eine Schwingungssequenz hat eine bestimmte Wirkung und ihren Platz in der Gesamtsumme aller Schwingungen und Schwingungsmöglichkeiten innerhalb der Schöpfung. Das oben beschriebene Wesen besteht aus einer ganzen Reihe von Schwingungssequenzen. Jede Sequenz kann nun über eine Einzelschwingung mit jeder beliebigen anderen Sequenz verbunden werden. Als Beispiel verbindet sich die Sequenz SALISTO (zweite Reihe) mit der Sequenz OTSILAS (sechste Reihe) über die Einzelschwingung T. Das magische Quadrat ist eine graphische Darstellung der Beziehungen aller Sequenzen und aller Verknüpfungspunkte untereinander. Die so verknüpften Schwingungen bilden eine stabile Einheit. Wenn wir eine einzige Schwingung daraus änderten, müßte eine Disharmonie entstehen, und die ganze Schwingungseinheit würde auseinanderbrechen. Jedes Wesen innerhalb der Schöpfung, auch der Mensch, stellt eine derartige Schwingungseinheit dar. Wir hoffen, daß es uns gelingt, dieses so komplizierte Gebiet einigermaßen verständlich darzustellen. Um alle Aspekte zu behandeln, müßte man eigentlich einige Bände füllen. Es gibt nun statische und dynamische Schwingungseinheiten. Das Wesen Astarot ist eine statische Einheit, weil es sich nicht ändert. Die Schwingungseinheit bleibt immer gleich und ist ein Baustein der Schöpfung mit einem spezifischen Zweck. Der Mensch ist eine dynamische Einheit, da er innerhalb der Schöpfung laufend seine Schwingungen ändert und so an der Evolution teilnimmt. Für ein statisches Wesen ist es leicht, die inneren Schwingungsbeziehungen in Form eines magischen Quadrates darzustellen. Bei einem Menschen jedoch ändern sich die Beziehungen laufend, so daß es praktisch unmöglich ist. Durch das Wechselspiel von Statik und Dynamik funktioniert unsere Schöpfung.

Theoretisch, aber nur theoretisch, wäre es nun möglich, für einen Zeitbruchteil die Gesamtzahl aller Einzelschwingungen, die in der Schöpfung vorhanden sind, mit allen ihren Verknüpfungen in ein riesiges magisches Quadrat zusammenzufassen. Eventuell gelingt es Ihnen, sich dies vorzustellen. Wenn wir nun den Menschen innerhalb dieses Quadrates betrachten, so stellen wir die Wichtigkeit seines Wesens fest.

Wir haben vorher gesehen, daß, wenn wir im magischen Quadrat eine Einzelschwingung ändern oder herauslösen, die Gesamteinheit zusammenbricht. Der Mensch ist nun, wie jedes andere Wesen, innerhalb des Schöpfungsquadrates mit jedem anderen Wesen und auch jeder Schwingung verknüpft und verbunden. Wenn wir einen einzigen Menschen herauslösten, hätte dies ein unbeschreibliches Chaos zur Folge. Ja man kann sogar sagen, daß die gesamte übrige Existenz unmöglich wäre. Die Herauslösung ist jedoch nicht möglich. Auch unsere irdische Wissenschaft hat inzwischen das sogenannte Energieerhaltungsgesetz entdeckt. Dieses Gesetz besagt, daß kein Energiequant bzw. kein Teilchen aus der Gesamtsumme der Energie herausgelöst werden kann. Es kann auch keines verlorengehen. Mit anderen Worten: Jedes Teilchen oder, von uns aus gesehen, jedes Wesen ist für die Schöpfung gleich wichtig und gleich viel wert. Es gibt also keine Möglichkeit der Vernichtung eines Wesens. Es gibt nur die Möglichkeit einer Schwingungsänderung. Daraus ersehen wir, daß alle Hintergedanken, dem Ganzen entfliehen zu können, sinnlos sind. Ob es sich dabei um Selbstmordgedanken oder um eine subtilere Form von Illusion handelt, spielt keine Rolle. Dies mag möglicherweise erschreckend klingen, es ist aber gleichzeitig auch ein Trost. Denn die gesamte Schöpfung ist auf jeden einzelnen von uns angewiesen. Wenn wir nicht wären, gäbe es auch keine Schöpfung. Die Schöpfung hat die volle Verantwortung für jeden einzelnen, jeder einzelne aber auch für die Schöpfung. Jeder Schwingungskomplex, also jedes Wesen, auch der Mensch, hat nun die Möglichkeit, seine Schwingung zu verändern. Dies kann aktiv durch eigenen Entschluß oder passiv durch Reaktion auf die Umwelt geschehen.

Im Schöpfungsquadrat ist jedes Wesen über seine Verknüpfungspunkte mit der gesamten übrigen Schöpfung verbunden. Wenn nun ein Wesen aktiv seine Schwingung verändert, muß automatisch jedes andere Wesen davon betroffen werden. Man kann sagen, daß jede Aktion zur Herstellung einer Balance die Reaktion aller übrigen Wesen in der ganzen Schöpfung nötig macht. Die ganze Magie funktioniert auf dieser Grundlage. Der Magier versucht, seine eigene Schwingungsänderung so gezielt zur Einwirkung auf die ganze Schöpfung einzusetzen.

Wenn wir das bisher Gesagte in etwa nachvollziehen können, müssen wir zwangsläufig feststellen, daß jedes Wesen – vom Gänseblümchen über den Floh, den Menschen bis zu höchsten Wesen einschließlich aller Weisen, Gurus und Heiligen – gleich wichtig für den Rest der Schöpfung ist, daß jedes die Macht hat, die ganze Schöpfung zu verändern, und daß jedes Wesen in seinen Aktionen für jedes andere Wesen verantwortlich ist. Wir begreifen auch, daß jede Aktion oder Schwingungsveränderung unsererseits gleichzeitig die ganze Schöpfung verändert. Da die so veränderte Schöpfung auch wieder auf uns einwirkt, stellen wir uns selbst ein Bein, wenn wir nicht in positiver Richtung arbeiten. Von diesem Standpunkt aus sind wir nicht klein und winzig, wie es den Anschein hat, sondern jeder von uns ist der Größte mit der totalen Macht und Verantwortung. Wer darüber tief und sorgfältig nachdenkt, dem werden sich ungeahnte Dimensionen öffnen.

Diese umfangreichen Erläuterungen waren erforderlich, um die Aufstellung eines Mantra-Plans verstehen zu können. Es ist nun weiterhin notwendig, noch tiefer in das Gebiet der Schwingungen einzudringen. Schwingungen unterscheidet man einmal in ihrer Form und einmal in der Geschwindigkeit. Jede Schwingungsform kann jede mögliche Geschwindigkeit haben. Dazu kommt noch als weiteres Unterscheidungsmerkmal die Stärke. Schwingungen können in allen nur denkbaren Variationen auftreten, und dies in Farbe, Licht und Ton auf allen dualen Ebenen.

Ein magisches Buchstabenquadrat ist nun die Darstellung der Verknüpfung der verschiedenen Schwingungsformen. Zahlenquadrate hingegen beziehen sich auf die Geschwindigkeit und Stärke von Einzelschwingungen in ihren Beziehungen zueinander. Auch hier sehen wir z. B. bei dem oben dargestellten Jupiter-Quadrat, daß die Geschwindigkeit und Stärke jeder Einzelschwingung stimmen muß. Jede Einzelschwingung hat eine Zahl, entsprechend ihrer Geschwindigkeit und

Stärke. Jede Sequenz stimmt aber in ihrem Wert mit jeder anderen überein. Auch hier gilt wieder, daß eine Veränderung sich sofort auf die ganze Einheit auswirkt und die gleiche Zahl der jeweilige Verknüpfungspunkt ist.

Jeder von uns hat einen Namen, mit dem er sich identifiziert. Dieser ist aber im feinstofflichen Bereich auch eine Schwingungssequenz. Nicht nur wir, sondern auch unsere Umwelt identifiziert uns mit diesem Namen. Der Name wirkt wie ein Mantra. Ob wir wollen oder nicht, ein Teil unseres Bewußtseins schwingt laufend in der in unserem Namen enthaltenen Schwingungssequenz.

Nehmen wir nun einmal an, eine Frau und vier Männer haben folgende Namen: Sator, Arepo, Tenet, Opera und Rotas. Wir haben diese Möglichkeit selbstverständlich an den Haaren herbeigezogen. Wir könnten aber mit den fünf Namen ein magisches Quadrat bilden (siehe oben). Wenn diese fünf Menschen zusammenkämen, würden sie automatisch eine sogenannte Gruppenseele bilden. Sie würden sich anziehen, wären sich sympathisch und könnten als vollkommenes Team zusammenarbeiten. Jeder würde den anderen auf geradezu ideale Weise ergänzen, jeder seine Individualität bewahren. Bei einer Krankheit eines einzelnen fingen die anderen vier einen Teil der negativen Auswirkungen auf usw. Mit anderen Worten, sie würden wie fünf Zahnräder ineinanderpassen, eine stabile Schwingungseinheit bilden und wären in vielen Bereichen unangreifbar. Wenn wir nun fünf ixbeliebigen Menschen die obigen fünf Wörter als Mantras geben, wobei diese von ihnen fleißig geübt werden, erzielen wir fast den gleichen Effekt. Ja man kann sagen, daß unter Umständen die Wirkung noch stärker ist. Wenn wir in entsprechenden Zeitabständen nun die Mantras immer wieder austauschten, wäre die Wirkung recht positiv. Damit haben wir einen einfachen Mantra-Plan, der das Bewußtsein der Übenden erweitert und gleichzeitig untereinander eine harmonische Gemeinschaft herstellt.

Diese Art von Plan finden wir sehr oft in Logen. Dabei kann ein beliebig großes Quadrat hergestellt werden, wobei wie bei einem Kreuzworträtsel eine bestimmte Zahl von Wörtern ineinander verschachtelt wird. Je nach Größe des Quadrats ist so die Mitgliederzahl beschränkt. Es wird auch darauf geachtet, daß jeder Buchstabe des Alphabets im ganzen Quadrat gleich oft vorkommt.

Will man nur bei den Logenzusammenkünften eine Gruppenseele herstellen, wird zu diesem Zweck nur zu diesem Zeitpunkt von jedem Mitglied sein persönliches Wort als Mantra geübt. Für eine Dauerwirkung wird aber auch sehr oft ein Wort sowohl als Mantra wie auch als Logenname verwendet. Dabei wird das Wort auch zu Hause privat täglich als Mantra geübt. Deshalb finden wir als Logenname manchmal die unmöglichsten Wörter, weil es anders nicht möglich war, einen Mantra-Plan aufzustellen. Wer die Schwierigkeit bezweifelt, sollte einmal versuchen, mit unseren herkömmlichen Namen ein Buchstabenquadrat aufzustellen.

Um die weiteren Möglichkeiten zu demonstrieren, verwenden wir wieder das bereits dargestellte Jupiter-Quadrat. Damit Sie aber nicht dauernd zurückblättern müssen, finden Sie es nachstehend noch einmal.

S	A	T	O	R
A	R	E	P	O
T	E	N	E	T
O	P	E	R	A
R	O	T	A	S

Wir sind nun in der Lage, eine Serie von Mantras mit zwei Buchstaben aufzustellen: SA, AT, TO, OR, AR, RE, EP, PO, TE, EN, NE, ET, OP, PE, ER, RA, RO, OT, TA, AS. Wir haben also nun zwanzig Zwei-Buchstaben-Mantras, die wir an zwanzig Menschen verteilen können. Dabei treten wieder die obengenannten Wirkungen auf. Auch die Verknüpfungen über die Einzelschwingungen der Buchstaben ist gegeben. Je größer das Quadrat, um so größer die Zahl der möglichen Mantras. Mit dem gleichen Quadrat kann man auch Drei- oder Vier Buchstaben-Mantras zusammenstellen. Wenn ein Mantra geübt wird, so wird Energie entsprechend der Mantra-Schwingung frei. Es gibt dabei aber noch ein anderes sehr wichtiges Phänomen. Nehmen wir beispielsweise das Wort SATOR, so entsteht beim Üben dieses Wortes ein Kräftefluß von S nach R. Also die Reihenfolge der Buchstaben beeinflußt die Energie bzw. bringt sie ins Fließen. Und gerade diese Funktion kann mißbraucht werden. Man muß nur bei der Aufstellung von Mantras darauf achten, daß diese in ihrer Anordnung im Mantra-Plan in Richtung Zentrum verlaufen, und schon konzentriert sich in diesem Zentrum die Kraft.

Bei unserem Beispielquadrat würde das wie folgt aussehen. Wir bilden dreibuchstabige Mantras, welche wie folgt lauten. SAT, ARE, TEN, OPE, und ROT. Die ganze Energie fließt so in dem Buchstaben N zusammen. Wenn nun ein Guru für seinen Mantra-Plan diese Möglichkeit ausnutzt, kann er alle Energie seiner Anhänger im Zentrum zusammenfließen lassen. Um sich an diesen Energiefluß anzuschließen, muß der Guru lediglich das Mantra oder den Buchstaben des Zentrums in sich üben. Er hat dann sofort die gesamte Energie aller Anhänger zur eigenen Verfügung. Dies wirkt sich nicht nur positiv auf seine Gesundheit aus, sondern bringt auch verschiedene psychische Fähigkeiten, die an Wunder grenzen.

Die Mantras, die um das Zentrumsmantra liegen, werden von dem Guru an seine bevorzugten Anhänger und Schüler vergeben. So fließt auch durch einen derartigen Schüler schon bedeutend mehr Kraft als durch einen Schüler, dessen Mantra im Plan weiter am Rande liegt. Also profitiert auch der innere Kreis der Bewegung schon von diesem Mantra Verteilungsplan. Meistens ist die Bewegung in Stufen oder Grade eingeteilt, oder man bekommt nach und nach immer wieder eine höhere Initiativen. Dabei erhält der Schüler jedesmal ein neues Mantra, dessen Platz immer näher am Zentrum des Mantra-Planes liegt.

Sie haben nun einen ersten Eindruck davon erhalten, was man bei der Aufstellung eines Mantra-Planes alles berücksichtigen kann. Es ist kaum möglich, herauszufinden, welche Variation eines Mantra-Plans ein Guru verwendet. Der Hauptplan wird von ihm meistens geheimgehalten, weil mit diesem Plan seine Bewegung steht oder fällt. Lehrer, welche Mantras an Schüler weiterzugeben haben, erhalten meistens nur einen Teil des Planes. Zusätzlich muß jeder Schüler sein erhaltenes Mantra strikt geheimhalten. So kann ein Guru, praktisch ohne jemals von seinen Schülern zur Rechenschaft gezogen zu werden, seinen persönlichen Zielen nachgehen.

Es gibt Teilenergien in den verschiedenen Körpern, die durch Mantras so nicht ausgerichtet werden können. Zu diesem Zweck sorgt ein Guru meistens dafür, daß jeder Schüler sein Bild als Meditationsobjekt benutzt. Er sagt beispielsweise, daß er nur über das Band der Liebe seinen Schülern in jeder Hinsicht beistehen kann. So erhält er weitere Energiebereiche über sein Bild.

Hier muß zugunsten der vielen Yogapraktiker östlicher Länder gesagt werden, daß zwar nach einer bestimmten Zeit alle in den Astralbereich vorstoßen, aber nur wenige der Versuchung nicht widerstehen können, dieses Wissen für derart eigensüchtige Zwecke anzuwenden. Das Wissen ist auf der Astralebene von jedem, der sich dafür interessiert, zu erlangen. Gleichzeitig erfährt er auch alle damit verbundenen positiven und negativen Anwendungsmöglichkeiten. Es gibt also keine Entschuldigung dafür, jeder weiß ganz genau, was er tut. Dies alles hat auch mit den westlichen Yogapraktikern nichts zu tun, die mittels Körperstellungen, den sogenannten Asanas, ihre Gesundheit verbessern.

Hier muß ebenfalls noch gesagt werden, daß es sogenannte Universalmantras gibt. Ein derartiges Mantra, z.B. AUM, JHVH, RAMA, stellt eine ganze Schwingungsebene dar. Solche Mantras sind nicht so bedenklich, da sie so umfassend sind, daß eine Bewußtseinsverengung, auch bei längerer Übungszeit, nur minimal erfolgen kann. Hier geht es nur um die sogenannten Personal-Mantras, die vom Guru direkt oder indirekt unter Geheimhaltungspflicht an Schüler verteilt werden. Bei einem Universalmantra hört der Schüler meist auf, dieses Mantra zu üben, wenn er die damit verbundene Schwingungsebene in sich verwirklicht hat.

KAPITEL 8

RUNEN, ASTROLOGIE, TAROT UND DIE DREI ARTEN DES DENKENS

Die Runen und der Lebensbaum

Im vorderen Teil des Buches haben wir bereits in einem anderen Zusammenhang über Runen, den Lebensbaum und das analoge Denken gesprochen. An dieser Stelle geht es darum, die Themenbereiche anhand einzelner ausgesuchter Beispiele zu vertiefen.

Die vielen esoterischen Runenforscher suchten in der alten Literatur verzweifelt nach den Kräfteprinzipien der Runen. Weil der wahre Schlüssel wie gesagt nie schriftlich fixiert und veröffentlicht wurde, hat

ANGELSÄCHSISCHE RUNEN.

Name	Zeichen	Wert	Name	Zeichen	Wert	Name	Zeichen	Wert
Feoh	ᚠ	f	*Eoh*	S Z ᛇ	eo	*Ac*	ᚪ	a
Ur	ᚢ Λ	u	*Peorð*	ᛈ ᛈ ᛈ	p	*Æsc*	ᚫ	e
Thorn	ᚦ ᚦ	ð	*Eolhx*	ᛘ ᛉ ᛯ	ks	*Yr*	ᚣ ᚣ	ü
Os	ᚩ	o	*Sigel*	ᛋ	s	*Io, Iar*	ᛡ	io
Rað	ᚱ	r	*Tir*	ᛏ	t	*Ear, Tis*	ᛠ	ear
Cen	ᚳ	k	*Beorc*	ᛒ	b	*Cweorð*	ᛢ	kw
Gyfu	ᚷ X ᛄ	g (i)	*Eh*	ᛖ	e	*Iolx, Calc*	ᛣ ᛤ	k
Wen	ᚹ	uu	*Dæg, Man*	ᛗ ᛞ	d, m	*Stan*	ᛥ ᛉ	st, ts
Hægl	ᚻ ᚼ ᚺ	h	*Lagu*	ᛚ	l	*Gar*	ᚸ	ʒ, &
Nyd	ᚾ ᚾ	n	*Ing*	ᛝ ᛝ ᛝ ᛝ	ṅ		Z	ts
Is	ᛁ	i	*Eðel*	ᛟ ᛟ	ö			—
Ger	ᛄ	ʒ(e)	*Man, Dæg*	ᛗ	m, d			

Abb. 17a: Angelsächsische Runen

NORDISCHE RUNEN.

Name	Zeichen	Wert	Ziffern	Name	Zeichen	Wert	Ziffern	Name	Zeichen	Wert	Ziffern
Fe	ᚠ	f	1	*Hagl*	ᚼ	h	7	*Biörk*	ᛒ	b	13
Ur	ᚢ	u	2	*Naud*	ᚾ	n	8	*Laugr*	ᛚ	l	14
Thurs	ᚦ	θ	3	*Is*	ᛁ	i	9	*Madr*	ᛘ	m	15
Os	ᚬ ᚭ	o	4	*Ar*	ᛅ ᛆ	a	10	*Yr*	ᛦ	y	16
Reid	ᚱ	r	5	*Sol*	ᛋ	s	11				
Kaun	ᚴ	k	6	*Tyr*	ᛏ	t	12				

GOTHISCHE RUNEN.

Zeichen	Wert	Zeichen	Wert	Zeichen	Wert	Zeichen	Wert	Zeichen	Wert	Zeichen	Wert
ᚠ	f	ᚱ	r	ᚺ	h	ᛢ	kw	ᛏ	t	ᛞ	m
ᚢ	u	ᚲ	k	ᚾ	n	ᛈ	p	ᛒ	b	ᛝ	ń
ᚦ	ð	ᚷ	g	ᛁ	i	ᛉ	uu	ᛖ	e	ᛞ	θ
ᚨ	a	ᚹ	w	ᛄ	γ	ᛋ	s	ᛚ	l	ᛟ	o

Abb. 17b: Nordische und gotische Runen

man versucht, die Strophen des Runenliedes der *Edda* mit den einzelnen Schriftrunen gleichzusetzen. Da es sich dabei lediglich um ein sogenanntes Merkgedicht handelt, dessen Strophen nicht mit den vorhandenen Schriftrunen übereinstimmen, kam man sehr schnell auf Abwege. Andere Forscher haben dies erkannt und den Runen eigene

Deutungen gegeben. Sie versuchten, über die Namen in Verbindung mit Sprachsilben und den Vergleich mit diesen Silben, an die wahre Bedeutung heranzukommen.

Obwohl diese Vorgehensweise bereits bessere Ergebnisse bringt, ist sie sehr mangelhaft. Auch die Reihenfolge der Runen bringt nicht den gewünschten Erfolg, weil die Plazierung der Hagal-Rune auf Platz 7 einen Hinweis auf den Lebensbaum darstellt, die Tyr-Rune auf Platz 12 einen Hinweis auf die Zwölferteilung des Tyrkreises.

Da die meisten Leser, sofern sie sich je mit den Runen beschäftigt haben, das Runenalphabet Futhork kennen, werden wir damit beginnen, einige Runen dieses Alphabets auf die Bedeutung in Verbindung mit dem alten nordischen Lebensbaum hin zu untersuchen. Selbstverständlich gibt es viel mehr Runen.

Wir lassen bei den Untersuchungen auch den Tyrkreis nicht aus, da uns die dazugehörenden Namen, obwohl hier in späterer Zeit Abwandlungen vorgenommen wurden, wertvolle Hinweise geben.

Die ursprünglichen Rufnamen sind Buchstabenkombinationen, die den Lebensbaum und den Tyrkreis miteinander verbinden. Sie dienten ursprünglich Zwecken der Buchstabenübungen und brachten bestimmte Fähigkeiten im Menschen hervor, wenn man diese Kräfte mittels der Lautschwingungen in sich hervorrief.

Bei der Untersuchung gehen wir wie folgt vor. Wir gehen erst immer davon aus, daß von der 1, der Seele, die göttliche Stimme sich über die Verbindungen in Richtung der 10 ausbreitet. Dabei durchläuft sie verschiedene Zentren und Seinsebenen. Mit anderen Worten, einzelne Zentren geben den Energiestrom immer der dualen Gravitation folgend an im Baume tiefer liegende Zentren ab. Dies erfolgt über einzelne Verbindungen.

Um die Sache nicht verwirrend zu machen, werden wir ganz einfach vorgehen und uns aller komplizierter Erwägungen enthalten, so daß es relativ leicht verständlich ist. Sehr bald werden wir sehen, daß die Runenmeister, die Vatanis, in ihren Skaldenliedern nicht umsonst mit Ehrfurcht vor den Runen gesungen haben. Gaben sie ihnen doch die

Möglichkeit, Ordnung in das scheinbare Chaos der Schöpfung zu bringen.

Noch ein Weiteres ist zu beachten: Bestimmte Runen kommen im Baume mehrmals vor und haben dadurch selbstverständlich auch Bedeutungen, die sich unterscheiden. All dies und noch viel mehr hat ein Runenmeister gelernt und in seinem Gedächtnis immer zur Verfügung. Er muß sich im Baum und im Tyrkreis perfekt auskennen. Dadurch kann er dieses Instrument in allen möglichen Bereichen anwenden. Es ist möglich, selbst für die profansten Dinge des Lebens eine Untersuchung durchzuführen. Nehmen wir als Beispiel den Bankrott einer Firma. Dafür kann es sehr viele Gründe geben. Sowohl die Firma als auch der verantwortliche Chef haben einen Lebensbaum und können deshalb untersucht werden. Dabei kommen die wahren Hintergründe zutage. Selbstverständlich können wir auch eine Firma so leiten, daß die harmonischen Schöpfungsprinzipien berücksichtigt werden. Dadurch kann die Firma nur florieren. All dies ist mit dem Baum in Verbindung mit dem Tyrkreis möglich.

Wenn wir die Anfangsbuchstaben der ersten sieben Runen in Abb.17 oben senkrecht lesen, ergibt sich der Begriff Futhork. Normalerweise bietet sich eine Besprechung der einzelnen Runen in der Reihenfolge ihres Auftretens an, die von uns gewählte Reihenfolge, die mit der Rune Is beginnt, ist aber für das Verstehen der Zusammenhänge geeigneter.

Die Rune Is

Diese Rune verbindet im Baume die vier Sonnen von der 1, der Zentralsonne, über die 4, die schwarze Sonne, zur 7, der männlich-aktiven Sonne, zur 10, der weiblich-passiven Sonne. Sie stellt gleichzeitig die Weltachse dar, den Stamm des Lebensbaumes. Durch diese Achse fließt die göttliche Energie, aus der Seele kommend, direkt bis zur 10 und von dort in den Tyrkreis.

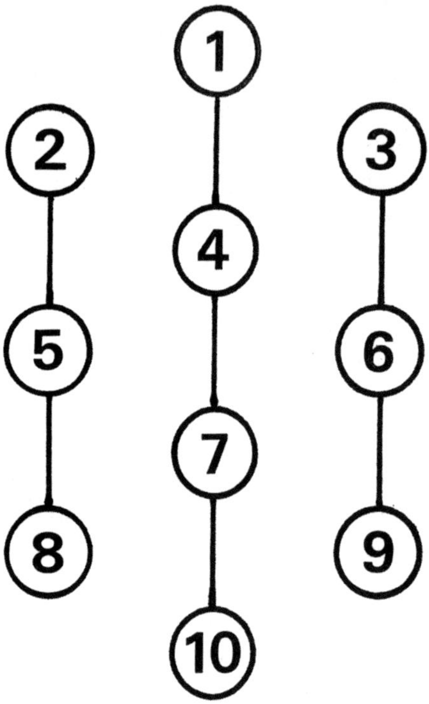

Abb. 18: Die Rune Is im Lebensbaum

Im Menschen stellt sie die Wirbelsäule dar, die die Wurzelrose mit der Scheitelrose in einem direkten Kanal verbindet. Im Yoga bezeichnet man diesen Kanal als Shushumna. Durch ihn steigt die Kundalini-Kraft über alle Ebenen wieder zum Scheitelchakra.

Im Lebensbaum stellt die große Is-Rune die mittlere Säule dar, im Gegensatz zu den beiden äußeren Säulen, der weiblichen links und der männlichen rechts. Die beiden äußeren Säulen, Mann und Frau, sollen zur mittleren werden, dem vollendeten Menschen, einem Stützpfeiler der Schöpfung, dem spirituellen Hermaphroditen, der Plus und Minus in vollständiger Balance darstellt. Die mittlere Säule berührt je zwei aktive Zentren, die 1 und die 7, und je zwei passive Zentren, die 4 und die 10. Sie ist auch hier in diesem Sinne in Balance.

Die rechte männliche Säule berührt zwei männlich-aktive Zentren und ein weiblich-passives. Hier die +3 und die +9 sowie die -6. Bei der weiblich-passiven Säule haben wir die Zentren -2, -8 und +5, also gerade umgekehrt. Jede senkrechte Verbindung im Baume, wir haben davon 7, bezeichnet man als kleine Is-Rune.

Die Is-Rune symbolisiert weiterhin den Stab der Macht, denn wer diese senkrechte Säule in sich verwirklicht hat, hat über sie direkten Zugang zur Seele. Symbolisch ist sie auch das Königsszepter und der Richterstab. Das Königsszepter ist also das Symbol für die göttliche Urkraft, die durch alle Welten in das Land und das Volk fließt. König und Königin vereinigen ihre beiden äußeren Säulen zur mittleren und stellen so die Verbindung zwischen Gott und der Welt her. In alten Zeiten war also nicht der Oberpriester oder ein Papst der Träger dieser Funktion, sondern das Königspaar. Das Richteramt war ursprünglich ebenso in den Händen des Königspaares. Symbolisch konnte es eine Verbindung zur göttlichen Quelle nicht nur herstellen und aufrechterhalten, sondern eine derartige Verbindung auch unterbrechen. Es brach den Stab über einem Menschen, wenn er in irgendeiner Form nicht in den Gesamtorganismus des Staates paßte. Dies geschah jedoch nur, wenn es keine Möglichkeit mehr gab, diesen Menschen zu richten, also so wieder ins rechte Lot zu bringen, daß für die Gemeinschaft kein Schaden entstand. Sowohl die große Is-Rune als auch die kleinen Is-Runen sind direkte Verbindungen von oben nach unten, deshalb trachtete man in erster Linie, daß man diese Verbindungen wieder reinigte und erweiterte. Das Wort bzw. der Name Is ist eine Buchstabenübung und stellt in erster Linie eine Verursachung eines Energieflusses vom Baum in den Tyrkreis und dort besonders in den Bereich Krebs dar. Im Baume ist das I dem 6. Zentrum zugeordnet. Auch dieses Zentrum stellt Energie in einer bestimmten Form und Quantität zur Verfügung. Im Gegensatz zu dieser Energieform, welche bereits Muster aus dem oberen

Teil des Baumes enthält, wird danach getrachtet, mittels der Is-Übung reine und saubere Energie direkt entweder aus dem Zentrum 1 über die mittlere Säule oder dem Zentrum 2 der linken Säule bzw. dem Zentrum 3 der rechten Säule in den Tyrkreis fließen zu lassen. Selbst die kleine Is-Rune bringt mittels dieser Übung immer noch Energie von einem höheren Zentrum in das darunterliegende. Rein ist diese Energie jedoch lediglich in der Verbindung 1 und 4, es sei denn, der Mensch hat die mittlere Säule so stark verwirklicht, daß die Zentren 4, 7 und 10 in ihrer Filterwirkung dem Flusse keine besonderen Schwingungsmuster mehr aufprägen.

In diesem Idealfalle fließt die Kraft von der Seelenebene, der 1, in die Kausalebene, die 4, von dort in die Ich-Ebene und dann in die Astralebene durch die 10. Dann ist sie so weit nach unten transformiert, daß sie in den physischen Bereich eintreten kann. Unter Idealfall wird immer verstanden, daß diese Ebenen sie nicht mit ihren Mustern beladen: auf der Kausalebene nicht mit kausalen Mustern, auf der Ich-Ebene nicht mit mentalen Mustern und auf der Astralebene nicht mit emotionalen Mustern. Die reine Kausal-, Mental- oder Astralschwingung stellt lediglich eine Art Trägerwelle, wie der Elektroniker sagen würde, oder die Grundschwingung dar, die jedes Muster dieser Ebene als Information aufnehmen bzw. in jedes dieser Muster verwandeln kann. Doch nur der vollendete Mensch ist in der Lage, den Fluß so zu belassen, wie er auf der jeweiligen Ebene ankommt. Nicht zuletzt stellt die Is-Rune symbolisch den Phallus dar, mit dessen Hilfe auf der physischen Ebene eine Verbindung zwischen Mann und Frau möglich ist, um auf dieser Ebene wieder Energie von Plus zu Minus fließen zu lassen. Hier finden wir auf der untersten Ebene des Menschen ein genaues Abbild des Schöpfungsvorganges, die Vereinigung bzw. die Verbindung zweier gegensätzlicher Pole zur Schaffung eines neuen physischen Körpers als Träger und Plattform für die menschliche Seele.

Dieser Vorgang läuft – zwar in jeweils anderer Form – auf allen dualen Ebenen so ab. Alle inneren Körper werden ebenso durch die Verbindung zweier gegensätzlicher Pole so kreiert. Auch im Lebensbaum zeugt immer ein aktives Zentrum, indem es einen Impuls abgibt an ein passives Zentrum, Leben bzw. neue Formen. Dies können auf der Mentalebene Gedankenformen, auf der Astralebene Emotionen sein.

Damit belassen wir es hier bei der Besprechung der Is-Rune. Sie werden inzwischen eine Ahnung davon bekommen haben, welche Bedeutung allein eine Rune haben kann. Dabei wurde bisher nur das absolut Wichtigste darüber gestreift. Allein über die Is-Rune könnte man ein Buch schreiben, wenn man richtig ins Detail gehen wollte. Dabei wäre es dann noch immer zweifelhaft, ob man auch wirklich schon alles erschöpfend aufgeführt hätte. Und allein die Besprechung einer kleinen Is-Rune würde je nach Lage im Lebensbaum den Umfang eines gynäkologischen Handbuches annehmen, da es sich bereits bei einer einzigen Verbindung um den gleichen Grundvorgang wie die Zeugung eines Kindes und die Geburt handelt.

Die Rune Hagal

Im Lebensbaum haben wir zwei Hagal-Runen. Beide gehen ineinander über. Die obere Hagal-Rune stellt die himmlische Welt dar, die untere die Unterwelt. Die himmlische und die Unterwelt bilden gemeinsam den Baum. Wenn wir nun auf der oberen Mentalebene eine gedachte Linie ziehen, ist dies nach der nordischen Vatan-Lehre der eigentliche Platz des Menschen. Er hat Anteil an der Welt der Götter wie auch an der Welt der Natur. Die untere Welt ist die Wurzel des Baumes, die obere Welt seine Äste. Beide zusammen bilden eine Einheit. Die Götter befinden sich in Asgard, auf der Archetypenebene. Es gibt dort sowohl Götter als auch Göttinnen. Sie verkörpern gleichzeitig den Urmann und die Urfrau. Der Mensch befindet sich in Midgard; dies ist die obere Mentalebene mit den Zentren 5 und 6. In Utgard auf der unteren Mentalebene befinden sich die Zentren 8 und 9.

Die untere Hagal-Rune mit ihren Basisprinzipien ist gleichzeitig das Grundmuster für die Felder des Tyrkreises. Wie schon die Is-Rune, ist die Hagal-Rune in ihrer Symbolik außerordentlich vielschichtig.

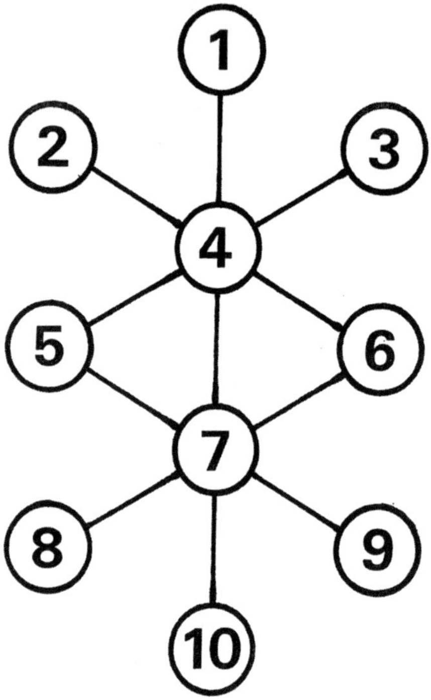

Abb. 19: Die Rune Hagal im Lebensbaum

Die Punkte 1 und 10 sind sich eigentlich gleich, nur auf einer anderen Ebene. Die 1 stellt den Hochsitz Wotans dar, der in Asgard auf einem Berg, dem Götterberg, steht. Die 10 ist der Sitz der Hel. Von diesem Namen für die Göttin der Unterwelt kommt unser Wort Hölle. Die Astralebene wäre dann Helheim. Dort nagt die Neidschlange, eine andere Bezeichnung für die Kundalini-Schlange, die im Wurzelchakra zusammengerollt im Menschen ruht. Diese Schlange stachelt alle Wesen zu immer weiteren Aktivitäten an, was natürlich immer wieder neues Karma bedeutet. Wenn wir hier Bezüge zur nordischen Mythologie

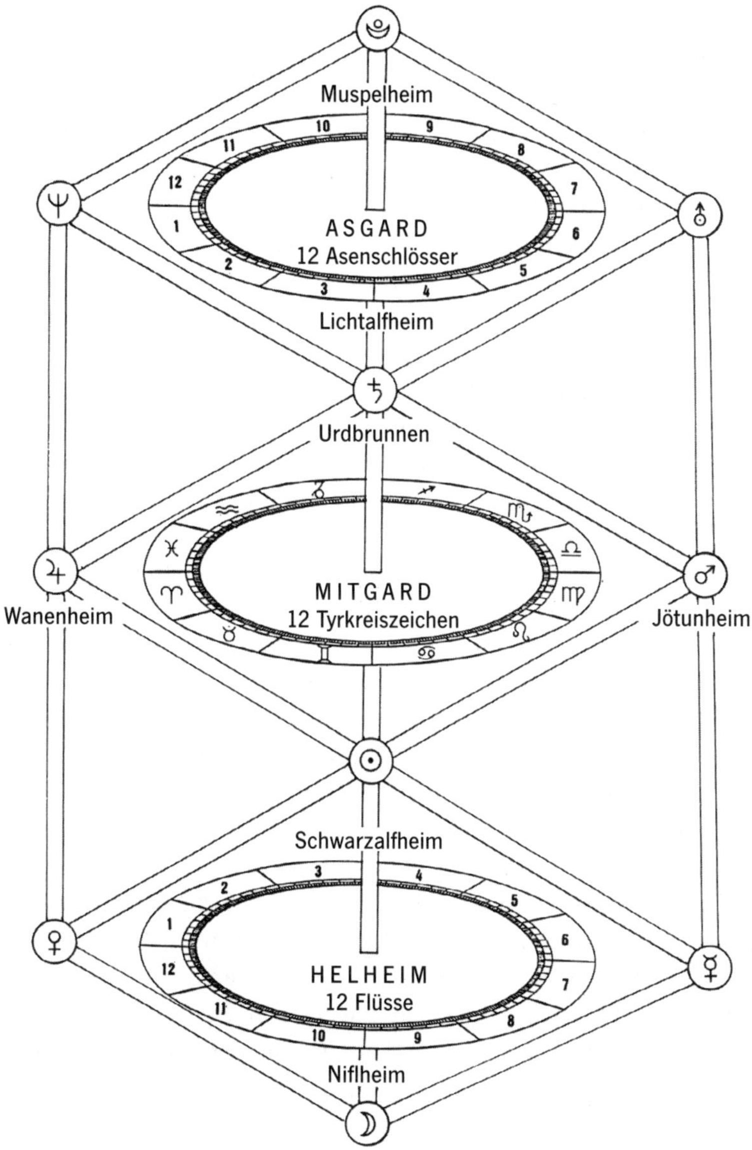

Abb. 20: Die Welten in den Hagal-Runen

herstellen, so deshalb, weil gerade Hagal eine der Basisrunen für diese Mythologie darstellt.

Auf dem Götterberg, der 1, hat ein Adler auf der höchsten Spitze seinen Horst. Von diesem Punkt aus kann man die gesamte Dualität überblicken. Zwischen dem Zentrum 1 des Baumes und dem Zentrum 10 findet ein stetiger Austausch statt. Die *Edda* stellt dies so dar: Ein Eichhörnchen namens Ratatösk pendelt am Stamm der Weltesche rauf und runter und stellt Zwietracht zwischen dem Adler und der Neidschlange her. Wenn wir dies in modernen Worten ausdrücken, finden wir, daß jeder Infomationsimpuls, der aus der 10 kommt, im gegensätzlich gepolten Zentrum 1 grundsätzlich falsch verstanden werden muß. Grundsätzlich muß das gleiche auch mit einem Impuls geschehen, der aus der 1 in der 10 ankommt. Dies ist nicht verwunderlich, da dazwischen bekanntlich eine ganze Reihe von Welten liegen, die von einer Information durchlaufen werden müssen.

Die 1 versucht nun, sich selbst in ihrer größten Aufteilung wieder zu vereinen. Die 10 besteht ja aus zehn Einsen. Die 1 als Seele, als Ureinheit, versucht also, mit ihren eigenen Verschiedenheiten, die ihre eigenen Kreationen darstellen, fertigzuwerden. Erst wenn es ihr gelungen ist, alle ihre Körper aufzulösen, sprich die diese Körper beinhaltenden Einzelseelen in einem niedereren Bewußtseinszustand auf ihr eigenes Bewußtseinsniveau zu bringen, dann ist ihr dies gelungen. Sie hat dann all ihr Karma aufgelöst. Jedes Teil dieser zehn Bereiche stellt eine Welt für sich dar. Ein Bewußtseinszustand, der sich gleichfalls nach Einheit sehnt, gleichzeitig sich aber auch an diesen Zustand klammert. Die Schlange ist also tatsächlich der Widersacher Gottes. Nur ist es mit dem »Kopfzertreten« hier nicht getan. Wir müssen die Schlange verwandeln, bis sie keinen Einfluß mehr auf uns haben kann. Die Schlange wird auch mit der Sexualität gleichgesetzt. Dies ist klar, denn mit der Sexualität kreieren wir eben auf allen Ebenen Neues, also legen wir auch neue Ursachen, neues Karma. Erst wenn wir die Schlange verwandeln bzw. die Sexualität transzendieren, bekommen wir sie unter Kontrolle. Sie wird von selbst verschwinden, wenn wir ohne unsere dualen Körper nur als

Seele existieren. Eigentlich ist sie dadurch nicht verschwunden, sondern wir haben sie mit Liebe, die die Dualität überwindet, in uns als Seele aufgenommen. Es gibt nicht nur die Utgard- oder Neidschlange, sondern auch die Midgardschlange und die Asgardschlange. In diesen drei Welten der nordischen Mythologie ist die sogenannte Schlangenkraft immer vorhanden. Sie ist je nach der entsprechenden Ebene auf besondere Weise gefährlich.

Das Symbol der Schlange ist uralt. Die Schlange, die sich in den Schwanz beißt, stellt die Ewigkeit dar, aber auch die stetige Wiederkehr in der Dualität, das Rad des Karmas. Sie häutet sich immer neu. Das heißt, die Natur regeneriert sich in bestimmten Zyklen immer wieder. Die Dualität ist das Produkt der Schlange. Sie ist die Gottheit, die in die niederen Welten herabgestiegen ist und vergessen hat, wo ihr Ursprung liegt. Wir können mit der Schlange kämpfen, dann wird sie uns besiegen, und zwar ausnahmslos. Wir können sie aber auch lieben und uns mit ihr vereinen, dann wird sie sich verwandeln und unser treuester Diener. Wir können ebenso feststellen, daß die Schlange, also die Dualität, den sichtbaren Körper der göttlichen Quelle darstellt. Wenn es uns also gelänge, der Schlange den Kopf zu zertreten, so würden wir gleichzeitig den sichtbaren Körper der göttlichen Quelle vernichten. Damit dies dann so bleibt, dürfte keine Seele sich mehr aus der Quelle begeben. Die Quelle würde in einen statischen Zustand übergehen. Alles, was wir auch nur im entferntesten als Leben bezeichnen können, hörte zu existieren auf. Dies würde natürlich auch mit der Urdualität, der Quelle und allem, was je aus ihr ausfloß, geschehen. Es gäbe dann nichts mehr, weder Gott noch sein Ebenbild. Die Schöpfung käme zum Stillstand. Gott hätte aufgehört zu kreieren, zu sein. Wenn wir jetzt so weitermachten, kämen wir an einen Punkt, der den Erfinder der Mengenlehre, Georg Cantor, in die Irrenanstalt brachte. Wir möchten jedoch nur noch erwähnen, daß die Schlange, ganz gleich, wie wir sie betrachten, im Grunde genauso wertvoll und heilig ist wie die göttliche Quelle. Ja, wir können hier sagen, die göttliche Quelle und die sogenannte Schlange sind eins und nur verschiedene Aspekte oder Pole des Einen. Kommen wir zum Schluß noch zu einer anderen Symbolik. Im Wort Hagal steckt das Wort Hag, ein altes Wort für Garten, aber auch für den Zaun. Diese Rune ist der ganze Garten der Schöpfung. Er ist von einem Zaun umgeben. Aber nicht nur die gesamte Schöpfung oder Dualität, sondern jede Lebenseinheit stellt einen derartigen Garten dar, wie wir bereits weiter oben ausführlicher dargelegt haben.

Hagal hat man an die siebte Stelle des Futhork gesetzt, um damit zu zeigen, daß die Rune mit dem Sonnenprinzip zusammenhängt. Außerdem hat die Rune sieben Zentren, die sie verbindet. In den ersten Runenschriftreihen durfte diese Rune nicht geschrieben werden. Statt dessen schrieb man eine Ersatzrune. Die Hagal-Rune entstand wie der ganze Lebensbaum aus der Kristallisationsform des Schneekristalls, was wir bereits erwähnt haben. Aus der inneren Form des Lebensbaumes entstand das Hauptsymbol des Vatan, die Lilie. Darüber jedoch mehr im nächsten Kapitel, in dem wir den Spuren des Vatan in der Geschichte nachgehen.

Es ließe sich darüber noch sehr viel sagen, worauf wir jedoch in einem späteren Buch genauer eingehen wollen.

Die Rune Tyr

Die Tyr Rune, die an zwölfter Stelle des Futhork steht, ist die Weltachse mit den Verbindungen 1 zu 2 und 1 zu 3. Sie ist die Grundform der Irminsul, der Säule Irmins, die von »Karl dem Großen« 772 in Sachsen angeblich zerstört wurde (siehe auch Abb. 13). Aus sechs Tyr-Runen ergibt sich der Tyrkreis mit all seinen Entsprechungen. Die Irminsul stellt den Stamm des Lebensbaumes, der Weltesche Yggdrasil, dar. Von der 1 aus breitet sich das Leben in Zyklen spiralförmig zur 2, der weiblichen Seite, und zur 3, der männlichen Seite, aus. Dabei wechseln Entfaltung und Rückzug sich in großen Zeiträumen ab.

Der zwölfte Platz in der Runenreihe soll auf die zwölf Felder des Tyrkreises, der Entfaltung allen Lebens in der Dualität, hinweisen.

Die Buchstabenkombination, die dieser Rune entspricht, ist Tu. Sie verbindet das Zeichen Steinbock im Tyrkreis mit dem 4. Zentrum des

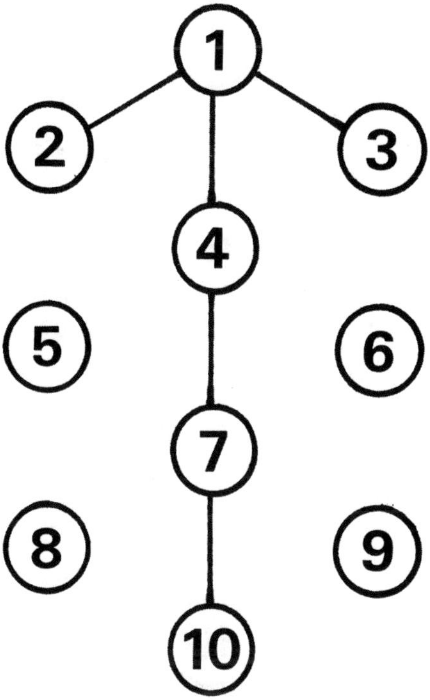

Abb. 21: Die Rune Tyr im Lebensbaum

Lebensbaumes. Aus Tu entstanden viele Namen für Gott. Teutates, Tiu, Tyr, Tysk, Deus usw.

Die Rune UR

Die eigentliche und ursprüngliche Ur-Rune bestand aus dem nach oben spitz zulaufenden Winkel (siehe Abb. 22 a). Sie symbolisiert die Teilung des Hermaphroditen, der 1 in Plus und Minus.

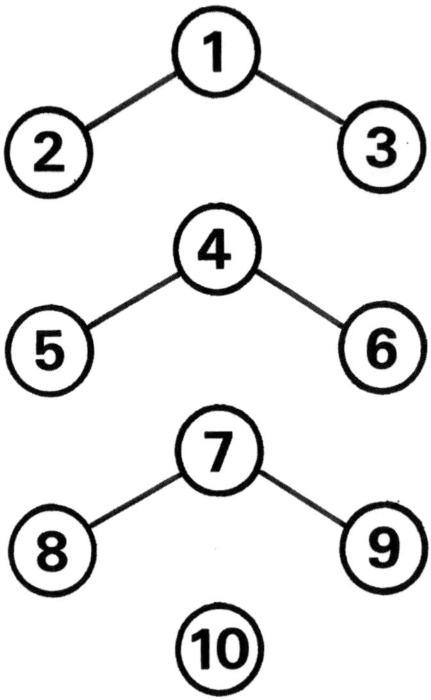

Abb 22a: Die ursprüngliche Rune Ur im Lebensbaum

Im Baume gibt es drei Ur Runen. Die erste berührt die Zentren 1, 2, 3, die zweite die Zentren 4, 5, 6 und die dritte die Zentren 7, 8 und 9.

Die ursprüngliche Ur-Rune wurde dann in manchen Futhork-Reihen in die spätere umgewandelt. Dies geschah beim Aufkommen des Patriarchats. Diese Runenform symbolisiert den Mittelstamm des Baumes sowie über die Verbindung 1 zu 3 die männliche Säule. Damit wird die männlich ausgerichtete Schöpfung dargestellt. In der ursprünglichen Form sind beide Seiten der Dualität noch in Balance. Hier haben wir auch das Originalsymbol der göttlichen Trinität mit der Seele, dem Urmann und der Urfrau.

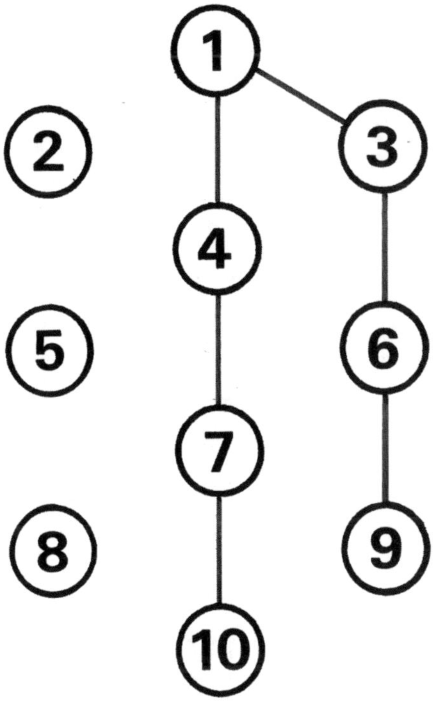

Abb. 22b: Die Rune Ur im Lebensbaum

Der Name Ur verbindet als Buchstabengruppe das Zeichen Zwillinge, das Zeichen der Kommunikation, mit dem Zentrum 4 im Baume. Aus dem Zentrum 4 holen wir zeitloses Wissen in den Tyrkreis, wo dieses dann über Kommunikation mit anderen Wesen ausgetauscht werden kann. Bevor dies geschieht bzw. möglich ist, muß eine aktive mentale Verarbeitung und eine Bewußtmachung mit entsprechender Formulierung erfolgen, damit dann ein Austausch möglich ist.

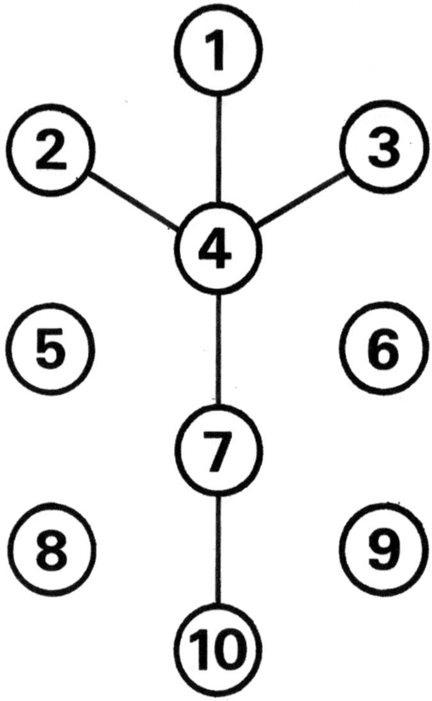

Abb. 23a: Die Rune Man im Lebensbaum

Die Runen Man und Yr

Diese beiden Runen gehören zusammen, denn sie stellen das gleiche Prinzip, jedoch in gegensätzlicher Form, dar. Die Man-Rune symbolisiert den Gottmenschen. Dieser Mensch kann von der göttlichen Trinität drei verschiedene Impulse aufnehmen, im Zentrum 4 vereinigen und diesen Strom durch alle seine Körper in die unteren Welten leiten. Der Strom umfaßt sowohl neutrale Energie der Quelle sowie männliche und weibliche Energie. Durch den Filter des 4. Zentrums dringend, strömt sie in den mentalen, astralen und physischen Bereich. Alle drei

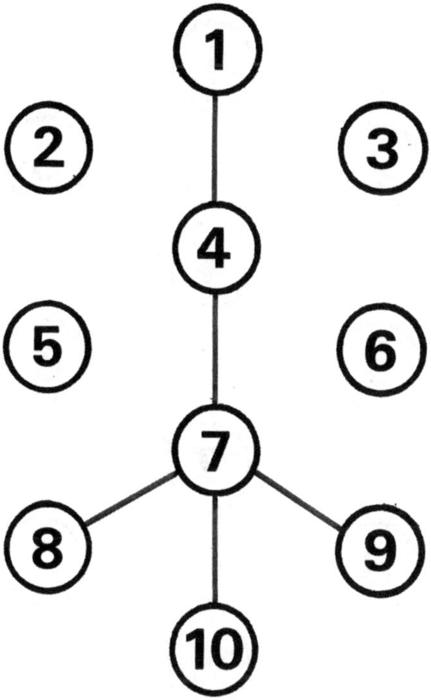

Abb. 23b: Die Rune Yr im Lebensbaum

Ströme stehen zueinander in sehr harmonischer Form und sind durch das Zentrum 4 mit Mustern beladen, die für das Überleben in den unteren Welten wichtig sind.

Das Wort Man als Übung sensibilisiert über den Jungfrau-Bereich, der Materie verwandeln kann, die dualen Körper. Das A stellt eine Verbindung zum untersten Zentrum des Baumes her, der 10. Von dort wird Energie in den Tyrkreis übertragen, die mit dem Buchstaben N so in Balance gebracht wird, daß sie dem Leben zur Verfügung steht. Das Wort Man stellt auch den Menschen dar, der dazu fähig ist. Manu gilt als Stammvater der Menschheit. Mana ist im Sanskrit die Bezeichnung für

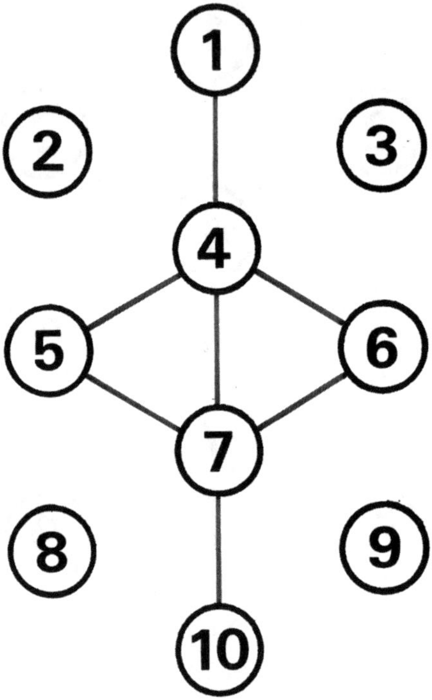

Abb. 24: Die Rune Thorn im Lebensbaum

die feinstoffliche mentale Energie oder Substanz. Auch das englische Wort man für Mensch ist hier zu nennen wie unser Wort Mann. Im Gegensatz dazu steht die Rune Yr. Mit Recht könnte man sagen, daß die Irrtümer des Menschen im Verlust der Fähigkeit liegen, die von der 1 kommende göttliche Energie in reiner Form wie durch die Is-Rune in den Tyrkreis zu leiten. Statt dessen spalten wir im Zentrum 7 diese Kraft in drei Teile. Wir führen einen Teil dem Zentrum 8 des Baumes zu und aktivieren so den Anziehungs-Abstoßungs-Bereich. Im Zentrum 9 verwenden wir einen Teil der Energie für das analytische Denken, wodurch wir fast immer nur Details sehen, jedoch darüber das Ganze vergessen. Im Zentrum 10 bilden wir einen instabilen Astralkörper, der äußeren Einflüssen willkürlich unterworfen ist. Da dieser Körper das Grundmuster für den physischen Körper darstellt, sind wir so allerlei Krankheiten ausgesetzt.

Die Yr-Rune gilt deshalb auch als sogenannte Todesrune. Sie wurde in neuer Zeit das Symbol für die Gegner der Atomwaffen. Die Buchstaben Yr werden nicht als Übung verwendet. Es wäre nicht gut, reine Energie aus dem 6. Zentrum in das Zeichen der Zwillinge zu holen. Als Resultat würden wir die Kommunikation in Aggression verwandeln.

Die Rune Thorn

Diese Rune wurde dem alten germanischen Gott Thor gleichgesetzt. Thor, der Beschützer von Asgard, galt als sehr menschlich, aber auch als sehr mächtig. Mit seinem Hammer bekämpfte er die Riesen, die in Utgard wohnten. Sein Lieblingsaufenthalt war nicht Asgard, sondern Midgard. Deshalb war er bei den einfachen Menschen sehr beliebt. Mit seiner Kraft half er, wo er konnte. Der einfache Mensch mit seinem stetigen Kampf gegen die Naturkräfte fand in ihm die beste Identifikationsform.

Die Rune umfaßt den Bereich Midgards, hat jedoch Verbindung zur 1 und zur 10. Die Welt der Menschen stellt einen Schutzwall zwischen der göttlichen Welt und der Natur dar. Diese Rune symbolisiert die Macht des Menschen sowohl über die Natur als auch über die Welt der Götter. Der Krieger und der Held sind Synonyme für die Rune, auch die Bezeichnung Heidreck. Der Name der Rune stellt keine Übung dar, sondern stammt vom Dorn der Rose. In der Tat stellt sie bildlich den Stamm mit je einem Dorn nach rechts und links dar. Thorn stellt eine Verbindung zwischen dem 7. Zentrum des Baumes und den Zeichen Steinbock, Fische, Zwillinge und Waage dar. Also könnte man den Träger dieses Namens als stabilen (Steinbock), die Schöpfungsenergie kennenden (Fische), geselligen (Zwillinge), harmonischen (Waage) Menschen (Zentrum 7) bezeichnen.

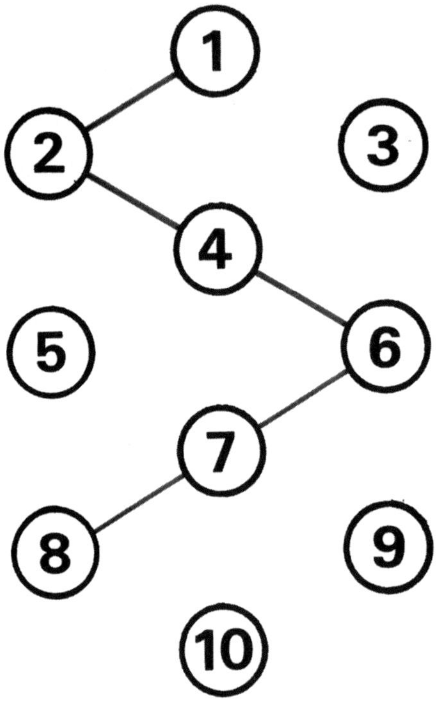

Abb 25a: Die Rune Sig im Lebensbaum

Die Rune Sig

Diese Rune, die wir in vielfältiger Form im Baum vorfinden, symbolisiert die göttliche Urkraft, die sich, ständig die Polarität wechselnd, in der Materie manifestiert. Sie symbolisiert als eine Art Blitz den Urknall, aus dem die Materie und die ganze Dualität entstand. Je nachdem, welche Zentren mit dieser Rune verbunden sind, werden die mannigfaltigsten Wirkungen ausgelöst. Die Buchstaben S, I und G stellen diesen Vorgang

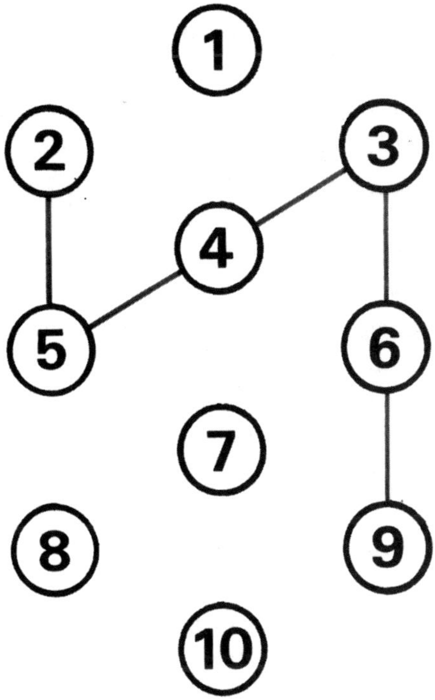

Abb. 25b: Die Rune Sig im Lebensbaum (2. Variante)

ebenfalls dar. S als das Zischen der Schlangenkraft, aber auch als die göttliche Stimme im Tyrkreis holt aus dem 6. Zentrum Energie und materialisiert diese im G, dem Zeichen Stier. Dieses Wort wurde jedoch nicht als Übung verwendet, sondern stellte lediglich eine Symbolisierung des Vorgangs dar. Sig hat auch nichts mit dem Sieg zu tun, sondern ist ein altes Synonym für die Sonnenkraft.

Der Grundlebensbaum und seine Filter

Hier wollen wir die Besprechung der Bedeutung einzelner Runen am Lebensbaum beenden. Selbstverständlich ließe sich dies aber mit allen gefundenen Runen, ja mit allen Kombinationen von Verbindungen im nordischen Lebensbaum fortführen. Denn es gibt für den Baum vielschichtige Entsprechungen. Jede Verbindung wirkt sich auf jeder Seinsebene wieder etwas anders aus. Das ist der Grund dafür, daß unsere Betrachtungsweise von so vielen verschiedenen Standpunkten ausgeht.

Kommen wir deshalb nun zu einem anderen Schlüssel des Lebensbaumes, genauer gesagt, erweitern wir den bisherigen. Der Lebensbaum, wie wir ihn bisher kennen, ist nämlich noch sehr starr und statisch, obwohl in ihm die Kräfte auf mannigfaltigste Weise fließen. Stellen wir uns vor, daß ein Mensch innerhalb seines Lebensbaumes einem bestimmten Prinzip den Vorzug gibt. Nehmen wir an, dieser Mensch strebt als Höchstes in seinem Leben die Harmonie mit der Schöpfung an. Er wird dadurch das Zentrum 5 seines Baumes stärker betonen. Dies hat folgende Konsequenz: Alles, was in seinem Lebensbaum aus dem Zentrum 1 kommt, wird nach dem Prinzip der Harmonie bewertet. Dadurch legt sich bei ihm über den Baum, den wir schon kennen, ein weiterer. Dieser beginnt jedoch anstelle der 1 mit dem Prinzip 5, dem Prinzip der Harmonie. Wenn wir nun die 5 an erster Stelle haben, so wird an der zweiten Stelle die 6, an der dritten die 7 usw. stehen. Wir nennen so einen Menschen einen 5er-Typ. Auf dem Grundlebensbaum steht ein zweiter Baum, welcher mit dem Prinzip 5 beginnt. Jeder Punkt seines Grundlebensbaumes hat nun so etwas wie ein Filter darübergelegt bekommen. Jede Grundäußerung jedes Zentrums wird nun von einem anderen überlagert und entsprechend modifiziert. So bekommen wir neun Grundtypen von Lebensbäumen, die für die Menschen bestimmend sind.

Wie kann man nun feststellen, welchen Baum welcher Mensch hat? Dazu müssen wir etwas ausholen.

Abb. 26: Neun Grundtypen von Lebensbäumen

Jede Strecke der Zeit, also jede Zeitspanne, hat eine bestimmte Qualität. Wenn dies nicht so wäre, wäre auch keine Astrologie möglich. Wir stellen nun eine einfache Rechnung an. Nehmen wir an, ein Mensch wäre am 25. 2.1942 geboren. Wir haben früher schon einmal besprochen, daß wir alle Zahlen, ob nun Zehner, Hunderter usw., im Vatan als eine Einheit betrachten. 400 wäre demnach 4 Einheiten à 100. Es würde hier zu weit führen, wenn wir alle Fragen, die über das Warum auftauchen können, genauer erläutern. Nehmen wir dies erst einmal als gegeben hin.

Wir haben nun also das Geburtsdatum 25. 2.1942. Dies sind:

20 = 2 Einheiten à 10 = 2
5 = 5 Einheiten à 1 = 5
2 = 2 Einheiten à 1 = 2
1000 = 1 Einheiten à 1000 = 1
900 = 9 Einheiten à 100 = 9
40 = 4 Einheiten à 10 = 4
2 = 2 Einheiten à 1 = 2
Summe = 25

20 = 2 Einheiten à 10 = 2
5 = 5 Einheiten à 1= 5
Summe = 7

Wir könnten jedoch gleich einfach alles zusammenzählen:

2+5+2+1+9+4+2=25/2+5=7

Nun haben wir die Zahl Sieben und stellen uns einen Lebensbaum auf, der auf Punkt 1 mit der 7 beginnt (siehe Abb. 27).

Diesen Baum wollen wir also neu untersuchen. Das werden wir auf die Weise tun, daß wir erst einmal feststellen, wie die einzelnen Zentren von 1 bis 10 mit dem darübergelegten individuellen Lebensbaum im Zusammenwirken aussehen.

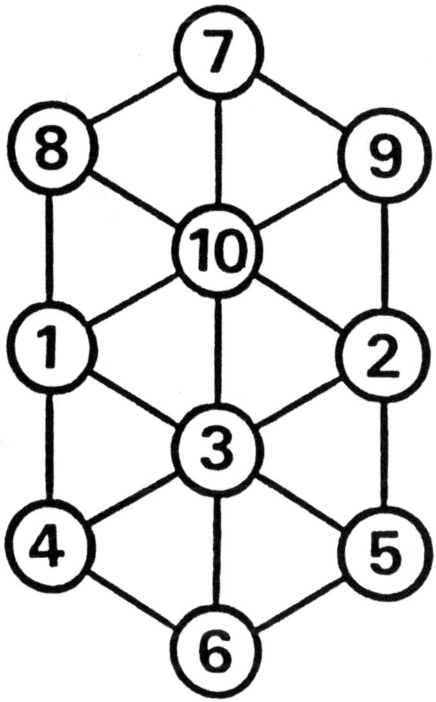

Abb. 27: Ein Lebensbaum auf der 7er-Basis

1. Auf Punkt 1, dem Zentrum der Seele, steht die 7, der Ich-Punkt. Sagen wir ganz einfach: Alles, was aus der Seele kommt, soll in verstärktem Maße dem Ego dienen.

2. Auf Punkt 2, dem Zentrum der Urfrau, steht die 8 als Affinitätspunkt. Sowohl die 2 als auch die 8 sind passive Speicher verschiedensten Inhaltes. Also alle Inhalte oder Qualitäten, die aus der 2 kommen, werden nach dem Prinzip anziehend – abstoßend beurteilt. Man könnte auch sagen, wenn aus der 2 etwas kommt, das diesem Menschen nicht

sympathisch ist, wird es nur ungern verwirklicht, wenn nicht gar abgelehnt.

3. Auf Punkt 3, dem Zentrum der Dynamik und der Tat, steht die 9, das Prinzip des Verstandes. Also muß alles, was dieser Mensch an Impulsen zu einer Aktivität bekommt, die 9 passieren, wobei hier zwar das Denken angeregt wird, sich die praktische Tat jedoch unter Umständen nur theoretisch im Kopfe abspielt.

4. Auf Punkt 4, dem Karmazentrum, steht die 10, der Emotionalpunkt. Hier haben wir die Situation, daß alle karmischen Auswirkungen die Gefühlsbarriere durchlaufen müssen und nur über den Gefühlsbereich eine Möglichkeit besteht, karmisch einen Ausgleich zu schaffen.

5. Auf Punkt 5 steht die 1, der Seelenpunkt. Dieser Mensch stellt seiner Seele seine Harmonievorstellungen zur Verfügung. Man könnte jedoch auch sagen, daß er grundlegende Harmonievorstellungen hat, die sich darauf beziehen, wie er seine Sehnsucht in Richtung Einheit verwirklichen könnte.

6. Auf Punkt 6 steht die 2. Das Energiezentrum läßt nur gemäß dem, was die 2 an Mustern beinhaltet, Energie nach draußen. Alle Empfindungen, bis zu den Sinnesorganen im Physischen, können hier sehr verfeinert sein.

7. Auf Punkt 7 befindet sich die 3. Hier stellen wir fest, daß eine Tat grundsätzlich dem Ich oder Ego Nutzen bringen sollte, da sonst eine Aktivität nur widerwillig ausgeführt wird.

8. Auf Punkt 8 befindet sich die 4. Hier kann man sagen, daß das Affinitätsprinzip durch die karmische Überlagerung sich nur schwer zu entfalten vermag. Konkret könnte hier jemand Probleme mit dem Eros haben. Er könnte jedoch auch durch den Eros immer wieder in Verwicklungen kommen.

9. Auf Punkt 9 befindet sich die 5. Hier wird versucht, das Denken zu harmonisieren. Gleichzeitig ist es möglich, daß dieser Mensch eine große Abneigung hat, über Konflikte nachzudenken. Lieber wäre es ihm, nur über schöne und harmonische Dinge nachzudenken

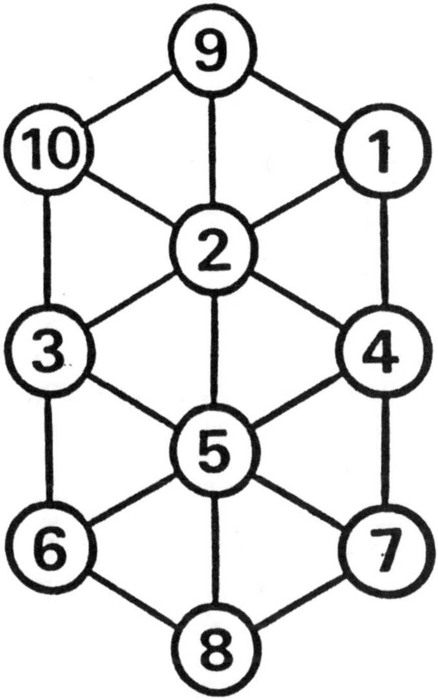

Abb. 28: Ein Lebensbaum auf der 9er-Basis

10. Auf Punkt 10 befindet sich die 6. Hier muß man mit plötzlichen eruptiven Gefühlsausbrüchen rechnen. Dies kann sowohl positiv als auch negativ sein – je nach der gerade vorliegenden Stimmungslage.

Und weil dies so schön verwirrend war, nehmen wir gleich noch ein Datum. Es handelt sich um den 5. 1. 1956. Dieses Mal rechnen wir direkt auf die einfache Weise zusammen:

5 + 1 + 1 + 9 + 5 + 6 = 27/2 + 7 = 9

Wir haben es also hier mit einem 9 er Typ zu tun, auf den folgende Beschreibung zutrifft (siehe auch Abb. 28):

1. Beginnen wir wieder mit dem 1. Zentrum. Dort befindet sich die 9. Dieser Mensch hält den Verstand sehr hoch. Er könnte unter Umständen der Meinung sein, daß man mit dem Verstande alle Probleme lösen kann. Er ist auch sehr intelligent, auch wenn er es nicht richtig präsentieren kann.

2. Auf Punkt 2 befindet sich die 10. Hier können wir feststellen, daß der weibliche Prinzippunkt noch durch Emotionen entsprechend verstärkt wird. Dies kann dazu führen, weil das Individuum dies als stark verletzend empfindet, daß man Emotionen unterdrückt.

3. Auf Punkt 3 ist die 1. Hier wirkt sich die 1 so aus, daß eine erhöhte Spontaneität möglich ist, ebenso eine erhöhte Aktivität, vor allen Dingen, wenn es sich um wichtige Lebensfragen handelt.

4. Auf Punkt 4 befindet sich die 2. Aus dem karmischen Reservoir können hier speziell mediale und sehr sensitive Impulse aufgenommen und verwertet werden. Die Person hat immer wieder Vorahnungen.

5. Auf Punkt 5 befindet sich die 3. Wenn es darum geht, Harmonie und Frieden zu stiften, findet diese Person immer eine Möglichkeit, die sie tatkräftig einsetzt.

6. Auf Punkt 6 befindet sich die 4. Wenn sich hier nicht der Energiefluß zu stark durch aus der 4 kommende Bedenken, die zur Vorsicht raten, bremsen läßt, kann eine sehr stabile und kontinuierliche Ausdauer vorliegen. Hier hält man ökonomisch mit seinen Energiereserven haus.

7. Auf Punkt 7 befindet sich die 5. Das Ich will sich in Harmoniebereichen entfalten. Es setzt alles daran, sich solche Harmoniebereiche zu verwirklichen.

8. Auf Punkt 8 befindet sich die 6. Hier kann man sagen, daß dieser Mensch im Bereich Sympathie und Antipathie, auch im erotischen Bereich sehr starke Energie freizusetzen vermag. Dies kann sowohl positiv (bei Sympathie) als auch negativ (bei Antipathie) geschehen. Der

Mensch kann eine Verbindung kappen, wenn nicht alles so stimmt bzw. wenn irgendein anderer Punkt seines Baumes behindert wird.

9. Auf Punkt 9 befindet sich die 7. Auch hier stärkt das Denkprinzip das Ego und wird vorwiegend dafür eingesetzt.

10. Auf Punkt 10 befindet sich die 8. Sehr schwankende Emotionen, die durch das Affinitätsprinzip ausgelöst werden, können hier vorliegen.

So könnten wir jetzt alle neun möglichen Typen besprechen, was wir jedoch aus verschiedenen Gründen unterlassen. Statt Zahlen kann man auch die Planetenentsprechungen der Astrologie verwenden. Im Vatan werden jedoch nie fertige Rezepte geliefert und auch keine fertigen Deutungen. Denn wer sich daran gewöhnt hat, immer wieder nachzuschlagen, wird nicht die Mühe aufbringen, selbständig eine Deutung vorzunehmen. Selbstverständlich sind die räumlichen Möglichkeiten hier auch dafür zu beschränkt, um alle Aspekte ausführlich zu behandeln. Dies würde mindestens ein weiteres Buch erfordern.

Wichtig für uns ist aber, zu wissen, daß es neun verschiedene Lebensbäume gibt. Jede Verbindung in jedem dieser Lebensbäume bringt eine andere Aussage. Wenn wir jetzt eine Rune untersuchen wollen, so hat sie neun verschiedene Aussagen und Bedeutungen.

Spätestens hier wird klar, daß der Vatan ein intensives Studium erfordert, um all dies klar zu begreifen. Diese neue Betrachtungsweise des Lebensbaumes ist sehr wichtig in der Vatan-Astrologie. Nur was im individuellen Lebensbaum als Grundmuster vorhanden ist, wirkt sich auch bis in den Tyrkreis entsprechend aus. Deshalb bestehen die vielen Unsicherheiten bei den üblichen astrologischen Prognosen. Es fehlt der dem Tyrkreis zugrunde liegende Lebensbaum. Nur zusammen können wir klare Aussagen tätigen, und das gesamte System bringt auch die nötige Sicherheit, auf die man sich verlassen kann.

Der Tarot und neue Trends im Wassermannzeitalter

Nach den Runen und der Astrologie kommen wir nun zu einem weiteren Divinationssystem, einem Phänomen, oder sagen wir besser zu einem Trend der Esoterik, der in den letzten Jahren einen unerhörten Aufschwung erlebt hat. Wir sprechen vom Tarot. Dieses interessante Kartenspiel ist so recht dazu geschaffen, Dinge hineinzulegen, die ursprünglich nicht damit in Beziehung gebracht wurden. Nun ist es so, daß man im Prinzip aus jedem Spiel – ob es sich nun um ein Karten- oder ein Brettspiel handelt – ein Welterklärungssystem aufstellen könnte. Man muß dabei allerdings darauf achten, daß die verschiedenen Elemente unter Zuhilfenahme der Analogiegesetze in die richtige Beziehung zu den einzelnen Bereichen der Schöpfung gesetzt werden.

In dem speziellen Fall des Tarot kann man sagen, daß er heute kein Original mehr ist. Wenn wir von den vielen Änderungen absehen, die von Männern wie Court de Gébelin, Etteilla, Papus, Eliphas Levi u. a. in den letzten zweihundert Jahren vorgenommen wurden, können wir hingegen behaupten, daß der Tarot im Ursprung den Vatan darstellte.

In der heutigen Zeit beschäftigen sich die Sucher überwiegend mit den 22 großen Arkana. Die restlichen Karten kommen dabei meist etwas zu kurz. Beginnen wir also zuerst mit den sogenannten kleinen Arkana.

Die vier Farben stellten ursprünglich vier Welten dar, die man mit den vier Elementen der Antike gleichsetzen konnte. Die Karten 1 bis 10 sind die zehn Grundprinzipien des nordischen Lebensbaumes. Die 1 z. B., das As, wie wir es heute noch nennen, stellt die Seele, den Asen Wotan bzw. Odin dar, der in Asgard lebt. Auch alle anderen Werte hatten entsprechende Namen, die jedoch zum Teil verloren gingen.

Der Page stellt den unentwickelten Menschen dar, der seiner Stellung entsprechend dienen muß und der Schöpfung und ihren Prinzipien hilflos unterworfen ist. Der Ritter symbolisiert das, was wir auch vom

Ritterideal kennen: einen Menschen, der sich aus der Abhängigkeit der Dualität immer mehr zur Vollkommenheit entwickelt und der gleichzeitig hohe Ideale verteidigt. König und Königin sind der Urmann und die Urfrau. Diese Personenkarten sind bekanntlich viermal in einem Spiel enthalten, um sie symbolisch als Bewohner der obenerwähnten vier Welten darzustellen.

Wer diese Ausführungen mit manchen Spielregeln regulärer Kartenspiele vergleicht, wird sicher bereits gewisse Zusammenhänge finden.

Die Trümpfe, die sogenannten großen Arkana, sind wie folgt entstanden. Im Vatan wie übrigens auch in anderen Lehr- und Entwicklungssystemen versuchte man früher, einen Abschnitt der Schulung in eine allegorische Tafel zusammenzufassen. Es handelt sich um die sogenannten Lehrtafeln, die wir beispielsweise aus den Überlieferungen der Rosenkreuzer des Mittelalters kennen (siehe Abb. 29).

Auch manche Freimaurerloge arbeitet noch mit solchen Tafeln. Hier ist es allerdings immer etwas fraglich, ob der ursprüngliche Sinngehalt noch bekannt ist. Besonders wenn es sich um alte Tafeln aus der Zeit vor der großen Reform der Logen handelt. Im Vatan werden von manchen Lehrern einzelne Schüler auch heute noch angehalten, wenn sie einen Bereich hinter sich gebracht haben, eine Lehrtafel zu erarbeiten.

Solch eine Tafel soll alle Elemente, die für den gelernten Bereich wichtig sind, symbolisch enthalten. Sie soll so auf gebaut sein, daß für einen Außenstehenden nicht ersichtlich ist, welcher tiefere Sinn darin steckt. Dem Schüler und anderen Vatanis soll sie jedoch sofort einen einwandfreien Überblick über den Lernabschnitt vermitteln. Dies hat den Vorteil, daß der Schüler, der diese Tafel aufstellt, den ganzen Bereich rekapitulieren muß. Er muß für sich die wesentlichen Elemente herausschälen und mittels analoger Symbole entsprechend anordnen. Eine solche Tafel (beispielsweise wie die in Abb. 30) kann man als Zimmerschmuck verwenden, zumal wenn sie entsprechend künstlerisch gestaltet ist. Sie zeigt auf einen Blick einen kompletten Lernbereich.

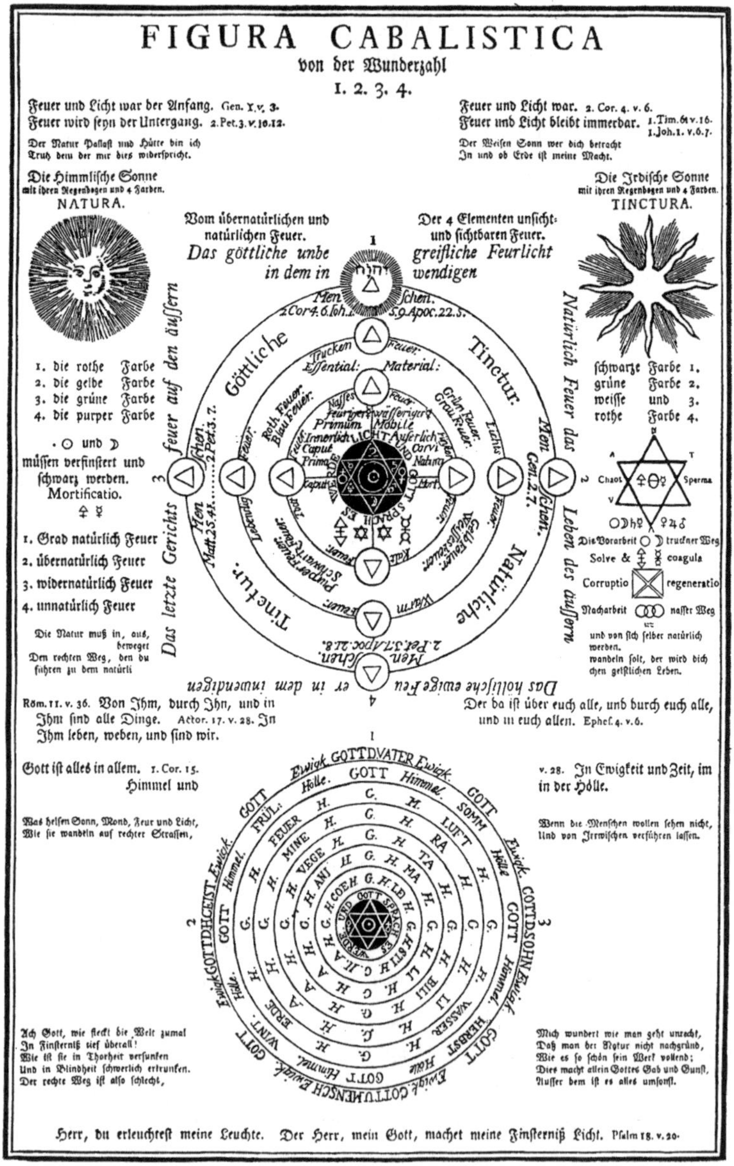

Abb. 29: Allegorische Lehrtafel der Rosenkreuzer

Auch bei den großen Arkana handelte es sich ursprünglich um Lehrtafeln. Durch Weglassen von Details, künstlerische Veränderungen usw. ist das, was übriggeblieben ist, allerdings nur noch phantasieanregend. Die ursprünglichen Tafeln standen in Beziehung zu den kleinen Arkana, also dem darin enthaltenen System des Vatan. Der Tarot von Marseille ist dabei nicht der erste Tarot, sondern die Vorlage für weitere Nachahmungen. Viele später vorgenommenen Bezugsetzungen wie z. B. die Gleichsetzung der 22 Karten mit den Verbindungen des kabbalistischen Lebensbaums sind nicht im ursprünglichen Sinne korrekt.

Wer sich unvoreingenommen mit der Entwicklung des Tarot in der heutigen Form auseinandersetzen will, dem sei das ausgezeichnete Buch »Mythos Tarot«[19] von Eckhard Graf empfohlen. Auch wenn der Verfasser bestimmte Dinge nicht wissen konnte, weil es dafür öffentlich keine Quellen gibt, hat er recht, was die Form des heute gebrauchten Tarot und seine Entwicklung betrifft.

Dies mag auf die große Gemeinde der Tarot-Kenner befremdend wirken, dies ist jedoch ganz unbegründet. Wer sich mit dem Tarot beschäftigt und für sich daraus Nutzen ziehen kann, sollte sich ruhig weiter damit beschäftigen. Denn auch der heutige Tarot ist in bestimmter Weise für vieles verwendbar und nützlich, nur ist er eben nicht mehr das Original. Eines kann man aber auf jeden Fall feststellen: Weder das Original noch seine unvollkommene Tochter sind in Ägypten, bei den Zigeunern oder in Atlantis entstanden, sondern im Vatan, und zwar als einfaches Hilfsmittel für Schüler. Seine Urform geht nicht so weit zurück und kann frühestens mit dem 9. Jahrhundert datiert werden, als der Vatan immer mehr wegen der Inquisition in den Untergrund gehen mußte. Wegen der Umstände dieser Anfänge finden wir darin auch viele christliche Symbole vor, weil sie unverfänglich waren und den Vatani nicht in Gefahr brachten. Trotzdem bezeichnete die Kirche dieses Kartenspiel als das Gebetbuch des Teufels.

Wenn man die heutige esoterische Szene so betrachtet, fällt einem auf, daß sich dort auch viele tummeln, die vor allem geschäftliche Interessen haben. Nachdem sich der Markt so inflationär entwickelt hat,

22 47 16 41 10 35 4
5 23 48 17 42 11 29
30 6 24 49 81 36 12
13 31 7 25 43 19 37
38 14 32 1 26 44 20
21 39 8 33 2 27 45
46 15 40 9 34 3 28

findet man neben zweifellos qualifizierter auch immer mehr nebensächliche Literatur. Darüber hinaus wird eine ständig wachsende Anzahl von Artikeln angeboten, die ein zusätzliches Geschäft versprechen:

Zu einem Pendelbuch braucht man Pendel, zu einem Buch über Pyramidenenergie eine Pyramide, zu einem Buch über die Heilkraft von Edelsteinen die entsprechenden Edelsteine und zu einem Tarot-Buch natürlich ein Tarot-Spiel, von denen es inzwischen bestimmt schon hundert verschiedene gibt. Eventuell animiert das vorliegende Buch ja jemanden dazu, für das beschriebene Vatan-Orakel ein neues System kunstvoll geschnitzter Runenstäbchen zu verkaufen ...

Nicht, daß man dazu nur Negatives bemerken möchte, jeder mag sich mit dem erfreuen, wozu er Lust verspürt. Nur – weder mit Pendeln noch mit Pyramidenenergie, noch mit Edelsteinen, die man sich auf die Haut plaziert, auch nicht mit Runenstäbchen oder einem Tarot-Spiel sind die entscheidenden Fortschritte in Richtung göttlicher Quelle zu verzeichnen.

Das System des Vatan befürwortet grundsätzlich die Beschäftigung mit esoterischen Dingen. Es ist immer besser, sich überall aus erster Hand zu informieren, als geradlinig einen Entwicklungsweg zu gehen und gleichzeitig dauernd verschämt in Nachbars Garten zu schielen. Im Laufe seiner Existenz haben Vatanis sich so ziemlich mit allem beschäftigt, was als Hilfe auf ihrem Weg dienlich war. Selbstverständlich sind sie auch heute in diesem Sinne nicht zimperlich. Dabei machte es nie einen Unterschied, aus welchem Kulturkreis eine Möglichkeit gerade kam. Diese innere Freiheit verhinderte, daß es für das Studium allzu viele Regeln oder Dogmen gab. Wer es wünschte, sollte immer die Möglichkeit haben, frei zu wählen, auf welche Art und Weise er glücklich werden wollte. Daß sich so nicht nur über den Weg des Vatan, sondern auch über viele andere Wege sehr viel Erfahrung angesammelt hat, ist verständlich.

Abb. 30: Allegorische Lehrtafel des Vatan

Die Einzigartigkeit des Menschen setzt auch voraus, daß jeder Weg für den einzelnen grundsätzlich individuell gestaltet sein sollte. Das wäre zumindest ideal. Dies schließt jedoch auch nicht aus, daß der einzelne sich zu Beginn an eine gewisse Führung anlehnt. Es gab aber immer genug, die sich ganz allein auf den Weg machten und dabei genauso schnell vorwärtskamen.

Im sogenannten Wassermannzeitalter besteht die Tendenz, sich immer weniger an Dogmen oder Regeln anzulehnen. Der Mensch wird selbständiger in jeder Hinsicht. Man wird immer mehr von den Fischeprinzipien abkommen, die die letzten zweitausend Jahre geprägt haben. Der Fisch, zu dessen Neigungen auch gehört, sich abzuschließen, klösterliches oder einsiedlerisches Leben zu führen, dabei die Materie als nicht so wichtig zu erachten, neigt auch dazu, sich Ordensregeln zu unterwerfen und sein Ich dogmatischen Diktionen zu unterwerfen.

Der Wassermann neigt viel eher dazu, frei entscheiden zu wollen, was für ihn selbst wichtig ist. Er sucht sich seinen individuellen Weg selbst. Er wird sehr empfindlich gegenüber Bevormundung sein und falschen Autoritäten sowie verkrusteten Strukturen ohne Rücksicht die Maske herunterreißen. Für manchen spirituellen Führer brechen deshalb härtere Zeiten an. Einer falschen Autorität wird dabei so lange auf den Zahn gefühlt, bis sich der echte Kern herausschält. Wer solchen Tests nicht standhält, wird es nicht leicht haben, seinen Führer oder Lehrerstatus aufrechtzuerhalten. Der Drang nach Freiheit wird zunehmen, was sich selbstverständlich auch im politischen und wirtschaftlichen Bereich auswirken wird. Mancher Politiker wird dann wohl auch daran erinnert werden, daß das Wort Minister eigentlich Diener bedeutet und nicht so sehr Herrscher.

Das Zeichen des Wassermann, das vom Uranus beherrscht wird, hat uns bereits eine ganze Reihe Revolutionen gebracht. Der Uranus, der sich immer an dem Neuesten orientiert, hat ein feines Radar für eingeschliffene Strukturen und Fallen. Nicht umsonst gilt er als Planet der Revolutionäre. Die Tendenz geht also mehr in Richtung Wahrheit und wird uns noch manche Überraschung bringen, bis die Geburtswehen des Wassermann zu Ende sind. Auch in esoterischer Hinsicht geht der Trend immer mehr in Richtung Technik und Wege, die schnellere Resultate bringen. Daß diese Resultate nicht immer so stabil sind, steht außer Frage.

Die ersten Vorboten haben wir bereits akzeptiert. Mind-Maschinen, die uns unser Gehirn zurechtrücken, Psychotanks, die uns das Gefühl der Schwerelosigkeit vermitteln und dadurch eine bessere Möglichkeit der Entspannung bringen.

Die sich entwickelnde esoterische Subkultur operiert mit ganz neuen Begriffen. Da tauchen beispielsweise Wörter auf wie Futanten: Menschen, die anhand der Analogiegesetze ganz neue Techniken erforschen, um die Zukunft in den Griff zu bekommen. Termini wie Psychonauten, Techno-Magier, Raum-Zeit-Agenten, Transmitter, Großstadtschamanen oder Bewußtseinshacker werden die Zukunft der Esoterik prägen. Die Jugend läßt sich hier nicht mehr stoppen. Immer mehr wird es sich durchsetzen, daß wir nicht die Größten, die Schönsten und die Besten im Universum sind.

Ein Techno-Magier ist ein Mensch, der mit technischen Mitteln in der Lage ist, bei sich und anderen jeden gewünschten Bewußtseinszustand hervorzubringen. Dabei gehören Mind-Maschinen für ihn schon wieder zur Steinzeit. Beim Transmitter handelt es sich um jemanden, der in der Lage ist, Kontakte zu Wesen in anderen Dimensionen, Planeten oder Galaxien herzustellen und mit ihnen Kommunikation zu treiben. Psychonauten sind die moderne Version der Mental- oder Astralreisenden, die in der Lage sind, ihren physischen Körper zu verlassen und mit den inneren Körpern jeden gewünschten Ort auf der Erde oder in der Schöpfung aufzusuchen.

Auch Raum-Zeit Agenten besitzen diese Fähigkeiten, sind jedoch außerdem in der Lage, sogenannte Zeitreisen in die Vergangenheit und Zukunft auszuführen. Bewußtseinshacker können in jedes Bewußtsein eindringen, sich dort nach den Inhalten umsehen und Veränderungen vornehmen. Meinen Sie, dies alles wäre Sciencefiction? Ist es leider oder Gott sei Dank nicht. Die Jugend, die mit dem Computer aufwächst, ist in dieser Hinsicht nicht mehr zu stoppen. Bereits jetzt tauchen Untergrundpublikationen zu diesen Themen auf, die einen Einblick in die Szene geben. Die behandelten Bereiche haben bei nüchterner Betrachtung durchaus Hand und Fuß. Manchmal ist zwar alter Wein in neuen Schläuchen anzutreffen, doch die Herstellung der Verbindung alter Weisheit mit neuen Techniken und Methoden ist in vollem Gange. Die jungen Forscher sind sehr mutig und auch sehr abenteuerlustig. Sie sind sehr neugierig und wollen es genau wissen. Vorbei ist die Zeit, in der ein Magier mit dem Schwert einen Schutzkreis gegen negative Mächte um sich zog und ein Wesen in ein Dreieck evozierte. Heute operiert man mit elektromagnetischen Schutzfeldern, und mancher Geist wird schon erschrocken sein, mit welcher Respektlosigkeit er zitiert wurde. Der moderne Faust hat nur noch ein müdes Lächeln für Okkultpatriarchen und Großmeister übrig. Sie sprechen kaum noch dieselbe Sprache. Nicht daß es in Zukunft keine Logen oder geheimen Verbindungen in esoterischen Bereichen mehr geben wird, sie werden aber ganz anders strukturiert sein. Die Jugend wird immer weniger Geduld für antiquierte Methoden und Autoritätsspielchen haben.

Sie akzeptieren nicht mehr widerspruchslos irgendwelche Regeln, sondern sie werden nach dem »Warum?« fragen und Überlegungen anstellen wie: »Was bringt es mir, wenn ich das tue? Gibt es nicht eine schnellere und kürzere Möglichkeit?« Noch sind es Einzelgänger mit losen Kontakten untereinander, die Entwicklung ist jedoch unübersehbar. Ein vollständig neues esoterisches Vokabular macht sich ganz langsam breit. Da wird nicht mehr von einem Geist oder Wesen gesprochen, sondern von einem Bewußtseinsfeld mit entsprechenden Informationsmustern. Die jungen Magier schließen sich an technische Geräte an, denn sie wollen wissen, was in ihnen vorgeht, wenn sie in einem anderen Bewußtseinszustand sind.

Manche Eltern werden versuchen, sich diesem Trend entgegenzustellen – nur mit dem Ergebnis, daß der Sprößling sich nach der Pubertät mit fliegenden Fahnen in die technischen Errungenschaften stürzt, um alles nachzuholen. Die Zukunft hält noch einige Überraschungen an neuen esoterischen Techniken für uns bereit. Dabei besteht aber kaum Grund zur Sorge, denn bereits jetzt zeichnen sich in Verbindung damit ganz neue ethische und moralische Regeln und Grundsätze ab.

Als vor einigen Jahren die ersten Computerhacker in fremde Datenbanken eindrangen, Viren setzten, war das Entsetzen groß. Man war gezwungen, sich mit immer größerem Aufwand zu schützen. Heute finden wir schon die ersten Hacker, die zwar, es als Sport betrachtend, in fremde Datenbanken eindringen und sich dort umsehen. Es ist jedoch bereits verpönt, in solch einer Datenbank etwas zu verändern oder gar Spuren zu hinterlassen.

Die neuen Magier leben bereits unter uns. Sie halten sich kaum in den vielen Heilsgruppen auf, es sei denn, um sich zu amüsieren oder Gleichgesinnte zu treffen. Die Verfasser kommen immer wieder in Kontakt mit solchen jungen Suchern. Dies ist leicht, wenn man sie akzeptiert, wie sie sind, und nicht versucht, sie mit weisen Ratschlägen zu verändern. Sie stellen sehr präzise Fragen und haben eine erstaunliche Sachkenntnis in bezug auf die Überlieferungen. Ja man bekommt unter Umständen sehr wertvolle Anregungen von ihnen. Sie sind durchweg noch sehr jung, aber manch einer hat im kleinen Finger bereits mehr Verantwortungsgefühl als der Politiker, dem man bei der letzten Wahl seine Stimme gegeben hat. Auch im esoterischen Bereich sollten wir mehr Vertrauen in die Jugend setzen. Die Medien vermitteln uns ein falsches Bild. Nicht die Vereinzelten, die in zerstörerischer Weise aus der Reihe tanzen, sind repräsentativ, sondern die überwiegende Mehrheit, die mühsam lernt, mit dem Leben umzugehen. Mühsam deshalb, weil ihre Vorbilder, die Erwachsenen, selbst kaum noch an die wesentlichen Grundsätze des Lebens glauben. Ganz zu schweigen davon, daß sie nie gelernt haben, ihr eigenes Tun kritisch zu betrachten. Was glaubt der Opa zu erreichen, der seinem Enkel vom Winterfeldzug im Zweiten Weltkrieg vorschwärmt? Die Jugend steht dem kritisch gegenüber und stellt mit Recht die Frage: Was wurde damit erreicht, und welche Ideale standen dahinter? Genauso ist es mit der Devise »Hast du was, bist du was!«, die Väter und Mütter ihren Kindern beibringen wollen. Auch hier kommen recht gesunde Fragen aus der Jugend, die zu berechtigten Hoffnungen Anlaß bieten. Daraus entwickelt sich weder ein Chaos noch Anarchie, sondern es sind die ersten Anzeichen einer wirklich neuen Zeit, die zwar auch wieder ihre Fehler machen wird, aber doch um einiges positiver sein wird.

Die moderne Technik hat auch um die Jahrhundertwende mit dem Aufkommen der Elektrizität die Techno-Magie hervorgebracht. Daß dieser Bereich so wenig bekannt ist, hat schon seine berechtigten Gründe. Als man noch nicht alle Gesetzmäßigkeiten dieser neuen Kraft kannte – man kennt übrigens heute noch nicht alle –, ging man recht unvoreingenommen an Experimente damit heran. So waren z. B., als man die ersten drahtlosen Funkexperimente machte, obwohl niemand sonst im Äther war, immer wieder Stimmen zu hören. Diese Stimmen nannten zum Teil sogar die Experimentatoren mit Namen. Dieses Phänomen, heute kennen wir es aus der Tonbandstimmenforschung, konnte man damals noch nicht richtig einordnen. Auch das Genie Nikola Tesla hat damals schon recht interessante Dinge herausgefunden, über die er nicht in seinen Patenten schrieb. Jedenfalls führten in esoterischen und Logenkreisen diverse Experimente zur Entwicklung von seltsamen Apparaten. Eines dieser Geräte ist das sogenannte Tepa, mit dem man Gedankenmuster auf sich und andere übertragen kann (siehe auch im Anhang, »Fragen an einen Vatani«). Man setzte es zum einen dafür ein, durch Suggestionen, welche auf die menschliche Aura übertragen wurden, bei sich und anderen Charakterveredelungen vorzunehmen. Natürlich hat man es andererseits in gewissen Orden auch dazu benutzt, Schaden anzurichten. Da die Suggestionen physisch nicht hörbar und selbstverständlich auch nicht wahrnehmbar waren, konnte man gar nicht feststellen, ob sie aus einem selbst kamen oder von außen durch Fremdeinwirkung. Sehr bald kamen dann die Radionik- Therapie- und Diagnosegeräte auf, die allerdings wieder auf einem anderen Prinzip aufgebaut waren. Bekannt sind auch die Hieronymus-Maschine und das Ukaco-Gerät.

Charakteristisch für all diese Geräte ist, daß sie mit relativ simplen Mitteln aufgebaut sind. Gefährlich ist allerdings, daß man mit den nach dem Tepa-Prinzip aufgebauten Geräten fast alle magischen Phänomene auslösen kann, ohne persönlich diese Fähigkeiten in sich entwickelt zu haben. Hier handelt es sich um reine technisierte Magie. Das Ukaco-Gerät bzw. eine eventuelle Weiterentwicklung davon scheint zur Zeit wieder von sich reden zu machen. Jedenfalls sieht es, vorsichtig ausgedrückt, so aus, als ob die sogenannten Kornkreise mittels solcher Geräte auf die Kornfelder projiziert werden. Kornfelder sind geradezu dafür geschaffen, da sie eine hohe Auflösung gewährleisten. Mit dem Ukaco-Gerät hat man immerhin schon mit großem Erfolg den Maiswurm in den USA bekämpft, indem man die Schwingung eines Maiswurm-Vernichtungsmittels auf die Schädlinge abstrahlte. Wir möchten hier aber nicht soviel verraten. Festhalten wollen wir nur, daß es sich bei den Kornkreisen nicht um UFO-Einwirkungen, sondern um höchst irdische Ursachen handelt. Dahinter stecken einige außerordentlich kluge Köpfe, die der heutigen Wissenschaft nicht nur wie bisher Kopf schmerzen bereiten werden, sondern ihr höchstwahrscheinlich empfindliche und blamable Erfahrungen vermitteln. Es ist ja auch zu dumm. Da erscheinen weltweit diese großen seltsamen Symbole, und man kann sie weder wegdiskutieren noch vernünftig erklären, wo man doch sonst für alles so geschickte Antworten und Erklärungen findet. Die Symbole erinnern sehr stark daran, was der Runenforscher Herman Wirth in seinem Werk »Die Heilige Urschrift der Menschheit«[20] gesammelt und veröffentlicht hat. Nur das berühmte Apfelmännchen tanzt da aus der Reihe.

Diese Geräte wären eigentlich recht wertvolle Instrumente, mit denen man seine Entwicklung unterstützen könnte. Es ist z. B. ein leichtes, sich mittels solch eines Gerätes das Rauchen abzugewöhnen. Auch alle psychosomatischen Krankheiten sprechen darauf an. Ja man kann sogar Lernvorgänge damit beschleunigen. Alles positive Dinge, wenn der Mensch nicht immer erst auf schlechte Gedanken käme. Fast jeder Laie, dem man sagt, daß es so etwas gibt, denkt sofort daran, was er mit seinem verhaßten Nachbarn oder seinem bösen Chef alles anstellen könnte. Die Idee, daß man als Mann damit jede Frau für seine Zwecke herumkriegen könnte, folgt meist als nächstes. Diese menschliche, allzumenschliche Reaktion ist bezeichnend und gibt den Wissenden die Berechtigung, bestimmte Dinge nicht offen darzulegen.

Leider sind solche Geräte und ihre sehr modernen Weiterentwicklungen bereits in den falschen Händen. Sowohl im Westen als auch im Osten arbeiten Staaten fieberhaft daran, unter dem Oberbegriff Psychotronik die Grundprinzipien militärisch zu nutzen.

Im Vatan kennt man derlei Maschinen schon seit ihren Anfängen. Sie wurden sowohl für die persönliche Entwicklung von Fähigkeiten wie auch als Verteidigungswaffe benutzt, wenn ein Vatani angegriffen wurde. Ein Vatani hätte selbstverständlich verschiedene Möglichkeiten, sich zu schützen oder zurückzuschlagen, so ein famoser Apparat braucht jedoch weder persönliche Aufmerksamkeit noch menschliche Energie oder Konzentration. Deshalb wird er in den seltenen Fällen zum Schutze verwendet. Vom berühmten Runenmeister Egil Skallagrimsson lesen wir in der Saga von Egil, daß er gegen einen Feind eine Neid- oder Schmähstange setzte. Hier handelt es sich um einen Pfahl, der mit Runen beschriftet wird.

Dieser Pfahl wird in gebührendem Abstand von dem Ort des Feindes in den Boden gerammt. Dann setzt man einen alten Pferdeschädel oben auf die Stange und dreht ihn in Richtung des Feindes.

Im besagten Falle wird angegeben, dadurch wurde bezweckt, daß die Flur und Landgeister um den Wohnsitz des Feindes verwirrt und ruhelos gemacht werden sollten. Wenn wir solches lesen, werden wir aufgeklärten Menschen gewöhnlich überlegen lächeln. Das Lächeln wird uns jedoch vergehen, wenn wir die Hintergründe solchen Tuns kennen. Denn der Runenmeister hat hier mit für seine Zeit geradezu modernen

Mitteln die ganze Gegend elektromagnetisch in Verwirrung gebracht und dem Erdmagnetfeld eine negative Schwingung aufgeprägt, die automatisch weiter aufrechterhalten wurde, ganz gleich, ob er in der Nähe war oder daran dachte.

Wenn wir die Vorrichtung vor dem Hintergrund heutiger technischer Kenntnisse betrachten, so handelte es sich um einen Sender mit Erdung und Richtstrahlcharakteristik, der tellurische Ströme aus der Erde aufnahm, mit einer Information, hier einer negativen, belegte und über die Antenne (Pferdeschädel) wieder sendete. Mancher einfache Sender arbeitet heute noch ähnlich, nur daß er Strom braucht und die Information über einen Tonträger oder ein Mikrophon zugeführt bekommt.

Wir sind ja die Klügsten und können über das arme Volk der Tibeter nur lächeln, wenn in ihrer Religion vom Dalai Lama bis zum einfachen Menschen herunter jeder für sein Seelenheil fleißig Gebetsmühlen dreht. Wie kann so ein Apparat für den Menschen als Ersatz beten? Die Tibeter wissen jedoch genau, was sie tun, wenn sie eine Gebetsfahne im Wind flattern lassen. Auch die mittelalterlichen Hexen wußten immer, was sie taten, wenn sie von einem Kranken ein Püppchen herstellten und dies entsprechend behandelten. Dies ist eine besondere Technologie, die nur noch wenige verstehen, und es wäre gut, wenn dies noch lange so bliebe. Wie immer kann sie ebenso zum Wohle des Menschen wie auch zu seinem Schaden angewendet werden. Wichtig dabei ist immer, was für ein Mensch die Technik aus welchen Motiven heraus und zu welchem Zweck anwendet. Auch hier gilt eben: Nicht alles, was man tun könnte, muß man tun.

Analytisch, synthetisch, analog: Die drei Arten des Denkens

Wie wir wissen, sind sowohl der Lebensbaum als auch der Tyrkreis, Tarot und Astrologie Entsprechungssysteme nach den Analogiegesetzen. Sie sind aber auch Menschenwerk, und eine kritiklose Übernahme dieser Systeme ist zwar auf den ersten Blick bequem, führt jedoch nie zum wirklichen Verständnis des Ganzen. Viel besser wäre es, den gemeinsamen Nenner all solcher Systeme kennenzulernen, noch besser, die Grundsätze, nach denen sie aufgebaut sind, zu erfassen. Ein Schüler des Vatan wird – um nur ein Beispiel zu nennen – von seinem Lehrer angehalten, verschiedene bereits vorhandene astrologische Systeme zu studieren. Dies kann unter Umständen so lange dauern, bis der Schüler der Meinung ist, daß alle diese Systeme stimmen. Dann wird sich für ihn wohl die Frage stellen, welches denn nun das beste oder richtigste sei ...

Dies ist der entscheidende Punkt, an dem der Schüler angehalten wird, sich ein vollständig neues System aufzubauen.

In diesem System sollten wenn möglich kaum Elemente zu finden sein, die bereits in den ihm inzwischen bekannten Regelwerken vorkommen. Dies scheint auf den ersten Augenblick sehr schwierig, es ist auch manchmal amüsant, welch hohes Maß an Phantasie ein Schüler entwickeln kann, wenn er langsam in die Grundsätze eindringt. Seine Sicherheit wird immer größer, und am Schluß hat er ein vollständig neues System der Astrologie aufgestellt. Er wird es auf seine Wirksamkeit überprüfen und feststellen, daß es ausgezeichnet funktioniert.

Ganz nebenher hat er etwas Abstand zur Astrologie gewonnen. Er hat sich über sie hinaus entwickelt und sieht sie mit ganz anderen Augen. Von Ehrfurcht ist kaum etwas übrig geblieben. Statt dessen bewundert er von manchem System den Erfinder und dessen klare Gedankengänge bei der Aufstellung seines astrologischen Systems. Mit dem ganzen Vorgang hat der Lehrer beim Schüler folgendes erreicht:

Der Schüler wird unter Umständen nie mehr zu einem Astrologen gehen, um sich sein Horoskop stellen zu lassen. Er wird ein vorhandenes System kaum noch überbewerten. Er hat sich vom empfangenden, passiven Astrologiegläubigen, der meint, dem Willen der Sterne unterworfen zu sein, zum Lehrer und Initiator der Astrologie entwickelt. Er steht jetzt weder auf der Stufe des Horoskopgläubigen noch auf der Stufe des Astrologen, noch auf der Stufe des Astrologielehrers, der ein vorhandenes System vermittelt, um Astrologen auszubilden, sondern er hat sich über dies alles hinweg begeben zur Stufe des Schöpfers solcher Systeme. Ob er diese Fähigkeit dann wahrnimmt oder nicht, bleibt ihm selbst überlassen. Er wäre ohne Mühe in der Lage, hundert astrologische Systeme aufzustellen, von denen keines dem anderen gleichen würde, und sie alle brächten ausgezeichnete Ergebnisse. All die Fragen, welches System das beste sei, ob der Mensch nun einen freien Willen habe oder nicht, welche Konstellation nun zwingend sei und welche nicht, ob Astrologie schade oder nütze, sind beantwortet. Dies gilt gleichzeitig auch für alle numerologischen oder Orakelmethoden. Dies ist die Form, wie im Vatan etwas gelernt wird. Der Schüler wird vom Lehrer auf eine Stufe gehoben, auf der er vom Lehrer unabhängig ist.

Er wird vom passiven, abhängigen Schüler zum aktiven, schöpferischen Gebenden geführt. Er wird so freier und selbstverantwortlicher. Im Vatan ist man der Ansicht, daß jede andere Methode, etwas zu lernen, zum unfreien, unkritischen Jasager und zur Erniedrigung des Menschen führt.

Für die Seele in der Dualität gibt es zuerst nur zwei Dinge:

Erstens sie selbst und zweitens das für sie ungeordnete Chaos. In diesem Chaos lernt sie nach und nach Strukturen kennen. Sehr bald schälen sich aus den kennengelernten Strukturen analoge Muster und Abläufe heraus. Dies befähigt sie dazu und ermutigt sie auch, von sich aus Bezüge herzustellen zwischen Mustern und Abläufen, die scheinbar nichts miteinander zu tun haben. Wenn wir davon sprechen könnten, daß die Seele denkt, so könnten wir sagen: Sie denkt analog, sie nimmt die Welt analog wahr. Unser Verstand denkt zur Zeit vorwiegend analytisch. Wenige Menschen haben die Fähigkeit erreicht, dazu noch Synthesen zu bilden.

Wir müssen lernen, alle drei Möglichkeiten zu beherrschen. Erst wenn wir analytisch (einzelne Teile des Ganzen getrennt untersuchen), synthetisch (darüber das Ganze, aus dem dieses Teil stammt, erfassen) und letztendlich analog zu denken gelernt haben (was soviel heißt, wie zu erkennen, daß Teile oder Teilabläufe gleich oder ähnlich dem Ganzen sind, und dadurch die Herstellung von Bezügen zu lernen), können wir uns mit Fug und Recht rühmen, denkfähig geworden zu sein. Wenn eine dieser drei Möglichkeiten fehlt oder weniger entwickelt ist, sind wir nicht dazu in der Lage, das volle Potential unseres Verstandeswerkzeuges zur Erkenntnisbildung einzusetzen.

Deshalb muß der Versuch der Astrologie und aller verwandten Systeme scheitern, in der heutigen Zeit als Wissenschaft anerkannt zu werden. Unsere Wissenschaft denkt vorwiegend analytisch. Die Astrologie anzuerkennen würde voraussetzen, eine andere Art des Denkens zu akzeptieren. Daß dies schon an den Universitäten scheitern müßte, ist klar. So wird es wohl den früheren Doctor universalis auf lange Sicht nicht mehr geben, statt dessen aber den Hals-Nasen- und Ohrenarzt, für den der Mensch eben überwiegend aus Hals, Nasen und Ohren besteht. Dies kommt nicht daher, weil unser Wissen inzwischen so angewachsen ist, sondern weil wir verlernt haben, Synthesen zu bilden und in Analogien zu denken. Das menschliche Gehirn ist so umfassend konstruiert, daß es nicht nur unser ganzes Wissen unserer Schöpfung aufnehmen könnte, sondern auch noch in der Lage wäre, sich eine weitere Schöpfung mit ganz neuen Gesetzmäßigkeiten zu erdenken. So wird es immer die Mutigen, die Unverfrorenen, die, die vor nichts eine Ehrfurcht kennen, geben, die in Terrain vorstoßen, an das andere gar nicht einmal zu denken wagen. Daß sie dort recht einsam sein müssen, braucht hier nicht besonders betont zu werden. Diese Einsamkeit währt jedoch kaum sehr lange, denn in der Schöpfung sind alle Bewußtseinszustände von

Wesen besetzt; an der Möglichkeit, Kommunikation mit Gleichgesinnten zu treiben, mangelt es nicht. Nachstehender Vers mag für manche in dieser Lage ein kleiner Trost sein:

> Pythagoras, der Philosoph, ersann ein neues Lehrgesetz und brachte dann, da er doch noch ein Heide war, den Göttern tausend Opferstiere dar. Ist's nun ein Wunder, wenn die Ochsen zittern, sobald sie eine neue Wahrheit wittern?[21]

Um einen neuen Bewußtseinszustand zu erreichen, muß man den Mut haben, weiter zu gehen, ganz gleich, wie weit die anderen schon hinter einem zurückgeblieben sind. Jeder Blick zurück kann Verderben bringen. Blicken wir jedoch ab und an vorsichtig nach rechts und links, werden wir merken, daß wir nicht allein sind. Lassen wir uns auf unserem Weg nie einreden, wir seien Sonderlinge, Eigenbrötler oder realitätsfremd. Dies ist ein sehr wertvolles Prädikat für einen Menschen und ein Indiz, daß er der Realität schon viel näher ist, als er selbst denkt. Der Bergsteiger Reinhold Messner, der sich auf Achttausendern zu Hause fühlt, wird bewundert, manche halten ihn für verrückt, manche für krank, aber nur er weiß wirklich, was er da oben erlebt und welche Erfahrungen er in dieser Höhe gemacht hat. Deshalb wird er sich wohl kaum davon abbringen lassen, den nächsten zu besteigen, falls dann noch einer übrig ist, den er nicht kennt. Eines ist sicher, er wird von den meisten nie verstanden werden. Ebenso sicher ist, daß es eher einem Känguruh gelingt, in den eigenen Beutel zu hüpfen, als daß ein Durchschnittlicher je in der Lage wäre, die Höhen menschlicher Möglichkeiten zu erklimmen.

Im Zeitalter der Massen und des Durchschnitts ist es nicht leicht, den Mut aufzubringen, in neues Land vorzustoßen. Genauso ist es mit dem menschlichen Denken. Wenn wir nicht bereit sind, auch andere Denkmuster anzunehmen und auszuprobieren, so wird unser Horizont eben entsprechend beschränkt sein.

Max Planck soll einmal gesagt haben, neue Erkenntnisse setzten sich nicht durch, weil die Wissenschaftler sie anerkennen, sondern weil die Alten wegsterben und die Jungen schon damit aufwachsen.

Ein großer Teil der Menschen arbeitet im Umgang mit Neuem nach einem bewährten Muster. Wenn man zu träge ist, aus dem Schlamm zu steigen, so muß man alle davon überzeugen, daß es im Schlamm schön ist. Wenn das nicht hilft, muß man entweder ein Gesetz erlassen, das es verbietet, aus dem Schlamm zu steigen, und die Verwegenen bekämpfen oder wenigstens diffamieren bzw. kriminalisieren. Wen wundert es da, daß viele Pioniere und Mutige nur noch Verachtung für die Zurückgebliebenen übrig haben und Kontakte auf das Minimum beschränken, daß sie die Masse als einen Kindergarten betrachten und für ihre Mitmenschen im positiven Falle nicht mehr als liebende Nachsicht aufbringen. In einer Zeit, in der Menschen, die die Raffgier, die Täuschung, das Streben nach Macht und Reichtum als ihr Ziel ansehen, es schaffen, an der Spitze zu stehen, und als Vorbild gelten, ist jeder zu begrüßen, der es trotzdem schafft, seinen Traum, seine Vorstellung konsequent zu verwirklichen. Deshalb betrachtet der Vatan den Menschen nach seiner Originalität und seinem Mut, die bequeme Herde zu verlassen.

Ein Vatani wird niemanden aus dem Schlamm ziehen, wohl wissend, daß, wenn er ihn losläßt, dieser sofort wieder in den Schlamm zurückkriecht. Er wird jedoch die kleinste Regung und den kleinsten Versuch in die richtige Richtung mit allen Kräften unterstützen.

Die einseitige Betonung des analytischen Denkens hat unsere Zivilisation beinahe an den Rand des Abgrundes gebracht. Interessant ist nun, daß im Mentalkörper eines analytisch denkenden Menschen selbstverständlich auch die Möglichkeit vorhanden ist, synthetisch und analog zu denken. Da er diese Möglichkeiten bewußt nicht ausnutzt, entsteht eine Disharmonie. Der mentale Körper versucht immer wieder, einen Ausgleich zu schaffen. Dabei tritt ein sehr interessantes Phänomen zutage.

Ein derart rational denkender Mensch ist viel anfälliger für die Irrationalität, als er von sich glaubt. Instinktiv weiß er dies auch. Um nicht in ein großes Loch zu fallen, versuchen manche, alles, was auch nur ein Minimum aus ihrer Denkrichtung fallen würde, strikt abzulehnen. Andere wiederum gehen heimlich mit hochgeschlagenem Mantelkragen bei Nacht und Nebel zu ihrer Wahrsagerin. Wieder andere machen die Flucht nach vorn und gehen mit ihrem ganzen wissenschaftlichen Instrumentarium daran, einen Spukfall aufzuklären, um sich dann unter Umständen fürchterlich zu blamieren, weil der ganze Fall einfach doch nicht richtig faßbar ist. Die Gefahr, daß so jemand durch einen Schwindel hereingelegt wird, ist viel größer als bei einem Menschen mit einem unverbildeten Verstande. Die drei Möglichkeiten zu denken sollten normalerweise zusammenarbeiten. Statt dessen finden wir meist folgendes vor. Zwischen dem analytischen Denkprinzip und den beiden anderen Möglichkeiten befindet sich ein Riesenabgrund, über den eine Brücke zu schlagen kaum möglich ist. Manche Wissenschaftler flüchten sich hier unter Umständen in die unkritische Gläubigkeit einer Religionsgemeinschaft. Damit wahren sie ihr Gesicht, denn viele Kollegen tun dies ja auch, ohne daß sie schief angesehen werden. Daß diese Gläubigkeit wieder im Gegensatz zu ihrem rationalen Denken steht, überwinden sie dadurch, daß sie für sich feststellen, der Mensch müsse ja an etwas glauben, um sein inneres Gleichgewicht zu halten. Ja sie kokettieren manchmal etwas damit und verstehen das Ganze als eine Art Gläubigkeit unter Vorbehalt. Ihr rationaler Verstand weiß, daß es eine Jungfrauengeburt medizinisch nicht geben kann. Trotzdem akzeptieren sie ein derartiges Dogma, weil es eben zur Religion gehört.

Im Vatan nennt man dies das sogenannte »Blackbox-Denken«. Darunter versteht man einen Menschen, der eine Schachtel vor sich hat, glaubt, daß etwas Hohes darin sei, mit dem Gedachten, was darin ist, einen Kult treibt, sich aber hütet, die Schachtel zu öffnen, weil man dann ganz real wahrnehmen kann, daß sie leer ist. Damit wäre der ganze Zauber vorbei. Man kann es auch als eine Art Tanz um ein goldenes Kalb bezeichnen. Wehe, wenn das Gänseblümchen entblättert wird, dann kann es passieren, daß diese irrationale, übersinnliche Stütze in sich zusammenfällt. Dies und noch viel mehr spielt sich heimlich im

Mentalkörper vieler ach so rational denkender Wissenschaftler ab. Sie können schlecht und recht damit leben. Wie schon angeführt, ist man in so einem Falle außerordentlich anfällig, auf Täuschung und Schwindel hereinzufallen. Alle Menschen, deren Denkprinzip einseitig benutzt wird, also auch die so nüchtern und pragmatisch denkenden Manager, führen sehr oft eine Art Doppelleben. Niemand darf wissen, daß sie heimlich in einer abstrusen Loge seltsame Rituale zelebrieren. Wenn »der Mann auf der Straße«, dem man vorspielt, nüchtern und rational seine Entscheidungen zu treffen, die ihn sehr wohl tangieren können, wüßte, auf welcher Basis solche Entscheidungen manchmal zustande kommen, würde er die Hände über dem Kopfe zusammenschlagen – und dies sowohl in der Politik als auch in der Wirtschaft oder der Wissenschaft, ganz zu schweigen von der Religion. Die folgenden Beispiele sollen einmal die Anfälligkeit einseitig rational denkender Menschen verdeutlichen.

Der Verfasser hatte längere Zeit seinen Mittagsstammtisch in einem Café neben einer deutschen Universität. An diesem Tisch waren auch zwei Professoren und ein Dozent für Philosophie. Man kannte sich schon längere Zeit und sprach auch oft über parapsychologische Phänomene.

Ein beliebtes Spiel ging folgendermaßen. Die Philosophen nannten dem Verfasser die Namen einiger, z. B. französischer, Philosophen aus dem 19. oder 18. Jahrhundert. Der Verfasser sagte ihnen dann, obwohl er noch nie von diesen gehört hatte – nur anhand ihrer Namen aufgrund der Lautzusammenstellung und ihrer ursprachlichen Entsprechung –, welches Feedback dieser Namen auf den Besitzer hat und welche Philosophie er daraus auf der Basis seiner Persönlichkeit entwickeln müßte. Die Verblüffung war stets sehr groß. Da der Verfasser seine Vorgehensweise und Schlüsse immer kommentierte und klar sagte, wie er zu seinen Aussagen kam, hätte man alles dabei belassen können. Der Verfasser ließ nie einen Zweifel daran, daß jeder Mensch, der den Schlüssel kannte, mit etwas Übung dies lernen und ebenfalls zustande bringen würde. Statt sich nun für den Schlüssel und die Methode zu interessieren, war man sich in den wissenschaftlich gebildeten Gehirnen einig, daß so etwas nicht lernbar wäre, sondern der Verfasser mittels telepathischer Fähigkeiten in ihren Gehirnen die Antwort fand. Man weigerte sich strikt dagegen, sich rational mit etwas scheinbar Irrationalem zu befassen. Lieber nahm man die noch irrationalere Möglichkeit der Telepathie als gegeben an. Man war einfach nicht bereit zu akzeptieren, daß so etwas für einen normalen Menschen, der das Alphabet kennt, ganz einfach zu erlernen war. Daß dazu nicht die geringste okkulte Fähigkeit notwendig war.

Im zweiten Beispiel geht es um einen Doktor der Philosophie, der sein Psychologiestudium mit Erfolg beendet hatte und es wagte, sich mit der Parapsychologie zu beschäftigen. Dies hätte er nicht tun sollen. Er wurde von da an öffentlich von seinen Kollegen ganz einfach geschnitten.

Heimlich sprach man schon mit ihm, aber öffentlich war es klar, daß er bereits ausgeflippt war, bevor er auch nur eine wissenschaftliche Laufbahn begonnen hatte. Da es sich dieser Psychologe finanziell leisten konnte, trieb er von nun an seine Studien privat weiter. Er traf sich mit Okkultisten und Medien und machte seine Feldstudien. Ab und an veranstaltete er eine spiritistische Sitzung, zu der er regelmäßig neben anderen Leuten auch ehemalige Studienkollegen einlud, die seinem Ruf gerne Folge leisteten. Man hatte ja seinen Spaß und konnte später im wissenschaftlichen Kreise wieder erzählen, mit welch seltsamen Dingen sich der ausgeflippte Doktor beschäftigte. So fand der Verfasser ebenfalls einmal eine Einladung in eine spiritistische Sitzung vor, der er gerne aus Neugierde Folge leistete. Man kam also in der Privatwohnung an, machte sich bekannt. Unter den Anwesenden war ein Mann, der als Broker an der Börse arbeitete. Dann war da ein Exil-Ungar, einige weitere Personen und zwei Physiker des Kernforschungszentrums am Rande der Stadt. Alle waren gespannt, was kommen würde. Endlich wurde das Medium hereingeführt. Es handelte sich um eine liebenswürdige alte Dame, die jedoch einen körperlich etwas schwachen Eindruck machte. Im genauen Gegensatz dazu war ihre Betreuerin. Sie trat wie ein weiblicher General auf und sprühte vor Lebenskraft. Das Medium nahm Platz, und die Sitzung konnte beginnen. Man muß hier betonen, daß das Medium die Personen im Raume weder kannte noch ihre Namen wußte, noch den Beruf. Nun fiel sie in Trance, was so aussah, daß sie die Augen schloß und den Kopf etwas senkte.

Als erstes meldete sich ein Geistwesen namens Albert, der uns mittels der Stimme allerlei kindliche Ratschläge erteilte, wie unsere verkorkste Welt noch zu retten sei. Wenn wir mehr beten würden, wäre alles wieder gut usw. Seine Durchgaben durch das Medium waren jedenfalls stark religiös geprägt.

Ein weiterer Geist, der den Allerweltsnamen Fritz trug, zeigte uns seine Fähigkeit der Allwissenheit, indem er jedem der Anwesenden seinen Charakter vortrug. Natürlich waren die Aussagen wie meist in solchen Fällen entsprechend präzise – in dem Stil wie: »Sie versuchen, aus allem das Beste zu machen, was Ihnen jedoch nicht immer gelingt. Wenn Sie mehr Ausdauer hätten, würde es ihnen viel besser gehen …!« Na ja. So nahm die Sitzung ihren Lauf. So langsam machte sich eine gelinde Unzufriedenheit breit. Doch da geschah der erste Knall. Nachdem fast alle Personen von Fritz ihre Ratschläge bekommen hatten, kam die Reihe auch an die Betreuerin. Hier wurde besagter Fritz sehr ungehalten und sagte: »Und du, meine Liebe, du bist eine ganz große Nutte!« Totenstille im Raume. Nach einigen Augenblicken schreckte das Medium auf und fragte: »Was ist los, war etwas?« Niemand traute sich, etwas zu sagen, die Situation war sehr peinlich. Der Mann aus Ungarn rettete die Situation, indem er vorschlug, ob sich eventuell einmal ein anderer Geist melden würde und nicht immer Albert und Fritz. Das Medium und alle waren froh. Sie fiel wieder in Trance. Und wie es der Zufall so will, meldete sich Janosch, ein ungarischer Bauer, der vor etwa zehn Jahren verstorben war. Das gab er wenigstens an. Der Exil-Ungar witterte sofort Morgenluft und bombardierte den Janosch aus dem Jenseits mit sehr detaillierten Fragen. Janosch versuchte die Beantwortung, scheiterte jedoch schon an der Frage, wo in Ungarn er denn gelebt hätte. Als dann die Fragen in ungarischer Sprache gestellt wurden, war alles aus. Das Medium wachte auf einmal auf und sagte, die Verbindung wäre unterbrochen. Damit war die Sitzung dann zu Ende.

Man verabschiedete sich, und wie so oft stand man noch in kleinen Gruppen auf der Straße und zog ein Resümee, selbstverständlich ohne das Medium und seine Betreuerin. Einige der Personen waren scheinbar fleißige Besucher von spiritistischen Sitzungen. Man war sich einig, daß die beiden alten Damen versucht hatten, uns zu verschaukeln. Niemand war jedoch böse, sondern es war trotzdem ein gelungener Abend. Es wurde auch die Meinung geäußert, daß es auf jeden Fall besser sei, wenn die beiden sich auf diese Weise noch ein Zubrot zu ihrer Rente verdienten, als in einem Altersheim auf den Tod zu warten oder sonst in irgendeiner Form abgeschoben zu werden, wie es in unserer Gesellschaft so üblich ist. Daß sie sich nicht recht grün waren und das Medium seine scheinbare Trance dazu benutzte, der dominanten Betreuerin manchmal die Meinung zu sagen, fanden fast alle sehr amüsant. Das interessanteste jedoch war, daß alle sich darüber im klaren waren, daß es sich um keine Durchsagen aus dem Jenseits handelte, außer den beiden wissenschaftlich geschulten Physikern aus dem besagten Kernforschungszentrum. Sie waren für kein Detail und kein Indiz unseres Mißtrauens ansprechbar und außerordentlich beeindruckt von der ganzen Sitzung. Der Broker von der Börse, der anfangs noch etwas schwankte, schlug sich dann auch auf die »wissenschaftliche Seite«. Es war den anderen Beteiligten nicht möglich, ihnen klarzumachen, daß man keiner echten spiritistischen Sitzung beigewohnt hatte.

Hier noch ein drittes kleines Beispiel: Auf einer Party trat ein Hypnotiseur auf. Er machte mit diversen anwesenden Damen seine unterhaltsamen Späße in Hypnose. Ein junger Mediziner, der, als er ankam, zwei schöne Blondinen mitbrachte, brach mitten in der Vorführung in infantiles Gekicher aus und taumelte, wirres Zeug redend, auf die Straße, so daß er vom Gastgeber nach Hause gefahren werden mußte. Seine beiden Begleiterinnen hatte er ganz vergessen. Am nächsten Tag darauf angesprochen, konnte er sich nur noch daran erinnern, wie er auf die

Party kam, sonst an nichts. Da er nur alkoholfreie Säfte getrunken hatte, konnte es auch nicht am Alkohol liegen. Hier haben wir ein Phänomen, das oft vorkommt, wenn ein Mensch mit einem sogenannten stabilen Weltbild mit etwas konfrontiert wird, das er nicht mehr einordnen kann. Wenn es ihm nicht langsam beigebracht wird, kann dies zu einem mentalen Zusammenbruch führen. Dies ist auch der Grund, warum mancher Weiser, sofern er natürlich in der Lage wäre dazu, sich strikt weigert, in der Öffentlichkeit zur Befriedigung der Neugierde Wunder zu wirken. Dies käme einem chirurgischen Eingriff in die Psyche von Menschen gleich, die sich nicht wehren können.

Einseitiges Denken treibt sonderbare Blüten. Einige Wissenschaftler stellen fest, daß in einer Nebelkammer die Teilchen verschieden reagieren, je nachdem, wer das Experiment ausführt. Wieder andere stellen fest, daß ein Teilchen, je öfter es mit einem anderen zusammenstößt, immer mehr lernt, den anderen auszuweichen. Sie kommen zu dem Schlusse, daß Teilchen eine gewisse Intelligenz nicht abzusprechen ist. Esoteriker behaupten dies schon seit Tausenden von Jahren, aber niemand hört auf sie.

So ist es sinnlos für den Okkultisten oder Esoteriker, im wissenschaftlichen Lager Hilfe zu suchen, um Phänomene besser zu erforschen. Er stößt zumeist genauso auf Ablehnung und Unverständnis wie der Wissenschaftler dann bei den Esoterikern. Interessant würde es erst, wenn sich zwei Einäugige zusammentäten. Sie könnten sich gegenseitig unterstützen. Noch besser wäre es, wenn jede Seite sich bemühte, die jeweils andere besser zu verstehen. Aber dazu müßten viele Okkultisten lernen, rationaler und analytischer zu denken, und die Wissenschaftler müßten das synthetische und analoge Denken lernen und pflegen. So kann man nur feststellen:

»Sie können zusammen nicht kommen, denn das Wasser ist viel zu tief!«

KAPITEL 9

AUF DEN SPUREN DES VATAN

Die Kultur der Hyperboreer

Der Vatan, wie wir ihn in diesem Buch beschrieben haben, ist der Kern der Urreligion aller nordischen Völker. Dies zu beweisen ist nicht sehr schwer. Normalerweise bezeichnet man Griechenland als die Wiege der europäischen Kultur und des Geisteslebens. Kilometerlange Reihen von vortrefflichen Werken beweisen und unterbauen dies. Selbst dem einfachen Menschen sind Namen wie Pythagoras, Sokrates oder Plato ein Begriff. Die griechischen Philosophen bilden an den europäischen Universitäten das Rückgrat und den Kern aller späteren Philosophien. Kurz gesagt, wer in der Philosophie glaubte oder glaubt, etwas zu sagen zu haben, kommt an den Griechen nicht vorbei, ganz gleich, ob er nun in dieselbe Richtung denkt oder aber in die entgegengesetzte. Immer muß er sich mit den Griechen auseinandersetzen.

Was aber verschweigt man doch alles in beinahe perfekter Weise, so daß man geradezu in den alten Quellen suchen muß, weil kein Philosophieprofessor es überhaupt für nötig hält, sich damit zu beschäftigen. Ja, lange Zeit war es geradezu ein Sakrileg, sich auch nur mit etwas anderem zu beschäftigen als mit diesen Quellen, aus denen man zu beweisen versuchte, daß die Wiege der Menschheit und erst recht die Wiege ihrer Kultur im Vorderen Orient zu finden sei.

Wenden wir uns jedoch lieber ab von der gelehrten Heuchelei und sehen wir, was die antiken Schriftsteller, Geographen und Philosophen dazu zu sagen haben. Auch wenn wir uns dabei ausschließlich im Bereich von Mythen und Sagen bewegen, können wir ihnen eher trauen als manchem europäischen Geschichtsprofessor der Vergangenheit und auch noch der Gegenwart. Wie ehrlich diese antiken Zeugen sind, beweist schon die Beschreibung von Homers Troja. Heinrich Schliemann hätte Troja nie gefunden, wenn er den wissenschaftlichen Koryphäen seiner Zeit geglaubt hätte. Und man glaubt es kaum, sogar noch heute gibt es immer wieder Diskussionen in den wissenschaftlichen Publikationen, ob die Schliemann-Funde nun echt sind oder nicht, weil nicht sein kann, was nicht sein darf. So wird in bestimmten Bereichen gerade von denen, die stetig behaupten, der Wahrheit zu dienen, die Wahrheit im Stich gelassen. Seien wir einmal ganz ehrlich. Haben wir schon einmal etwas von Hyperborea gehört? Wurde dieses Wort in der Schule auch nur einmal erwähnt? Wenn Ihnen Hyperborea bekannt ist, so haben Sie sich diese Kenntnisse gewiß aus esoterischen Werken geholt, in denen man sich mit versunkenen Kontinenten wie Gondwana, Mu bzw. Lemuria oder Atlantis beschäftigt. Sie haben eventuell auch Bücher von Däniken oder Charroux gelesen. Alles Quellen, die von der wahrheitsliebenden Wissenschaft mit Erfolg in die pseudo-wissenschaftliche Ecke gedrängt werden.

Aber kommen wir nun endlich zu den Griechen: Fast alle antiken Schriftsteller behaupten einmütig, daß die Wiege ihrer eigenen Kultur im hohen Norden zu suchen sei. Dort im Norden, hinter dem Nordwind, dem Boreas, soll ein Volk gelebt haben, das die griechischen Weisen selbst als das weiseste Volk der Erde bezeichneten. Sie nannten dieses Volk die Hyperboreer.

Plinius der Ältere berichtet uns, hinter den Rhipäischen Bergen im Norden wohnte ein Volk, die Hyperboreer. Sie kannten einen Tag, der sechs Monate dauerte, und bei ihnen befand sich die Angel (Erdachse) der Welt. Es ist ein Land mit Schnee, Nebel und einer schrecklichen Kälte. Dort gibt es eine Nacht, die wie der Tag sechs Monate dauert. Plinius schließt mit den Worten: An der Existenz dieser Rasse ist nicht zu zweifeln! Dies wird von Pomponius Mela, dem Geographen, bestätigt: Hinter den Rhipäischen Bergen findet man die Hyperboreer, gerade unter dem Angelpunkt des Himmelsgewölbes. Das gleiche behauptet der Astronom, Mathematiker und Geograph Ptolemäus. Dem berühmten Herodot verdanken wir die klare Aussage, daß die griechischen Mythen weder von Delphi noch von Delos kommen, sondern von den Hyperboreern. Cicero sagt dazu, Apollo, Sohn des Jupiter und der Leto, komme von den Hyperboreern nach Delphi. Pausanias erwähnt folgendes: Das Orakel von Delphi wurde für den Gott Apollo von Männern gegründet, die aus Hyperborea gekommen waren, und dieser Gott war der erste, der in Hexametern sang! Der lateinische Dichter Claudianus sagt in einem seiner Verse: »Wenn der schöne Apoll in Hyperborea seine Altäre besucht und in Delphi alles ruht ...« Was für Namen sollen wir hier noch erwähnen – Plutarch, Plato, Dionysios oder Pindar, Aischylos, Hekatäus von Milet usw., usf. Sie alle lassen keinen Zweifel daran, daß Griechenland von Hyperborea seine Kultur, seine Kunst und seine Wissenschaft bekam. In den Quellen wird dies manchmal so beiläufig erwähnt, als ob es ja sowieso alle wüßten. Wer sich darüber mehr informieren will, der möge das aufschlußreiche kleine Werk »Das Geheimnis der Hyperboreer«[22] von Wendt lesen.

Was gibt es für einen weltgeschichtlichen Grund, die Existenz Hyperboreas mit solcher Perfektion wissenschaftlich zu verschweigen? Welcher Grund steckt dahinter, antike Zeugen, auf die man sonst so große Stücke hält, gerade in diesem Punkt zu verschweigen? Wo sind die großen Wissenschaftler, die ohne Rücksicht auf ihre Kollegen oder irgendwelche Interessen wirklich Wissenschaft betreiben, um der Wahrheit zu dienen? Was sind das für Menschen, die bewußt die Weltgeschichte so hindrehen, wie es gerade opportun ist?

Die Menschheit hat in Tausenden von Jahren immer noch nicht begriffen, was Wahrheit in Wirklichkeit darstellt. Ein reales Geschehen, an dem Menschen beteiligt sind oder das Menschen mit ihren physischen und den inneren Körpern einschließlich der Seele wahrgenommen haben, wird als wahr betrachtet. So eine Wahrheit wird mit all ihren Eindrücken und Zusammenhängen im Lebensbaum auf dem Zentrum 4 gespeichert, und dies ohne Wenn und Aber. Eine derartige Wahrheit, an der ganze Völker beteiligt sind, stellt einen ungeheuren Kraftkomplex dar. Da die Informationen von allen Körpern jedes Beteiligten oder Wahrnehmenden hier zusammengefaßt sind, ist dieser Kraftkomplex so ungeheuerlich, daß man sich seine Größe kaum vorstellen kann. Es ist nun gleich, wie viele Tonnen Bücher mit der gegenteiligen Meinung oder einer Fälschung der Wahrheit über diesen Komplex gelegt werden, darunter steckt wie eine ungeheure Zeitbombe die absolute Wahrheit. Alles, was davon abweicht, wird nur mit einem

Teilaspekt der Energie als zusätzliche Meinungen oder Lügen darübergelegt und stellt nicht mehr als eine dünne Energiehaut dar.

Nun gibt es immer wieder Situationen, wo im Zentrum 4, dem Karmazentrum allen Lebens und aller Ebenen der Dualität darunter, diese dünne Haut durchbrochen wird. Dies kann in verhältnismäßig langen Zeiträumen geschehen. Wie ein Vulkan, der Jahrhunderte ruhig ist und plötzlich ausbricht, gibt es auch hier eine Energieeruption. Dies geschieht dann meist bei ungeheuren Massen von Menschen. Ganze Völker können diesen Ausbruch zu spüren bekommen. Da niemand so recht weiß, was hier geschieht, sprechen wir dann möglicherweise von einem Schicksalsschlag. Die Auslösung muß nach den Gesetzen der Schöpfung irgendwann erfolgen, denn die Schöpfung versucht, wenn eine bestimmte Grenze der Harmonieabweichung überschritten wird, die Balance wieder herzustellen. Dies geschieht nicht mit einem Knall, und dann ist alles zu Ende, sondern in Pendelbewegungen: d. h. der erste Knall bringt das Pendel in eine Richtung, dann erfolgt eine Gegenreaktion, die jedoch schon schwächer ist als die erste Ursache. So eine Pendelbewegung kann sich über einige tausend Jahre hinziehen, bis sie ausgelaufen ist. Ob dies beim einzelnen Individuum, bei einer Gruppe, einem Volk, der ganzen Menschheit, einem Sonnensystem oder einer Galaxis geschieht, der Ablauf und die Gesetzmäßigkeiten sind immer die gleichen.

Kein Wesen der Schöpfung ist in der Lage, eine Disharmonie so auf Dauer aufrechtzuerhalten. Dies geht nur vorübergehend. Dann kommt die Wahrheit wieder hervor, und das meist an einer Stelle, an der man es am wenigsten vermutet hat. Ein schmerzhafter Prozeß, dem wir alle unterworfen sind, der sich über viele Inkarnationen hinziehen kann. Wer weiß bei einem Schicksalsschlag, wann er dafür eine Ursache, sprich Disharmonie, in seinen Kausalkörper gelegt hat? Ganz unwissend ist jedoch niemand. Wenn er in sich hineinhört, können zumindest Bruchstücke in sein Bewußtsein gebracht werden. Ob er diese allerdings in richtiger Weise erkennt, ist dann fraglich.

Nehmen wir als Beispiel einen Menschen, der ein Verbrechen begangen hat. Er wurde vom Gesetz nie betroffen. Sein weiteres Leben stellt er so um, damit er auch weiterhin über jeden Verdacht erhaben ist. Im Zentrum 4 seines Lebensbaumes hat er diesen speziellen Erlebniskomplex isoliert. Mit anderen Worten, er baut für die Zeit des Verbrechens ein neues Geschehnis mental auf und wird danach trachten, dies als die Wirklichkeit darzustellen. Man könnte es auch als Alibi bezeichnen. Dieses neue Muster, das ja bekanntlich nicht der Wahrheit entspricht, besteht aus Energie. Es ist gleichzeitig der Startpunkt für alles, was danach an Verhalten umgesetzt wird. Im Zentrum sitzt jedoch der wirkliche Energiekomplex wie ein Krebsgeschwür. Dieses wird auch noch laufend durch die Aufmerksamkeit, die immer wieder darauf gezogen wird, weiter genährt. Man hat ja Angst, daß doch noch die Wahrheit ans Licht kommt. Es entsteht so eine Batterie im Kausalkörper, die von sich aus wieder intelligent ist. Da sie isoliert ist, kann man auch sagen, es entsteht ein Dämon. So hat man jedenfalls in früheren Zeiten solche Energiebereiche genannt, wenn sie in einem inneren Körper steckten und trotzdem nicht in den normalen Energiekreislauf eingebunden waren. Dieser »Dämon« wird immer stärker, bis irgendwann das ganze Kartenhaus zusammenbricht. Man kann den ganzen Komplex auch mit in eine neue Inkarnation nehmen. Dort hat man wenigstens mental Ruhe, weil man sich nicht an sein früheres Verbrechen erinnert. Vorhanden ist der Komplex jedoch nach wie vor. Irgendwann wird sich dieses Geschwür öffnen, und das Individuum leidet darunter.

Zusammenfassend kann man sagen, daß gegen die Wahrheit nichts eine Chance hat. Sie kann nicht auf Dauer unterdrückt werden. Alle Bemühungen in dieser Richtung sind immer erfolglos und nur vorübergehend wirksam. Alle Motive, Tricks, Anstrengungen haben nur temporär Erfolg, der Ausgleich kommt wie ein Bumerang auf den wirklichen Urheber zurück. Deshalb ist es in der Regel gar nicht nötig, große Anstrengungen zu unternehmen, um eine Unwahrheit zu bekämpfen, sie bekämpft sich so perfekt selbst, daß, wer bei sich oder außerhalb so einen Vorgang ablaufen sieht, nur ehrfürchtig vor den göttlichen Gesetzen stehen kann. Dahinter steckt die Seele bzw. die göttliche Quelle, von der wir wissen, daß sie absolut neutral ist und das mit aller Konsequenz. Es ist direkt fabelhaft, mit was für Erfindungen der Mensch schon versucht hat, diesem Gesetz zu entgehen oder sich wenigstens vorübergehend Linderung zu verschaffen. Askese, Opferung, Rituale, Buße, um eine Unwahrheit gegenüber der Wahrheit zu stabilisieren, Geißelung, jede Art von Selbstkasteiung, freiwillige Armut und vieles andere. Auch die Beichte gehört hierher einschließlich der modernen Psychoanalyse.

Wirkliche Hilfe bietet nur eines, die Wahrheit auf den Tisch zu legen, dann löst sich jeder Komplex auf. Außerdem sollte man auf die göttliche Stimme, den Ton, hören, denn er ist der rote Faden, an dem wir uns aus solchen Dingen herausziehen können. Was natürlich mit einschließt, daß wir bis in den physischen Bereich all dies auch vertrauensvoll tun, was dann zur Herstellung des Gleichgewichts von innen kommt.

Die Existenz der Hyperboreer ist eine solche Wahrheit.

Dieses Volk gab es, und wir alle sind seine Nachkommen. Die gesamte weiße Rasse stammt von ihnen ab. Sie sind die Titanen, von denen viele Mythen berichten, und es ist keine Schande, diesen Ursprung anzuerkennen.

Die Eingeweihten der weißen, der roten, der schwarzen und der gelben Rasse wußten dies immer und wissen es heute noch. Im Vatan ist man nicht so sehr vergangenheitsbezogen, weil man weiß, daß sich das Rad der Zeit nicht zurückdrehen läßt. Deshalb sollten wir mehr auf das Jetzt und die Zukunft achten, denn heute legen wir die Ursache für die Zukunft. Was wir heute falsch machen, werden viele von uns in anderen Inkarnationen auszubaden haben, und dies mit absoluter Sicherheit.

Deshalb werden wir im folgenden Abschnitt mit einer gewissen Sorglosigkeit die Spuren aufzeigen, die der Vatan in der Geschichte hinterlassen hat. Dabei verwenden wir nur solche Zeugnisse, die auch dem Laien, wenn auch mit etwas Mühe, zur Verfügung stehen würden.

Vatan-Begriffe und Symbole in aller Welt

Kommen wir als erstes zu dem Wort Vatan. Da die Hyperboreer wirklich unsere Vorfahren sind, muß auch dieses hyperboreische Kunstwort immer noch in den verschiedenen Sprachen der Erde anzutreffen sein. Und dies ist auch tatsächlich der Fall. Wir führen hier allerdings nur wahllos einige Beispiele auf.

Das Wort Vatan ist ein Kunstwort. Es entstand aus dem nordischen Lebensbaum und ergibt dort die Rune Tyr. Das Wort und die daraus entstandenen Ableitungen sind in den Sprachen der Welt sehr verbreitet.

Im Sanskrit bedeutet Vatan soviel wie »Wort« oder »Stimme«. Es gehört in den gleichen Wortstamm wie das Wort *Veda* für Wissen und Überlieferungen. Auch das Sanskritwort Vidya für Wissenschaft hängt sprachwissenschaftlich damit zusammen.

Das Wort Wotan als Name des nordischen Göttervaters ist ein anderes Beispiel. Der Gott der alten Religion der Germanen ist laut den Überlieferungen der altisländischen *Edda* der Erfinder der Runen. Wotan gilt als die Personifizierung der Wissenschaft des Vatan. Seine Charakterzüge und all die Attribute, die ihm zugeschrieben werden, spiegeln die Achtung und die Anschauung, die das Volk von den Runenmeistern hatte.

Bei den Tamilen in Sri Lanka bedeutet das Wort *Wotan* »der Erleuchtete«. Wotan ist jedoch auch der Name des alten mexikanischen Gottes Quetzalcoatl, des Gottes Federschlange. Von ihm heißt es in der Überlieferung, daß er blond und bärtig war und eine weiße Hautfarbe hatte. Als die Spanier in Mittelamerika einfielen, glaubten viele der Eingeborenen zunächst, der Gott Wotan würde zurückkommen.

Nach dem französischen Sprachgelehrten Saint Ives d'Alveidre bedeutet der Watan eine Lautreihe, welche bei den Brahmanen als das älteste morphologische Alphabet der Welt angesehen wird. Es gilt als älter als die Buchstaben des Sanskrit.

In der türkischen Sprache bedeutet das Wort Vatan soviel wie »Heimat«. Dies ist nicht verwunderlich, da in alten Zeiten der Vatan als die wahre Heimat der Seele galt. Zur Zeit der ersten angelsächsischen Könige im 9. Jahrhundert gab es in England den Witan, ein Beratergremium des Königs. Nicht vergessen dürfen wir die Vates, die laut Julius Cäsar den dritten Stand in der Hierarchie der gallischen Druiden darstellten. Was Cäsar nicht wissen konnte: Die Vates waren den Druiden übergeordnet. Sie stellten fast immer den Erzdruiden. Da sie jedoch – wie bei den Germanen die Vatanis – immer auf Wanderung und selten greifbar waren, kam Cäsar zu falschen Schlüssen. (Auch Wotan galt in der germanischen Spätzeit als Wanderer.) Worte wie das englische *Witch* für »Hexe« oder Wicca für die alte Religion der Hexen gehen auf den

Abb. 31: Symbole der Vatanis

Abb. 32a: Die ausgewogene Linie

Wortstamm zurück. Nicht vergessen dürfen wir in diesem Zusammenhang auch die deutschen Worte Wissen, Weisheit oder Wut. Ein Kuriosum ist, daß man annimmt, das Wort Satan für den christlichen Teufel sei aus dem arabischen Wort Sheitan und dem Wort Vatan entstanden. Dies ist sehr zu bezweifeln.

Aber nicht nur in den Sprachen der Welt, sondern auch in den alten Symbolen und Sinnzeichen kann man die Lehre des Vatan von China bis Südamerika leicht wiederfinden, wenn man weiß, worauf man achten muß, und die alte Vatan-Symbolik kennt.

Abb. 32b: Die nach oben ausgerichtete Lilie

Selbst in der Zeit der Verfolgung gelang es den Vatanis immer wieder, mit allerlei Symbolen in Europa auf sich aufmerksam zu machen (siehe Abb. 31). Das alte Zeichen für den nordischen Lebensbaum ist die heute bekannte heraldische Lilie. Sie ist immer noch, z. B. als Pfadfinderabzeichen, in Gebrauch. Die Lilie als Symbol des Vatan wurde ursprünglich nach oben und unten in ausgewogener Form gezeichnet (siehe Abb. 32 a).

Später jedoch ging man dazu über, den oberen, himmlischen Teil mehr zu betonen (siehe Abb. 32 b). In dieser Form ging dieses Symbol

Windrose
auf der Landkarte Diözese Paderbornensis in „Monumenta Paderbornensia" von Fürstbischof Ferdinand von Fürstenberg, 3. Ausgabe 1713 u. f. (1. Ausgabe 1669).

Abb. 33: Windrose mit Vatan-Symbol im Norden

in die Wappenkunde ein. Schon unter den merowingischen Königen verschwieg man die originale Abstammung dieses Symbols. Man behauptete, es würde eine stilisierte Biene darstellen. Als die ersten Land- und Seekarten gezeichnet wurden, setzte man, unbemerkt von der Kirche, diese Lilie oben auf die Windrose, um damit den Norden zu bezeichnen. Man wollte damit aber darauf aufmerksam machen, daß die aus dem Norden kommende Religion der Hyperboreer im Untergrund immer noch vorhanden war. Relativ spät bemerkte dies die Kirche. Nur war es da mit der Unterdrückung schon zu spät. Alle Welt bezeichnete nun den Norden mit dem alten Vatan-Symbol. Die Kirche zwang nun die Kartenmacher dazu, daß sie im Osten ein Kreuz für den christlichen Glauben einzeichneten. Sie taten dies, zeichneten das Kreuz im Osten jedoch viel kleiner als die Lilie im Norden (siehe Abb. 33). Es gibt in dieser Hinsicht noch Hunderte Beispiele für den Erfindungsreichtum der damals unterdrückten Religion. Solche Zeichen zeigten damals dem Kenner, daß die alte Religion im Untergrund immer noch vorhanden war. Seinerzeit waren solche Lebenszeichen blutiger Ernst, wenn man bedenkt, daß schon das Auffinden einer einzigen Rune bei einem Menschen seinen sicheren Tod bedeutete. Die Vatanis waren schon immer Meister darin, ihr Wissen vor den Profanen zu verstecken und trotzdem zu zeigen, daß man immer und überall präsent war.

Abbildung 34 zeigt einen alten griechischen Teller mit der Pythia des Orakels von Delphi. Dieses Orakel war ja eine genaue Kopie eines Orakels in Hyperborea. Uns interessiert jedoch nicht die Pythia auf dem Teller, sondern es geht um die zwölf kleinen Quadrate auf dem Rand des Tellers. Diese neunflächigen Quadrate stellen symbolisch das magische Quadrat des Saturn dar, wie wir es auch heute noch in der magischen Literatur finden. Gleichzeitig ist dieses Quadrat auch die Grundlage für ein altes chinesisches Orakelsystem. Wenn wir nun im Quadrat entlang der Zahlenreihe Linien ziehen, so erhalten wir auf diese Weise wieder den inneren Teil des nordischen Lebensbaumes (siehe Abb. 35).

Der Saturn hieß früher im Vatan Santor, die schwarze Sonne. Wir finden ihn auf Punkt 4 des Baums als sehr wichtiges Zentrum. Hier sind

Abb. 34: Das magische Quadrat auf einem Pythia-Teller

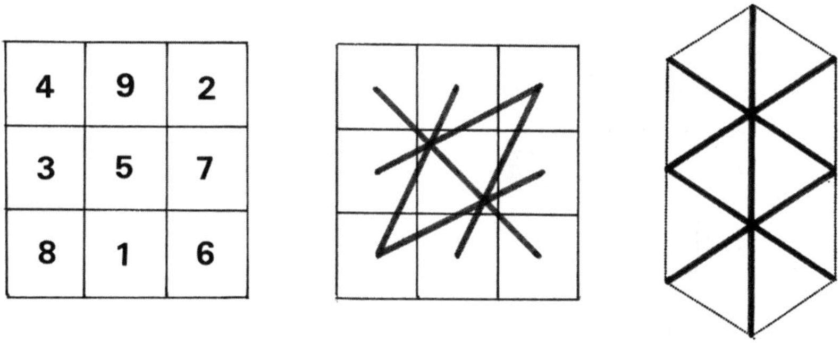

Abb. 35: Der Lebensbaum im magischen Quadrat

alle Abläufe der Schöpfung aus der Vergangenheit als Ursachen für die Zukunft gespeichert. Dort sind das Karmazentrum und der Urdbrunnen, an dem die Nornen den Faden des Schicksals spinnen, wie es in der *Edda* heißt. Auch das redende Haupt Mimirs finden wir auf diesem Zentrum.

Ein Ritualinstrument des tibetischen Tantrismus, der sogenannte Donnerkeil, auch Vajraszepter genannt, stellt gleichfalls den inneren Teil des Baumes dar, wie unschwer erkennbar ist. Dabei sind im Gegensatz zur Lilie die oberen und unteren Zentren zur 1 und zur 10 hin geführt (siehe Abb. 36).

Ein interessantes Beispiel zeigt der Adler der Deutschen. Wer hat sich schon einmal Gedanken darüber gemacht, warum die Heraldik den Adler in dieser seltsamen Weise darstellt (siehe Abb. 37)? In der Abbildung sehen wir zwei Adler. Sie sind mit der Jahreszahl 1300 datiert. Stilistisch wird wieder der nordische Lebensbaum dargestellt. Es handelt sich dabei um einen weiblichen und einen männlichen Adler. Ihre Köpfe wenden sie links, der weiblichen Seite, und rechts, der männlichen Seite des Baumes zu. Auf den Flügeln erkennen wir zehn Erhebungen und zehn Punkte. Außerdem hat jeder Adler zehn Federn, um so auf die zehn Schöpfungsprinzipien des Lebensbaums hinzuweisen. Ein sehr

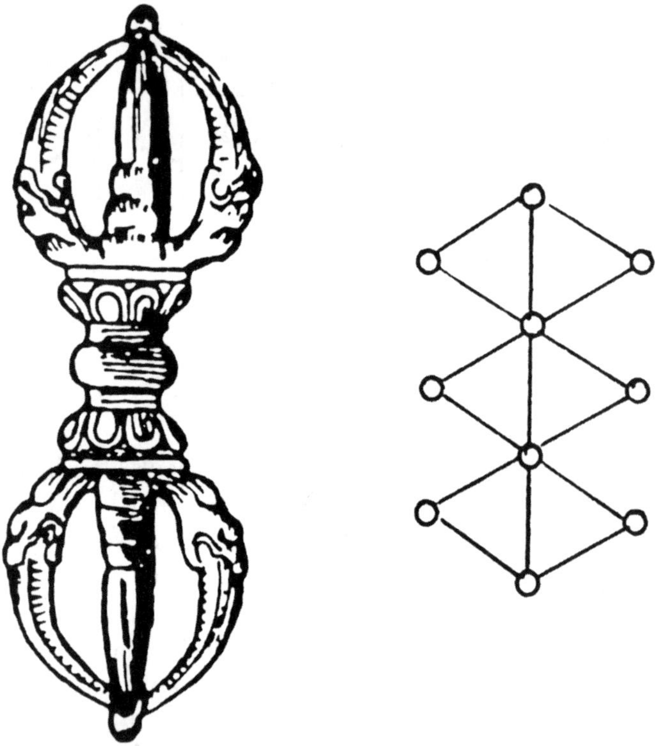

Abb. 36: Der Donnerkeil im Tantrismus

wichtiges Sinnbild, das wir bereits angesprochen haben, ist das alte germanische Symbol der Weltachse des Lebensbaumes. Die Sachsen nannten sie die Irminsul. Sie ist auf einem Relief auf den Externsteinen dargestellt (siehe Abb. 13 und 38). Die Irminsul wurde bei der Zwangsbekehrung und Unterwerfung der Sachsen durch Kaiser Karl den Großen zerstört. Auf den Externsteinen brachte man besagtes Relief an, worauf die Weltsäule gebeugt durch Christus dargestellt wird. Ursprünglich sah

Abb. 37: Das Adlersymbol auf der Grundlage des Lebensbaumes

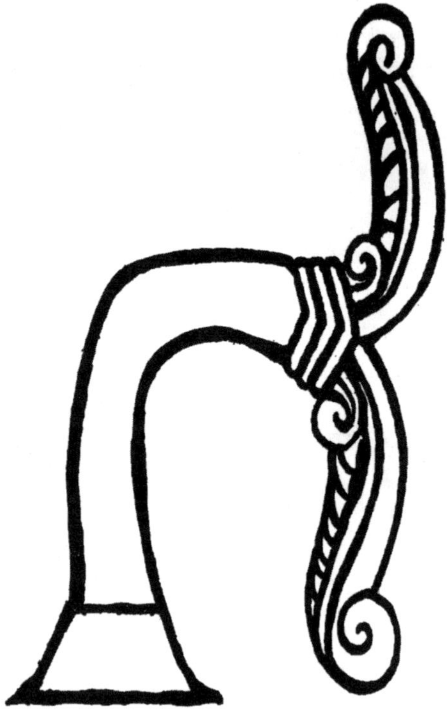

Abb. 38: Die niedergebeugte Irminsul

sie wie in Abbildung 13 aus. Die drei Winkel nach oben symbolisieren die drei Ur Runen, wie sie im Lebensbaum vorhanden sind. Über die Irminsul gibt es ein wichtiges kleines Werk von Ferdinand Seitz.[23]

Daß der Lebensbaum und die damit verbundene Weltanschauung nicht nur im Norden zu Hause war, zeigt die Abbildung 39 mit einem assyrischen Motiv. Hier sehen wir zwei geflügelte Wesen, die Früchte vom Lebensbaum pflücken.

Abb. 39: Drei Lebensbäume versinnbildlichen die Mehrdimensionalität der Schöpfung

Dabei finden wir drei Bäume übereinander dargestellt. Dies war oft so üblich, wenn man auf die Mehrdimensionalität der Schöpfung hinweisen wollte. Deutlich sind auf den Stämmen wieder die drei Ur Runen zu erkennen. In Abbildung 40 sehen wir das alte Wappen einer Familie von Kreutz. Dargestellt wird auf der Helmzier in liegender Form der untere Teil des Lebensbaumes als Tyrkreis, aus dem der obere Teil mit der Man-Rune wächst. Die Vatanis trugen als äußeres Zeichen ihrer Würde einen seltsamen Goldring. Geradezu wie ein Wunder mutet es an, daß 1839 in Pommern bei Köslin in der Nähe von Kolberg ein derartiger Ring gefunden wurde. Der Ring ist so geschliffen bzw. gegossen, daß zehn gleichmäßige Dreiecke entstehen. Wenn man ihn abrollte und

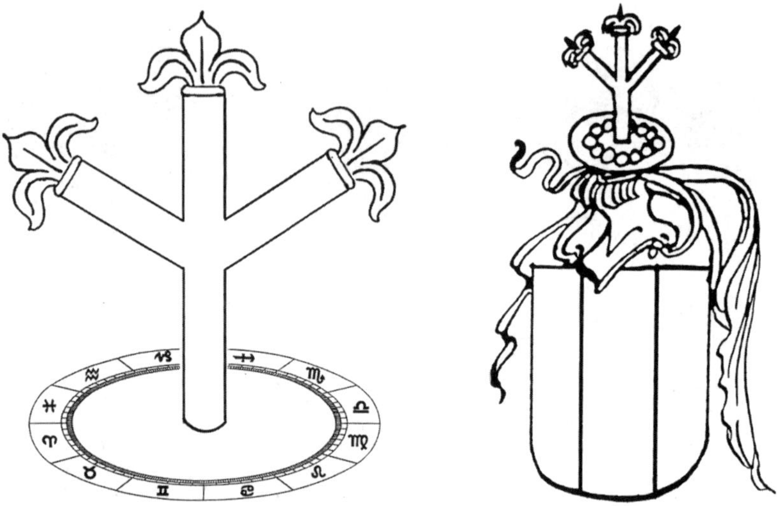

Abb. 40: Wappen mit Man-Rune und Tyrkreis

diese Dreiecke zusammenlegte, so würde man den nordischen Lebensbaum erhalten, aus dem alle bekannten Runen geschnitten werden können. Der Ring befand sich bis 1945 im Museum für Vor- und Frühgeschichte in Berlin. Nach dem Krieg verschwand er spurlos. Es ist gut, daß wenigstens genügend Abbildungen davon vorhanden sind, sonst würde man dieses einzigartige Zeugnis des Vatan sicher wieder wegdiskutieren (siehe Abb. 41).

In Florenz lebte einst die reiche Familie der Medici. Diese Familie hatte in der christlichen Zeit viel für die Lehre des Vatan übrig. Überhaupt war Florenz und mit dieser Stadt die ganze Toskana lange Zeit ein Unterschlupf für viele Verfolgte der Inquisition. Sogar das Wappen von Florenz zeigt noch die Lilie und damit den oberen Teil des Lebensbaumes. In China, dessen frühe Religion, der Taoismus, aus dem Vatan entstanden

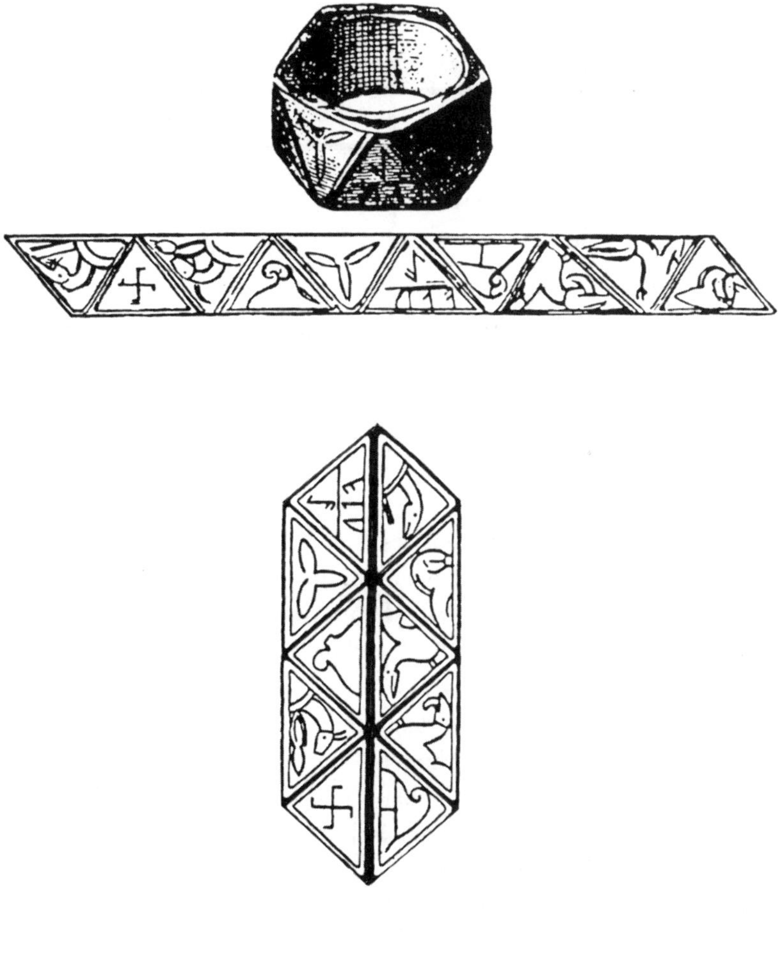

Abb. 41: Ein Vatani-Ring

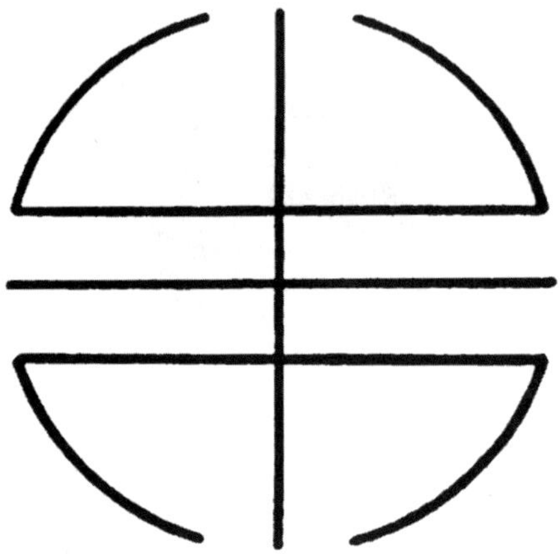

Abb. 42: Der innere Teil des Baumes im Taoismus

ist, stellte man den inneren Teil des Baumes in runder Form dar (siehe Abb. 42). In dieser Form finden wir den Baum noch als Glückszeichen auf den Tapeten in vielen chinesischen Restaurants vor.

Die wahre Bedeutung solcher Symbole geht sehr oft verloren, wie nachstehendes Beispiel zeigt.

Ein bekanntes Symbol aus dem alten Ägypten ist das sogenannte Horusauge. Es stellt, wie in Abbildung 43 a und b zu sehen ist, stilistisch den inneren Teil des menschlichen Gehirns dar. Das Argument, die Ägypter wußten nicht, wie das menschliche Gehirn aussah, klingt bei einem Volk, das bereits Operationen vornahm und hochentwickelte Einbalsamierungsmethoden entwickelte, nicht sehr überzeugend. Das Horusauge stellt das allsehende Auge dar, das dritte Auge, von dem man annahm, daß es mit der Zirbeldrüse zusammenhängen müsse.

Die Tendenz, in Indien das Heil zu suchen, hat bei vielen Menschen dazu geführt, daß sie inzwischen annehmen, Europa wäre in geistiger

Abb. 43a: Das Horusauge

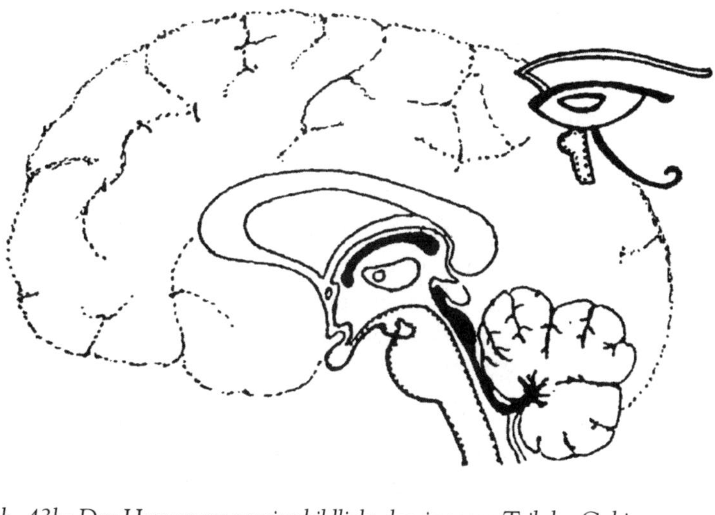

Abb. 43b: Das Horusauge versinnbildlicht den inneren Teil des Gehirns

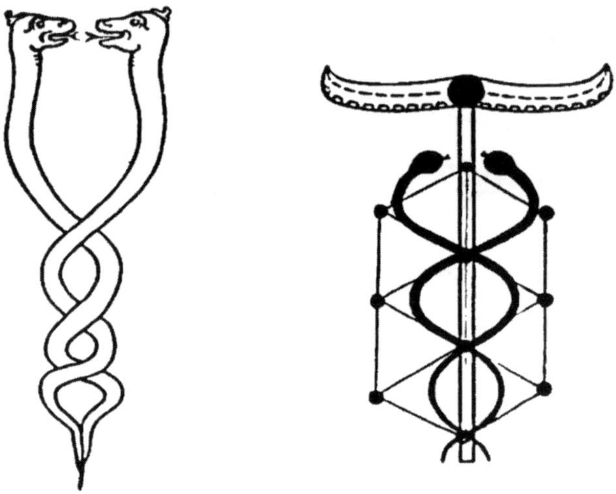

Abb. 44: Kundalini-Schlange und Äskulapstab gehen auf den Lebensbaum zurück

Hinsicht in der Vergangenheit Brachland gewesen und nur die Heilsbringer und Gurus aus dem Osten könnten dieses Defizit ausgleichen. Statt dessen haben wir wie unsere indischen Brüder und Schwestern durch die aus dem Norden eingewanderten Hyperboreer das gleiche Vatan-Wissen seit langer Zeit besessen. Einige Beispiele mögen hier genügen. Die Yogalehre von der Kundalini- bzw. Schlangenkraft ist fester Bestandteil des Vatan-Wissens. Die Symbolik der gewundenen Schlangen entstand aus dem nordischen Lebensbaum. Der Baum stand auch Pate beim Stab des Merkur und dem Stab des Äskulap (siehe Abb. 44).

Die sogenannten Yoga-Meditationsstellungen waren auch in Europa bekannt. So finden wir z. B. auf dem Zuber von Oseberg einen Meditierenden in der Lotosposition. Auch der in Frankreich gefundene Meditierende von Roquepertuse sitzt in der Lotosstellung. – Dabei wollen wir es belassen.

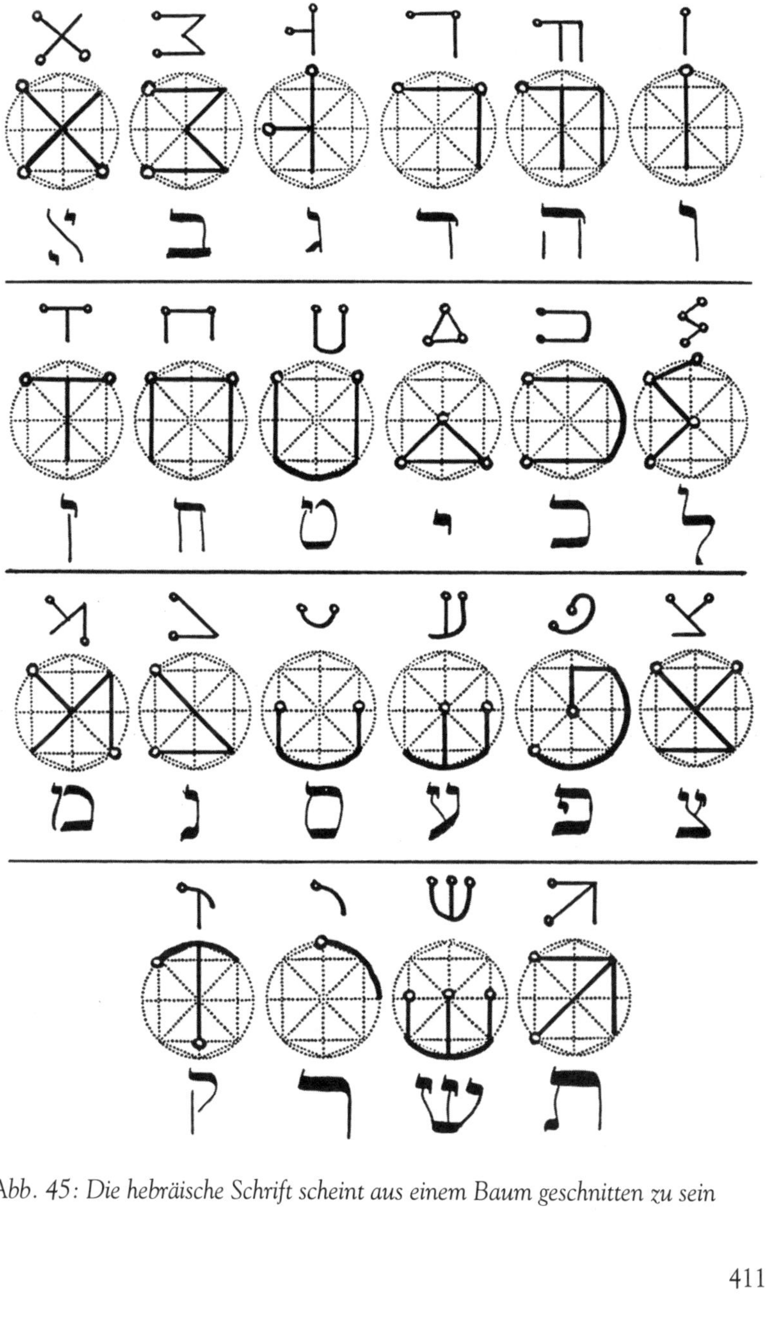

Abb. 45: Die hebräische Schrift scheint aus einem Baum geschnitten zu sein

Zum Abschluß noch ein heißes Eisen, welches anzufassen wir uns nicht verkneifen können. Einige Forscher nehmen an, auch wenn es manchem nicht gefällt, daß die Juden den wahren Lebensbaum bereits viel früher kannten. Wie bei den Buchstaben des Sanskrit und den Runen, so scheint auch die hebräische Schrift aus einem Baum geschnitten zu sein (siehe Abb. 45).

Wie so oft, wird etwas für lange Zeit unterdrückt und kommt dann auf Umwegen wieder zu einem zurück. Ohne zu wissen, warum, ist man dann davon so fasziniert, daß man sich wieder damit beschäftigen muß. Es gibt sogar Schriftsteller, die behaupten, daß die Juden bis zur Schriftreform eine Art Runen besessen haben. In dem interessanten Buch »Das Geheimnis der Goten«[24] von de Sede ist eine alte jüdische Münze, ein Schekel, mit einer Man-Rune und einer Runeninschrift abgebildet.

Es ist übrigens beinahe unwahrscheinlich, daß man im Dritten Reich nicht auch den Lebensbaum kannte. Zumindest Wiligut, Himmlers Genius in arischen Religionsfragen, scheint den nordischen Lebensbaum gekannt zu haben. Der italienische Baron Julius Evola kannte sich ebenfalls sehr gut im Vatan aus. Man kann sich den Schreck vorstellen, als sie herausfanden, daß die heiligen Runen der Germanen etwas mit der Kabbala, der Geheimlehre des den Nazis so verhaßten Volkes, zu tun haben sollen. Wahrscheinlich hat man, als man auf den ursprünglichen Lebensbaum kam, diesen wie eine heiße Kartoffel fallengelassen. Es hätte ja noch jemand auf die Idee kommen können, daß man eventuell ein Brudervolk verfolgt … Dies alles wäre gerade heute ein Grund mehr, daß die Wissenden beider Seiten sich endlich unvoreingenommen an einen Tisch setzen, bevor es wieder einmal zu spät ist.

ANHANG

Die Methodik des Lernens

Ein Mensch, der sich mit dem Vatan beschäftigt, sollte das ganze als eine Art Spiel betrachten. Er sollte sich also z. B. nicht vornehmen: »Jetzt lerne ich die Entsprechungen und Beziehungen des Lebensbaumes!«, sondern besser: »Jetzt spiele ich mal wieder mit dem Lebensbaum herum, weil ich gerade Lust dazu habe!« Dies bringt uns zu einigen Anmerkungen über die okkulten Lehrbücher, insbesondere solche, die uns lehren wollen, was magische Fähigkeiten sind und wie man diese entwickelt. In der magischen Literatur finden wir eine Unsumme von Übungen zur Entwicklung magischer Fähigkeiten. Jede dieser Übungen führt ohne Zweifel zum Erfolg, wenn man sie lange genug ausführt. Wir werden als Beispiel wahllos eines dieser Werke herausnehmen und besprechen, ob und wie es zum Erfolg führen kann. Als Beispiel haben wir das Werk »Bücher der praktischen Magie«[25] von H. E. Douval genommen. Dieses Werk drängt sich als Beispiel förmlich auf. Für alle, die es nicht kennen, sei hier gesagt, daß es sich um einen zwölfbändigen Lehrgang der praktischen Magie handelt. Es werden darin eigentlich alle in der Magie wichtigen Gebiete abgehandelt.

Nun, als erstes fällt einem die große Anzahl von Übungen auf. Wenn Sie diese Übungen alle absolvieren wollen, benötigen Sie dazu ohne Zweifel zehn bis fünfzehn Jahre. Wenn Sie vor dieser ganzen Arbeit stehen, drängt sich Ihnen als erstes der Eindruck auf: »O mein Gott, was muß man da alles lernen, wie soll ich das je schaffen? Werde ich das überhaupt durchhalten? Bin ich reif genug dafür …?« Doch nehmen wir einmal an, daß irgend jemand mit diesem pompösen Werk arbeitet, so wird er die ganze Zeit durch den riesigen Berg von Dingen und Fähigkeiten, die er noch nicht kann, am Boden gehalten. Wie eine Lawine hängt über ihm das beinahe unerreichbare Ziel. Dabei wird bei ihm kein Zweifel gelassen, daß, wenn er eine Fähigkeit nicht bewältigt, er eben dafür noch nicht reif genug sei.

Es besteht kein Zweifel, und das kann man hier offen sagen, daß der Verfasser in bezug auf pädagogische Fähigkeiten keine Ahnung hat. Wenn man die verschiedenen Funktionen des Mentalbereiches verstanden hat, müßte man aber eigentlich auch wissen, wie der Mensch etwas lernen bzw. eine Fähigkeit entwickeln kann, und man müßte auch den Unterschied zwischen dem Radfahren und dem Gedankenlesen kennen und dies entsprechend berücksichtigen. Wer dies nicht tut, der sollte die Finger davonlassen, ein Lehrwerk zu schreiben, denn er macht beim Menschen, der Magie studieren will, mehr kaputt als ganz. Für jemanden, der praktisch in der Magie arbeitet, drängt sich dabei sogar die Frage auf, ob dahinter wirkliche magische Erfahrung steht oder nur eine reichhaltige okkulte Bibliothek.

Eines ist auf jeden Fall sicher. Der Verfasser liebt den Menschen nicht. Er scheint kein großes Interesse daran zu haben, dem Menschen in seiner Entwicklung zu helfen.

Sie werden sicher so langsam den Eindruck bekommen, daß ich etwas gegen diesen Verfasser haben müsse. Dies ist nicht der Fall. Ich kenne ihn gar nicht und ziehe statt dessen den Hut vor seinem umfassenden theoretischen Wissen. Ich habe lediglich sein Werk kritisch betrachtet. Ich darf hier sagen, daß ich ebenso eine ganze Reihe anderer magischer Lehrwerke zu diesem Zweck hätte heranziehen können. Mir geht es lediglich darum, zu zeigen, welche Literatur förderlich ist und welche nicht.

Ich nenne Ihnen nachstehend einige Kriterien, anhand deren Sie selbst ein magisches Werk auf seine Brauchbarkeit testen können:

1. Kein Mensch ist unreif für die magische Entwicklung, sofern er daran interessiert ist.

2. Der Interessent kennt sein Leben und weiß, wo er herkommt und was ihm fehlt. Es besteht kein Grund, ihn laufend daran zu erinnern, wie unentwickelt er ist.

3. Ein guter Lehrer der Magie wird bald nach den ersten Stufen seines Lehrwerkes von dem Begriff Schüler auf den Begriff Magier umwechseln.

4. Es gibt in der Magie Dinge, die mit dem Verstand nicht erfaßbar sind. Es ist kaum möglich, darüber zu schreiben. Über alles andere jedoch sollte offen und detailliert Auskunft gegeben werden. Was mit dem Verstand erfaßt werden kann, darf beschrieben werden. Es gibt da keine Ausrede wie z. B.: »Darüber zu schreiben ist mir nicht gestattet!« Mit diesem Satz wird entweder Unkenntnis vertuscht oder noch höheres Wissen vorgetäuscht. Außerdem wird der Eindruck erweckt, man würde mit irgendwelchen hohen Eingeweihten in Verbindung stehen, was natürlich das eigene Image bzw. die eigene Autorität entsprechend stärkt.

5. Einen Verfasser oder Lehrer, der von sich in der Mehrzahl spricht, also von sich mit Ausdrücken wie »Wir haben festgestellt ...« redet, kann man – es sei denn, es handelt sich um ein Werk, das von zwei oder mehreren Autoren stammt – nur als lächerlich bezeichnen. Entweder er ist schon schizophren oder betrachtet sich selbst als Okkultpapst.

6. Wenn in einem Werk z. B. ein Satz steht wie »Mein Mentalkörper [oder Astralkörper] bewegte sich zur Zimmerdecke!«, dann ist der Verfasser mit Sicherheit noch niemals außerhalb des Körpers gewesen. Sie würden doch auch nicht schreiben: »Mein physischer Körper ging zum Bahnhof.« Ich frage dabei nur: Wo würden dann Sie selbst sich befinden? Jemand, der aus dem physischen Körper austritt, ist immer dort, wo sich auch sein Mental- bzw. Astralkörper befindet. Er würde also wahrheitsgetreu, wie er es empfunden hat, wie folgt schreiben: »Ich schwebte langsam zur Zimmerdecke!« Ähnlich ist es auch mit entsprechenden Übungen wie »Mein Mentalkörper löst sich vom physischen Körper!«, so etwas ist schlicht und einfach Blödsinn. Wo bleiben Sie dabei? Sind Sie noch im physischen Körper oder im Mentalkörper, oder sind Sie gar schon vorher herausgegangen und beobachten das ganze von außen?

Wir könnten so noch seitenlang weitermachen, aber Sie wissen wohl inzwischen, was gemeint ist. Ob jemand praktische Erfahrung hat, schlägt sich darin nieder, was er von sich gibt. Nur vom Praktiker können Sie in der Magie etwas lernen. Ein großer Teil der magischen Literatur besteht aus abgeschriebenen Fehlern aus dem Originalwerk eines Theoretikers, der auch schon nichts wußte. Es kann nicht oft genug wiederholt werden, daß der Magier keine neuen Fähigkeiten bei sich entwickelt. Alles ist als Anlage bei ihm schon vorhanden.

Man kann also nicht sagen, daß die Fähigkeit, Gedanken zu lesen, für ihn neu ist. Jeder Mensch kann mehr oder weniger Gedanken lesen, er hat bisher nur nicht darauf geachtet. Fast jeder Mensch geht irgendwann nachts während des Schlafes aus dem physischen Körper heraus, also ist das doch keine neue Fähigkeit!

Es gibt zwei Möglichkeiten, eine magische Fähigkeit zu entwickeln. (Beachten Sie dabei das Wort entwickeln. Einwickeln, auswickeln und entwickeln setzen voraus, daß schon etwas vorhanden ist. Also seien Sie sich darüber im klaren, daß alle Fähigkeiten schon vorhanden sind.) Die beiden Möglichkeiten bestehen darin, daß Sie:

1. die entwickelte Fähigkeit nach einer Beschreibung so lange mechanisch üben, bis dieses Idealziel erreicht ist, oder 2. so tun, als ob Sie die Fähigkeit bereits vollendet beherrschen, ihr dadurch verstärkt Energie zuführen, bis das ganze Wirklichkeit wird. Die beiden Entwicklungsmethoden werden auch als die Methode der Gewalt und die Methode der Liebe bezeichnet.

Die Methode der Gewalt arbeitet unter stetigem Druck. Man setzt seinen ganzen Willen ein. Man hat genaue Vorstellungen, was man erreichen will, und preßt und schiebt so lange, bis man es erreicht hat. Diese erste Möglichkeit finden wir meistens im Westen, wo man der Meinung ist, daß, wenn man etwas tut, auch ein Resultat herauskommen müsse. Dazu kommt noch zusätzlich die Auffassung, je mehr man etwas tue, um so mehr müsse auch herauskommen.

Die Methode der Liebe arbeitet ganz anders. Jede Fähigkeit wird wie eine Blume behandelt. Man schenkt ihr Aufmerksamkeit und damit Energie. An einer Blume können Sie zerren, wie Sie wollen, sie wächst nicht schneller. Ja unter Umständen wird sie dadurch zerstört. Sie können ihr aber Nahrung und Sonnenlicht geben und Wasser, dazu noch Liebe und Aufmerksamkeit. Dann wird sie sich optimal entwickeln.

Außerdem lassen Sie einer Blume doch die Freiheit, ihre Blätter und Blüten dort anzusetzen, wo es ihr gefällt. Dafür entfaltet sie auch ihre ganze Pracht.

Wenn Sie Ihre magische Persönlichkeit bzw. jede einzelne Fähigkeit wie eine Blume betrachteten, bräuchten Sie sich weder um Ihre Entwicklung an sich noch um eine sogenannte harmonische Entwicklung, noch um das magische Gleichgewicht große Sorgen zu machen.

Es besteht kein Zweifel, daß nur die letztere Methode in der Lage ist, eine individuelle magische Persönlichkeit hervorzubringen. Daß eine derartige Persönlichkeit sich kaum in das genormte Leben in einer Loge oder einem magischen Orden einfügen läßt, ist klar. Dazu ist sie viel zu sehr Individualist. Aus diesem Grunde empfehlen derartige Verbindungen fast immer die Methode der Gewalt. Dabei kann man diktieren, vorschreiben und nach Herzenslust unter Kontrolle halten.

Dabei bleiben alle, die nicht ganz so stark sind, auf der Strecke. Dieses Resultat wird damit begründet, daß die Magie nur eine Angelegenheit für starke Menschen sei und dadurch eine natürliche Auslese getroffen werde. Daß diese sogenannten starken Menschen nicht immer die feinfühligsten sind, ist offensichtlich. Sie sind kaum in der Lage, die Feinheiten der Magie zu erfassen. Wie Poltergeister bewegen sie sich mit finsterem Blick durch das Leben, immer bereit, einen vermeintlich magischen Angriff abzuwehren. Sie sind absolut humorlos und haben immer recht.

Wer es wagt, eine andere Meinung zu haben, ist automatisch ihr Gegner. Sie halten phantasielos, peinlich genau die Logen- oder Ordensregeln ein und machen bei einem Ritual, das man ihnen vorschreibt, keinen Fehler. Sie sind jedoch nicht in der Lage, sich selbst ein Ritual zusammenzustellen. Mit anderen Worten, man kann sich auf sie verlassen. Sie sind die geeigneten Befehlsempfänger. Sie haben sich aus der Abhängigkeit des normalen Lebens in die magische Abhängigkeit einer Loge begeben. Die Magie, richtig verstanden und im Menschen behutsam entwickelt, ist ein Weg zu mehr Freiheit. Dieser Weg muß weder durch Hindernisse noch durch Leiden hindurchgehen. Ein Magier lebt mit den Gesetzen, die er überall als wirksam sieht. Er weiß, daß diese ihm so viel Spielraum lassen, daß er gar nicht in der Lage ist, diesen ganz auszuschöpfen.

Wie keine Blume der anderen gleicht, so wird auch kein magischer Mensch einem anderen gleichen. Betrachten wir beispielsweise zwei Magier. Beide beherrschen die Fähigkeit, Gedanken zu lesen. Der eine empfängt seine Eindrücke in Form von Bildern. Der andere jedoch hat sowohl Bilder als auch Gefühlseindrücke und spürt diverses anderes beim Gedankenlesen. Wie ist ein derartiger Unterschied möglich? Er liegt darin begründet, daß der eine in seinen Übungen eine bestimmte Meinung hatte, was als Resultat herauskommen sollte, nämlich Bilder. Der andere achtet lediglich darauf, alle Eindrücke, die von einem anderen Menschen kommen, aufzunehmen. Die Unterschiede haben nicht das geringste mit dem sogenannten Reifegrad zu tun.

Das, was Sie bei einer Übung erwarten, das kommt, und zwar genau so, wie Sie es sich vorgestellt haben. Je universeller also Ihre Erwartungen sind, um so umfassender die Fähigkeit. Humor, beginnende künstlerische Fähigkeiten, Liebe zu Mensch, Tier und Pflanze, unauffälliges und natürliches Verhalten sind die wichtigsten Indikatoren für eine richtige und harmonische magische Entwicklung.

Drogen und Pflanzen

Drogen wurden in der Magie schon immer verwendet. Es bleibt – einmal abgesehen von den gesetzlichen Bestimmungen, nach denen in den meisten Staaten der Genuß von bestimmten Drogen unter Strafe gestellt ist -jedem selbst überlassen, ob er sich mit diesem Gebiet beschäftigen will. Grundlegend kann aber gesagt werden, daß immer abgewogen werden sollte, ob die erzielte Wirkung die immer auftretende physische Schädigung auch rechtfertigt. Es gibt nur wenige Drogen, die bei ihrem Gebrauch nicht auch schädigende Nebenwirkungen hervorbringen. Der Verfasser hat sich intensiv mit diesem Gebiet beschäftigt.

Er hält persönlich nichts davon, irgend etwas, was von Nutzen ist, zu verschweigen, kann aber mit gutem Gewissen sagen, daß der Gebrauch von Drogen im magischen Bereich nicht das hält, was er verspricht. Als beispielsweise die Droge LSD 25 entdeckt wurde, gab es in magischen Kreisen ein freudiges

Entzücken. Endlich war die magische Droge gefunden. Viele experimentierten damit unter den verschiedensten Bedingungen. Tatsache ist, daß LSD 25 die magische Wahrnehmungsfähigkeit für etwa acht bis zehn Stunden um ein Vielfaches erhöht. Tatsache ist aber auch, daß diese Droge die Wahrnehmungsfähigkeit plötzlich zuviel erhöht. Der reaktive Verstand ist dabei nicht mehr in der Lage, mit der Vielzahl an neuen Eindrücken sowohl von innen als auch von außen fertig zu werden. Dieser Teil des Verstandes, der auch die automatischen Funktionen des physischen Körpers steuert, versucht sich nun auf die neue Situation einzustellen. Er drosselt aus einer Art Notwehr heraus die Weiterleitung und die Verarbeitung dieser Eindrücke. Das Resultat ist dabei, daß der Experimentierende schon nach einigen Stunden annimmt, die Wirkung der Droge würde abnehmen. In Wahrheit ist dies jedoch nicht der Fall. Seine Wahrnehmungsfähigkeit wird immer mehr blockiert. Die Blockierung nimmt er auch noch mit ins normale Leben hinüber. Fast alle magischen Fähigkeiten, die er sich eventuell mit viel Mühe erarbeitet hat, sind wie weggeblasen. Es dauert durchschnittlich bis zu zwei Wochen, bis sich diese wieder einstellen.

Es ist nun die Frage, ob sich solch ein Versuch, der dem Magier zwar für einige Stunden ein um ein Vielfaches gesteigertes Bewußtsein bringt, dessen Ausmaß er aber weder einordnen noch ausnützen kann, bei diesen Nachwirkungen überhaupt lohnt. Dabei sind physische Langzeitschädigungen, die noch gar nicht erforscht sind, überhaupt noch nicht berücksichtigt. Dazu kommt, daß die Firma Sandoz in Basel, die diese Droge entdeckt hat, kein LSD 25 mehr herausgibt. Es ist also nur noch im Schwarzhandel zu bekommen. Dabei wird es von Personen mit mangelhaften Kenntnissen in geheimen privaten Labors hergestellt. Sehr oft werden, um die Menge zu erhöhen, von Händlern noch allerlei Zusätze, unter anderem auch Strychnin (Rattengift), beigefügt. Wenn man nun noch das gesetzliche Glatteis, auf das man sich beim Kauf oder beim Gebrauch begibt, bedenkt, wird jeder vernünftige Magier die Finger davon lassen. Ähnlich – in Variationen – ist es fast mit jeder bekannten magischen Droge. Jede Wirkung, die damit erreicht wird, ist nicht von Dauer.

Um sie wieder hervorzurufen, muß die Droge wieder genommen werden. Dabei erfolgt eine sowohl physische als auch emotionale und mentale Gewöhnung. Um die gleiche Wirkung zu erzielen, muß also die Dosis erhöht werden, womit auch die entsprechenden Risiken steigen. Tatsache ist, daß jede Wirkung, welche durch eine Droge erzielt werden kann, unter voller Kontrolle und ohne Gefahr mit entsprechenden magischen Übungen besser und dauerhaft hervorgerufen werden kann.

Dennoch hat man sich im Vatan lange Zeit mit Pflanzen beschäftigt, denn außer den Substanzen, die man zur Bewußtseinserweiterung verwenden kann, liefern sie auch Heilmittel, die man sich früher selbst herstellen mußte. Hier hat man vor allen Dingen die Spagyrik, die sogenannte Scheidekunst, angewandt, ein Verfahren, das Paracelsus in seinen Schriften ausführlich beschreibt. Gerade die Spagyrik wird vielfach auch heute noch praktiziert. Dabei geht es darum, nach alchimistischen Grundsätzen eine Pflanze in ihre Bestandteile zu zerlegen. Dann wurde jedes Teil gereinigt und eventuell verfeinert, bis man zu einem bestimmten Zeitpunkt die Teile wieder zusammenfügte und damit eine Arznei geschaffen hatte, deren Wirkungen vielen heutigen Mitteln weit überlegen ist. Leider kann man diese Methode nur schwerlich in ein industrielles Verfahren umwandeln. Außerdem dauert so ein Vorgang schon einige Wochen, weil Gärvorgänge und Ruhephasen der Substanzen dazwischen liegen. Die Pflanzenkunde in Verbindung mit dem alchimistisch-spagyrischen Verfahren wird im Vatan heute noch gelehrt und erfreut sich bei Schülern regen Interesses.

Fragen an einen Vatani

In diesem Abschnitt werden kurze Einzelthemen behandelt. Die Beiträge sind aus dem Jahre 1977. Es handelt sich dabei um Fragen, wie sie auch heute noch immer wieder gestellt werden. Die Fragen wurden von einem Vatani beantwortet, der eine Vatan-Studiengruppe für den fünften Grad (Magier/Hexe) leitete. Deshalb finden wir in der Beantwortung für die Schüler nicht die Bezeichnung Vatani, sondern es wird von Magiern und magischen Arbeiten gesprochen.

Selbstverständlich ist ein Vatani nicht an gewisse Anweisungen gebunden. Er wird solche Fragen immer aus dem Stand seiner Entwicklung heraus beurteilen. Im sechsten und siebten Grad muß nicht das gleiche gelten wie im fünften Grad einer Schulung. Die Stellungnahmen und Antworten sind also für Schüler gedacht, welche in den Graden 1 (bzw. 0) bis 5 studieren. Die Studiengruppe befand sich zur Zeit der Niederschrift in München.

Eingriffe in das Weltgeschehen

Frage: Die jüngsten Vorfälle (1977) im Bereich des Terrorismus in der Bundesrepublik führen immer wieder zu der Frage, ob es denn im magischen Bereich keine Möglichkeit gibt, positiv einzugreifen.

Antwort: Da wäre zuerst einmal die karmische Frage zu klären. Ein Magier vermeidet es normalerweise, in Vorgänge einzugreifen, die mit ihm persönlich nichts zu tun haben. Er ist jedoch seiner Entwicklung entsprechend verpflichtet, Leben zu schützen. Im vorliegenden Fall handelt es sich aber um einen Angriff auf den Staat, also indirekt auch auf ihn selbst. Selbst wenn er sich mit der Regierungsform der Demokratie oder der sich an der Regierung befindlichen Kräftegruppierung nicht identifizieren kann, ist er als Mitglied des Staates in die Vorgänge mit einbezogen. Von diesem Punkte aus hat er das Recht und auch die Pflicht, seinen Möglichkeiten entsprechend klärend einzugreifen.

Ich komme nun zu den Möglichkeiten, die er hat. In einem Entführungsfall käme dabei in erster Linie eine mentale oder astrale Projektion zu dem Entführten in Frage, um dabei festzustellen, wo er sich befindet. Dies ist für einen Magier, der diese Fähigkeit besitzt, einfach. Es genügt dabei, sich außerhalb des physischen Körpers auf das Aussehen der Person einzustellen, wobei sich eine Projektion zum Aufenthaltsort augenblicklich vollzieht. Nun kommt aber der große Haken bei der ganzen Angelegenheit. Bei der Entführung einer hochgestellten Person ist die Angelegenheit zig Millionen Menschen bekannt. Das bedeutet, daß gleichzeitig eine große Anzahl Menschen sich gedanklich und emotionell mit dieser Person beschäftigen. Dadurch werden starke Ströme von mentaler und psychischer Energie freigesetzt, die um die betreffende Person eine für den Magier sehr gefährliche Atmosphäre schaffen. Solange er sich in seinem physischen Körper befindet, ist er geschützt. Außerhalb des Körpers jedoch, wenn er sich darauf einstellt, kommt er automatisch in dieses ungeheure Energiefeld. Dies ist für ihn etwa gleichbedeutend mit der physischen Berührung einer Hochspannungsüberlandleitung. Das Resultat dieses Kontaktes wäre die Zerstörung der elektromagnetischen Verbindung zwischen ihm und dem zurückgelassenen physischen Körper. Dies wäre sein physischer Tod.

Nun kommt noch dazu, daß die vielen widersprüchlichen Gedanken und Vermutungen über den Aufenthaltsort auch noch ihre Wirkung ausüben. Mit anderen Worten, es ist möglich, daß er gar nicht am wirklichen Aufenthaltsort landet, sondern an einem Ort, wo er vermutet wird. Diese Gefahren und Irrtumsmöglichkeiten sind in der Magie bekannt. Um sie zu umgehen, wäre eine größere Anzahl ausgebildeter Magier notwendig, die dann für den operierenden Magier ein Abschirmfeld herstellen. Das ist auch einer der Gründe, warum sich Magier oft zu Logen zusammenschließen. Durch den Zusammenschluß entsteht ein größeres Kräftepotential und damit ein entsprechender Schutz bei derartigen Operationen.

Mit den gleichen Schwierigkeiten wird der Magier konfrontiert, wenn er versucht, mittels Hellsehen Näheres zu erfahren. Auch hier bestehen durch die Vielzahl der Beteiligten zu viele Irrtumsmöglichkeiten.

Es ist sehr wichtig, daß man in dieser Hinsicht seine Grenzen kennt. Auch der Versuch, einen einzelnen Menschen zu beeinflussen, ist zum Scheitern verurteilt, wenn dieser eine Masse von Menschen hinter sich hat. Als die Chinesen in Tibet einmarschierten, versuchten eine große Anzahl Lamas in vielen Klöstern, den Einmarsch magisch zu stoppen. Sie richteten ihre Beeinflussung auf die Spitze der chinesischen Führung, auf Mao. Dieser genoß aber gleichzeitig die Verehrung von Millionen Menschen. Dieses durch Verehrung geschaffene Kraftpotential reichte aus, um den Beeinflussungsversuch zum Scheitern zu verurteilen.

Von Hitler ist bekannt, daß er mehrmals erwog, den Ärmelkanal zu überqueren und in England einzumarschieren. Es ist aber auch bekannt, daß gleichzeitig die englischen Hexenvereinigungen, die sogenannten Cover, gemeinsam unter stärksten Kraftanstrengungen Abwehrmagie betrieben. Trotz zum Teil günstiger Bedingungen stellte Hitler seinen Vorsatz immer wieder zurück. Nachher war es dann für ihn zu spät.

Es ist schwer zu sagen, wieviel es das Verdienst der englischen Hexen war und wie viele andere Faktoren dabei noch eine Rolle spielten. Wer jedoch etwas Einblick in derartige Vorgänge hat, für den gibt es keinen Zweifel, daß hierbei zumindest eine Teilwirkung ausgeübt wurde. Ein ganz anderes Beispiel finden wir im Zahlenlotto. Mit der Fähigkeit des Hellsehens ist es möglich, Geschehnisse und Abläufe im voraus wahrzunehmen. Nun stellt sich die Frage, warum diese Fähigkeit ausgerechnet beim Lotto meistens versagt.

Es ist mir nicht bekannt, wie viele Menschen Woche für Woche im Lotto spielen. Jedenfalls sind es Millionen. Jeder dieser Menschen hofft und bangt, daß seine Zahlen bei der betreffenden Ziehung endlich kommen. Es ist unglaublich, wieviel psychische Energie dabei frei wird.

Diese Energie ist informationsgeladen und überlagert das wirkliche Geschehnis so stark, daß eine klare Vorausschau praktisch unmöglich wird.

Interessant ist dabei auch, daß die geballte Gedanken- und Gefühlskraft das Ergebnis zum Teil magisch beeinflußt. Ganz abgesehen davon, daß viele Menschen die Zahlen ihres Geburtsdatums als Glückszahlen auf dem Lottoschein ankreuzen, gibt es Zahlen, die dem Menschen allgemein sympathisch sind. Dies wurde bei Meinungsumfragen festgestellt. In der Reihe von 1 bis 49 ist die sympathischste Zahl die 36. In der Lottostatistik stellen wir nun fest, daß ausgerechnet die 36 am häufigsten durch die Maschine gezogen wird. Dafür gibt es von der Wahrscheinlichkeitsrechnung her nicht die geringste Rechtfertigung.

Der Magier sollte diese Fakten kennen und bei seinem Umgang mit mentaler und psychischer Energie dies alles berücksichtigen. Sein Wissen gleicht in dieser Hinsicht in vielem dem eines Elektroingenieurs.

Mentale und astrale Energie und Materie entsprechen, nach den Analogiegesetzen, ziemlich genau der Energie und Materie im physischen Bereich. Die Mechaniken und Abläufe sind lediglich subtilerer Art. Diese Art von Energie und Materie ist jedoch um vieles flexibler und auch leichter zu handhaben. Jeder Mensch tut dies, ohne besonders darauf zu achten, in seinem Leben täglich. Der Magier, der vor der Gewissensfrage betreffs seines Eingriffs in ein Geschehnis steht, wird seine Möglichkeiten genau überprüfen und danach handeln. Es gibt jedoch kein Gesetz, das von ihm verlangt, daß er sich unnötig in Gefahr begibt. In diesem Sinne sollte man eine derartige Entscheidung treffen.

Über die Rolle des Verstandes

Frage: Wie kann man magische Phänomene auch wissenschaftlich erklären?

Antwort: Der größte innere Gegner der magischen Entwicklung ist der Verstand. Dies mußte schon mancher Magier feststellen. Nur ein Beispiel: Ein Magier versucht, ein Wesen aus irgendeiner Ebene zu evozieren. Er hat alles sorgfältig vorbereitet. Alle Hilfsmittel und Instrumente sind entsprechend präpariert. Nun steht er, angetan im magischen Gewande, im Kreis. Er ist mitten im Ritual, da sagt ihm plötzlich sein Verstand, daß er in diesem Aufzug ja eigentlich sehr lächerlich aussehe. Damit bricht das ganze Ritual zusammen. Eine derartige Erfahrung kann man bei magischen Experimenten schon einmal machen. Der Verstand hat bei allen Dingen, die ihm bisher fremd waren, immer wieder Gegenargumente. Der westliche Mensch hat es deshalb bedeutend schwerer, im magischen Bereich Fortschritte zu machen.

Unser westliches System ist darauf aufgebaut, daß wir einer sogenannten wissenschaftlichen Autorität absolut glauben. Wenn ein Wissenschaftler etwas von sich gibt, so nehmen wir das kritiklos als Tatsache. Wer aber eine wissenschaftliche Arbeit einmal genauer betrachtet, der stellt fest, daß diese fast immer auf den Findungen von anderen Wissenschaftlern aufgebaut ist. Da wimmelt es von Querverweisen und Quellenangaben. Das interessanteste ist dabei, daß immer angenommen wird, daß auch diese Quellen schon Tatsachen enthalten. Je mehr das gleiche behaupten, um so sicherer die Fakten. Das Ganze ist nun auf dem Verstand aufgebaut, von dem wir wissen, daß er zwar eine Maschine mit phantastischen Möglichkeiten darstellt, aber auch zu den unmöglichsten Fehlern fähig ist. Die Zahl der Fehlschlüsse der Wissenschaft ist Legion.

Im letzten Jahrhundert noch erging nach diversen Gutachten von namhaften Wissenschaftlern folgendes Urteil:

> Steine können bekannterweise nicht vom Himmel fallen; daher wird Herr Alois Wolfgraber wegen Sachbeschädigung, indem er auf das Dach des Nachbarn einen 2,5 Zentner schweren Eisenerzstein fallen ließ, bestraft. Seine Behauptung, der Stein sei vom Himmel gefallen, zeigt seine unverfrorene Lügenhaftigkeit.

Als Benjamin Franklin vor der Akademie der Wissenschaften in Paris das Telefon vorführte, da erklärte der angesehenste Professor die Sache für Bauchrednerkunst und puren Schwindel.

Schon im Jahre 1620 warnte der Magier und Kabbalist Sir Francis Bacon: »Wir dürfen die Schöpfung nicht einengen, um sie den Grenzen unseres Vorstellungsvermögens anzupassen, wie der Mensch es geneigt ist zu tun. Wir müssen unser Wissen immer wieder ausdehnen, so daß es das Bild der Schöpfung zu fassen vermag.«

Mit anderen Worten, wir sollten uns nicht so sehr darauf verlassen, was uns durch Erziehung und Medien in unseren Verstand gefüllt wurde. Ein alter Grundsatz der Magie lautet: »Der Verstand ist ein brauchbarer Diener der Seele, aber ein unbrauchbarer Führer.« Ein Mensch des Westens muß die einseitigen Informationen in seinem Verstand ausgleichen, indem er diesem möglichst viele Informationen über die magische Weltanschauung zuführt. Informationen sind die Nahrung des Verstandes. Da dieser laufend Nahrung verlangt, sollte man ihm eine geeignete Diät verabreichen. Gleichzeitig sollten wir uns, wenn wir uns eine Information zuführen, klar darüber werden, daß die Information zwar stimmen kann, aber nicht stimmen muß.

Das TEPA

Frage: Wie funktioniert ein Tepa, und was kann man alles damit bewirken?

Antwort: Das Tepa (Tepaphon) ist wohl eines der meistgehüteten Geheimnisse der modernen Magie. Die Funktion wird in den verschiedenen Logen erst nach einem Schweigeeid dem einzelnen Mitglied anvertraut. Die Gründe dafür sind schnell gesagt.

Das Tepa ist eine Anlage zur Beeinflussung von Menschen, Tieren, Pflanzen und zur Kontrolle von Räumen. Zur Inbetriebnahme und Anwendung des Tepa sind weder eine besondere magische Entwicklung noch besondere Anlagen oder Fähigkeiten notwendig. Mit anderen Worten, jeder Mensch ist in der Lage, mit dem Tepa in positiver oder negativer Weise zu arbeiten. Interessanterweise kommt jeder Mensch, der mit der Funktion dieser Anlage bekannt gemacht wird, zuerst auf die negativen Möglichkeiten, was ein entsprechendes Licht auf den heutigen Entwicklungsstand des Menschen wirft. Es besteht kein Zweifel, daß das Tepa eines der größten Machtmittel darstellt, das der Mensch je erfunden hat. Daraus entsteht die Frage, ob man ein derartiges Wissen überhaupt weitergeben sollte.

Nehmen wir als Beispiel ein Messer. Ein Messer ist zweifellos ein außerordentlich nützliches Instrument. Sie können damit Brot schneiden und viele positive Dinge tun. Sie können mit einem Messer jedoch auch Ihren Mitmenschen verletzen oder gar umbringen. Niemand käme aber deshalb auf die Idee, den Besitz eines Messers zu verbieten. Beim Tepa ist es genauso. Ich bin mir bewußt, daß diese Anlage und ihre Möglichkeiten eine große Versuchung für den einzelnen darstellen. Aber dies wird nicht die einzige Versuchung sein, mit der Sie im Laufe Ihrer magischen Entwicklung noch konfrontiert werden. Es besteht selbstverständlich ein großer Unterschied, ob Sie mit dem Tepa jemandem auf eigenen Wunsch das Rauchen abgewöhnen oder ihn damit, ohne daß er es weiß, schädigen. Das Tepa ist wie ein Messer ein neutrales Instrument. Sein Gebrauch hängt von dem Menschen ab.

Als ich vor über zwanzig Jahren mit der Magie in Kontakt kam, stand ich vor einer Mauer der Geheimnistuerei. Ich kann nur Gott dafür danken, daß ich Lehrer fand, die mir rückhaltlos ihr Wissen anvertrauten. Ich habe festgestellt, daß diese Geheimnistuerei durchweg aus außerordentlich niederen Motiven besteht. Was ich heute bin, verdanke ich dem Vertrauen, das man mir entgegenbrachte. Dadurch blieb es mir erspart, mich, um an Wissen zu gelangen, irgendwelchen Interessengruppen anzuschließen. Ich bin deshalb frei und habe in keine Richtung irgendwelche Verpflichtungen.

Meine unumstößliche Meinung ist, daß kein Mensch das Recht hat, einem anderen Menschen Wissen vorzuenthalten. Ich werde deshalb das, was ich weiß, dem weitergeben, der ernsthaftes Interesse dafür zeigt. Sie sind in den Arbeitskreis eingetreten, um Wissen zu erlangen. Die Motive des einzelnen sind seine persönliche Angelegenheit. Ich sehe deshalb keinen Grund, Ihnen irgend etwas vorzuenthalten. Jeder ist für seine Taten absolut selbst verantwortlich.

Als Leiter des Arbeitskreises habe ich Interesse daran, Sie mit allem auszustatten, was Ihnen irgendwie von Nutzen sein kann. Das Tepa ist in der Magie ein außerordentlich nützliches Hilfsmittel, mit dem viel Gutes getan werden kann. Wir befinden uns im Arbeitskreis unter erwachsenen Menschen, und ich halte jeden für mündig, selbst zu wissen, was er tun und lassen soll. Die alten in der Magie üblichen Spielchen nach dem Motto »Ätsch, ich habe etwas, was du nicht hast« halte ich für Kindereien. Solange ich die Möglichkeit dazu habe, werde ich es zu verhindern wissen, daß derlei Tendenzen innerhalb dieses Arbeitskreises jemals Fuß fassen können.

Obwohl die Anleitung zum Tepa zu diesem Mitteilungsblatt gehört, haben wir es aus bestimmten Gründen vorgezogen, Ihnen die Anleitung als getrennte Einheit zu liefern. Dies geschieht in Ihrem eigenen Interesse. Wir empfehlen Ihnen auch, diese Anleitung unter Verschluß zu halten und sie keinesfalls Dritten zugänglich zu machen. Das Arbeiten mit Magie gilt in der Öffentlichkeit sowieso schon als suspekt. Das Arbeiten mit dem Tepa jedoch kann Sie, selbst unter Magiern, in schlechten Ruf bringen.

Die Rolle von Mann und Frau in der Magie

Frage: Besteht in der Ausbildung und Ausübung der Magie ein Unterschied zwischen Mann und Frau?

Antwort: Nein, es besteht kein Unterschied. Der Magie praktizierende Mensch arbeitet vom Standpunkt des Nichtdualen aus. Also aus einem Bereich, in dem es Begriffe wie männlich und weiblich nicht gibt. Geist und Seele sind geschlechtslos. Die Trennung erfolgt erst von der sechsten Ebene an abwärts. Es ist aber möglich, daß die diversen Übungen, je nach Art, bei Mann oder Frau leichter gelingen. Dies ist aber in erster Linie auf biologische und auch erzieherische Unterschiede zurückzuführen. Bei zunehmender Entwicklung macht sich dies immer weniger bemerkbar.

Seit Beginn des Wassermann-Zeitalters beginnt die Frau mit Recht, sich nicht mehr alles gefallen zu lassen. Die Zurückdrängung der Frau, auch in der Magie, begann erst mit der christlichen Kultur. Dafür ist jedoch, wie für vieles Negative, nicht Jesus, sondern Paulus verantwortlich. Ganz abgesehen davon, daß die Magie der Kirche an sich schon ein Dorn im Auge war, sahen sich viele Magier gezwungen, ihre Praktiken christlich zu verbrämen. Die Frau jedoch, die in der ganzen vorchristlichen Zeit eine große Rolle in der Magie, nebenbei auch in der Alchimie, spielte, konnte allenfalls noch im verborgenen arbeiten. Man betrachtete sie als minderwertig, nicht fähig und als Quelle aller Sünde und allen Übels.

In der magischen Literatur hat sich das, natürlich nur im christlichen Kulturkreis, entsprechend niedergeschlagen. Erst kürzlich fand ich in einer alten Logenhandschrift eine bezeichnende Anweisung darüber. Ich möchte die Stelle hier kurz wiedergeben:

> Die Frau steht in der Entwicklung zwischen Mann und Tier. Wenn du also, o geneigter Schüler des Heiligen Geistes (so nannte man in dieser Loge den Schüler der Magie), deine Fähigkeiten praktisch erproben willst, so versuche es bei den Frauen. Sollte es aber ein Unglück geben, so möge dich dies nicht bekümmern, denn Gott hat das Weib zum Leiden erschaffen. Außerdem sind ja genügend Frauen vorhanden, so daß es dir an Objekten für deine Versuche nicht mangelt.

Dann kommen Hinweise darauf, daß man die Frau, auch wenn sie durch die Experimente geistesgestört würde, immer noch mit körperlicher

Züchtigung wie ein Tier zu einfachen körperlichen Arbeiten verwenden könne.

Derlei Ausführungen sind in den Anweisungen der christlichen Magier keine Seltenheit. Die Zeiten haben sich inzwischen jedoch geändert, und das ist auch gut so. Nachdem man nicht mehr auf den Scheiterhaufen kommt, wenn man nicht gleicher Meinung wie Mutter Kirche ist, haben sich auch die Magier wieder auf ihr ursprüngliches Wissen besonnen. Aber selbst in neueren Publikationen findet man immer wieder, wenn auch nicht ganz so kraß, versteckte negative Auslassungen zum Thema Frau. Wer besonders als Frau Magie studiert und sich über die Rolle der Kirche bei der Unterdrückung noch nicht ganz im klaren ist, dem sei das ausgezeichnete Werk »Das Kreuz mit der Kirche«[26] von Karlheinz Deschner empfohlen. Wer die magische Literatur kennt, findet in diesem Werk unschwer die Quellen für das ganze Dilemma.

Abschließend möchte ich sagen: Die Frau war in der ursprünglichen Magie, und ist es auch in der modernen, dem Mann absolut gleichgestellt. Für die heutige Zeit kann man mit gutem Gewissen sagen, daß wahrscheinlich kein Wissen so in der Lage ist, der Frau ihre ursprüngliche Stellung zurückzugeben, wie das Wissen der Magie. Ich möchte sogar sagen, daß es auf unserem Planeten kaum ein besseres Emanzipationssystem gibt, ohne daß die Frau in eine Männerrolle hineingezwängt wird, als die Magie.

Über die Auflösung von Karma

Frage: Gibt es eine Übung oder Methode, um Karma aufzulösen?

Antwort: Zur Beantwortung dieser Frage muß ich etwas weiter ausholen. Die Seele hat in den unzähligen Inkarnationen innerhalb der dualen Welten verschiedene Möglichkeiten zu existieren. Die ursprüngliche Möglichkeit besteht darin, daß sie die notwendige Energie für ihre

Existenz von der göttlichen Quelle in ihrem Innern nimmt. Diese Energie ist jedoch ungeformt und muß zum Gebrauch innerhalb der verschiedenen dualen Seinszustände entsprechend umgeformt werden. Das geschieht durch die imaginativen Fähigkeiten. Bei Gebrauch dieser Energie wäre die Seele ohne Karma und vollständig unabhängig. In dem Zustand hat sie jedoch keine Möglichkeit, in den dualen Welten zu leben. Mit anderen Worten, die Seele muß, damit sie den nichtdualen Zustand verlassen kann, ein Minimum an Karma haben. Dieses Karma bezeichnet man als Adikarma (Grundkarma). Eine Seele im nichtdualen Zustand hat in sich latent alle überhaupt möglichen Seinszustände. Da der nichtduale Zustand in sich eine vollständige Harmonie darstellt, ist eine derartige Seele eine Gefahr für die Nichtdualität. Der Zustand der absoluten Freiheit und Harmonie bleibt aber nur bestehen, solange sich die dort befindlichen Seelen mit dem Zustand des Seins abfinden. Es gibt aber keine Garantie, daß nicht eine davon aus der Reihe tanzt und durch eine Aktion diesen Zustand verändert.

Um ein Aktionsfeld zu haben, wurde die Dualität geschaffen. Dort hat die Seele die Möglichkeit, alles auszuprobieren. Sie kann als Schöpfer im kleinen sowohl Harmonie als auch Disharmonie schaffen. Sie lernt das schöpferische Potential in jeder Form zu gebrauchen, und dies so lange, bis sie keine Lust mehr hat. Man schickt eine Seele also in die Dualität, wo sie sich nach Herzenslust austoben kann.

Dort lernt sie alle Zustände der Nichtharmonie kennen. Sie verwendet für ihre Aktionen neben der göttlichen Energie, die durch sie fließt, auch Fremdenergie von anderen Seelen. Nur diese zweite Möglichkeit, die Verwendung von Fremdenergie oder die Abgabe von Eigenenergie an fremde Seelen, bringt Karma.

Karma ist also nichts anderes als eine Disharmonie im eigenen Energiehaushalt. Wenn mehr Eigenenergie in fremden Seelen steckt, haben wir ein karmisches Pluskonto. Leben wir jedoch mehr von Fremdenergie, haben wir ein Minuskonto. Alle Körper, die wir in der Dualität verwenden, bestehen aus Energie, und zwar aus Fremdenergie. Also sind schon diese Körper ein Bestandteil des karmischen Minuskontos.

Jede Seele reagiert auf karmische Wechselwirkungen wie ein Seismograph. Da die Seele den Zustand des vollkommenen Ausgleichs kennt und wieder anstrebt, akzeptiert sie im Grunde weder positives noch negatives Karma. Der Verstand, unsere Steuerzentrale in den dualen Welten, will keinen Ausgleich. Ein Ausgleich würde gleichzeitig seine Auflösung bedeuten. Der Verstand, der Mentalkörper, trachtet also danach, möglichst lange zu existieren. Die Seele will aber den Ausgleich. So entsteht ein permanenter Kampf zwischen den beiden Interessenlagen, was in der Literatur als inneres Schlachtfeld bezeichnet wird. Sieger auf diesem Schlachtfeld bleibt jedoch immer die Seele, wenn es auch manchmal anders aussieht. Wenn eine Disharmonie zu stark wird, lenkt die Seele ihre Körper in eine Situation, in der eine starke Energieverschiebung möglich ist. Diese Energieverschiebung wird von uns dann als Freude oder Schmerz in jeder Form registriert.

Wer diese Mechanismen einmal verstanden hat, begreift, daß er eigentlich in jeder Situation des Lebens genau am richtigen Platz ist. Mit anderen Worten, die Seele steuert die Körper auf ihrem Weg zum karmischen Ausgleich durch verschiedene Seinszustände und Erfahrungen. Man sollte deshalb jeden Augenblick des Lebens als notwendig und positiv begrüßen. Man sollte sich auch klar darüber sein, daß man sich im Augenblick genau an dem Platz befindet, den der göttliche Kern als absolut notwendig ausgesucht hat. Damit erübrigt es sich, die Verantwortung für eine Situation anderen in die Schuhe zu schieben. Andere sind in jedem Fall immer nur Werkzeuge, die die Seele für die Entwicklung benötigt.

Je cleverer ein Verstand bzw. je besser ein Verstand die dualen Mechanismen beherrscht, um so länger hat er die Möglichkeit, den Energieausgleich hinauszuzögern. Bei der geringsten Unachtsamkeit jedoch erfolgt der Ausgleich, was wir auch als Schicksalsschlag bezeichnen. Wenn sich aber verstandesmäßige Mechaniken stabilisieren, so daß eine Art Monotonie entsteht, bleibt der Seele oft als letzte Möglichkeit nur noch die Trennung, was den Tod des entsprechenden Körpers bzw. dessen Auflösung bedeutet. Eine andere Eigenart des Karmas besteht darin, daß es übertragbar ist. Dies geschieht durch mentale, emotionale und körperliche Verbindung. Jeder von uns übernimmt positives und negatives Karma und gibt auch solches ab – an Menschen, mit denen wir Verbindungen eingehen. Also Ehepartner, Freunde, Bekannte und Familienangehörige. Die Übernahme und Übertragung erfolgt je nach Intensität der Verbindung.

Beim Adel und auch in anderen Fällen haben wir das Phänomen der karmischen Inzucht. Man versucht, möglichst immer innerhalb einer Gruppe oder Schicht Verbindungen einzugehen. Dann auf einmal hält es eine Seele nicht mehr aus und bricht aus. Der betreffende Mensch nimmt eine Verbindung nach außerhalb, z. B. mit einer Zigeunerin, auf. Dieser Mensch ist der einzige, der dem lebenstötenden Kreislauf entgangen ist. Über ihn kommt frische Energie in den Kreis, und auch andere Mitglieder haben die Möglichkeit, den Kreislauf zu durchbrechen. Wenn aber solch ein rettender Ausbruch nicht erfolgt, stirbt die Linie, ob kurz oder lang, aus. Ein derartiger Prozeß kann sich über Hunderte von Jahren hinziehen. Über alle Aspekte des Karma könnte man Bände füllen. Ich empfehle Ihnen jedoch, die *Bhagavadgita* zu lesen. Darin ist das innere Schlachtfeld beschrieben. Krishna stellt dabei den göttlichen Geist dar. Im Dialog versucht Arjuna, die Seele, Klarheit über den Kampf mit seinen Gegnern, den einzelnen Teilen des Verstandes, zu bekommen. Letzten Endes zielt alles darauf ab, die Seele so lange in der Dualität sich austoben zu lassen, bis sie keinen Drang mehr hat, etwas zu kreieren und damit disharmonische Zustände herzustellen. Deshalb ist es sinnvoller, durch alle Zustände hindurchzugehen, als zu versuchen, diese zu umgehen. Was die Seele einmal kennengelernt oder getan hat, braucht sie nicht mehr zu wiederholen. Der Verstand versucht hier, Sicherheiten aufzubauen. Die Seele jedoch hat keinerlei Interesse an Sicherheit für ihre Körper. Sicherheit bedeutet Wachstumsstillstand. Deshalb sorgt die Seele dafür, daß alle Sicherheiten irgendwann zusammenbrechen. Dabei ist ihr jedes Mittel recht. Wir sollten deshalb jede neue Situation freudig begrüßen und uns nicht krampfhaft an Dinge und

Zustände klammern. Das gleiche gilt von Verbindungen. Wenn diese in ein Stadium der Gleichgültigkeit treten, sollte man sich lösen. Die im Lehrkurs A, 1. Lec. beschriebene Grundübung bewirkt unter anderem eine allmähliche Karmaauflösung, da sie uns die alten Fähigkeiten, göttliche Energie zu verwenden, zurückgibt.

Es gibt auch Seelen, die ohne Karma sind, sich jedoch trotzdem noch in den dualen Welten aufhalten. Wenn diese aber einen Körper als Werkzeug benötigen, dann wird dieser aus der göttlichen Energie manifestiert. Solche Seelen sind freiwillig als Lehrer hier. Manche nennen wir Erlöser. Der Grund für ihr Dasein hat eine bestimmte Ursache. Die Seele kann den letzten Schritt von der Dualität in die Nichtdualität nicht allein tun. Die Seele hat sich in der langen Zeit des Aufenthalts im Dualen daran gewöhnt, sich immer an etwas festzuhalten. Dies ist im Nichtdualen nicht mehr möglich. Der Übertritt ist ein Sprung ins Leere, denn es gibt dort nur noch das reine Sein. Da diese Lehrer hüben und drüben zu Hause sind, begleiten sie Seelen auf die andere Seite und dienen dort so lange als Halt, bis die neue Seele sich dort etabliert hat. Der Übertritt kann zwar allein vorgenommen werden, die Seele kann sich aber dort nicht halten. Selbst Buddha, der diesen Schritt allein vornahm, kam sofort wieder zurück, da er glaubte, er würde sich im sogenannten Paranirvana auflösen. Dies stimmt nicht, denn die Seele löst sich nie auf. Was Buddha damit widerfuhr, war die Auflösung aller dualen Konzepte und Bindungen, also seine duale Identität. Andere Menschen, die diesen Schritt allein unternahmen, kamen erschreckt in die Dualität zurück und glaubten, daß sich jenseits dieser Grenze so etwas wie die Hölle befände. Da sich Dualität und Nichtdualität als totale Gegensätze darstellen, muß ein Wechsel ohne Hilfe für die Seele entsprechend furchtbar sein. Mit einem Lehrer jedoch verliert dieser Schritt seine Schrecken. Diese Lehrer treten automatisch an jede Seele heran, wenn sie den Schritt vor sich hat. Sie geben sich zu erkennen und helfen auf individuelle Weise. Wir haben also keinen Grund, uns über den Schritt irgendwelche Sorgen zu machen.

Über Schwarze Magie

Frage: Es sieht so aus, als ob Sie die Schwarze Magie nicht verurteilen würden.

Antwort: Wir lehnen es lediglich ab, dem Menschen Vorschriften über sein Verhalten zu machen. Es ist eine Tatsache, daß zu viele okkulte Gruppen die Zeit mit der Bekämpfung angeblicher schwarzmagischer Vereinigungen vergeuden. Selbstverständlich ist man selbst immer auf der Seite des Guten. Es ist ja auch ganz einfach. Man sucht sich einen Feind, richtet seine Aufmerksamkeit auf seine Fehler und bekämpft ihn. Damit lenkt man sich und andere von seinen eigenen Fehlern ab. Nebenbei hat man noch das Gefühl, besser zu sein und für eine gerechte Sache einzutreten. Dies ist eine primitive Eigenschaft des menschlichen Verstandes.

Es ist eine Tatsache, daß wir uns lieber über hungernde Kinder in einem fremden Erdteil aufregen, als die Wirklichkeit in unserer nächsten Nähe zu sehen. Es könnte nämlich sein, daß, wenn wir unsere Augen aufmachen, wir bemerken, daß die alte Frau Huber, gleich um die Ecke, dringend unsere Hilfe benötigen würde. Wenn jemand zu Ende denkt, wird er feststellen, daß es besser ist, erst einmal, wie Bardon es ausdrückt, vor der eigenen Türe zu kehren, bevor er sich ein Urteil über Gut und Böse in seiner Umwelt anmaßt.

Der Arbeitskreis lehnt es ab, andersdenkende Menschen und Vereinigungen zu beurteilen oder gar zu bekämpfen. Wir haben Wichtigeres zu tun, als magische Kriege zuführen. Wer sich mit derlei Dingen abgibt, hat den subtilen Mechanismus des Karma-Gesetzes nicht begriffen. Er vergeudet seine Energie und Zeit. Wer schwarzmagisch arbeitet, richtet sich selbst. Damit benötigt er weder eine Verurteilung noch eine Bestrafung unsererseits.

Über Rituale

Frage: Was ist von magischen Ritualen zu halten? Machen sie einen Sinn, oder lenken sie eher vom Wesentlichen ab?

Antwort: Es gibt Menschen, die davon fasziniert sind, Rituale mit Gewändern, entsprechenden Ritualinstrumenten und allem, was dazugehört, durchzuführen. Rituale sind sehr gute Mittel und können für die menschliche Entwicklung sehr effektiv eingesetzt werden. Ein Schüler, der dafür empfänglich ist, lernt, für sich allein oder in einer Gruppe, zu bestimmten Zwecken Rituale aufzustellen. Dies ist eine große Kunst. Ein perfektes Ritual, das möglichst viele innere Körper in perfekter Weise in das Geschehen mit einbezieht, kann mit Recht als ein Kunstwerk bezeichnet werden.

Das Verlassen des physischen Körpers

Frage: Wie erlernt man die Fähigkeit, mit den inneren Körpern aus dem physischen Körper auszutreten?

Antwort: Die Erreichung dieser Fähigkeit ist nicht nur im Vatan ein wichtiges Gebiet. Rund um den Erdball hatten beinahe alle Kulturen Methoden, diese Kunst zu erlernen.

Sie ist wie vieles nicht an eine besondere Voraussetzung gebunden. Fast könnte man sagen, sie gleicht dem Vorgang, wie man das Radfahren lernt. Das Hauptproblem sind die vielen Ängste des Schülers. Schließlich handelt es sich dabei um eine Fähigkeit, die unweigerlich mit dem Todesvorgang in Verbindung gebracht wird. Wie beim Radfahren lernen verliert man zu Beginn oft das Gleichgewicht. Irgendwann hat man dann erfaßt, um was es geht. Viele Schüler lernen diese Fähigkeit damit, daß sie einen Vatan-Garten herstellen. Trotzdem gibt es Methoden, um dies auch ohne den Garten erreichen zu können. Jedenfalls ist das

Ganze nicht so problematisch, wie es in der Literatur oft beschrieben wird.

Es gibt verschiedene Arten des Austritts. Die beste ist der Austritt der Seele, leider aber auch der schwerste. Sie wird jedoch oft in Verbindung mit Buchstabenübungen ganz nebenbei erreicht. Die Schwierigkeit besteht darin, daß man sich einfach nicht richtig vorstellen kann, wie dies sein soll, wenn man wie eine Kugel ist, die nach allen Seiten gleichzeitig sehen kann. Das erste Erlebnis dieser Art wird deshalb auch oft nicht als angenehm empfunden. Stellen Sie sich eine Kugel vor, die rundherum mit Augen und Sinnesorganen bespickt ist. Bisher hat nur der Mystiker Jakob Böhme versucht, dies in einem seiner Werke darzustellen: einen Kupferstich, auf dem eine Kugel zu sehen ist, die rundherum Augen hat.

Die Trennung in Verbindung mit dem Astralkörper ist nicht jedem zu empfehlen, da dies zu einem Abflachen der Atmung und einer Art Starrkrampf des physischen Körpers führen kann.

Im Vatan wird zumindest zu Beginn vorwiegend die Trennung mit dem Mentalkörper herbeigeführt. Dies ist die leichteste Art und auch die ungefährlichste. Unter gefährlich verstehen wir nicht, daß viel passieren kann. Sagen wir besser, sie stiftet beim Lernenden die wenigste Verwirrung, bis er sie beherrscht. Die Beherrschung der Trennung vom physischen Körper bringt neben anderem auch eine Lösung von vielen Ängsten, die man alle dem Oberbegriff Überlebensangst unterordnen könnte. Es ist kaum zu glauben, wie viele Verhaltensweisen wir Menschen im täglichen Leben haben, die aus der Angst vor dem Tode herrühren.

Über den Preis spiritueller Führung

Frage: Wer hat das Recht, für geistiges Wissen Geld zu verlangen?

Antwort: Diese Frage bringt uns zu einem im okkulten Bereich weit verbreiteten Irrtum. Viele Lehrer, Meister und Gurus versuchen den Eindruck zu erwecken, daß sie ganz umsonst der leidenden Menschheit göttliches Wissen schenken und damit Gutes täten. Die Wirklichkeit sieht jedoch völlig anders aus. Der Schüler bezahlt immer, und zwar auf Heller und Pfennig.

Wohin Sie Ihre Aufmerksamkeit richten, fließt ein Strom persönlicher Energie. Nehmen wir also an, Sie praktizieren irgendeine Lehre. Diese Lehre wird von einem Guru vertreten. Der Guru verlangt nichts von Ihnen, außer daß Sie täglich meditieren, ihn als Vorbild nehmen und so oft wie möglich an ihn denken. Das ist notwendig – behauptet er, und es stimmt auch –, damit er Ihnen von innen her seinen Segen zukommen lassen kann. Und das alles umsonst. Sie dürfen natürlich etwas für seine Organisation spenden. Das ist jedoch keine Pflicht. Die meisten Menschen werden es trotzdem tun, weil man eben ein schlechtes Gewissen bekommt, wenn man etwas erhält, ohne etwas dafür geben zu müssen. Jeder Mensch kennt die gemischten Gefühle, die er hat, wenn er grundlos ohne jeden Anlaß ein Geschenk bekommt. Er fühlt sich dadurch zu einer Gegenleistung verpflichtet. Sei es auch nur dadurch, daß er besser von dem Schenkenden denkt.

Aber sprechen wir nicht davon, was Sie äußerlich bezahlen. Viel wichtiger dabei ist, was Sie innerlich, wissend oder unwissend, tun. Sie bezahlen nämlich auch innerlich, natürlich nicht in barer Münze, aber mit Energie, und das kommt Sie viel teurer zu stehen. Ihr Guru nimmt in Ihnen einen bevorzugten Platz ein. Er sitzt sozusagen an der Quelle. Sie geben ihm durch Ihre Aufmerksamkeit und Verehrung ununterbrochen ein großes Quantum an Energie. Mit dieser Energie ist er in der Lage, Dinge zu tun, von denen sich die meisten Menschen gar keine Vorstellung machen können. Die Energie erreicht ihn immer – ganz gleich, wo er sich aufhält. Mit dieser Energie und der Energie von vielen weiteren Anhängern kann er Heilungen und Wunder vollziehen. Das Resultat davon ist, daß er noch mehr Anhänger bekommt und damit noch mehr Energie usw. Die Übertragung der Energie erfolgt zumeist über das Foto bzw. Bild des Gurus, das man, wie so schön gesagt wird, in seinem Herzen tragen soll.

Der Vorgang der Energieübertragung spielt sich auch im profanen Leben so ab. Viele Stars, deren Bild durch die Presse und dergleichen vielen Menschen bekannt ist, die verehrt werden, bekommen diesen Energiefluß zu spüren. Das Resultat sind unbeholfene Versuche, damit fertigzuwerden. Manche müssen barfuß gehen, um für eine Ableitung zu sorgen, andere verfallen in eine Arbeitswut, wieder andere brechen zusammen und sind laufend in psychiatrischer Behandlung. Der Energiefluß ist auf der anderen Seite wie eine Sucht. Wehe, wenn er abreißt oder weniger wird.

Sofort werden verzweifelte Anstrengungen unternommen, um die Aufmerksamkeit wieder auf sich zu ziehen. Das kann man sowohl bei einem Guru als auch bei einem Star beobachten. Dies ist aber noch nicht alles. Das alte Gesetz »Was der Mensch denkt, das ist er!« kann man noch erweitern, indem wir sagen: »Wie der Mensch von einem anderen Menschen denkt, so wird dieser!« Wenn Sie also von einem Menschen denken und überzeugt sind, daß er heilig ist und bestimmte Fähigkeiten hat, so wird die von Ihnen abgegebene Energie das Muster annehmen und hilft dem bewunderten Menschen, auf diese Stufe zu kommen. Der dadurch erreichte Zustand ist künstlich und bricht sofort zusammen, wenn der Energiefluß nachläßt. Ein Guru, dessen Anhängerschaft an ihm zweifelt, merkt sofort, daß sein Thron wackelt, und wird etwas dagegen unternehmen.

Viele sogenannte Meister und Gurus wollen nur unser Bestes, leider bekommen sie es auch meistens. Ein Meister, der wirklich um unsere Entwicklung bemüht ist, wird sich seine äußeren Bemühungen wie Studienmaterial usw. immer bezahlen lassen. Darüber, was sich innerlich abspielt, wird er den Schüler klar unterrichten. Daß dies so richtig ist, zeigt auch der Ausspruch eines tibetanischen Gurus, der, in einem seiner Bücher, seinen Schülern sagt: »Um meine Aufgabe hier erfüllen zu können, brauche ich die Aufmerksamkeit und Energie von Tausenden von Schülern. Wenn ich diese nicht bekomme, bin ich kaum in der Lage, etwas zu tun, ohne nicht gleichzeitig von meinem bisher erreichten Entwicklungsstand herunterzufallen.«

Diesem Meister kann man Vertrauen schenken, denn er sagt die Wahrheit. Ein Magier sollte deshalb mißtrauisch werden, wenn ihm angeblich kostenlos oder ohne Gegenleistung etwas angetragen wird. Er wird sein Konto auf die eine oder andere Weise immer ausgleichen müssen.

Der Übergang zur göttlichen Quelle

Frage: Gibt es eine Möglichkeit, zu beschreiben, was passiert, wenn die Seele die siebte Seinsebene verläßt und in die göttliche Quelle übergeht?

Antwort: Die Seele, von der wir bisher soviel gehört haben, ist nicht das Endgültige. Die siebte Seinsebene, die Seelenebene, ist nicht die letzte vor dem Eintritt in die göttliche Quelle. Dahinter gibt es noch sehr viele Bereiche, die jedoch weder zu beschreiben noch in irgendeiner Form überhaupt zu nennen sind. Man kann also sagen, daß die Seele im übertragenen Sinne immer noch als Körper eines feineren Wesens bezeichnet werden muß, obwohl das Wort Körper außerhalb der Dualität eigentlich absurd ist. Die Seele ist für uns Menschen das letzte, was mit Worten beschrieben werden kann. Der Vatan-Weg endet auch nicht auf der Seelenebene, er ist lediglich von da an nicht mehr weiter zu beschreiben.

Nachwort

Nachdem Sie nun dieses Buch durchgelesen haben, möchten wir Ihnen hier noch eine kleine, aber sehr wirkungsvolle Übung zeigen, die Sie sofort ausführen können. Lassen Sie sich dabei Zeit, meditieren Sie darüber. Je gründlicher Sie dabei vorgehen, um so mehr Nutzen werden Sie davon haben. Es handelt sich um eine typische Vatan-Übung. Sie läßt Ihnen alle Freiheit und macht Sie noch freier. Wir stellen Ihnen eine Frage, bei deren Beantwortung Sie auf Ihre Seele horchen, Ihren Verstand einsetzen und Ihre Gefühle beachten sollten. Geben Sie sich die Antwort erst, wenn sie ganz sicher sind. Die Frage lautet:

Nach all dem, was Sie bis jetzt gelesen haben, welche Meinung haben Sie: Gibt es den Vatan wirklich, oder handelt es sich dabei um eine Erfindung?

Wir wissen, daß Sie mit solch einer Frage nicht gerechnet haben. Deshalb gehen Sie klug und weise vor. Wenn Sie die Frage ehrlich beantworten und aus Ihrer Antwort die richtigen Konsequenzen ziehen, werden Sie zu mehr Freiheit gelangen.

Bildnachweis

Abb. 17: Carl Faulmann: *Das Buch der Schrift*, Wien 1880

Abb. 29: Geheime Figuren der Rosenkreuzer aus d. 16. u. 17. Jh., Altona 1785 (Nachdruck Freiburg i. Br. 1988)

Abb. 31, 41: Rudolf John Gorsleben: *Hochzeit der Menschheit*, Leipzig 1930

Abb. 34: Original im Staatlichen Museum Berlin, ehemals DDR

Abb. 39: Nachzeichnung einer assyrischen Reliefplatte, nach dem Original im Britischen Museum, London

Alle hier nicht aufgeführten Abbildungen sind Zeichnungen der Verfasser.

Anmerkungen

1 Louis Pauwels und Jaques Bergier: *Aufbruch ins dritte Jahrtausend*, München 1976

2 Rudolf John Gorsleben: *Hoch-Zeit der Menschheit*, Leipzig 1930 (Nachdruck Bremen 1981)

3 Ulrich Hunger: *Die Runenkunde im Dritten Reich*, Reihe Europäische Hochschulschriften, Frankfurt am Main 1984

4 Zoltán Szabó: *Buch der Runen*, München 1985, S. 7 (Neuauflage Saarbrücken, 2001)

5 Gershom Scholem: *Zur Kabbala und ihrer Symbolik*, Frankfurt am Main 1973

6 Philip Rawson und Laszlo Legeza: *Tao. Die Philosophie von Sein und Werden*, München/Zürich 1974

7 John R. R. Tolkien, *Der Herr der Ringe*, Stuttgart 1992

8 A. Manguel und G. Guadalupi: *Von Atlantis bis Utopia*, München 1981

9 Nikolaus Flamel: »Summarium Philosophicum«, aus *Chymische Werke*, Wien 1751

10 Louis Pauwels und Jaques Bergier: *Aufbruch ins dritte Jahrtausend*, München 1976

11 *Die Edda*, übertragen von Felix Genzmer, Düsseldorf/Köln 1979

12 Theodor Hendrik van de Velde: *Die vollkommene Ehe*, Neuauflage München 1983 (dt. 1926)

13 Robert Charroux: *Das Rätsel der Anden*, Düsseldorf/Wien 1978

14 Jörg Lanz-von Liebenfels: »Theozoologie«, Zeitschrift *Ostara*, Nr. 5, 8, 9 Wien 1928, Nr. 10, 15 Wien 1929, Nr. 19 Wien 1930

15 Hermes Trismegistos: *Erkenntnis der Natur*, Hamburg 1706 (Neuauflage: Icking 1964)

16 Johann Ambrosius Siebmacher: *Wasserstein der Weisen*, Frankfurt am Main 1661 (Nachdruck Freiburg i. Br. 1977)

17 Hermetischer Orden der lauteren Brüder: *ABC-Büchlein vom Stein*, Handschrift, Prag ohne Jahr

18 Karl Weinfurter: *Der brennende Busch. Der entschleierte Weg der Mystik*, Bietigheim 1986

19 Eckhard Graf: *Mythos Tarot*, Ahlerstedt 1989

20 Herman Wirth: *Die Heilige Urschrift der Menschheit*, 12 Bände, Saarbrücken 1979 – 1987

21 Rudolf Freiherr von Sebottendorf: *Die geheimen Übungen der türkischen Freimaurer*, Freiburg i. Br. 1977

22 Viktor K. Wendt: *Das Geheimnis der Hyperboreer*, Basel 1984

23 Ferdinand Seitz: *Die Irminsul im Felsenrelief der Externsteine*, Pähl 1960

24 Gérard de Sede: *Das Geheimnis der Goten*, Olten 1980

25 H. E. Douval: *Bücher der praktischen Magie*, Bd. 1 - 12, Freiburg i. Br. 1954 - 1956 (Neuauflage: 2 Bände, Berlin 1991)

26 Karlheinz Deschner: *Das Kreuz mit der Kirche*, Düsseldorf, Neuausgabe 1992

Schicksalsdeutung aus dem Namen

Der Name, den wir tragen, ist kein zufälliges Anhängsel, sondern Ausdruck unserer Persönlichkeit. Auf dieser Grundlage führen Zoltán und Ingrid Szabó uns zu einer Namensdeutung, die nicht auf der üblichen Umwandlung von Buchstaben in Zahlen beruht, sondern die Initialen in Runen umwandelt. Alsdann wird aus dem Sinngehalt der Runen die Kombination der Initialen gedeutet – mit erstaunlicher Treffsicherheit und Aussagekraft.

Zoltán Szabó und Ingrid Szabó
Geheimnis der Namen
Runenkombinationen für Namensdeutung und Orakel
Paperback, 224 S., 14 x 21 cm
ISBN 3-89060-033-6

Runenwissen kompetent nach dem 18er-Futhark

Zoltán Szabó ist einer der wenigen heutigen Runenforscher, die das Wissen um Ursprung und Sinn der Runen wirklich vorangebracht haben. BUCH DER RUNEN ist ein maßgebliches Buch, das die Runen in einen Sinnzusammenhang stellt und so verborgene Bedeutungen ans Licht bringt. Ein Muß für alle an dem Thema Interessierten.

Zoltán Szabó
Buch der Runen
Götter, Lebensbaum und Runenkosmos
Gebunden, 256 Seiten, 13 x 21 cm
ISBN 3-89060-035-2

Das Runenset mit Runen aus echtem Holz

Endlich gibt es sie, auf die viele seit Jahren warten: Runenorakel-»Steine« aus echtem Holz mit Gravur. Dazu ein kleines Buch, das ohne viel Ballast einen schnellen Einstieg in die Kunst des Runenwerfens vermittelt.

Was bisher fehlte, waren »Steine«, die handlich sind und aus natürlichem Material, angenehm anzufassen und mit fertiger Gravur. Hier sind sie endlich! 25 etwa daumenkuppengroße, mandelförmige Holzscheiben, die sich zum Werfen und Ziehen eignen.

Dazu gibt im Buch eine Anleitung für das Werfen oder Ziehen des Orakels und die Deutungen der einzelnen Runen, die eine Auslegung des Orakels ermöglichen. – Buch und Runen werden zusammen mit einem Beutel im Schuber geliefert.

Heike Schmidt
Das Runen-Orakelset
Buch: Pb., 120 Seiten, 14 x 21 cm
+ 25 Runen aus Holz und Baumwollbeutel
im Papp-Schuber
ISBN 3-89060-419-6